마케팅

MARKETING

신종국·문민경 저

부산대학교출판문화원

목차

제1부

마케팅 개념과 전략적 사고의 기초

▶ 마케팅의 기본 개념과 전략적 접근의 틀을 이해한다

제1장 마케팅 관리의 이해

제1절 마케팅 개념

우리는 그 어느 때보다도 빠른 변화와 치열한 경쟁, 그리고 다양한 위험이 공존하는 시대에 살고 있다. 마케팅 활동 역시 국내 시장을 넘어 글로벌 시장 전반에서 새로운 변화의 패러다임 속에서 전개되고 있다.

수많은 기업이 새롭게 등장하고 있지만, 결국 성공하는 기업과 실패하는 기업은 뚜렷하게 나뉘게 된다. 기업의 성패를 결정짓는 핵심 요인은 목표와 비전의 차이, 그리고 이를 실제로 실행할 수 있는 마케팅 전략 수행 능력에 있다. 마케팅 이론을 바탕으로 한 최신 기법과 지식으로 무장한 기업만이 오늘날의 무한 경쟁 시대에서 살아남을 수 있다.

1776년 아담 스미스는 '소비는 생산의 유일한 종착지이며 목표'라고 했는데, 그는 그때 이미 우리가 생각하는 마케팅 개념과 관련된 그 무엇인가를 기술한 것이다. 기본적으로 마케팅의 중심사고는 기업의 능력과 소비자의 욕구를 결합하여 기업의 목표를 달성하는 것이다.

마케팅 지향성과 마케팅 믹스에 대해 이해하는 것은 중요하다. 마케팅 지향성이 시장과 소비자의 변화를 이해하는 과업이라면 마케팅 믹스는 마케팅 수행자가 마케팅 개념을 실행하기 위해 사용하는 다양한 도구와 기법이다.

마케팅 믹스를 단순화시키기 위해 우리는 흔히 4P라고 해서 제품(product), 가격(price), 유통(place) 그리고 촉진(promotion)이라 하고, 그것들 간의 상호작용을 통한 효과를 극대화 시키려 한다.

여기에 조사(probe)를 추가하여 5P를 주장하기도 하고, 간혹 정치(politics)와 PR(public relations)을 추가해 6P를 강조하기도 하며, purpose, probe, perceive, perform, predict, plan, people, professional을 추가하여 12P를 강조하는 학자도 있다.

그러나 마케팅 기능이 어떻게 수행되어야 하는가에 관한 어떠한 의미 있는 토론도 마케팅 개념에 대한 완전한 이해가 선행되고 난 후여야 한다는 것이 이 장에서 원칙적으로 강조하는 것이다.

제2절 마케팅의 주체와 마케팅 효용

마케팅 믹스를 4P로 설명하듯이 마케팅 활동의 주체를 4C로 설명할 수 있다. 이들 4C는 마케팅 활동을 수행하는 주된 세력으로 기업(company), 소비자(consumer), 유통경로 구성원(channel member) 그리고 경쟁자(competitor)이다. 이들 네 집단에 의해서 시장의 마케팅 활동의 내용과 범위가 정해지게 된다.

기업(company)이 가장 본질적으로 많은 마케팅 활동을 수행한다. 기업은 영리를 추구하기 때문에 비용-이익 분석(cost-benefit analysis)을 통해 적정 이윤을 추구한다. 이러한 기업의 본질적 활동 때문에 그 마케팅 활동이 아무리 고객지향성과 시장지향성을 추구하더라도 수익성을 무시하기란 어렵다. 그러나 최근에 와서는 비영리조직(non-benefit organization)의 마케팅 활동도 강조하고 있는데, 이는 비영리조직의 마케팅 활동의 강화라는 해석과 함께 역으로는 비영리조직도 결국 마케팅 활동을 통해 수익성을 확보할 수 있음을 시사한다.

소비자(consumer)는 소비를 통해 마케팅 활동의 중요한 하나의 역할을 하는 셈이다. 시장의 제품과 서비스를 구매하여 소비하는 소비자는 기업의 생산 및 판매 활동에 대한 평가를 하는 것이다. 소비자가 많은 제품은 계속 그 생산 기업의 마케팅 활동을 지원하는 결과가 된다. 소비자 불만족(dissatisfaction)과 불평행동(complaining behavior)은 생산 기업의 마케팅 활동을 위축시키거나 변경을 요구하게 된다. 소비자의 반복구매(repurchase)와 상표 충성도(brand loyalty)는 생산 기업의 마케팅 활동에 더없는 보장이 된다.

유통경로 구성원(channel member)은 기업의 제품과 서비스를 최종 소비자에게 전달하는 과정에 가담하는 직·간접적인 역할을 한다. 도매상과 소매상은 상품 거래와 판매를 통해 생산 기업의 마케팅 기능을 완성시키고 수송업자는 이러한 기능이 가능하도록 지원하게 된다.

경쟁자(competitor)도 마케팅 활동을 촉진 시키는 하나의 가담자이다. 시장의 제품 공급자 수가 많아질수록 경쟁이 심해지고, 이러한 경쟁자의 증가는 기존 기업의 신제품 개발, 촉진 활동 강화, 유통경로 개선, 가격전략의 수행 등의 결과를 낳는다. 경쟁환경의 분석을 통해 기업은 목표시장의 향후 판도를 예측하여 마케팅 전략을 개선하게 된다.

마케팅 활동을 통해 얻을 수 있는 효용을 4U로 설명하는데, 그것들은 시간효용(time utility), 장소효용(place utility), 형태효용(form utility), 소유효용(possession utility)이다.

유통은 이러한 효용을 구체화 시키고 보다 큰 효용으로 증가시키는 업무를 일컫는 또 다른 용어이다. 마케팅의 효용을 가시화시키는 데는 유통경로 구성원들 중에서 누구보다도·소매상의 역할이 더 클 것이다.

시간효용(time utility)에 대해 생각해 보자. 현대화된 사회일수록 시간의 가치가 상대적으로 증가한다. 소비자들은 보다 빨리 제품이나 서비스를 제공받고 싶어 한다. 퀵서비스(quick service)라는 용어가 생겨나기까지 했다. 24시간 편의점, 택배제도, 전화주문과 배달, 카탈로그 등을 통한 판매, 인터넷을 통한 주문과 배달 등도 시간효용을 전달해 주고 있다.

이러한 효용의 창출에 크게 공헌하고 있는 것은 발달된 정보기술(information technology)이다. 간단한 전화가 정보기술의 가장 기초적인 실체이다. 전화의 보급 이후 Fax, PC, 인터넷의 보급으로 정보화의 진도가 급속화 되고 정보고속도로 혹은 정보 단지 등을 정부나 민간 단체가 주도적으로 계획하고 실행함으로써 유통의 구조는 보다 복잡해지고 체계화되면서 결과적으로는 시간효용이라는 이익을 증산하게 되었다. 정보화 지수(informationindex)라는 말이 있다. 이는 정보기술의 보급과 활용 정도를 각 국가 간에 비교 분석하여 수치화한 것이다. 아시아에서는 일본과 싱가포르, 홍콩 등의 나라가 높은 정보화 수준을 보여 주고 있다. 이는 그 나라의 소비자가 누릴 수 있는 시간효용의 크기를 가늠하게 한다. 싱가포르의 소비자가 치약 한통을 구매하는데 걸리는 시간은 우리나라의 소비자가 소비해야 할 시간보다 짧을 것이다.

장소효용(place utility)에 대해 생각해 보자. 우리는 백화점에 갈 때는 어느 정도 시간이 소요되더라도 혹은 어느 정도 교통체증에 시달리더라도 백화점에서 쇼핑한다는 이점을 감안해서 기꺼이 먼 곳의 백화점을 쇼핑 장소로 택하는 경우가 있다. 그런데 만약 우리 동네에 백화점이 있다면 우리의 제품 구매 노력은 훨씬 줄게 될 것이다. 그렇다면 기업이 소비자에게 보다 가까운 장소에 소매 점포를 설치하는 것이 장소효용을 창출하는 작업이 된다. 생산자, 도매상, 소매상, 소비자로 이어지는 일련의 흐름을 유통의 경로라고 할 때 새로운 도매상이나 소매상의 탄생은 새로운 경로의 형성을 의미한다. 이러한 경로의 확장은 장소효용의 증가를 촉진 시키게 된다.

형태효용(form utility)에 대해 생각해 보자. 형태효용의 창출은 상당한 창의적인 작업 과정이 필요하다. 신제품의 개발이나 기존제품에 새로운 기능 혹은 부속품을 장치함으로써 형태효용을 실현할 수 있다. 제품의 모양이 소비되기에 가장 용이한 형태를 갖도록 하는 작업이 필요하다. 소비자의 다양한 욕구에 맞추기 위해 신선한 느낌을 주는 포장형태를 만들거나 포장 기술을 개발하는 것 등은 형태 효용을 제고시키는 작업일 것이다.

소유효용(possession utility)에 대해 생각해 보자. 그림의 떡이라는 말이 있다. 이와 유사한 서양 속담에는 손안의 새 한 마리가 숲속의 새 열 마리보다 소중하다는 말도 있다. 마케팅의 기본적인 개념 중 하나인 판매개념은 마케팅을 '단순히 판매만 하는 것은 아니지만 궁극적으로는 판매'하는 과업으로 설명하고 있다. 소비자들에게 소유의 자유와 즐거움을 제공하는 것이 소유효용의 창출이다.

제3절 기업의 능력

앞서 마케팅은 기업의 능력과 소비자의 욕구를 연결시키는 과정이라고 한 바 있다. 소비자 욕구가 무엇을 의미하는지는 4장에서 설명할 것이고, 이 절에서는 기업의 능력에 대한 의미를 이해할 필요가 있다. 이를 보다 명확하게 설명하기 위해 우리가 직접 사업을 시작하기로 결정했다고 가정하자.

우리가 가장 먼저 해야 할 일은 실제로 우리가 할 수 있는 일이 무엇인지 결정하는 것이다. 이 질문에 답하려고 하면, 곧 우리는 자신의 지식과 기술이 우리가 할 수 있는 활동의 범위를 상당히 제한한다는 사실을 깨닫게 된다. 예를 들어, 전직 판매부장이 판매 대리인과 같은 사업을 시작하는 것은 쉽지 않을 것이며, 반대로 판매 대리인도 마케팅 자문 사업을 하려면 필요한 기술과 지식이 없다면 어려움을 겪을 것이다. 조금만 더 생각해보면, 이는 기업의 경우에도 마찬가지라는 것을 알 수 있다.

기본적으로 적합하지 않은 분야로 사업을 다각화하려는 기업은 다양한 경영상의 어려움에 직면하게 된다. 그 한 예로, 군대와 항공기 시장에 커넥터(connector)를 공급하던 한 기업이 있다. 이 기업은 기존 시장이 쇠퇴하자 소비재, 자동차, 기타 산업재 시장으로 사업을 다각화했다. 그러나 이 새로운 시장들은 기업이 익숙했던 환경과 매우 달랐고, 결과적으로 심각한 손실이 발생했다. 이 기업이 이전에 생산하던 커넥터는 소수의 고기술 고객을 위한 고급 제품이었지만, 이제는 대량 생산을 위한 단순한 커넥터를 만들어야 했다. 이런 변화는 공장과 현장에 재고를 유지해야 하며, 가격 경쟁이 치열한 환경에 놓이게 됨을 의미한다. 또한, 판매원들도 새로운 시장의 요구에 어떻게 대응해야 할지 몰랐다. 그들은 하루에 한두 개의 주문을 받고, 기술적인 문제를 고객과 논의하는 데 익숙했지만, 이제는 하루 여덟~아홉 개의 주문을 처리하며 다양한 경쟁 제품과 싸워야 하는 상황에 놓인 것이다. 이 기업은 결국 새로운 시장에서 성공할 수 있는 적절한 전략을 갖추지 못했고, 이는 매우 심각한 결과로 이어졌다.

이 사례가 주는 교훈은 간단하다. 모든 기업은 자신이 가진 자원과 경영 역량에 맞는 특정한 형태의 고유한 능력을 가지고 있으며, 이를 통해서만 효과적이고 경쟁적으로 시장 기회를 활용할 수 있다는 것이다. 요약하면, 기업의 능력과 고객의 니즈를 정확히 연결시키는 과정이 사업의 성공에 필수적이라는 뜻이다. 우리가 마케팅의 본질과 역할을 더 깊이 탐구할수록, 이 점은 더욱 분명해질 것이다.

제4절 마케팅 개념 및 기능의 진화

4.1 마케팅개념의 진화 및 확대

기업이 마케팅 개념이 가져다주는 실질적인 이익을 얻기 위해서는, 단순히 개념만 이해하는 것이 아니라, 그 철학과 이념을 실제로 실천에 옮겨야 한다. 이것은 다음 두 가지를 의미한다. ① 기업 내 마케팅 활동이 충분히 조정되고 효과적으로 관리되어야 하며, ② 마케팅 관리자가 기업의 전반적인 계획 수립에 핵심적인 역할을 해야 한다는 것이다. 이 두 가지가 현실에서 실행에 옮겨지기 시작하면, 그것은 곧 마케팅 관리가 본격적으로 이루어지고 있다는 신호가 된다.

마케팅 관리란, 마케팅 개념을 실제 경영활동에 적용하고 실행하는 과정을 말한다. 산업혁명 이후, 마케팅 개념은 다음과 같은 다섯 단계를 거쳐 점차 진화하고 확대되어 왔으며, 특히 1970년대 이후부터는 그 발전 속도가 매우 빨라졌다.

(1) 마케팅 개념의 진화

가. 생산지향단계

가장 초기적인 마케팅 사고는 생산지향적인 사고이다. 생산지향단계(production-orientation stage)는 전형적으로 기업이 생산지향적인 것을 말한다. 생산 및 기술부분의 관리자가 계획을 책임지고 있으며, 판매부분의 기능은 기업의 생산물을 단순히 판매하는 것에 지나지 않는다. 이 단계에서는 제품을 사도록 하는 마케팅의 노력이 필요 없는 것으로 되어 있다. 이 단계의 기간에는 제조업자가 판매부분은 있어도 마케팅을 인식하지 못하여 1930년대의 대공황이 시작되는 무렵까지 지속된다.

나. 품질(제품)지향단계

제조업자 중심의 생산지향적 사고는 제품공급이 증가하면서 때때로 재고가 남아도는 상황이 발생하게 되자 수정이 불가피하게 되었다. 이러한 상황의 변화에 대한 방편으로 경영자들은 다른 제조업자보다 더 좋은 품질의 제품을 시장에 내놓으면 소비자가 자사의 제품을 기꺼이 구매해 줄 것이라는 사고를 하게 되었는데, 이 시기의 사고를 제품지향단계(product-orientation stage)라고 한다. 제품지향적 관리자들은 구매자들이 품질만 좋으면 충분히 만족할 것이라고 기대하였다. 그런데 여기서 말하는 좋은 품질이란 소비자측 입장이라기보다는 제조업자 입장에서의 좋은 제품이라는 데 문제가 있다. 따라서 이들은 고객욕구에 대한 분석 없이 기업 입장에서의 제품을 너무 강조한 나머지 고객이 자사의 제품을 외면하는 것을 소비자의 무지탓으로 돌리는 우를 범하게 된다.

다. 판매지향단계

판매지향단계(sales-orientation stage)에서의 주된 관심은 충분한 제품을 생산한다기보다는 이미 생산된 제품을 판매하는 것이었다. 과대한 광고와 촉진활동으로 실질적인 제품의 판매성과가 달성되어야 한다고 믿는 시기로, 판매와 판매관리자에게 기업 경영에서 새로운 존경과 책임이 주어지기 시작된 기간이다. 그러나 판매성과에만 초점을 둔 강압적이고 고압적인 판매에 대한 부정적 인식이 형성되어 강압적인 판매(hard sell)의 시대로 불리어지고 있다. 이 단계는 1930년대에서 1950년대 이전의 기간의 것으로 보고 있다.

라. 마케팅지향단계 혹은 고객지향단계

마케팅지향단계(marketing-orientation stage)는 기업이 고객지향과 기업이익의 두 가지 목표를 지향하는 조정된 마케팅 관리의 개념을 지니게 되는 기간이다. 관심의 초점은 판매보다는 마케팅에 집중되고, 이 영역의 관리자는 마케팅 관리자 또는 마케팅 담당 부서장이라고 불리게 된다.

판매지향의 단계에서 마케팅지향의 단계로 진행되면서 시장은 크게 판매자시장(seller's market)에서 구매자시장(buyer's market)으로 변화하게 된다. 이제 시장의 교환과 거래의 주도권이 판매자에서 구매자로 넘어가게 된다는 것이다.

이 단계의 가장 중요한 특징은 마케팅 개념을 성공적으로 실천하는 열쇠가 바로 최고

경영자의 호의적인 태도에 달려 있다는 것이다. 즉, 최고경영자만이 성공적인 마케팅 프로그램에 필요한 분위기와 리더십을 제공해 줄 수 있다는 것이다. 여기서 마케팅 개념은 기업의 사장이 마케팅 부서를 반드시 거쳐야 한다는 것이 아니라 마케팅지향적이 되어야 한다는 것을 뜻한다. 이 단계는 1960년대 말까지 지속된 것으로 보고 있다.

그러나 이 단계는 너무 고객에게만 집중적으로 몰입한 결과 유통업자나 주주 등의 집단에게도 관심을 가져야 한다는 지적을 받게 되었다. 뿐만 아니라 고객은 미처 자신의 기대와 욕구를 실현시켜 줄 방법을 잘 알지 못하므로 이를 형상화 시킬 마케팅 능력이 필요하게 된다.

마. 사회적 책임 및 인간지향단계

사회적 책임 및 인간지향단계(social responsibility and human orientation stage)는 1970년대와 1980년대 이후의 사회경제적 여건이 사회구성원의 복지와 환경을 생각하는 단계로 진행함에 따라 등장하였다. 이 단계에서 마케팅 관리자는 그들이 성공하고 생존하기 위해 사회적으로 책임성 있는 측면에서 행동하고 의사결정 해야 하는 것이 강조되고 있다. 소비자들의 불만, 환경문제의 고조, 자원문제 및 법적 규제 문제 등 외부의 사회적 압력들이기업의 마케팅 프로그램에 크게 영향을 주게 되는 것이다.

사회적 책임 마케팅은 기업의 이익, 소비자 욕구의 충족, 사회 구성원의 복지라는 세 가지 측면을 모두 고려하는 입장에 있다. 이 단계는 생존의 단계(survival stage)로 불리어지고 있으며, 마케터는 원재료든 에너지 원천이든 깨끗한 공기와 물이든 그리고 질적으로 좋은 생활이든, 이를 공급하는 공급지향적(supply-oriented)이어야 한다. 또한 이단계는 광범위한 인간지향단계로 인식되고 있다. 이것은 인간자원의 관리에 대한 관심이 고조된 것을 뜻하며, 물질주의에서 인간주의로 또한 제품에서 소비자로 그 강조점이 변화된 것을 뜻하는 것이다. 그리하여 이 단계의 마케팅 관리는 단지 물질적인 생활수준보다는 보다 나은 질적인 생활을 창조하고 배달하는 데 관심을 두어야 하는 것이다.

바. 시장지향적 단계

기존의 마케팅 사고의 한계를 보완하기 위해 고객에게 높은 가치를 전달하면서 기업 내·외부 구성원의 상호작용을 조정하고 통제하는 단계이다. 가장 높은 수준의 가치(value)는 고객에게 제공하는 혜택(benefit)과 비용(cost)을 근거로 산출된다.

시장지향적 마케팅 사고는 고객에게 제공하는 가치를 증대시키기 위해 마케팅 활동에 직·간접적으로 관여하는 모든 구성원들의 상호작용을 효율적으로 관리하는 것이다. 기업내부의 신제품 개발, 가격정책, 촉진 등의 기능 영역의 상호작용을 관리하고 기업 외부의 유통기관, 정부, 주주 등의 집단과의 관계도 조율하게 된다. 시장 지향성(market-orientation)을 설명하는 대표적인 연구는 두 가지이다. 하나는 고객 지향성, 경쟁자 지향성, 부서 간 조정으로 설명하고 다른 하나는 정보 수집, 정보 공유, 정보 반응의 세 가지 측면으로 설명한다.

요약하면 시장지향적 단계에서 마케팅 기업은 첫째, 기회를 확인하고, 둘째, 이 기회에 영향을 미치는 시장의 요소 기능의 상호작용을 관리하며, 셋째, 내·외부 기회 관리를 통해 보다 큰 가치를 고객에게 제공하게 된다.

4.2 사회경제적 마케팅과 기업 마케팅

마케팅은 상품 또는 서비스의 유통 현상을 인식 대상으로 하는 학문이며, 그 관점에 따라 두 가지로 나눌 수 있다. 하나는 사회경제적 마케팅이고, 다른 하나는 개별경제적(또는 경영경제적) 마케팅이다.

사회경제적 마케팅은 거시적(macro) 마케팅 또는 국민경제적 마케팅이라고도 하며, 개별경제적 마케팅은 미시적(micro) 마케팅 또는 기업 마케팅(business marketing)이라고 부른다.

'마케팅'이라는 개념은 같지만 하나는 개별 기업에 의해 수행되는 경영 활동으로 볼 수 있고, 다른 하나는 상품이 생산자로부터 소비자에게 이전되는 사회적인 유통 현상으로 볼 수 있다. 마케팅을 학문적으로 접근할 때, 이러한 두 시각 중 기업 활동 중심으로 연구하는 경우는 기업 마케팅론, 사회 전체의 유통 흐름을 중심으로 연구하는 경우는 사회경제적 마케팅론이라 한다. 따라서 유통론은 어떤 의미에서 보면 사회경제적 마케팅의 관점에 속한다고 볼 수 있다. 기업 마케팅은 상품의 생산 이전 단계에서 시작하여 시장 조사, 제품 계획, 가격 및 유통 경로 설정, 촉진 활동, 기업 이익 등을 중시하며 경영자의 의사결정을 핵심 과제로 삼는다. 이러한 활동은 개별 기업의 독자적인 의사성과 계획성이 특징이다.

반면, 사회경제적 마케팅은 상품이 생산자의 손을 떠난 이후부터 시작되어 소비자에게 도달하기까지의 상품과 서비스 흐름을 중심으로 한다. 여기에는 선별, 등급화, 도매, 소매, 운송, 보관, 사회적 배급 비용 등의 문제가 포함된다. 즉, 사회경제적 마케팅에서는 사회 전체의 관점에서 생산물의 유통 과정, 유통 구조, 유통 기관 간의 상호작용 등을 분석하고 연구의 대상으로 삼는다. 요약하면, 사회경제적 마케팅의 기본 과제는 특정 국가의 경제 순환 시스템 속에서 상품의 유통 구조를 체계적으로 연구하는 것이다. 예를 들어, 신발 산업의 경우 신발 전체의 유통 구조와 흐름을 분석한다면 사회경제적 마케팅의 관점이고, 특정 기업이 어떤 제품, 가격, 유통 경로, 촉진 전략으로 목표 시장에 진입하고 기업 목표를 달성할 것인가에 집중한다면, 그것은 기업 마케팅의 관점이다.

개별경제에서의 기업 활동은 그 자체로 독자적이고 의사적인 경제활동이지만, 이러한 활동들이 사회 전체로 모이게 되면, 개별 의사성이나 계획성은 드러나지 않고 하나의 종합적인 사회적 현상, 즉 무계획적이고 비의도적인 형태로 나타나게 된다. 이런 관점에서 보면, 개별경제의 경영 활동은 원인이며 구성 요소이고, 사회경제적 유통 현상은 그 결과이자 전체적인 구조라고 할 수 있다. 결국 이 두 가지 마케팅 관점은 따로 떼어 볼 것이 아니라 통합적으로 이해해야 한다. 왜냐하면 두 마케팅은 시장 경제 안에서 서로 밀접하게 연결되어 있어 서로 분리하여 이해하기 어렵기 때문이다. 기업 마케팅은 기업 경영의 시각에서 경제를 바라보는 것이고, 사회경제적 마케팅은 사회 전체의 시각에서 경제를 바라보는 것이다. 이 둘은 모두 상품의 유통 현상을 중심으로 하지만, 단지 그 관점이 다를 뿐이며, 상호 배타적이 아니라 상호 보완적인 관계다. 결론적으로, 사회경제적 미게팅은 기업 마케팅이 활동하는 환경을 구성하며 기업의 의사결정 과정에서 중요한 분석 대상이 되는 관계에 있다.

4.3 마케팅 기능의 변화 과정

기업의 4대 기능 영역 중 어느 부분이 더 큰 위치를 차지하는가를 설명하기 위해서 각 기능의 상대적 중요성의 변화를 살펴보아야 한다. 이러한 기능의 역할 변화 과정은 그림 1.1에 나타나 있다. 이 그림은 경영 기능 중 마케팅의 기능이 점차 강조·확장되어 시간이 지나면서 소비자 중심의 마케팅 기업이 되는 과정을 보여 주고 있다. 첫번째 그림은 네 가지 기능 영역의 중요성이 모두 비슷한 초기의 기업 형태이다. 기업 활동이 시작된 초기 산업 사회에서는 제품의 생산, 자금조달, 영업과마케팅, 인사·조직 등의 기능이 모두 비슷한 정도의 중요성을 지닌 상태였다.

두 번째 그림은 시장에 제품과 서비스가 공급되면서 새로이 진입하는 경쟁자의 수가 증가됨으로써 경영자는 판매를 증가시켜야 하고, 수요 창출을 고심하게 되는 모습이다. 마케팅 기능의 중요성이 점차 강조되고 확장되게 될 것이다.

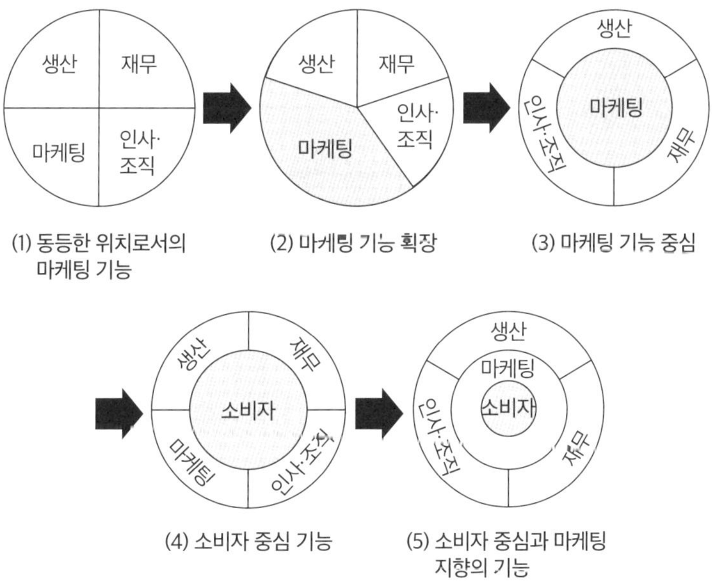

※출처 : Kotler, Philip(2000), Marketing Management(Millenium Edirion), Prentice Hall, 25.

그림 1.1 기업 내 마케팅 기능 역할 변화 과정

세 번째 그림은 마케팅 기능의 중요성이 강조된 나머지 마케팅 기능이 확장될 뿐 아니라 경영의 핵심 기능이 된 모습이다. 고객의 욕구를 개발하고 고객을 창조하여 시장의 거의 모든 의사결정의 준거점을 마케팅에 맞추는 시대의 기업이다.

네 번째 그림은 소비자의 필요와 욕구를 충족시키기 위해 기업의 네 가지 기능 영역을 조화롭게 관리하는 모습이다. 앞선 그림에서 마케팅이 너무 강조된 나머지 타 기능 수행자의 부정적 시각을 없애기 위해 기업의 제품과 서비스의 궁극적인 수혜자인 소비자를 중시하는 주장이 드러난 구조이다.

마지막 그림은 가장 이상적인 마케팅 기업의 모습이다. 소비자의 필요와 욕구를 발견하고 충족시키기 위해서는 마케팅 기능이 중점적으로 수행되어야 한다는 설명이다. 기업의 그 어느 것보다 고객이 중요한 가치를 지니며, 기업의 핵심 역량은 고객 창조와 관계유지이기 때문이다. 따라서 고객 욕구 충족으로 관계를 지속적으로 유지·발전시키며, 고객의 만족을 위한 전사적(全社的) 마케팅(total marketing)을 실시한다.

제5절 마케팅 환경

마케팅의 환경 요인을 구분하는 방법은 학자에 따라 각기 다양하다. 맥커시(E. Jerome McCarthy)의 경우 표적시장의 선정과 마케팅 전략 개발에 문화·사회환경, 경제·기술환경, 경쟁환경, 정치·법률환경, 기업의 자원과 목적이라는 다섯 가지의 환경요인을 제시하고 있다.

코틀러(Philip Kotler)는 크게 미시환경(micro environment)과 거시환경(macro environment)으로 대별하고 있는데, 미시환경은 마케팅 활동에 직접 영향을 미치는 요인들이고 거시환경은 미시환경에 영향을 미쳐서 궁극적으로 마케팅 활동에 영향을 미치는 간접적인 역할을 하는요인들이다. 본 서에서는 코틀러의 구분에 근거를 두고 마케팅의 환경요인을 그림 1.2와 같이 구분하기로 한다.

마케팅 환경요인들을 분석하는 이유는 마케팅 기업이 환경에 대응해 나가기 위한 목적 때문이다. 환경요인을 주도적으로 변화시키면서 기업 활동을 유리하게 개선해 나가는

그림 1.2 마케팅의 환경요인

능동적 전략을 주도적 환경 접근법(proactive environmental approach)이라 한다. 반면 환경변화에 소극적인 전략을 대응적 환경 접근법(reactive environmental approach)이라고 한다. 21세기 무한 경쟁시대의 마케팅 기업은 보다 능동적인 입장에서 주도적 환경 접근법을 수행함으로써 경쟁력을 제고시킬 수 있을 것이다.

환경요인의 구성에서 현대 기업은 생태환경이나 사회문화 환경요인의 중요성을 강조하게 된다. 장기적인 관점에서 기업 활동의 터전은 생태환경이고 궁극의 소비대상인 소비자가 속한 본질적 환경이 사회·문화 환경요인이기 때문이다. 이러한 환경요인이 상대적으로 우월하여 다른 환경요인에 지배적 영향력을 미치는 환경요인의 구성을 '선진국형' 환경요인 구성이라고 한다. 반면 개발도상국에서는 개발논리나 경제논리가 우월하여 단기적인 입장에서 기술이나 경제 환경이 우월한 요인으로 등장하기 일쑤이다. 심지어는 정치·목표에 따라서 수행되어야 하며 각 요인들은 기업이 지향하는 방향으로 작용하며 하나의 요인의 장·단점은 유기체 전체의 성과에 영향을 미치게 된다.

셋째, 각 환경요인은 상호연관성(relatedness)을 지니며 보편적으로는 개방성

(openness)의 시스템이고 스스로 전체 기업 및 마케팅 목적 달성을 위해 통제 메커니즘(control mechanism)을 발동하기도 한다.

5.1 미시환경 요인

마케팅 믹스 전략을 수행하는 데 직접적인 영향을 미치는 고객, 관리기능(인사, 재무, 생산, R&D), 광고대행사, 정부, 노동조합, 주주, 조성기관, 유통업자 등이 모두 미시환경 요인이다. 고객은 기업의 입장에서 가장 중시해야 할 대상인데 크게 다섯 가지로 나눈다.

- 소비자 시장(consumer market) : 개인적인 소비를 목적으로 제품과 서비스를 구매하는 개인
- 산업재 시장(industrial market) : 가공이나 생산 활동에 이용할 목적으로 제품과 서비스를 구매하는 조직
- 재판매자 시장(reseller market) : 재판매하여 이익을 얻을 목적으로 제품과 서비스를구매하는 조직
- 정부 시장(government market) : 공공의 서비스를 생산하거나 제품과 서비스를 필요한 사람에게 이전하기 위해 제품과 서비스를 구매하는 정부의 대행기관
- 국제 시장(international market) : 소비자, 생산자, 재판매자, 정부 등을 포함한 해외의 구매자

최근 고객 환경의 특징적 변화의 키워드는 소득 수준의 증가, 빈부의 양극화, 신인류(新人類)의 등장[new rich·DINK(Double Income No Kids)·TONK(Two Only No Kids)·Missy족], 저관여 소비자사회(low involvement consumer society) 등이다.

관리기능은 기업 활동의 중추적인 역할로 마케팅 과업에 직접적인 영향을 미친다. 관리가 충실한 기업이어야 마케팅 활동의 성과를 극대화할 수 있다. 과거의 관료주의적이고 기능중심적 사고에서 벗어나 전문화된 관리 부서를 구축해야 한다.

광고대행사, 노동조합, 정부, 주주, 조성기관, 유통업자 등은 모두 마케팅 활동에 필수 불가결한 요인으로 등장하였다. 이들의 지원과 협력으로 여러 형태의 아웃소싱(outsourcing)이 마케팅 경쟁력을 증가시키게 된다. 과거 일방적인 지배-종속의 관계를 지양하고 공동체 의식을 가진 윈윈(win-win) 전략을 수행해야 하는 시대이다.

5.2 거시환경 요인

(1) 인구통계환경

인구통계 요인은 시장을 구성하는 인구의 내용을 설명하는 것으로 인구의 지리적 분포, 인구밀도, 인구의 지역간 이동, 연령별 분포, 출생률, 결혼율, 이혼율, 인종 및 종교별 분포등이 주요 관심사항이다.

최근 세계 인구의 폭발적 증가로 자원 고갈이 우려되기도 하는데, 특히 아시아권의 국가들의 인구문제는 마케팅 기업에서 기회이기도 하지만 장기적으로는 한정된 자원배분과 노동력의 고용 문제 등이 심각해질 우려가 있다.

우리나라의 경우 농어촌 인구의 격감과 인구의 수도권 중심의 도시 집중이라는 현상은 레저산업과 외식산업 등의 서비스 산업의 전략적 대응을 요하고 있으며, 특히 국가의 지역별 구매력의 불균형을 심화시킬 것이다.

(2) 경제환경

경제환경의 변화는 총구매력에 영향을 미치기 때문에 경제적 추세와 경기에 마케팅 관리자는 민감하게 된다. 실질소득, 저축, 소비 및 지출 패턴의 변화, 경기, 인플레이션, 물가 등의 요인들이 주요 관심 대상이 된다.

실질소득은 경기와 인플레이션이 관련되어 움직이는 변수인데 호경기에는 노동시장이 많은 인력을 필요로 하여 실질 소득이 증가할 것이고, 인플레이션은 물가 상승 효과로 실질 소득이 감소하는 이치가 된다.

호경기와 회복기에 마케팅 활동은 확장될 것이고 쇠퇴기와 불경기에는 광고비 감소,

점포 수의 감소, 점포 내 구색의 다양성 감소 등이 나타날 것이다.

(3) 생태환경

산업 고도화는 공해물질의 증가로 자연환경을 파괴하고 생태계의 무질서와 돌연변이를 유발 시키게 된다. 기업의 활동이 영원하려면 공기와 물과 같은 무한 자원, 삼림과 식량 같은 유한한 재생가능 자원, 석유와 석탄 같은 유한하지만 재생 불능 자원 등의 세 가지 유형의 자원 보존과 활용에 관심을 가져야 한다. 자연 생태계의 불변의 법칙은 다음과 같이 정리된다. ① 모든 것은 다른 것에 연관된다. ② 모든 것은 어디로 가게 된다. ③ 자연만이 최선의 방법일 뿐이다. ④ 무상으로 얻을 수 있는 것은 어디에도 없다. ⑤ 모든 것은 대가를 지불해야 한다. 이 법칙은 자연 생태계를 파괴한 후 인간이 겪을 고통과 환란을 예견하는 지침서이다. 지구상의 모든 동식물 중에서 인간만이 유일하게 자연을 파괴한다는 자연 보호 운동자의 주장을 명심할 때이다.

(4) 기술환경

기술의 발달로 새로운 산업이 생겨나고 신제품의 등장은 경쟁의 판도를 바꾸게 된다. 복사기의 출현은 제지 산업에 커다란 영향을 미쳤고, PC의 등장으로 인류 사회는 새로운 사무 환경을 만들게 되었다. Joseph Alois Schumpeter는 기술로 '창조적 파괴(creative destruction)'를 가능하게 한다고 보았는데 이는 물질문명뿐만 아니라 정신세계의 창조적 파괴까지 포함되는 것이다.

과거 국부론의 아담 스미스(Adam Smith), 인구론의 맬서스(Thomas R. Malthus), 비교우위론의 리카르도(David Ricardo)와 같은 고전 경제학자는 모두 자본주의 경제의 발전은 기술개발과 인구 증가 억제에 달렸다고 역설하였다.

새로운 기술의 도입에는 다음과 같은 종류가 있다.

① 원자재 관련 기술

② 생산 공정 관련 기술

③ 정보처리와 정보보안 관련 기술

④ 신제품 개발 관련 기술

⑤ 유통 및 마케팅 관련 기술

마케팅과 유통 현장의 JIT(Just-In-Time), POS(Point-of Sale), EOS(Electronic Ordering System), EDI(Electronic Data Interchange) 등이 모두 기술 개발의 산물이다.

(5) 정치·법률환경

정부의 정책 결정과 입법 활동은 기업의 경영에 중차대한 영향을 미친다. 그러므로 기업은 보다 합리적이고 공정한 정보를 정치가와 법률가에게 제공하여 기업 활동에 도움이 되는 정책 및 입법 방향을 유도할 필요가 있다. 우리나라는 기업을 경영하기에 어려운 나라로 여겨지고 있는데 그 이유는 규제가 많고 불공정한 경쟁이 많기 때문이라고 한다. 정치와 법률의 규제 문제는 크게 두 가지로 볼 수 있다. 하나는 꼭 필요한 규제를 하지 않는다는 점이다. 환경오염과 자연 생태계 파괴, 제조물 책임 등을 규제해야 하지만 국토개발과 경제우선의 논리로 등한시되는 것은 결국 인류의 앞날에 큰 장애를 낳게 된다. 이를테면, 제조물 책임법(PL법, product liability)의 제정과 같은 일은 소비자 환경을 풍요롭게 하는 일이다. 다른 하나는 하지 않아도 될 불필요한 규제가 너무 많다는 것이다. 기업 활동과 관련된 너무 많은 불필요한 규제는 점차 국가 경쟁력마저 저하시키고 있다. 정치·법률 환경이 다른 환경 요인에 비해 우월한 영향력을 미치는 '후진국형' 환경 구조가 되는 일은 없어야 한다.

(6) 경쟁환경

시장의 경쟁력이 집중되어 있는 정도를 경쟁이라 하는데 경쟁을 조장하는 경쟁업자는 크게 다음의 네 가지로 나눌 수 있다.

① 욕망경쟁자(desire competitor) : 소비자의 욕망을 충족시켜 주는 경쟁자

② 유사경쟁업자(generic competitor) : 소비자의 욕망을 다른 방식으로 충족시켜 주는 경쟁자

③ 제품형태경쟁자(product form competitor) : 소비자의 욕망을 다른 제품으로 충족시켜주는 경쟁자

④ 상표경쟁자(brand competitor) : 소비자의 욕망을 동일한 제품이지만 다른 상표의 제품으로 충족시켜 주는 경쟁자

이러한 경쟁자에 의한 경쟁으로 소수의 대형 기업에 의해 장악된 경제를 포괄적 집중(aggregate concentration)이라 한다.

특정 유형 제품의 생산자 수와 그들 중 상위 그룹이 산업을 지배하는 정도는 시장집중(market concentration)이라 한다. 시장집중의 형태는 표 1.1처럼 독점(monopoly), 과점(oligopoly), 독점적 경쟁(monopolistic competition), 순수경쟁(pure competition)으로

표 1.1 시장집중의 형태

특징 \ 경쟁 형태	독점	과점	독점적 경쟁	순수경쟁
경쟁자 수	하나	여러개	많음	대단히 많음
시장점유율	하나가 100%를 점유	다수가 높은 점유율	각자가 낮은 점유율	각자가 매우 낮은 점유율
고객 눈에 비친 상품 차별화 정도	단 하나의 독창적 상품	차별화 또는 비차별화 상품	거의 차별화 되지 않음	아무런 차이 없음
촉진의 중요성	낮은 중요성	대단히 중요하거나 그렇지 않을 때도 있음	덜 중요함	전혀 중요하지 않음
가격경쟁 중요성	중요하지 않음	가격경쟁 피함	대단히 중요	중요하지 않음
중간상과의 관계	거래조건 통제	상당한 영향력	제한된 영향력	영향력 거의 없음

※출처 : Robbin. D. (1978), Marketing, Harper & Row, 137.

나눈다.

독점은 시장이 극단적으로 집중되어 특정 제품 생산자가 유일한 상태이다. 과점은 특정 제품 생산자가 불과 몇 개뿐인 경쟁의 정도이다. 독점적 경쟁은 시장 내에 시장 점유율이 낮은 특정 제품 생산자가 많이 존재하는 경쟁상황이다. 순수경쟁은 시장의 특정 제품 생산자가 무수히 많아서 품질의 차이를 구분하기 어려운 정도의 완경 경쟁 상황이다.

(7) 사회문화환경

사회를 구성하고 있는 구성원들의 의식, 규범 가치관 등은 그 사회를 지탱하는 버팀목 같은 것이다. 진통적인 기치관과 관습은 그 사회의 특징을 반영하며 오랜 세월동안 불변하는 경향이 있다. 그러나 최근 세계의 여러 문화권간의 교류가 급속히 진행되고 아시아 문화권이 유럽 문화권이나 북미 문화권의 전통과 문화적 가치(cultural value)를 학습한 결과 우리의 전통 문화가 많이 변모하고 있다.

문화란 사회가 공유하고 있는 언어, 표현방식, 음악, 관념, 태도, 가치관, 거래방식, 생산 및 유통 방식 등을 포함하기 때문에 문화권간의 교류는 우리의 문화뿐만 아니라 하위문화(sub-culture)까지도 변화시키고 있다. 문화변화의 예는 공동체 의식(rite, ritual)의 변화과정을 관찰하면 발견하기 쉽다. 성인식, 결혼식, 장례식, 차례, 기타 명절 등에 치러지는 관혼상제 등은 사회문화환경의 내용이 된다. 이는 궁극적으로 특정 집단이 자아를 평가하는 자세, 타인을 바라보는 시각, 다른 집단을 대하는 태도, 사회에 대한 인식, 자연을 인식하는 방법 등을 알 수 있나. 이들을 통해 특징적 사회문화적 요인을 발견하게 된다.

제6절 마케팅 믹스

이미 말한 것처럼 마케팅 믹스(Marketing Mix)는 마케팅의 도구와 기법을 서술하기 위해사용되는 용어이다. 기업이 목표시장(target market)에서 목표 달성을 위해 필요한 다양한 마케팅 요인들의 조합이다. 이들 믹스요인들은 고객의 욕구수준에 가장 적절히 맞추어서 각 요인을 동시에 수행하는 것이 마케팅 믹스 전략이 된다.

마케팅 믹스의 주요 요인으로는 제품(product), 가격(price), 유통(place) 그리고 촉진(promotion)인데, 이들을 4P라 부르고 마케팅의 주된 의사결정 영역이다. 이들 요인의 내용은 표 1.2에 있다.

표 1.2 마케팅 믹스의 요인

제품(product)	유통(place)	촉진(promotion)	가격(price)
품질 특징 스타일 상표 포장 크기 A/S 품질보증 반품	경로관리 경로입지 재고관리 수송 광고관리	광고 인적판매 판매촉진 퍼블리시티	가격정책 할인 외상판매 신용제공

제품 믹스의 내용은 목표시장에 제공할 제품과 서비스 모두를 포함한다. 제품의 품질, 상표, 애프터서비스 등이 주요 내용이 될 것이다. 유통 믹스의 내용은 목표시장의 소비자에게 제품과 서비스를 제공하는 유통경로 관리와 물류관리 모두를 포함한다. 유통경로 구성원을 결정하고 경로 구성원과의 관계를 유지·발전시키면서 제품과 서비스의 재고관리 및 수송활동을 수행하는 것이다. 촉진 믹스의 내용은 목표시장의 소비자가 제품과 서비스를 보다 호의적으로 이해하고 소비자의 인지도와 선호도를 증가시키기 위한 활동을 포함한다. 촉진의 주요 의사결정 영역은 광고, 인적판매, 퍼블리시티 등이다.

가격 믹스의 내용은 기업이 제공하는 제품과 서비스의 가치를 금전으로 환산하여 소비자에게 부담시키는 방법을 포함한다. 가격 의사결정의 주요 영역은 가격정책, 할인, 신용제공 등이 있다.

제7절 마케팅 기본요소의 개념

마케팅은 그 인식의 범위가 매우 넓고 복잡하기 때문에, 다양한 방식으로 정의되고 있다. 1985년 미국마케팅협회(American Marketing Association, AMA) 이사회에서는 마케팅을 "마케팅은 개인 및 조직의 목적을 충족시키는 교환을 창출하기 위하여 아이디어, 상품 및 서비스의 고안, 가격 결정, 판매 촉진, 배급을 계획하고 실시하는 과정"이라고 정의하였다. 또한 필립 코틀러는 "마케팅은 개인과 집단이 제품이나 서비스를 창출하여 이것들을 타인과 교환함으로써 자신의 욕구를 충족시키는 사회적 혹은 관리적 과정"이라고 설명하였다.

이처럼 마케팅의 정의는 다양하게 제시되고 있으나, 그 정의를 구성하는 기본적인 요소들에 대한 이해가 반드시 필요하다. 특히, 마케팅의 가장 핵심이 되는 요소로는 ① 필요, 욕구 및 수요, ② 제품, ③ 효용, 가치 및 만족, ④ 교환, ⑤ 시장, ⑥ 마케팅과 마케터 등을 들 수 있다. 이 요소들은 마케팅의 전 영역에서 핵심 개념으로 작용하며, 마케팅의 정의를 올바르게 이해하는 데 전제 조건이 된다.

따라서, 앞으로 마케팅을 학습할 때에는 이러한 기본 요소들에 대한 이해를 바탕으로, 마케팅의 전체 구조와 작동 원리를 체계적으로 파악하는 것이 중요하다.

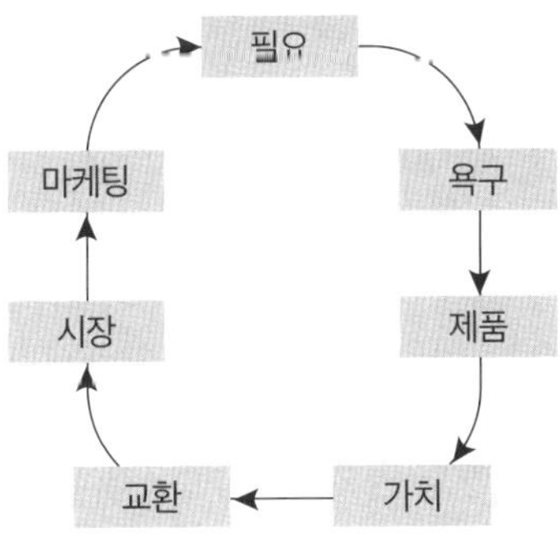

그림 1.3 마케팅의 기본요소

7.1 욕구

기업이 마케팅 개념이 가져다주는 실질적인 이익을 얻기 위해서는, 단순히 개념만 이해하는 것이 아니라, 그 철학과 이념을 실제로 실천에 옮겨야 한다. 이것은 다음 두 가지를 의미한다. ① 기업 내 마케팅 활동이 충분히 조정되고 효과적으로 관리되어야 하며, ② 마케팅 관리자가 기업의 전반적인 계획 수립에 핵심적인 역할을 해야 한다는 것이다. 이 두 가지가 현실에서 실행에 옮겨지기 시작하면, 그것은 곧 마케팅 관리가 본격적으로 이루어지고 있다는 신호가 된다.

마케팅에서 가장 기본이 되는 출발점은 바로 인간의 필요(need)와 욕구(want)이다. 인간은 생존을 위해 음식, 공기, 물, 의복, 주거지와 같은 기본적인 것을 필요로 한다. 이 외에도 인간은 레크리에이션, 교육, 다양한 서비스에 대한 강한 욕망(desire)을 가지고 있다. 인간의 필요와 욕구는 매우 크고 다양하다. 코틀러가 제시한 예시를 보면, 한 해 동안 미국인들은 670억 개의 달걀, 20억 마리의 닭, 500만 개의 헤어드라이기, 1,330억 마일의 국내 항공여행, 그리고 400만 건 이상의 대학 영어 강좌를 소비한다. 이러한 소비는 1억 5,000만 톤 이상의 철강, 40억 파운드의 솜 등 많은 산업재(industrial goods)에 대한 수요(demand)를 창출하지만, 이는 3조 5,000억 달러에 달하는 미국 경제 전체 수요의 일부에 불과하다.

'필요', '욕구', '수요'라는 용어는 각각 구분해서 이해해야 한다. 인간의 필요(need)는 본연의 욕망(innate desire)으로, 어떤 기본적인 만족이 결핍된 상태를 의미한다. 필요는 크게 세 가지로 나눌 수 있다. 첫째, 물, 음식, 의복, 안전 등과 관련된 물리적 필요(physical need)가 있다. 둘째, 소속감과 애정 등과 관련된 사회적 필요(social need)가 있다. 셋째, 지식과 자기표현 등과 관련된 개인적 필요(individual need)가 있다. 인간의 의식주, 안전, 소속감, 존경 등의 필요는 사회나 마케터가 만들어내는 것이 아니라, 인간의 생리적·사회적 조건에서 구조적으로 존재하는 것이다.

욕구(want)는 이러한 필요를 구체적으로 만족시키려는 욕망이다. 예를 들어, 물에 대한 필요가 있을 때, 한국인은 숭늉, 미국인은 콜라, 프랑스인은 에비앙을 원할 수 있다. 어떤 사람은 음식이 필요하지만, 그 욕구는 햄버거일 수 있고, 의복이 필요하지만, 그 욕구는 LG패션일 수 있다. 또한, 필요는 존경이지만, 그 욕구는 그랜저 자동차가 될 수 있다. 인간의 필요는 적지만, 욕구는 매우 다양하며, 욕구는 교회, 학교, 가족, 기업 등 다양한 조직에서 계속해서 형성된다.

수요(demand)는 이러한 욕구가 실제 구매력(구입할 수 있는 능력과 의사)을 갖추었을 때 발생한다. 예를 들어, 많은 사람들이 그랜저 자동차를 갖고 싶어 하지만, 실제로 구매할 수 있는 사람은 한정되어 있다.

마케터는 인간의 필요를 창출할 수 없다. 왜냐하면 필요는 이미 인간에게 존재하기 때문이다. 그러나 마케터는 사회의 여러 요인과 함께 욕구에 영향을 줄 수 있다.

7.2 제품

제품은 인간에게 필요와 욕구를 충족시켜 줄 수 있는 모든 것으로 광범하게 인식될 수 있다. 보통 제품이란 용어는 자동차나 냉장고와 같은 물적 대상물을 연상하게 되나, 이러한 물적 대상물(유형재)과 무형재를 구별하기 위하여 제품과 서비스라고 표현하고 있다. 그러나 물리적 제품은 그 중요성이 그것을 소유하는 데 있는 것이 아니라 인간에게 필요한 서비스를 실질적으로 전달하는 매체 또는 수단이라는 점이다. 우리가 TV를 구입하는 것은 TV 제품 자체를 보기 위한 것이 아니라 TV를 통하여 우리의 생활에 필요한 서비스를 제공받기 위한 것이다.

실제로 서비스는 역시 물리적 제품뿐만 아니라 다른 수단(vehicles)에 의해 제공될 수 있다. 즉, 열린 음악회에서 어느 가수의 쇼를 본다(사람), 테니스 서클에 가입한다(조직체), 제주도에 휴양하러 간다(장소), 다른 생활방식을 택한다(아이디어) 등으로 서비스가 제공되는 것이다. 따라서 제품이란 용어는 물리적 제품, 서비스 제품 그리고 필요나 욕구를 충족시킬 수 있는 다른 수단 등으로 포괄적으로 사용될 수 있다.

7.3 가치, 비용 및 만족

소비자는 자신의 특정한 욕구를 충족시켜 줄 수 있는 제품을 선택할 때, 일반적으로 자신에게 가장 큰 만족(satisfaction)을 줄 수 있는 제품을 선택한다.

여기서 중요한 개념이 바로 가치(value)이다. 소비자는 각 제품이 자신의 욕구를 얼마나 잘 충족시켜 줄 수 있는지, 즉 그 제품의 가치를 평가한다. 소비자는 이상적인 제품을 머릿속에 상정하고, 실제 제품이 그 이상적인 제품에 얼마나 가까운지에 따라 제품을 평가한다. 즉, 제품의 가치는 소비자가 평가한 이상적인 제품에 얼마나 근접하느냐에 따라 결정된다.

하지만 소비자가 실제로 제품을 구매할 때는 비용(cost)이라는 현실적인 제약이 있다. 특정 제품을 구입하기 위해서는 다른 선택을 포기해야 하므로, 소비자는 제품의 가치와 가격을 모두 고려하여 최고의 가치를 제공하는 제품을 선택하려 한다.

오늘날 소비자 행동 연구자들은 소비자의 가치 형성과 제품 선택에 대해 경제적 논리를 넘어 다양한 관점에서 연구하고 있다. 이러한 이론은 마케터에게 매우 중요하다. 전체 마케팅 계획이 소비자가 제품을 어떻게 선택하는지에 대한 이해를 바탕으로 세워지기 때문이다. 따라서 가치, 비용, 만족은 마케팅에서 매우 중요한 개념이다

7.4 교환, 거래 및 관계

인간이 자신의 필요와 욕구를 교환(exchange)을 통해 충족하기로 할 때, 비로소 마케팅이 등장한다. 즉, 교환은 마케팅이 성립하는 가장 기본적인 전제이다. 인간이 필요로 하는 제품을 획득하는 방법은 네 가지가 있는데, 교환은 그중의 하나이다. 그런데 마케팅에서는 교환만이 그 대상이 된다. 예를 들어 배고픈 사람이 자기의 배고픔을 충족하는 데 이 네 가지 방법을 제시해 보면 다음과 같다. 첫 번째 방법은 자가 생산(self-production)으로 사냥, 낚시, 과일 채취 등으로 충족하는 것을 말한다. 이 경우 시장도 마케팅도 존재하지 않는다. 두 번째 방법은 강탈(coercion)로서 다른 사람으로부터 음식을 훔치거나 빼앗

는 것을 말한다. 이 경우 남을 해치지 않는다는 것뿐이지 아무런 혜택을 주지 못한다. 세 번째는 구걸(begging)로 충족하는 것으로 감사의 표시 이외에는 제공할 유형의 것이없다. 네 번째 방법은 교환(exchange)으로서 음식에 대한 대가로 돈, 기타 상품 또는 서비스 같은 재원을 다른 사람에게 제공할 수 있다. 교환이란 어떤 사람으로부터 바람직한 것을 얻고, 반대급부로 무엇인가를 제공하는 것이다. 이러한 교환은 마케팅의 근거를 이루는 개념으로 다음의 5가지 조건이 충족될 때 성립한다.

① 적어도 둘 이상의 당사자가 있어야 한다.
② 각자는 상대방에게 가치가 있는 무언가가 있어야 한다.
③ 각자는 의사소통과 전달이 가능해야 한다.
④ 각자는 상대방의 제의를 수락 또는 거절할 수 있어야 한다.
⑤ 각자는 상대방과 거래하는 것이 적절하거나 바람직하다고 믿어야 한다.

이상의 조건이 충족되면 교환이 성립하게 된다. 일반적으로 교환이 이루어지면, 교환에 참여한 양측은 교환 이전보다 더 나은 상태가 되거나, 적어도 손해를 보지 않는 것이 보통이다. 즉, 교환은 단순한 성과라기보다는, 양측이 협상을 통해 합의에 이르는 일련의 과정(process)으로 이해해야 한다.

양측이 협상을 거쳐 합의에 도달하면, 실제로 거래(transaction)가 발생한다. 거래는 교환의 기본 단위로서, 두 당사자 간에 가치가 오가는 교역(trade) 행위이다. 여기서 거래는 이전(transfer)과는 구별된다. 예를 들어, 한 사람이 다른 사람에게 아무런 대가 없이 선물을 제공한다면, 이는 거래가 아니라 이전에 해당한다.

거래가 이루어지는 마케팅이 거래 마케팅(transaction marketing)이고, 이것은 보다 넓은 의미를 지닌 관계 마케팅(relationship marketing)의 한 부분이다. 유능한 마케터는 고객, 중간상, 공급자와 장기적이고 협력적인 관계를 구축해야 한다. 관계 마케팅의 궁극적인 결과는 마케팅 네트워크(marketing network)라는 독특한 기업 자산을 만들어내는 것이다. 이러한 마케팅 네트워크는 신뢰할 수 있고 건실한 관계를 지속적으로 형성해 온 관련 기업들로 구성된다. 양호한 관계가 구축되면, 거래는 반드시 쌍방 모두에게 이익이 되는 결과를 가져온다.

7.5 시장

교환의 개념에서 시장의 개념으로 이끌어 갈 수 있다. 시장(market)은 필요나 욕구를 충족하기 위하여 교환을 기꺼이 하려는 특정의 필요나 욕구를 지니고 있는 모든 잠재적 고객으로 구성되어 있다. 시장의 기능을 그림 1.4의 교환의 형성과정을 통해 이해할 수 있다.

자급자족의 시기에는 농부는 농사일뿐 아니라 자신에게 필요한 물고기도 잡고 그릇도 만들어서 해결해야 한다. 분산된 교환의 시기에는 아직 시장이 형성되지 않았으므로 필요한 제품의 생산자와 직접 교환해야 한다. 집중적 교환의 시기에는 시장의 등장으로 상인을 통하여 한곳에 모여 거래량을 최소화 시키면서 효율적인 거래를 수행하게 된다. 시장은 제품의 현재적 및 잠재적 구매자들의 집합인 것이다. 원래 시장이란 용어는 구매자와 판매자가 재화를 교환하기 위하여 모인 장소를 의미한다. 마케팅은 시장과 관련하여 이루어지는 모든 인간의 활동으로 인식되고 있다. 경제학적으로 시장은 구체적 시장과 추상적 시장으로 구분되고 있다. 구체적 시장은 가시적인 시장으로 청과물시장, 어시장 등이 해당하고 추상적 시장은 비가시적인 시장으로 국내시장, 국제시장, 도매시장, 소매시장 등이 이에 해당한다. 따라서 경제학자들은 어떤 특정한 제품이나 제품 계층에 대하여 거래

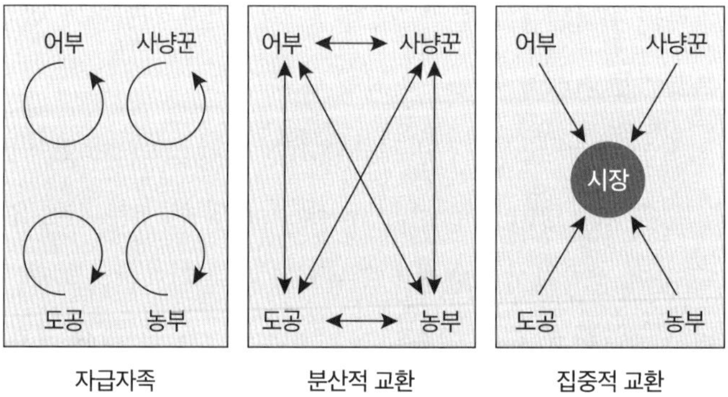

그림 1.4 교환의 형성과정

하는 구매자와 판매자의 집합으로 시장이란 용어를 사용한다.

그러나 마케터는 판매자들이 산업을 구성하고 있고, 구매자들이 시장을 구성하고 있다고 인식하고 있다. 산업과 시장 간의 관계가 그림 1.5에 제시되어 있는데, 판매자와 구매자는 의사소통, 상품/서비스, 화폐 그리고 정보 등 4개의 흐름으로 연결되어 있다.

업계에서는 시장이란 용어를 여러 종류의 다양한 고객의 집단을 커버하기 위한 포괄적인 여러 가지 용어로 사용하고 있다. 예를 들면, 필요시장(다이어트 시장), 제품시장(구두 시장), 인구통계적 시장(MZ 시장), 지역적 시장(미국 시장) 등이다. 또한 선거인 시장, 노동 시장 및 기부자 시장 등으로 비고객 집단화를 포함하여 그 개념을 확대하기도 한다.

※출처 : Kotler Philip(1997), Marketing Management, 9th ed., Prentice Hall, 13.

그림 1.5 단순한 마케팅 시스템

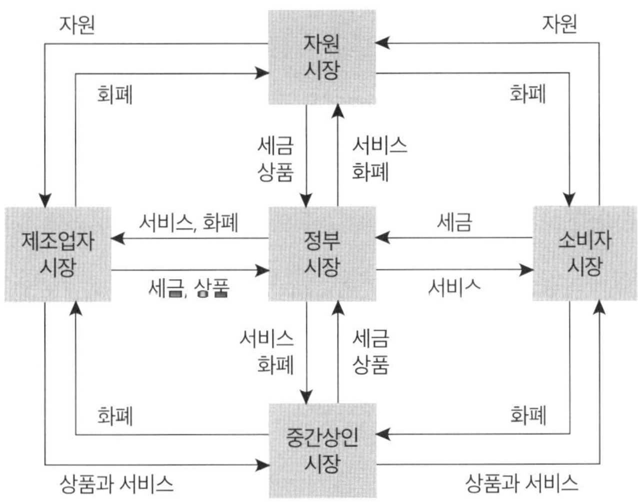

그림 1.6 현대 교환경제 흐름의 구조

현대 경제에서는 분업의 원리에 따라 전문화가 이루어지면서 많은 시장이 복잡하게 구성되어 있다. 그림 1.6은 오늘날 시장의 기본적인 유형과 이들 시장을 연결하는 흐름을 보여주고 있다. 여기에서도 각 시장 간의 흐름이 교환을 기본으로 하고 있음을 알 수 있다.

7.6 마케팅, 마케터 및 마케팅 관리

시장이라는 개념은 마케팅 개념의 전체적인 윤곽을 제시해준다. 마케팅은 시장과 관련하여 발생하는 인간 행동, 즉 인간의 필요와 욕구를 충족시키기 위한 잠재적 교환을 실현하기 위해 시장과 함께 작용하는 것을 의미한다.

이 교환을 실현하는 과정에서는 다른 당사자보다 더 적극적으로 교환을 추구하는 당사자가 존재하는데, 이를 마케터(marketer)라고 부른다. 마케터는 판매자일 수도 있고, 구매자일 수도 있다. 현실적으로는 판매자인 경우가 훨씬 더 많다. 판매자를 마케터라고 부를 때, 그 의미나 범위는 매우 포괄적이다. 즉, 생산업자, 유통업자, 광고대행사, 시장 조사기관 등 기업 자체를 가리키기도 하고, 기업 내의 시장 조사나 판매촉진 담당자 등 특정 직분을 지칭하기도 한다. 비영리기관 역시 이 범주에서 마케터로 불릴 수 있다.

교환 과정에 참여하는 사람들은 일정 기간에 걸쳐 교환을 어떻게 더 잘할 수 있는지를 터득하게 된다. 판매자의 입장에서는 마케팅 관리의 전문화를 위해 노력하게 된다. 마케팅 관리는 조직의 목적을 달성하기 위해 목표 구매자들과의 효율적인 교환을 창조, 구축, 유지하도록 설계된 프로그램을 분석, 계획, 실행, 통제하는 것으로 정의된다. 마케팅 관리자는 수요를 창조하고 확대할 뿐만 아니라, 수정하거나 경우에 따라서는 줄이기도 한다. 따라서 마케팅 관리는 조직의 목표를 달성하기 위해 수요의 수준, 시기, 성격에 영향을 주는 방안을 모색하는 것이다. 요약하면, 마케팅 관리는 곧 수요 관리라고 할 수 있다.

제8절 마케팅과 판매의 차이

인적판매가 빠른 결말을 의미하는 것으로만 사용되거나, 마케팅에서 유일하게 중시되는 것으로 여겨지는 것은 그 의미를 잘못 이해한 결과라고 할 수 있다. 판매는 고객과의 의사소통의 한 측면에 불과하다. 따라서 판매만을 유일하게 중요한 문제로 간주하면, 제품관리, 가격정책, 유통, 그리고 이익이 발생하는 판매를 달성하기 위한 다양한 의사소통 방식의 중요성을 간과하는 것이다. 판매는 전체 마케팅 과정의 한 부분일 뿐이며, 실제 거래가 이루어지는 단계이나. 이것은 마케팅 과정의 절정이며, 마케팅 믹스의 다른 모든 요소가 적절히 관리될 때만 성공할 수 있다. 즉, 고객의 필요를 발견하고, 그 필요를 만족시킬 제품을 개발하며, 제시된 이익에 부합하는 가격정책과 유통경로를 확보하고, 목표 시장과 효과적으로 의사소통할수록 인적판매 과정을 통해 거래가 이루어질 가능성이 높아진다.

이와 같이 볼 때, 마케팅이 광고에 관한 모든 것이라고 가정하는 것은 편협한 시각이다. 광고는 단지 의사소통의 한 유형일 뿐이라는 점이 분명하다. 많은 기업이 목표 시장을 정확히 파악하지 못해 광고비를 낭비하는 경우가 많다. 예를 들어, 한 대중운송회사가 3억 원을 버스 서비스의 신뢰성을 광고하는 데 사용했으나, 당시 대중은 버스를 노동계층의 교통수단으로 인식하고 있어 수요가 감소하고 있었다. 이는 광고가 판매를 반드시 증가시킬 것이라는 잘못된 믿음의 전형적인 사례이다. 만약 이 기업이 사전에 조사를 실시했다면, 광고가 선입견을 극복하는 데 어느 정도로, 어떻게 사용되어야 하는지 결정할 수 있었을 것이다. 그러나 조사가 이루어지지 않았기 때문에, 실제로는 소비자에게 무관한 메시지만 전달하게 되었다.

실제로 많은 기업은 경기가 좋을 때 광고비를 늘리고, 경기가 나쁠 때 광고비를 줄인다. 기업이 기대한 이익 수준에 미치지 못할 때 광고 예산을 줄이는 것은 손익계산에 손쉽게 적용할 수 있는 방법으로 보이나, 이러한 경향은 광고비 삭감이 즉각적인 판매 감소로 이어지지 않는다는 점 때문에 쉽게 권장된다. 그러나 이는 마케팅, 특히 광고의 역할을 오해하는 또 다른 전형적인 사례에 불과하다. 광고가 전체 마케팅 과정의 일부임에도 불구하고, 광고 효과를 판매로만 측정하는 것은 지나치게 단순한 접근이다.

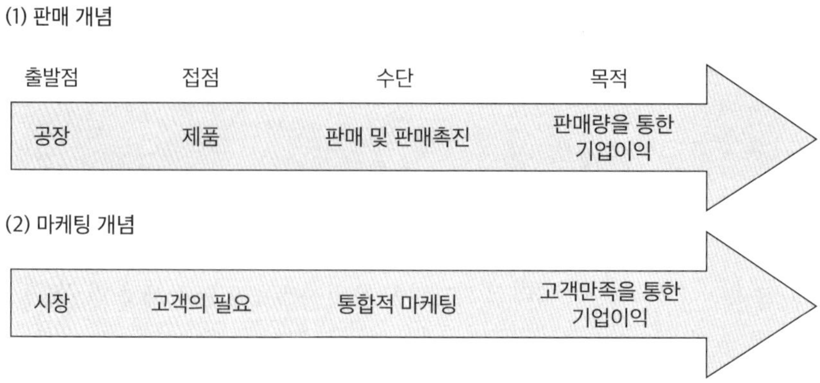

그림 1.7 판매와 마케팅 개념상의 비교

코틀러는 과거의 마케팅 이념인 판매 개념(sales concept)과 현대적 마케팅 개념(marketing concept)을 그림 1.7에서 비교하여 제시하고 있다.

드러커는 이와 관련하여 "판매의 필요성은 항상 존재한다. 그러나 마케팅의 목적은 그 판매 자체를 불필요(superfluous)하게 만드는 데 있다"고 설명하고 있다. 즉, 마케팅이 제대로 이루어진다면, 별도의 판매 활동 없이도 고객이 자연스럽게 제품이나 서비스를 구매하도록 만드는 것이 이상적인 목표임을 강조한 것이다.

또한, 스탠턴 등(William J. Stanton et al.)은 판매와 마케팅의 차이점을 표 1.3과 같이 비교하여 제시하고 있다. 이 표에서는 판매가 제품을 중심으로 한 활동임에 반해, 마케팅은 고객의 욕구와 필요를 중심으로 한 활동임을 명확히 구분하고 있다.

표 1.3 판매 개념과 마케팅 개념의 비교

판매	마케팅
제품에 대한 생산 강조	고객욕구에 대한 강조
제품 생산 후에 어떻게 할것인가를 생각한다	고객욕구의 결정 후에 그 욕구를 충족시킬 제품을 어떻게 생산하고 판매할 것인가를 생각한다
경영은 판매량 지향적	경영은 이익지향적
계획은 현재의 제품 및 시장에 의한 단기지향적	계획은 신제품, 미래의 시장과 성장에 의한 장기지향적
판매자의 필요에 중점을 둔다	구매자의 욕구에 중점을 둔다

제9절 산업 마케팅과 소비자 마케팅의 차이

마케팅의 중심사고는 누구에게나 적용되는 보편적인 개념이다. 이는 우리가 마케팅의 숙련가이든 초보자이든 마찬가지이다. 그러나 이러한 마케팅 사고를 산업재 기업에서 실제로 적용하려고 할 때 여러 가지 문제가 발생한다. 산업재란 산업기업, 기관 또는 정부 구매자가 그들의 제품을 생산하는 데 사용하거나, 재판매하거나, 기업 내에서 활용하는 제품을 의미한다. 대표적인 산업재의 유형에는 원재료, 부품, 자본재, 설비, 그리고 보수 및 운영 제품과 장비 등이 포함된다.

지난 30년 동안 일부 산업국가가 세계무역에서 차지하는 비중이 크게 감소한 것은, 이들 국가의 제품이 경쟁국 제품보다 품질이 떨어져서가 아니라, 경쟁국만큼 효과적으로 마케팅하지 못했기 때문이라는 견해를 뒷받침하는 정보와 증거가 많다.

이러한 현상이 나타나는 한 가지 이유는, 많은 산업재 기업들이 기계공학적으로 뛰어난 제품을 만드는 것만이 곧 경쟁력이라고 고집스럽게 믿기 때문이다. 실제로 몇몇 기업은 우수한 기술력을 갖춘 제품을 생산하는 데만 집중하지만, 최종 구매 결정은 종종 다른 요인에 의해 좌우된다. 특히, 시장 세분화, 시장 점유, 서비스, 평판 등과 같은 요소의 중요성을 제대로 이해하지 못하는 것이 많은 산업재 기업이 세계 시장에서 성공적으로 경쟁하지 못하는 주요 원인이다. 단순히 좋은 제품을 만들어 판매원에게 판매를 맡기는 것만으로는 충분하지 않다.

산업재의 구매 의사결정 과정에서는 흔히 '구매자 집단(buying center)'이 구성된다. 이 구매자 집단은 제안자(initiator), 영향자(influencer), 문지기(gatekeeper), 의사결정자(decider), 구매자(buyer), 사용자(user) 등으로 이루어진다. 각 구성원은 다음과 같이 고유한 역할을 담당한다.

① 제안자 : 제품이나 서비스의 구매로 문제해결 가능성을 최초로 발견하여 구매를 제안하는 사람이다. 현장의 실무 경험이 많은 사람이 제안자가 될 가능성이 크다.

② 영향자 : 무엇을 구매해야 하는지에 대해 긍정 혹은 부정적인 영향을 미치는 사람이다. 정보를 투입(input)하는 사람으로 주로 기술 부분 종사자이다.

③ 문지기 : 의사결정자에게 정보를 전달하거나 통제하는 사람이다. 주로 부정적인 정보를 전달할 가능성이 있어서 판매원은 문지기가 의사결정자를 만나는 것을 꺼리는 경향이 있다.

④ 의사결정자 : 구매에 대해 가부의 판정을 내리는 사람이다. 의사결정이 복잡할수록 의사결정자는 조직의 고위층이 될 가능성이 크다.

⑤ 구매자 : 구매 주문서에 서명 날인을 하는 사람이다. 의사결정자나 영향자가 구매자가 되는 경우도 있지만, 단순히 구매를 수행하는 역할을 하는 사람인 경우 타 구성원에 비해 중요성이 떨어질 수도 있다.

⑥ 사용자 : 궁극적으로 구매한 제품이나 서비스를 사용하는 사람이다. 사용을 통해 구매품을 구매 계획서 및 제품 명세서와 비교 검토하는 사람이다.

산업재 구매의 기준은 크게 다음의 다섯 가지로 나눌 수 있다.

① 성능 기준(performance criteria) : 제품이나 서비스가 기능을 얼마나 잘 수행하는가가 기준이 된다.

② 경제성 기준(economic criteria) : 제품이나 서비스의 구매에 투입된 비용의 적절성이 기준이 된다.

③ 통합적 기준(integrative criteria) : 제품이나 서비스의 공급자가 고객의 기대에 부응하기 위해 최소한의 행동 이상의 B/S, A/S, 부가적 정보 제공 등을 해 줄 것인가가 기준이 된다.

④ 채택적 기준(adaptive criteria) : 공급자의 제품이나 서비스가 얼마나 제품명세서에 충실한가가 기준이 된다.

⑤ 법률적 기준(legalistic criteria) : 제품이나 서비스 구매 시 어떠한 법적 혹은 정책적 고려 사항을 명심해야 하는가가 기준이 된다.

산업재 구매 과정을 예시한 카도조(Ricardo N. Cardozo)의 7단계 모형은 다음과 같다.

① 1단계 - 제안된 구매의 실현 여부 : 구매자 집단(buying center)의 구성원들 간에 합의할 확률(P1)
② 2단계 - 예산, 구매대상, 제품 명세의 결정 : 아이템의 품질 특성, 명세를 결정할 확률(P2)
③ 3단계 - 신청안이나 입찰 청구 : 신청서를 발송할 확률(P3)
④ 4단계 - 특정 구매품 선택 : 공급자를 선정할 확률(P4)
⑤ 5단계 - 그 선택된 제품의 승인 : 구매 주문을 할 확률(P5)
⑥ 6단계 - 배달된 제품의 수용 : 대금 결제를 할 확률(P6)
⑦ 7단계 - 재구매(반복구매) : 계속적 구매를 할 확률(P7)

그는 모든 단계의 의사결정이 일어날 확률 P1(act)를 계산하여 최종적인 특정 산업재 구매 확률 P(purchase)를 계산해 내었다. 이를 식으로 쓰면 다음과 같다.

$$P1(act) \times P2 \times P3 \times P4 \times P5 \times P6 = P(purchase)$$

이 공식에서 P1(act)은 1단계의 발생 확률을 의미하며, 이 확률은 거의 100%에 가까울 것이다. 마찬가지로, P6 역시 배달된 제품에 대해 대금이 결세될 확률로, 이 또한 100%에 이를 것이다. 이 공식을 활용하여 A라는 산업재의 구매 의사결정 과정을 정상적 기준, 비관적 기준, 낙관적 기준으로 나누어 해석해 보면 다음과 같은 예시를 들 수 있다.

정상적 기준 : 1.0 × ... × 1.0 = 0.14
비관적 기준 : 1.0 × ... × 1.0 = 0.07
낙관적 기준 : 1.0 × ... × 1.0 = 0.26

정상적 기준의 경우 A제품을 구매할 확률은 14%이고, 비관적 기준을 적용하면 7%로 떨어지고, 낙관적 기준이 적용되면 26%로 올라가게 된다.

산업재 시장의 특징은 다음과 같다.

① 지리적 집중 : 산업재의 생산지는 특정 지역에 한정적으로 분포하고 있어서 생산지를 중심으로 집중된 시장을 형성하게 된다.
② 구매자 수의 한정 : 산업재를 필요로 하는 구매자는 불과 몇몇인 경우가 대부분이다. 원재료와 부품을 공급받아 완제품을 만드는 생산자의 수는 소비재 구매자에 비해 극히 한정적이다.
③ 구매자의 풍부한 지식 : 앞서 본 것처럼 '구매자 집단' 등을 구성하기 때문에 전문적인 구매 관리자가 있어서 충동구매 등은 일어날 가능성이 없다.
④ 거래량의 대량성과 저구매빈도 : 한 번 구매하면 대량 구매를 하게 되며, 그 대신 구매빈도는 적다. 대량 구매로 단위당 구매 관련 비용을 줄일 수 있지만 저구매 빈도로 인해 공급자와의 지속적인 관계 유지가 힘들 수도 있다. 또한 구매 총액은 물론 구매당 단가는 고액이다.
⑤ 품질의 균질성 : 산업재는 표준화 또는 등급화가 이루어지기 때문에 품질이 일정 수준을 유지하게 된다.
⑥ 수요의 파생적 성격 : 산업재 수요 발생은 본원적 수요(primary demand)가 아니라 파생적 수요(derived demand)인 경우가 많다. 자동차의 부속이나 배터리 등은 자동차의 수요로 파생되어 생긴 것이다.
⑦ 수요의 가격 비탄력성 : 산업재의 수요는 가격 변화에 민감하지 않다. 구두 생산자는 가죽 값이 내려도 구두 수요가 특별히 증가하지 않는 한 가죽 구매를 늘리지 않게 된다. 또한 타자기의 주원료인 강철의 가격이 인하하더라도 타자기 가격이 강철의 가격 인하 폭만큼 인하하지는 않는데 이는 다른 비용이 타자기 가격 형성에 크게 작용하기 때문이다.

⑧ 수요 변동의 광범성 : 산업재의 수요는 한번씩 대폭 변동하는 경향이 있다. 경기, 경제성장률, 산업생산지수 증가율 등이 시설 및 설비 투자에 영향을 미치기 때문에 산업재 수요의 발생을 수직적으로는 '파생적 수요'라 한다면 수평적으로는 '복합적 수요'라고 한다.

그러나 마케팅 문제를 고려할 때, 기계공학적 문제에 대한 입장과는 별개로, 마케팅이 많은 산업재 시장에서 실제로 매우 어려운 과제라는 점은 분명하다. 이러한 현실은 경영자들이 자신들이 잘 이해할 수 있는 분야, 즉 기술적 문제에 집중하게 만드는 경향이 있다.

예를 들어, 모든 산업재에 대한 수요는 궁극적으로 소비재에 대한 수요에서 파생된다. 이로 인해 산업재 시장의 의사결정에는 더 큰 불확실성이 따르며, 수요 예측이 극도로 어려워진다. 그림 1.8에서 볼 수 있듯이, 기업이 최종 소비자와의 거리가 멀어질수록, 즉 중간 유통 단계가 많아질수록, 그 기업이 수요를 통제할 수 있는 수준은 더욱 낮아진다.

양조업자를 예로 들어보자. 양조업자는 자신의 소비자와 직접적으로 의사소통할 수 있지만, 양조업자의 공장을 만드는 기업이나 그 공장에 제품을 공급하는 기업들은 최종적으로 소비자에게 직접 접근할 수 없고, 오히려 궁극적인 소비자에 의존하게 된다. 이처럼 산업재 시장에서는 소비재 시장과 달리 시장 정보의 획득이 어렵기 때문에 시장점유율의 변화를 측정하는 것도 한층 더 복잡하다. 그리고 산업재 마케팅을 더욱 어렵게 만드는 요인들은 이 외에도 많다.

불행하게도, 이러한 문제에 대해 많은 기업은 마케팅 진문가를 채용해 모든 마케팅 문제를 그에게 일임하는 방식으로 대응해 왔다. 하지만 이제는 이런 방식이 효과적이지 않다는 것이 명확해졌다. 마케팅 개념이 실제로 실행되기 위해서는 기업 내 모든 실무자가 그 개념을 이해하고 실천해야 하며, 마케팅 관리자 한 사람만이 이해하고 실행해서는 안 된다. 그렇지 않으면, 조직구성원들은 과거와 똑같이 행동하게 되고, 마케팅 전문가의 역할은 금세 무의미해질 수밖에 없다.

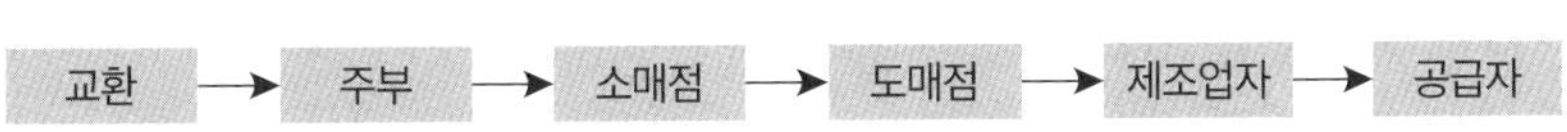

그림 1.8 소비자와 공급자

제10절 마케팅 부서의 필요성

기업에는 반드시 마케팅 부서가 있어야 할까? 분석, 계획, 그리고 결합 과정의 조정을 위해 반드시 정형화된 마케팅 부서가 필요하지는 않다. 특히, 주요 실무자가 고객의 욕구를 깊이 이해하고 있는 소규모이면서 사업이 다양하지 않은 기업에서는 더욱 그렇다. 심지어 규모가 큰 기업이라 해도 마케팅 부서가 반드시 필요한 것은 아니다. 제품 관리는 엔지니어가, 가격 정책은 회계사가, 유통은 유통 전문가가, 판매와 광고는 판매 관리자가 각각 맡아 운영할 수 있기 때문이다.

그러나 기업의 제품 영역이 확대되고, 고객 유형이 다양해질수록 마케팅 관리를 하나의 중심적 조정 기능 아래 조직할 필요가 커진다. 그렇지 않으면, 기술적으로는 우수하지만 상업적으로는 시장에서 외면받는 제품이 만들어질 위험이 있기 때문이다.

하지만 조직 내에서 누가 마케팅의 책임을 지느냐보다 더 중요한 것은, 조직 전체가 마케팅 지향성을 가지고 있느냐 하는 점이다. 마케팅 지향성(또는 시장 지향성)이란, 기업이 고객의 필요를 이해하고, 고객 욕구의 변화를 파악하여 시장에서 적극적으로 고객을 위한 생산, 유통, 촉진 활동을 수행하는 정도를 의미한다.

마케팅 부서는 시장 지향성을 높이기 위해 존재한다. 시장 지향성의 구성 요소는 고객 지향성, 경쟁자 지향성, 그리고 부서 간 조정(inter-functional coordination) 세 가지로 나눌 수 있다. 고객 지향성은 고객 만족을 높이기 위한 시장 조사, 고객 가치 증진 노력, 고객 만족도 측정 등을 얼마나 잘 수행하는지를 의미한다. 경쟁자 지향성은 경쟁자의 행동을 분석하고 이에 효과적으로 대응하는 정도를 뜻한다. 시장 지향성을 높이기 위해서는 경쟁 환경에 민감하게 반응해야 한다. 부서 간 조정은 기업 내 관련 부서들이 얼마나 잘 의사소통하고 정보를 공유하는지를 나타낸다. 시장 조사 결과를 부서 간에 공유하고, 의사결정에 필요한 정보와 기준을 유기적으로 전달함으로써, 기업 전체가 통합된 마케팅 활동을 할 수 있게 된다.

또한, 시장 지향성을 정보 창출(intelligence generation), 정보 전파(intelligence dissemination), 정보 활용(반응)(intelligence response)의 세 단계로 구분하기도 한다. 정보 창출은 시장 조사와 환경 분석을 통해 정보를 생산하는 과정이다. 이렇게 생산된 정보는 정보 전파 과정을 통해 부서 간 미팅 등으로 기업 내부에 널리 공유된다. 여러 부서가 공유한 정보는 정보 활용(반응) 단계에서 시장 변화에 대응하거나, 신제품 개발, 가격 변동, 품질 개선 등 구체적인 결과로 나타난다.

제11절 미래의 마케팅

11.1 비영리 조직(Nonprofit Organization)

마케팅 전략이 제공하는 다양한 방법과 지혜는 기업의 생산성을 높이고 경쟁력을 키우는 데 큰 도움이 된다. 이제는 이런 마케팅 전략이 비영리 조직에게도 꼭 필요하다는 인식이 확산되고 있다. 실제로 정부, 지방자치단체, 학교, 병원, 박물관, 무용단, 경찰 등도 경쟁 속에서 더 많은 이익을 시민과 고객에게 돌려주기 위해 마케팅을 적극적으로 활용하고 있다.

앞으로는 비영리 조직도 마케팅을 체계적으로 계획하고, 실행하고, 그 결과를 꼼꼼히 점검하는 새로운 방식으로 일해야만 경쟁에서 살아남을 수 있다.

11.2 정보기술의 붐(Information Technology Boom)

이제는 새로운 세대의 정보기술이 빠르게 등장하고 사라지는 시대이다. 정보기술의 영향력은 과거의 어떤 자산이나 기술, 노동력보다 훨씬 크고, 그 파급효과도 오래 지속된다. 정보기술은 힘의 원천(power source)으로 작용하며, 경쟁자보다 먼저 신제품을 개발하고 창의적인 아이디어를 내는 데 중요한 역할을 한다. 또, 현대의 제품이 점점 더 많은 서비스적 특성을 갖게 되는 것도 정보기술의 중요성이 커졌음을 증명하고 있다.

11.3 급속한 국제화(Rapid Globalization)

급속히 진행되는 국제화는 국내 기업의 마케팅 활동의 범위를 변화시키는 주요 원인이 되고 있다. 지구촌 사회의 소비자를 대상으로 펼쳐지는 마케팅은 그 다양성이 무한하고 다차원성의 극한 역시 무한대이다. 가장 생산비가 적게 드는 지역에서 생산한 제품을 가장 저렴한 유통 및 물류 비용을 소요하여 최고의 가치와 효용을 누릴 수 있는 시장의 소비자에게 공급하는 것이 국제화 전략이다. 국제화(internationalization)가 국내 기업의 해외시장 진출이라는 시각을 강조한다면 세계화(globalization)는 국내기업의 해외시장 진출과 해외기업의 국내시장 진출 양면을 모두 강조하는 시각이라고 보는 견해도 있다. '국제적으로 생각하되 지역적으로 행동하라'(think globally, but act locally)라는 말과 '세방화(glocalization)'라는 말은 무한경쟁의 시대에 국제화 내지는 세계화 전략의 어려움과 중요성을 동시에 상징하는 말이 되었다.

11.4 세계경제변화(Wold Economy Change)

세계 경제 질서는 빠르게 변화하고 있다. 세계무역기구(WTO)는 출범 30주년을 맞아 전 세계 시장의 자유화와 완전 개방을 목표로, 환경, 노동, 기술 보호, 공정경쟁 등 다양한 새로운 이슈를 다루는 뉴라운드(New Round) 협상을 추진 중이다. 최근 WTO는 기후변화 대응 등 글로벌 공동과제를 주요 의제로 삼고, 무역과 환경이 상호 지지적 관계가 되도록 논의하고 있다.

이와 함께, 주요 경제 대국들은 자국의 이익을 보호하기 위해 다양한 경제 블록을 구축해왔다. 유럽연합(EU), 북미자유무역협정(NAFTA, 현 USMCA), 아시아태평양경제협력체(APEC) 등 지역 경제권이 대표적이다. 이러한 경제 블록들은 각국 간 무역 장벽을 낮추고, 공동의 경제 이익을 극대화하기 위해 협력하고 있다.

이처럼 국가 간, 경제권 간의 경쟁과 협력이 심화되는 환경에서, 기업이 생존하고 성장하기 위해서는 글로벌 무역 질서와 시장 변화에 능동적으로 대응하는 전략이 필수적이다. WTO 뉴라운드와 경제 블록 간의 경쟁 구도는 앞으로도 기업 경영에 큰 영향을 미칠 전망이다.

11.5 윤리와 사회적 책임(Ethics and Social Responsibility)

과거, 생존과 경쟁의 논리에 우선순위를 내어 주었던 기업의 윤리와 사회적 책임은 이제 마케터의 원칙, 가치, 행동 지침이 되어야 할 시대가 되었다. 마케팅에 대한 비판은 부정직한 판매원, 불량한 제품과 서비스, 환경과 자원을 파괴하는 마케팅과 경영에 집중적으로 퍼부어지고 있다. 도덕적 기준에서 윤리경영을 실천하는 것도 마케팅 기업의 임무이지만 사회의 다양한 구성원에게 정도 경영을 실천하고 기업의 이익을 환원하는 원칙을 세우고 실천하는 것도 필수적인 과업이다.

11.6 로하스 마케팅(LOHAS Marketing)

현대 기업은 단순히 소비자의 지갑을 열게 하는 존재가 아니라, 소비자의 삶을 더 풍요롭고 의미 있게 만드는 기업이라는 이미지를 심어야 한다. 2020년대 들어 ESG(환경·사회·지배구조), 지속가능성, 그리고 건강한 라이프스타일이 전 세계적으로 중요한 마케팅 화두로 자리 잡았다. 최근에는 '로하스(LOHAS: Lifestyles of Health and Sustainability)' 마케팅이 더욱 주목받고 있다. 로하스 마케팅은 건강하고 지속가능한 삶을 추구하는 소비자들을 대상으로, 친환경적이고 사회적으로 책임 있는 제품과 서비스를 제공하는 전략이다.

최근 세계적으로 친환경·지속가능성 소비트렌드는 더욱 확산되고 있다. 글로벌 시장조사기관 닐슨IQ(2024)와 맥킨지(2023) 등의 보고서에 따르면, 전 세계 소비자의 60% 이상이 친환경 제품을 선호하고, 70% 이상이 지속가능한 브랜드에 더 많은 비용을 지불할 의향이 있다고 답했다. 또한, MZ세대(밀레니얼+Z세대)와 알파세대를 중심으로 윤리적 소비, 공정무역, 친환경 경영을 실천하는 기업에 대한 선호가 뚜렷하게 나타나고 있다.

로하스 소비자의 대표적인 특징은 다음과 같다.

<로하스 소비자의 특징>

① 친환경적인 제품을 선택한다.

② 환경보존에 적극적이다.

③ 재생원리를 사용한 제품을 구매한다.

④ 지속가능성을 고려해 만든 제품에는 20%의 추가비용을 지불할 용의가 있다.

⑤ 친환경 제품의 기대효과를 적극적으로 홍보한다.

⑥ 지구 환경에 미칠 영향을 고려해 구매한다.

⑦ 전체 사회를 생각하는 삶을 영위한다.

⑧ 지속가능한 기법이나 농법으로 생산된 제품을 선호한다.

⑨ 로하스 소비자의 가치를 공유하는 기업의 제품을 선호한다.

이러한 로하스 소비자들은 공정무역, 윤리적 소비, 친환경 경영 등 지속가능한 생산과 소비를 적극적으로 지지한다. 실제로, 2024년 기준 유럽연합(EU)과 미국, 한국 등 주요 국가에서는 친환경·윤리적 소비자 운동이 확산되면서, 기업들도 ESG 경영과 친환경 인증 확대에 힘쓰고 있다. 로하스 소비자는 "비싸더라도 가치 있는 제품에 정당한 값을 지불해야 한다"는 인식을 확산시키고 있으며, 이는 궁극적으로 모두가 윈-윈(win-win)하는 지속가능한 사회로 나아가는 데 중요한 역할을 하고 있다.

요약

마케팅은 기업의 능력과 소비자의 욕구를 연결하는 과정이라고 할 수 있다. 기업은 시장 기회를 효과적이고 경쟁적으로 활용할 수 있는 자원과 경영 기법을 자신만의 독특한 방식으로 갖추고 있어야 하며, 이러한 기업의 역량이 마케팅 환경과 잘 맞아야 한다. 또한 다양한 고객 집단의 욕구를 이해하고, 이들이 받아들일 수 있는 가격으로 제품과 서비스를 제공할 수 있어야 한다. 따라서 이 장에서는 마케팅의 개념과 그 진화, 마케팅의 기본 요소, 마케팅의 주체와 효용을 바탕으로, 기업의 능력과 기업이 고려해야 할 마케팅 환경에 대해 살펴보았다.

마케팅은 고객의 욕구를 충족시키는 제품을 생산하고 판매하는 활동이며, 판매는 마케팅 과정의 한 부분으로, 마케팅 믹스의 다른 요소들이 적절히 관리될 때 비로소 성공할 수 있다. 그렇기 때문에 기업은 이러한 마케팅 과정을 총괄적으로 관리할 부서를 두고, 시장지향성을 실현해 나가야 한다.

향후 마케팅에 대한 논의는 비영리 조직의 마케팅, 정보기술의 발전, 급속한 국제화, 세계 경제의 변화, 그리고 윤리와 사회적 책임과 같은 주제를 중심으로 이어질 것이다.

연습문제

1. 기업에게 마케팅이 무엇을 의미한다고 생각하는지 설명하시오.

2. 마케팅 부서가 있는 기업에서 마케팅 부서의 역할을 서술하시오.

3. 마케팅 부서가 없는 기업이라면 다음 사항에 관한 의사결정이 어떻게 이루어져야 하는지 서술하시오.

제품	가격	고객서비스 수준
물적 유통	광고	판매촉진
판매원	시장에 관한 정보	

4. 마케팅과 판매를 구별하시오.

5. 마케팅 기본요소의 개념의 특징을 설명하시오.

6. 특정 기업의 예를 들어 시장필요를 말하고, 시장필요와 상관없이 기업이 생산했으면 좋은 제품을 말하시오.

7. 판매예측으로 계획과정을 시작한 후 예산을 세우는 것이 과거 년도의 성과를 살펴보고 마케팅 목표를 세우는 것으로 시작하는 것보다 좋은지 나쁜지 말하고 그 이유를 설명하시오.

제2장 마케팅 관리과정

마케팅 관리 과정은 마케팅 목표를 달성하기 위해 필요한 방법들을 확인하고 대안을 선택하는 모든 활동을 말한다. 즉, 목표 달성에 필요한 자원을 효율적·효과적으로 사용하기 위한 계획과 실행이라고 볼 수 있다. 전체의 단일한 과정으로 보면 단순한 것이지만, 실제로는 모든 마케팅 과업 중에서 가장 어려운 것이 될 수 있다. 마케팅 관리의 계획이 마케팅의 모든 요소를 하나의 일관성 있는 계획에 함께 모아 정렬시키는 일을 수반하고 그렇게 하기 위해서는 최소한 어느 정도의 제도화된 절차가 필요하기 때문이다.

또한 기업이 가지고 있는 제약조건이 주어진 상태에서 바람직한 것과 실행 가능한 것 간의 획득 가능한 타협점을 찾을 때까지는 그 과정 자체가 어떻게 관리되는지에 관한 안내가 많지 않다. 그런데 그 과정은 타협점을 찾기 전에 목표, 전략, 계획, 예산 등에 대한 복습으로부터 선행해야 하는 것이다.

따라서 상업적 기업의 다양한 규모, 복잡성, 특징과 다양성 때문에 각 기업의 상황에 적합한 요구조건에 맞추어 통합되고 조화되고 일관성 있는 계획을 개발할 수 있는 정도는 마케팅 계획과정 자체를 조직 내부의 모든 경영 수준 안의 초점을 예리하게 하는 수단으로 깊이 이해하는 데 달려 있다. 이 장의 목적은 마케팅 계획이 무엇인지와 마케팅 계획의 실행방법에 대해 간단히 설명하는 것이다.

제1절 마케팅 계획이 필수적인 이유

기업이 운영되고 있는 복잡한 환경을 고려할 때 마케팅 계획이 필수적이라는 데 의심의 여지가 없다. 수백 개의 내외적 요소들은 이해할 수 없는 복잡한 방향으로 상호작용하여 유익한 판매를 달성하려는 우리의 능력에 영향을 미친다. 또한 기업이 설정하는 네 가지의 전형적인 목표인 수입극대화, 이익극대화, 투자수익률 극대화, 비용극소화를 생각해 보자. 이것들 각각은 본래의 특징적인 기능을 갖기 때문에 기업 내에서 서로 다른 경영자에게 나름대로의 호소력을 지니게 된다. 실제로 달성할 수 있는 최선의 대안은 최적의 절충인데 그 까닭은 이들 목표 각각이 균형을 이루려면 갈등이 생기기 때문이다.

기업의 경영자는 이러한 모든 변수들이 어떻게 상호작용하는지 이해하거나 보아야 하고 합리적인 과정에서 직관, 느낌 그리고 경험이 기여요소로서 얼마나 중요한가에 상관없이 경영자들은 경영의사결정에 대해 합리적인 판단을 하기 위해 노력해야 한다. 그러나 그것이 어렵기 때문에 대부분 기업들은 단지 판매예측과 예산체계에 의존하고 있다. 겉으로 드러난 현상과 문제의 해결만으로 향후에 직면하게 될 실질적인 기회와 위협을 활용하고 대처하는 데는 한계가 있을 수 있다. 그래서 대부분의 경영자들은 기업 경영의 복잡성을 감소시키거나 미래에 대한 기업의 희망에 현실적인 영역을 추가시키는 정형화된 마케팅 계획 절차가 보다 합리적인 의사결정을 하는 데 필수적인 과정이라고 보고 있다.

제2절 마케팅 계획과정

그림 2.1은 마케팅 계획을 작성하기 위해 거쳐야 할 단계를 설명하고 있다. 점선으로 연결된 부분은 실제 계획과정에서 이 단계들이 최종의 계획이 작성되기 전에 한 번 이상 거쳐야 될 과정으로 보인다는 의미이다. 여기서 설명한 각 단계는 이 장의 뒤에서 더욱 상세히 논의될 것이다.

조사를 통해서 마케팅 계획단계가 보편적으로 적용 가능하지만 각각의 개별단계가 정형화될 필요성은 기업의 규모와 본질에 따라 결정된다. 예를 들면 기업의 규모가 작고 계층이 다양화되지 않은 기업은 일반적으로 덜 정형화된 절차를 사용하는데, 이는 대부분의 주요 성공 결정 요인에 대해 직접적인 통제를 할 수 있을 정도로 운영이 다양화되어 있지 않으므로 최고경영자가 부하보다 더 많은 기능적 지식과 전문성을 가지는 경향이 있기 때문이다. 따라서 상황검토, 마케팅 목표 설정 등이 점검해야만 할 사항이지만 항상 분명하게 기록되어 있는 것은 아니다. 대조적으로 기업의 규모가 크고 계층이 다양화된 기업

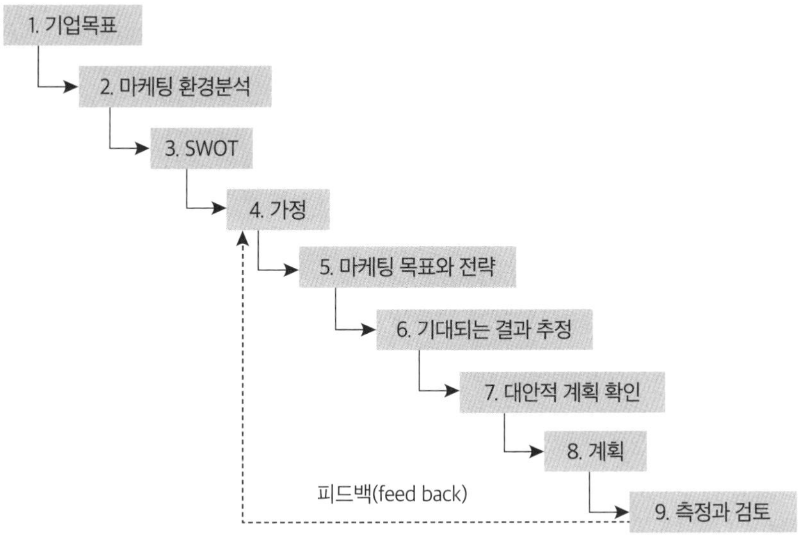

그림 2.1 마케팅 계획과정

에서는 최고 경영자가 부하보다 기능적 지식과 전문성을 가지는 것이 대개는 불가능하다.

따라서 전체 계획과정은 전체 조직을 통해 의사결정을 해야만 하는 사람들을 위한 일관된 규칙을 제공하기 위해 정형화되는 경향이 더욱 크다. 그러나 어떤 경우이든 정형화된 마케팅 계획 절차가 장기적으로 더 큰 수익성과 안정성을 가져다주고 조직 내의 운영상의 어려움을 감소시키는 데 도움을 준다는 것이 일반적인 의견이다.

마케팅 계획이 실패하는 것은 일반적으로 기업이 절차 자체와 결과 보고서만을 지나치게 강조하고 경영에 유용한 정보를 도출하지 않기 때문이다. 또한 마케팅 계획을 소위 경영입안가에게 떠맡기는 경우는 모두가 실패하게 되는데 그 이유는 라인 경영을 계획하는 일이 제3의 부서에 전적으로 맡길 수 없는 것이기 때문이다. 계획입안가의 실질적인 역할은 계획을 실행하는 것을 도와주어야 한다. 이 간단한 사실을 인식하지 못하면 재난이 온다. 특히 수립된 계획을 실행하는 절차와 방법 등을 스태프들에게 알리고 훈련시키지 않아서 실질적인 계획 실행이 되지 않아 실패하는 경우도 종종 있다.

한 스웨덴의 배터리 해외판매회사는 마케팅 계획체계를 세 번이나 도입했지만 모두 실패했는데 그 이유는 조직의 경영층이 계획을 제대로 이해하지 못했기 때문이었다. 또한 경영층은 새로운 체계의 필요조건이 무엇인지도 몰랐고 그 체계를 효과적으로 운영하는 필수적 자원도 없었다. 경영자의 훈련과 필요한 자원에 대한 세심한 고려가 이러한 기업의 계획문제를 극복 가능하게 해준다.

이와 대조적으로 다국적 기업인 석유회사는 효과적인 마케팅 계획체계를 갖추지 못해서 영업과 수익창출의 어려움으로 타격을 받고 있었는데 새로운 절차를 사용하는 훈련 프로그램과 그 프로그램을 효과적으로 운영하는 적절한 자원을 제공해 주는 3개년의 계획체계를 도입하였다. 이 기업은 이제 다양한 활동에 대한 확고한 통제가 가능하여 신뢰를 회복하고 수익성을 되찾게 되었다. 우리는 이제 마케팅 관리 절차 중에서 마케팅 계획과정을 보다 상세히 보기로 하자.

제3절 마케팅 환경분석과 SWOT 분석

마케팅 계획과정 중에서 환경 분석과 SWOT 분석은 기업의 현재 상태를 진단하고 미래 환경의 변화를 예측하여 마케팅 계획의 방향을 설정하기 위한 시작이다. 환경(environment)이란 조직을 둘러싸고 있거나 조직에 영향을 미치는 일련의 영향력 및 상황을 말하는데 기업의 마케팅 계획 수립 시에는 필수적인 선행 요소로 인식되고 있다. 전통적인 환경분류법에서는 그림 2.1과 같이 조직을 둘러싸고 있는 환경을 크게 내부환경(internal environment)과 외부환경(external environment)으로 구분하고 있다. 내부환경이란 조직이 가지고 있는 독특한 조직분위기, 조직문화를 의미하는 것으로 조직구성원이 조직의 성격, 가치, 규정, 스타일 및 특성 등을 공유하는 지각의 정도로 구성된다. 외부환경이란 조직의 외부에 존재하면서 조직의 의사결정이나 전반적인 조직활동에 영향을 미치는 환경을 의미한다. 외부환경은 다시 거시환경(macro environment)과 과업환경(task environment)으로 구분할수 있다.

사회의 모든 조직에 영향을 미치는 거시환경은 일반환경이라고도 하며, 그 범위가 매우 넓어 통제하기가 어려운 요인으로 구성되어 있다. 이러한 요인에는 특정 조직에 반드시 영향을 미치지 않는 경우도 있다. 이러한 환경에는 경제적 환경, 기술적 환경, 사회문화적 환경, 정치·법률적 환경, 국제적 환경 등이 있다. 과업환경이란 특정 조직에 직접적인 영향을 미치는 요인으로 경쟁기업, 고객, 규제기관 그리고 협력업자 등으로 구성될 수 있다. 현대의 기업은 시스템이론에서 시사하는 바와 같이 환경과 끊임없이 상호작용을 하는 개방시스템이다. 환경으로부터 원재료를 비롯한 투입물을 받아들이며 변형과정을 거쳐 만들어진 산출물인 재화와 용역은 외부의 환경으로 내보내지게 되며, 그 평가와 결과는 피드백에 의하여 다시 투입과정에 반영된다. 기업이 외부환경으로부터 투입물을 적절히 받아들이지 못하거나, 산출물이 외부환경에 의하여 수용되지 않는 경우에는 그 존속이 불가능하게 되며 이러한 병리적 현상을 마케팅 근시안(marketing myopia)이라고 한다.

최근 기업을 둘러싼 외부환경은 보다 복잡해질 뿐만 아니라 더욱 빠르게 변화하고 있다. 이러한 기업환경의 급속한 변화로 기업 내부의 효율성보다는 외부 적응력을 중요시하게 되었으며, 기업은 생존을 위하여 외부환경의 변화에 적절히 적응하여야만 하는 것이다.

이와 같은 환경의 중요성은 현대 경영학에서 기업과 환경의 관계에 대한 중요성을 부각시키는 계기를 마련하게 된 것이다. 기업환경은 기업이나 기업의 활동에 영향을 미치는 모든 요인을 의미한다. 그러므로 기업의 환경을 구성하는 요소는 그 범위도 넓을 뿐만 아니라 수도 많은 것이다. 이러한 마케팅의 내부 및 외부환경의 구체적이고 상세한 검토 항목을 표 2.1에 제시하였다.

이러한 환경분석의 결과는 단순히 나열하여 상황을 파악하는 것으로 그치는 것이 아니라 보다 전략적인 계획의 수립을 위하여 기회와 위협, 강점과 약점이라는 기준으로 분류하고 계획의 방향을 모색하게 된다.

이러한 분석을 SWOT 분석이라고 한다. 기회(opportunity)와 위협(thrcat)은 외부환경의 분석 결과, 자사에 유리하게 작용하는 환경요소는 기회로 분류하고 불리하게 작용하는 환경요소는 위협으로 분류하는 것이다. 또한 강점(strength)과 약점(weakness)은 자사 내부의 환경요소를 분석하여 경쟁사에 비해 월등히 뛰어난 역량과 성과는 강점으로, 상대적으로 부진한 것은 약점으로 분류하는 것이다. 환경분석의 절차와 SWOT 분석 사례는 제14장에서 다시 한 번 자세히 설명될 것이다.

표 2.1 마케팅 환경분석 요인

내부환경(장단점)

【자사】

판매(지역별, 산업유형별, 고객별, 제품별 판매)
시장점유
이익률
마케팅 절차
마케팅 조직
판매/마케팅 통계자료

마케팅 믹스 변수 :

시장 조사	유통	진열
제품개발	대리점 자원	인적판매
제품영역	가격정책, 할인, 신용거래	판매원자원
판매단위	포장	판매시점
재고수준	샘플	광고
교육훈련	애프터서비스	판매촉진
		P.R.

【영업 및 자원】

(마케팅 목표)
마케팅 목표가 명시되어 있고 마케팅 목표 및 기업 목표와 일치하는가?
(마케팅 전략)
명시된 목표를 달성할 전략은 무엇인가? 이 목표달성을 위해 충분한 자원이 획득가능한가?
획득가능 자원 은 충분하고 마케팅 믹스의 각 요소에 최적으로 할당되어 있는가?
(구조)
기능적, 제품, 최종 사용자, 지역라인에 따라 마케팅 책임과 권한이 분명히 구조화되었는가?
(정보체계)
마케팅 인식체계가 시장의 개발에 관한 정확하고 충분한 적시의 정보를 산출하고 있는가?
수집된 정보가 마케팅 의사결정 수행에 효과적으로 사용되는가?
(계획체계)
마케팅 계획체계가 잘 이해되고 효과적인가?
(통제체계)
통제 메커니즘과 절차가 계획된 목표가 달성되는 것을 보장하기 위해(예; 전반적 목표충족 등) 집단 내에 존재하는가?
(기능적 효율성)
집단 내의 내적 의사소통이 효과적인가?
(기능 간 효율성)

마케팅과 다른 기업 기능 간에 문제가 없는가? 집권화된 마케팅 대 분권화된 마케팅의 문제가 기업에서 이슈가 되는가?

(수익성 분석)

최선의 수익과 최대의 비용이 어디에 배정되었는지 평가하기 위해 제품이나 시장 등으로 수익성 성과를 조사하는가?

(비용효과 분석)

현재의 마케팅 활동이 비용을 초과하는가? 이러한 활동이 효과가 있거나 감소될 수 있는가?

외부환경(기회와 위협)

【기업환경 및 경제적 환경】

경제적 환경 : 인플레이션, 실업, 에너지 가격변동, 환경이 기업에 영향을 미칠 때, 재화 획득가능성

정치/회계/법적 환경 : 국유화, 노동입법, 조세, 세금증가, 법적규제(예; 상표, 부착물, 품질, 포장, 거래실무, 광고, 가격정책 등)

사회/문화적 환경 : 교육, 이민, 종교, 환경, 인구분포와 이동(예; 연령분포, 종교별 분포 등), 소비자 생활행태의 변화 등

기술적 환경 : 산업의 경제에 심오하게 영향을 미치는 제품 및 생산기술의 측면(예; 신기술, 비용절감, 재료, 부품, 장비, 기계, 방법 및 체계, 대체재의 획득가능성 등)

기업내부환경 : 자본투자, 휴업, 파업 등

【시장】

총시장 : 규모, 성장, 추세(가치, 양)

시장특성 : 개발과 추세

제품 : 구매되는 주요 제품, 제품의 최종 사용, 제품특성(무게, 치수, 규모, 물리적 특성, 포장, 부속, 연관제품 등)

가격 : 가격수준과 범위, 판매기간과 조건, 정상거래관례, 사무규정 등

물적유통 : 물적유통의 주요방법

유통경로 : 주요 경로, 구매형태(예; 구매제품의 유형, 자본가격 등), 구매능력, 지역적 배분, 재고, 회전율, 이익, 욕구, 기호, 태도, 의사결정자, 구매 의사결정 근거 등

의사소통 : 의사소통의 주요방법(예로써, 판매원, 광고, 직접적 반응, 전시, P.R. 등)

산업관례 : 예; 거래관계, 정부단체, 역사적 태도, 기업 간 비교 등

【경쟁】

산업구조 : 산업 내의 기업의 구성, 주요 시장위치/평판, 초과용량의 정도, 생산능력, 유통능력, 마케팅 방법, 경쟁의 배열, 산업 내 주요 기업의 타분야로의 다양화 정도, 새로운 침입자, 합병, 취득, 파산, 심각한 측면, 국제연계, 주된 장단점 등

산업수익성 : 침입에 대한 재무적 및 비재무적 장벽, 산업 수익성과 개별 기업의 상대적 성과, 영업비의 구조, 투자, 가격변화가 투자수익률에 미치는 효과, 생산량, 투자비용, 산업수익의 원천 등

제4절 마케팅 계획과 기업 계획의 관계

마케팅 계획과정의 다른 중요한 단계에 주의를 돌리기 전에 마케팅 계획과 기업 계획 과정이 어떤 관련이 있는지 논의하는 것이 유용할 것이다.

기업 계획 과정에는 다섯 가지 단계가 있다. 표 2.2에서 보는 것처럼 출발점은 대개 기업의 장기계획 기간의 기업재무목표에 대한 언급으로 이는 회전율, 법인세 공제 전 이익, 투자수익률 등으로 표현된다. 대체로 이 장기계획 기간은 5년이지만 기업이 영업하는 시장의 본질에 따라 구체적인 기간을 정하면 된다. 예를 들면 유리 제조업자에게는 5년은 그리 긴 기간이 아니다. 왜냐하면 새로운 용광로를 운영하기까지 5년 정도는 소요되기 때문이다. 반면 어떤 의류산업에서는 5년이 너무 길 수도 있다.

계획기간을 결정하는 유용한 안내지침은 제품과 관련되는 자본투자를 상환할 수 있는 정도가 되는 제품시장이 존재해야만 한다는 것이다.

표 2.2 마케팅 계획과 기업계획 주기에서의 그 위치

<table>
<tr><th>1단계</th><th>2단계
경영 환경분석</th><th>3단계
목표 및 전략설정</th><th>4단계
계획</th><th>5단계
기업계획</th></tr>
<tr><td rowspan="5">기업의
재무적
목표</td><td>(마케팅 환경분석)
마케팅</td><td>마케팅 목표,
전략</td><td>마케팅계획</td><td rowspan="5">기업목표와 전략을
포함하기 위한
기업계획의 이슈,
생산목표와 전략,
장기수익과
손실계정,
대차대조표</td></tr>
<tr><td>(유통 환경분석)
재고와 통제수송, 창고</td><td>유통 목표,
전략</td><td>유통계획</td></tr>
<tr><td>(생산 환경분석)
가치분석, 공학적 개발,
품질통계, 노동재료,
공장과 공간 활용,
생산계획, 공장</td><td>생산 목표,
전략</td><td>생산계획</td></tr>
<tr><td>(재무 환경분석)
신용, 부채, 현금흐름과 예산
통제, 자원할당,
자본지출, 장기재무</td><td>재무 목표,
진략</td><td>재무적 계획</td></tr>
<tr><td>(인사 환경분석)
경영, 기술, 행정능력</td><td>인사 목표,
전략</td><td>인사계획</td></tr>
</table>

다음 단계는 경영환경분석인데 이는 이미 우리가 논의하였다. 이것은 전반적인 상황 검토를 한 후 특히 마케팅 분야에서 필수적으로 수행해야 할 명백한 활동이다. 경영환경 분석은 현재의 시장에서 현재의 제품범위로 장기적인 재무적 목표를 달성할 수 있는지를 결정할 수 있는지를 검토하는 기본 환경 분석을 실시하는 것이 필요하다. 차이가 발생하면 제품개발 혹은 시장확장 등의 다양한 방법을 추가로 실시할 수 있다.

기업계획 과정의 모든 단계 중 가장 중요하고 어려운 단계는 3번째 단계인 목표와 전략 설정인데 그 이유는 이 단계가 적절히 수행되지 않으면 그 이후의 모든 일이 아무 가치가 없기 때문이다.

나중에 우리는 마케팅 목표와 전략을 보다 상세하게 논의할 것인데, 지금은 계획주기에서 기업이 가진 모든 제약조건을 고려하여 몇 개의 기능 부서에서 원하는 것과 실행 가능한 것 간에 타협이 이루어져야 할 때이다. 예를 들면 만약 기업이 새로운 사업에 대처할 만한 생산용량을 갖지 못하거나 추가적인 수용량을 늘리는 데 투자가 얼마가 필요하든 자본이 획득 가능하지 못한다면 새로운 시장에 침투하는 마케팅 목표를 세우는 것은 좋지 않다. 이 단계에서 목표와 전략은 5년 혹은 계획기간이 얼마가 되든 그동안에 설정하게 된다.

네 번째 단계는 1년의 상세한 계획을 만드는 것으로 첫 해의 목표를 수행하는 책임, 시기 그리고 비용을 포함하여 다음에 이어지는 연도들에 대한 폭넓은 계획이 포함된다. 이러한 계획들은 기업계획에 통합되는데 이는 장기기업목표, 전략, 계획, 이익과 손실계정, 대차대조표 등을 포함한다.

이러한 점에서 기업계획의 주된 목적의 하나가 기업의 형편이 어떤지 혹은 기업이 무엇을 목표로 노력할지에 대한 장기적인 안목을 제공하는 것이라는 것을 주목할 필요가 있다. 이때 기업은 주주의 기대, 환경적 추세, 자원시장의 추세, 소비시장 추세 그리고 경영환경분석 결과 나타난 기업의 특징적 경쟁 등을 고려할 것이다. 이것이 의미하는 바는 기업계획이 다음과 같은 요소들을 실제로 포함할 것이라는 뜻이다.

기대하는 수익성의 수준

사업영역

- 어떤 종류의 제품이 어떤 종류의 시장에 팔릴 것인가(마케팅)
- 어떤 종류의 설비가 개발될 것인가(생산과 유통)
- 노동력의 규모와 특징(인사)
- 자금조달(재무)
- 기타 기업목표들, 이를테면 사회적 책임, 기업 이미지, 주식시장 이미지, 고용주 이미지 등

그러한 기업계획은 계획된 이익 및 손실계정과 대차대조표를 포함하고 앞서 기술한 과정의 결과인데 과거 추세에 대한 외삽법이나 다름없는 보다 직관적인 과정에 근거하고 예측을 포함하는 계획보다는 기업을 위한 장기적인 안정성을 제공할 가능성이 크다.

정교한 예산체계를 갖춘 주요 다국적 기업의 총본부는 세계로부터 '계획'들을 접수하여 종업원 수, 판매단위, 공장의 항목, 생산지역의 규모 및 분포, 관련되는 재무적 암시 등을 계량적이고 기능적인 용어로 통합한다. 문제는 복잡한 구성이 최초의 판매예측에 기초하여 작성되었기 때문에 그 자체가 시간만 소비하는 숫자 게임에 지나지 않는다는 점이다.

제품과 시장에 관련되는 진실로 주된 이슈는 모든 재무적 활동에서 빠졌는데 그것이 결국 원천적인 운영문제와 수익성 문제를 낳게 되었다.

제5절 마케팅 목표 설정을 위한 가정

이제 우리는 마케팅 계획의 준비를 보기로 한다. 마케팅 계획과정을 언급함에 있어 마케팅 환경분석과 SWOT 분석을 마쳤으면 이제 가정을 세워야 한다. 계획과정이 진행 되기전에 모든 기업은 어떠한 가정을 히느냐가 성공의 주된 관건이 될 수 있다. 그것은 계획환경을 표준화하는 문제이다. 예를 들어, 한 제품관리자는 시장이 10% 성장할 것으로 믿고 또 다른 한 제품관리자는 시장이 10% 감소할 것으로 믿는 경우에 이들 두 사람으로부

터 계획을 접수하는 것은 의미가 없다. 가정은 다음과 같은 예로 표시될 수 있다.

1. 새로운 산업공장이 가동되면 105%에서 115%까지 산업초과 수용량이 증가할 것이다.
2. 가격경쟁이 가격을 전반적으로 10% 인하시킬 것이다.
3. 2/4분기가 끝나기 전에 우리의 주요 경쟁자가 특정 분야에서 신제품을 도입할 것이다.

가정은 숫자가 적어야 하며 만약 가정이 없어도 계획이 가능하다면 가정은 불필요하다.

제6절 마케팅 목표와 전략

마케팅 계획의 다음 단계는 전체 과정 중에서 중요한 단계인 마케팅 목표와 전략을 쓰는 것이다. 목표란 달성하기를 원하는 것을 의미한다. 전략은 목표를 어떻게 달성하는가 하는 문제이다. 따라서 마케팅의 모든 수준에 목표와 전략이 있을 수 있다. 예를 들어, 광고목표와 광고전략이 있을 수 있고 가격목표와 가격전략이 있을 수 있다.

그러나 마케팅 목표에 대해 기억해야 할 중요한 점은 그것이 제품과 시장에 대한 것으로 국한된다는 것이다. 기업의 재무적 목적을 달성하기 위해 무엇인가를 누구에게 판매하는 것으로 볼 수 있고, 광고, 가격, 서비스 수준 등은 이를 성공적으로 수행할 수 있는 수단, 즉 전략이다. 따라서 가격목표, 판매촉진목표, 광고목표 등은 마케팅 목표와 혼동되어서는 안 된다.

마케팅 목표는 다음 네 가지 중 하나 이상에 대한 것이다.

- 기존시장의 기존제품
- 기존시장의 신제품
- 새로운 시장의 기존제품
- 새로운 시장의 신제품

목표는 측정 가능해야 하며 그렇지 않으면 목표가 아니다. 방향을 제시하는 용어, 이를테면 최대화, 최소화, 침투, 증가 등은 계량적 측정이 부수적으로 이루어질 수 있어야만 수용 가능하다. 측정은 판매량, 판매액, 시장점유, 점포 침투의 백분율 등의 용어로 표시되어야 한다. 마케팅 전략은 마케팅 목표가 달성되는 수단이며 일반적으로 다음과 같은 4P에 관한 것이다.

- 제품 : 제품폐기, 수정, 디자인 추가, 포장 등
- 가격 : 세분시장(segment)에서 제품집단을 위해 추구해야 할 일반적인 가격정책
- 유통 : 유통경로와 고객 서비스 수준을 위한 일반적 정책
- 촉진 : 적절한 표제하에서 고객과 의사소통하는, 이를테면 광고, 판매원, 판매촉진, P.R., 전시, DM 등의 일반정책

이러한 주요 계획과제를 완성하고 나면 목표와 전략의 적합성을 시장점유, 판매, 비용, 이익 등의 용어를 시험하기 위해 이 단계에서 판단, 유사한 경험, 현장 시험 등을 수행하는 것이 정상이다. 또한 이 단계에서는 필요하다면 대안적 계획이 묘사되는 것도 정상적이다.

제7절 프로그램

일반적인 마케팅 전략은 이제 구체적인 하위 목표로 개발되고 그 각각은 보다 상세한 전략과 행동강령에 의해 지원 받는다. 기능에 따라 조직화된 기업은 광고계획, 판매촉진계획, 가격계획 등을 가질 것이다. 제품에 근거한 기업은 가격, 유통 그리고 촉진을 위한 목표, 전략 그리고 전술을 지닌 제품계획을 가질 것이고, 시장이나 지역에 근거한 기업은 4P를 위한 목표, 전략 및 전술을 가진 시장계획을 가질 것이다.

주요 고객이 적은 기업은 고객계획을 가질 수도 있다. 상황에 따라 이 사항들의 어떠한 조합도 가능할 것이다.

제8절 마케팅 계획의 실행

기록된 마케팅 계획은 조작적 의사결정이 계속 이루어진다는 근거의 배경이 된다. 결과적으로 너무 상세한 것은 시도할 수가 없다. 마케팅 계획의 주요 기능은 기업이 현재 어디에 있고 어디로 가려 하며 어떻게 거기에 도달하는지를 결정하는 것이다. 그것은 기업의 수입창출 활동의 중심에 있으며 그것으로부터 기업의 모든 다른 활동들, 이를테면 현금 흐름의 시기, 노동력의 규모와 특징 등이 흘러나온다. 마케팅 계획은 알려는 욕구에 근거해서만 배분되이야 한다. 끝으로 마케팅 계획은 효과적 경영에 대한 도움이 되도록 쓰여야 하는 것이지 효과적 경영을 대신할 수는 없다.

제9절 마케팅 예산

이제 예산과 관련하여 다음의 두 가지를 분명히 해야 한다. 첫째는 예산 설정이 훨씬 용이해진다는 점이고, 둘째는 예산이 보다 실제적인 것이 될 것이고 한 기능부서보다는 전체기업이 달성하기를 원하는 것과 관련되게 될 것이라는 점이다. 예산 설정에 대해 역동적인 체계를 설계하는 것이 보편적인데 이는 모든 기업의 마케팅 및 재무담당 이사들의 주요 과제이다. 마케팅 담당 이사에게 가장 만족스러운 접근법은 그가 달성하기를 원하는 과업에 대해 매년 그의 마케팅 지출을 영(零)으로부터 출발하는 것을 정당화하는 것이다.

조금만 생각해 보면 이것이 이 장(章)에서 추천하는 바로 그 접근법임을 확신하게 될 것이다. 만약 이러한 절차가 수행되면 목표의 계층은 예산의 모든 지출항목이 최초의 기업 재무목표에 직접 연결될 수 있는 방식으로 세워지게 된다. 예를 들어 만약 판매촉진이 특정 시장에서 목표를 달성하는 주요 수단이고 판매촉진 항목이 프로그램에 나타날 때는 그 판매촉진 항목들 각각은 주요 목표에 관련될 수 있는 구체적 목적을 지니게 된다.

이렇게 함으로써 지출의 모든 항목이 합리적인 목표 및 과업 접근법의 일부로 충분한 고려가 될 뿐 아니라 계획이 관계되는 기간 동안에 변화가 이루어져야 한다면 그러한 변화는 기업의 장기목표에 최소한의 타격을 주는 방향으로 이루어질 수 있음을 보장할 수 있다. 누적된 마케팅 지출은 대개 그 비용이 불연속적인 물적 유통에 수반되는 비용이라기보다는 제품이 공장을 떠난 후에 생기는 모든 비용으로 간주될 수 있다.

물론 포장이 마케팅 비용이 되어야 하는지 생산비용이 되어야 하는지에 대한 질문과 관련된 해답책도 없고 어떤 유통 비용이 마케팅 비용이 되어야 하는지에 관한 질문과 같은 유형의 물음에 대한 해답책도 없다. 예를 들어, 높은 서비스 수준을 고집하면 높은 재고 유지비가 발생한다. 이러한 것과 같은 문제에 대한 활용 가능한 해답은 상식으로만 풀 수 있다. 그러나 가격문제에 있어서는 총수입을 감소시키는 할인의 형태를 이를테면 촉진적 할인, 물량할인, 단골할인 등 뿐만 아니라 판매구전, 미불송장 등에 대해서는 누적적 마케팅비용만큼 세심한 주의를 기울여야만 한다.

그러나 촉진에서는 광고, 판매수당과 비용, 판매촉진 지출, DM 비용 등 형태에서 가장 명백한 누적적 마케팅 지출이 발생할 것이다. 마케팅 활동의 측정가능 효과에 대한 중요 요점은 기대된 수준이 기업이 그 목표를 지향하기 위해 요구되는 것을 매우 세심하게 분석한 결과여야만 하고, 적절한 표제하에서 지출의 모든 항목을 모으는 데 가장 세심하게 주의를 기울여야 한다. 이러한 문제를 다루는 가장 건강한 방법은 제로베이스 예산 접근법이다.

요약

마케팅 계획이란, 여러 가지 대안 중에서 하나를 선택해 목표를 달성하기 위해 일의 절차를 체계적으로 짜고 필요한 비용을 계산하는 것이다. 마케팅 계획을 작성하기 위해 거쳐야 할 몇 가지 단계는 기업목표 → 마케팅 환경분석 → SWOT 분석 → 가정 → 마케팅 목표와 전략 → 기대되는 결과 추정 → 대안적 계획 확인 → 계획 → 측정과 검토의 순이다.

이처럼 정해진 절차에 따라 마케팅 계획을 세우면, 장기적으로 더 큰 수익과 안정성을 얻을 수 있고 조직 운영의 어려움도 줄일 수 있다. 이 중에서 마케팅 목표와 전략은 특히 중요한 단계다. 목표는 기업이 이루고자 하는 것이고, 전략은 그 목표를 어떻게 달성할지에 대한 방법이다.

마케팅 환경분석은 기업이 처한 환경과 영업 상황을 체계적이고 비판적으로 다시 살펴보고 평가하는 과정이다. 이를 통해 기업은 자신이 어떤 환경에 있는지, 외부의 기회와 위협은 무엇인지, 내부의 강점과 약점은 무엇인지 알 수 있다. 또한 이런 분석을 바탕으로 경영진이 어떤 방향을 선택해야 할지 결정할 수 있다.

구조화된 방법으로 환경을 분석하면, 기업은 시장의 변화와 트렌드를 파악할 수 있고, 경쟁자가 어떤 부분에서 가치를 더하는지도 알 수 있다. 이런 정보는 목표와 전략을 세우는 데 중요한 근거가 된다.

연습문제

1. 특정 기업을 예로 들어 그 기업의 마케팅 계획체계를 상세히 설명하라.

2. 앞에 든 예에서 마케팅 계획체계의 좋은 점과 나쁜 점을 지적하라.

3. 그 마케팅 계획이 개선될 수 있는 방법을 말하라.

제3장 마케팅 목표와 전략의 설정

마케팅 목표와 전략의 설정은 마케팅 계획 과정에서 매우 중요한 단계다. 마케팅 환경 분석을 마친 후, 각 주요 시장과 주요 제품에 대해 실제로 달성할 수 있는 구체적인 목표를 세워야 한다. 이 단계가 제대로 이루어지지 않으면, 이후의 모든 과정은 방향성을 잃고 계획 전체의 응집력이 약해진다. 결국, 마케팅의 핵심은 올바른 표적을 설정하는 것이며, 잘못된 목표를 중심으로 세운 전략은 아무리 정교해도 실질적인 효과를 거둘 수 없다.

제1절 목표 : 전략적 계획

목표 설정은 모든 마케팅 계획에서 빠질 수 없는 필수 요소이다. 목표가 없이 수립된 마케팅 계획은 실질적인 방향성을 잃게 되며, 실행 단계에서도 혼란을 초래할 수 있다. 목표는 전략이 어떤 성과를 언제 달성해야 하는지를 명확하게 제시해야 하며, 그렇지 않으면 전략적 의사결정 자체가 공허해진다.

마케팅 목표는 목표로 삼은 시장 고객의 욕구를 충족시킬 수 있는 서비스 수준에서 설정되어야 하며, 이는 기업 전체의 장기적인 목표와 일치해야 한다. 또한, 목표는 양적인 지표로 명확하게 표현되어야 한다. 예를 들어, 서울의 한 유명 식품 제조업체가 고품질 냉동 패스트푸드를 개발하여 슈퍼마켓과 편의점에 공급하려는 경우, 다음과 같은 구체적인 목표 설정이 바람직하다. "서울의 직장 여성 중 70%가 10분 이내에 운전하여 구매할 수 있도록 유통 경로를 구축하며, 이 목표는 제품 출시 후 12개월 내에 달성한다."

목표 설정과 관련해 흔히 범하기 쉬운 오류는 크게 세 가지로 나눌 수 있다.

첫째, 목표를 구체적이고 양적으로 설정하지 않는 것이다. 예를 들어, '서울 시민들이 거의 모든 편의점에서 자사 제품을 구매할 수 있도록 하겠다'라는 목표는 너무 막연해서 실제로 달성 여부를 확인하기 어렵다. 목표는 반드시 숫자로 표현되어야 한다. 예를 들어, '서울 지역 편의점 90%에 입점하고, 월 1만 개 이상 판매'와 같이 구체적인 수치로 제시해야 사후에 달성 여부를 명확히 검증할 수 있다.

둘째, 여러 목표를 세운 후 사후에 일부 항목만으로 전체 목표 달성 여부를 평가하는 오류다. 예를 들어, '20대 여성 중 70% 이상이 자사 제품을 구매'와 '30대 여성 중 50% 이상이 2회 이상 구매'라는 두 가지 목표를 세웠다면, 사후 검증 시 한 항목(예: 20대 여성 구매율)만 달성했다고 전체 목표가 달성된 것처럼 평가하는 것은 잘못이다. 만약 사업 진행 중 목표가 명확해졌다면, 연말에 이를 분명히 점검하고 수정하면 되지만, 처음에 세운 목표를 무시해서는 안 된다.

셋째, 처음에 설정한 목표와 전혀 다른 기준으로 사후에 목표 달성 여부를 판단하는 오류다. 예를 들어, '고객의 80%가 10분 이내에 제품을 구매할 수 있도록 한다'라는 양적 목표를 세워놓고, 사후에는 '고객 대부분이 구매 장소가 불편하지 않다고 느꼈다'는 질적 평가로 목표 달성을 확인하는 경우가 이에 해당한다. 목표는 처음 정한 기준과 동일한 방식으로 검증해야 하며, 양적 목표는 양적으로, 질적 목표는 질적으로 평가해야 한다.

전략(strategy)은 기업이 목표를 달성하기 위해 자원을 어떻게 배분하고, 조직 문화와 생산 시스템을 어떻게 운영할지에 대한 큰 그림을 그리는 것이다. 전술(tactics)은 전략을 실제로 실행에 옮기기 위한 구체적인 절차와 행동 계획을 의미한다. 전략적 계획과 전술적 계획의 차이점은 표 3.1에서 확인할 수 있다.

표 3.1 전략적 계획과 전술적 계획

	전략적 계획 (strategic planning)	전술적 계획 (tactical planning)
효과	효과가 크고 수정이 어렵다	효과가 작고 수정이 쉽다
영역	범위가 넓고 영향받는 조직이 많다	범위가 좁다
목표/수단	목표 그 자체(목표지향적)	수단으로 선택한다
초점	대국적이며 장기적이다	국지적이며 단기적이다

그림 3.1 전략 수립의 유형

전략 개발의 방법으로 전략 수립의 유형을 크게 세 가지로 나눌 수 있다.

① 모험적인 유형(entrepreneurial mode) : 보통 기업의 창업자처럼 가능성이 많은 방향으로 묵묵히 추진해가는 유형
② 적응적인 유형(adaptive mode) : 그럭저럭 무사히 넘어가면서 변화에 순응해가는 전략유형
③ 계획적인 유형(planning mode) : 체계적인 절차와 과정을 거쳐서 목표를 향해 추진해가는 전략 유형

전략적 계획의 장점은 다음과 같다. 첫째, 일관성 있는 기회를 제공한다. 둘째, 기회와 위협을 파악하는 데 유리하다. 셋째, 오류와 난관의 발생을 최소화 할 수 있다.

표 3.2 전략적 마케팅 계획의 과정

기업 (corporate)	① 기업 사명(corporate mission) 정의 ② 기업 목적(corporate purpose) 설정 ③ 기업 전략(corporate strategy) 수립
사업 (business)	④ 사업 목표(business objective) 확정 ⑤ 사업 전략(business strategy) 수립 ⑥ 사업 전술(business tactic) 결정
마케팅 (marketing)	⑦ 마케팅 목표(marketing objective) 수립 ⑧ 마케팅 전략(marketing strategy) 설정 ⑨ 마케팅 방침(marketing policy) 결정

반면, 마케팅 계획에는 다음과 같은 단점도 있다.

첫째, 제품과 고객에 대한 정보가 부족한 관료적인 계획 입안자가 생길 위험이 있다. 실제로 중앙집중식 계획이나 관료적 구조에서는 현장 정보가 충분히 반영되지 않아 실행력과 시장 적응력이 떨어질 수 있다. 둘째, 시간, 돈, 인력 등 자원 투입에 비해 그 보상이 즉각적으로 나타나지 않는 경우가 많다. 계획 수립과 실행에 많은 자원이 들어가지만, 단기적으로는 투자 대비 효과가 미미할 수 있다. 셋째, 너무 합리적이고 위험을 회피하는 방식으로 계획이 수립되기 쉬워, 결과적으로 혁신이나 성장을 저해할 수 있다. 변화와 도전을 두려워해 보수적으로 접근하면, 시장 변화에 빠르게 대응하지 못할 수 있다.

마케팅 목표(marketing objective)는 사업목표(business objective)의 범주 안에서 설정되어야 하며, 사업목표는 다시 기업목표(corporate objective)에 의해 규정된다. 마케팅 계획을 수립할 때는 전략적 계획(strategic planning)과 전략적 마케팅 계획(strategic marketing planning)의 관점이 필요하다. 전략적 계획은 본질적으로 전술적 계획과 다르며, 조직의 목표와 역량을 변화하는 시장 환경에 맞추어 기업의 목적과 마케팅 목표를 달성하는 데 중점을 둔다.

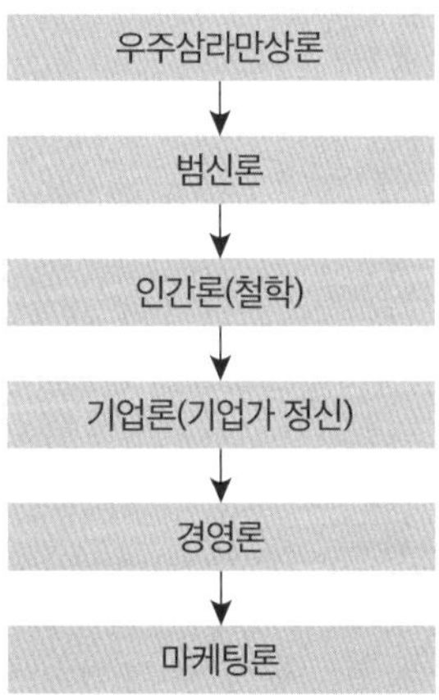

그림 3.2 마케팅 사상의 원류

전략적 마케팅 계획을 수립하는 과정은 표 3.2에 나타나 있다. 이 과정은 가장 높은 수준의 기업 사업을 정의하는 것으로부터 출발하여 각 사업 단위의 목표를 설정하고 보다 하위 부서인 마케팅의 목표까지를 수립하는 절차를 설명하고 있다.

표 3.2에서 기업가나 마케팅 전략가가 가장 고심하여야 할 주제는 사명(mission, mission state)을 발굴하는 일이다. 기업의 사명은 기업의 주체가 기업을 운영하는 궁극의 목적을 담고 있어야 한다. 세상과 인류에 얼마나 가치 있는 일을 자신이 추구하는지를 명료화시키는 단계이다. 기업의 절대적인 존재 이유를 선언하는 사명에 몰입하게 되어 '가장 아름다운' 사명을 정의하기 위해서는 그림 3.2의 우주삼라만상론(cosmology)에서 마케팅론(marketing theory)에 이르기까지의 연역과 귀납을 통한 성찰을 통해서만 깨달을 수 있는 질문일 것이다.

전략적 마케팅 계획을 수립할 때는 흔히 '목표'라는 용어를 사용하는데, 목표는 대개 5가지 정도로 개념화할 수 있다.

① 목표는 측정이 가능해야 한다. 목표는 규범적 관점(normative perspective)을 가져야 한다.
② 목표는 계층을 형성한다. 예를 들어 가계 생산 의사결정의 경우 전반적 목표, 기계 형태 제작의 목표, 구성품의 목표, 각 부품 생산의 목표가 순차적으로 결정되어야 한다.
③ 목표는 네트워크를 구성한다. 생산-조직-마케팅 간의 목표는 유기적인 관계를 지닌다.
④ 목표는 다양하다. 기업은 하나 이상의 많은 목표를 수립하게 된다.
⑤ 목표는 계획 기간이 다양하다. 장기목표, 중기목표, 단기목표를 함께 수립하게 된다.

표 3.2에 입각하여, 어떤 비료 생산 기업의 전략적 마케팅 계획 과정을 예시하면 그림 3.3과 같이 표현할 수 있다.

실제 목표는 최고경영자가 단순히 "내년에는 더 잘하자"는 식으로 언급하는 것이 아니라, 시장 중심의 분석 결과를 바탕으로 기업이 달성하고자 하는 내용을 구체적으로 담고 있어야 한다. 따라서 사업 목표는 기업의 사명에 비해 더 복잡하고 구체적인 형태를 띠어야 한다.

목표 설정이라는 어려운 과업에 대해 많은 전문가들은 넓은 범위에서 시작해 점차 구체적인 부분으로 진행해야 한다는 점에 의견을 모은다. 출발점은 사업의 본질을 담는 기업 사명이며, 그 다음은 사업 목표, 마케팅 목표 등으로 이어지면서 점점 폭이 좁아지고 내용이 구체화된다.

기업 목표는 기업의 성공에 결정적 영향을 미치는 핵심 분야에서의 성과를 포함한다. 예를 들어, 시장 침투와 판매 성장률이 대표적이다. 기업 목표 아래에는 마케팅 목표가 설정되는데, 이에는 판매량 목표, 지역 확장, 제품 라인 확장 등이 포함될 수 있다. 이렇게 설정된 최종 목표는 전략적 계획과 일관성을 유지해야 하며, 예산 범위 내에서 달성 가능해야 하고, 조직 내 다른 기능과 조화를 이루며 경제성을 갖추어야 한다.

최고 경영진은 장기적인 수익성에 주목하지만, 그 아래 경영 계층에서는 판매와 시장 점유율 증가, 새로운 시장 확보 등 더 구체적이고 세분화된 목표에 집중한다. 이처럼 상위

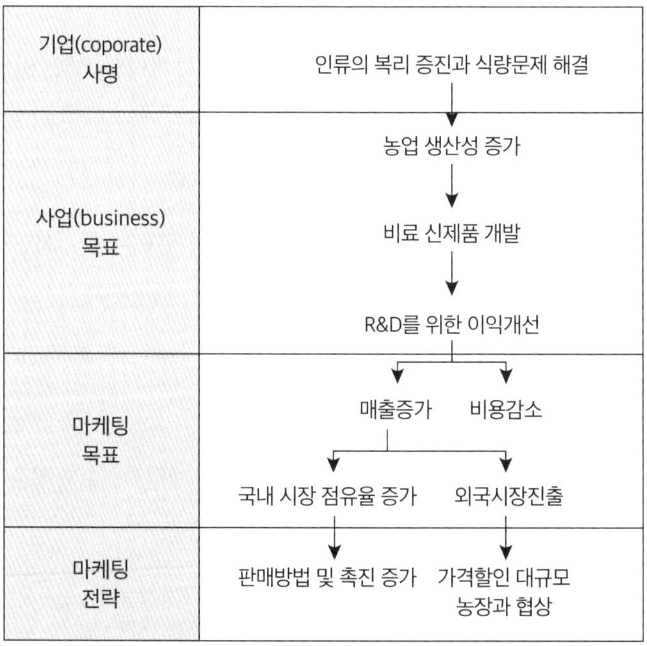

그림 3.3 비료 생산 기업의 전략적 마케팅 계획 과정

목표와 하위 목표는 서로 연결되어 있으며, 하위 목표가 달성되어야만 상위 목표도 달성될 수 있다. 만약 하위 목표가 전체 목표 구조에 통합되지 않으면, 자원이 낭비되거나 방향이 잘못될 수 있다.

예를 들어, 단순히 판매를 늘리는 것은 가능하지만, 비용이 과도하게 증가한다면 그 목표는 기업의 전체 목표 내에서만 타당성을 가진다. 이런 경우에는 수익성이 높은 시장 부문에 생산 능력을 우선 배분하고, 다른 부문의 판매는 조정하는 것이 합리적이다. 따라서 기업 목표가 명확하고 구체적일수록 경영 의사결정이 훨씬 수월해진다.

목표는 반드시 전체 목표와 일치하도록 설정되어야 하며, 광고 등 다양한 수단을 통해 실행된다. 이렇게 설정된 목표는 마케팅 믹스의 다른 요소들과 통합되어 논리적이고 일관된 마케팅 계획을 가능하게 한다.

제2절 기업목표와 마케팅 목표

경영자는 주어진 자원을 활용해 특정 목표를 달성하고자 한다. 기업 목표란 일정 기간 내에 기업이 달성하고자 하는 바람직한 결과를 의미하며, 이를 이루기 위한 방법이 바로 전략이다. 기업의 진정한 목표는 "기업이 생존하기 위한 기본적 목적"이라고도 할 수 있다. 이는 흔히 이익으로 표현되며, 이익은 주주와 기업주에게 만족을 주는 동시에 효율성을 평가하는 보편적 기준이기 때문이다. 또한 이익은 자원의 효율적 배분, 경제 및 기술 발전, 기업의 안정성 확보에도 기여한다.

시장 점유율 확대, 새로운 이미지 창출, 판매 증가와 같은 목표는 실제로는 기업 수준의 전략에 해당하며, 이는 기업이 이익 목표를 달성하기 위한 수단이다. 기업은 각 기능 부서로 나뉘어 운영되기 때문에, 각 부서는 사실상 독립적으로 작동한다. 따라서 기업 계획의 전략은 각 부서에서는 목표가 되며, 마케팅 전략은 마케팅 부서의 운영 목표가 된다. 마케팅 부서 내에서의 전략은 다시 그 하위 수준에서 운영 목표가 되는 식으로, 목표와 전략의 네트워크가 전체 기업 계획 구조에 걸쳐 설정된다.

중요한 점은, 목표와 전략의 차이를 구분하는 것과 더불어, 하위 목표가 상위 목표로

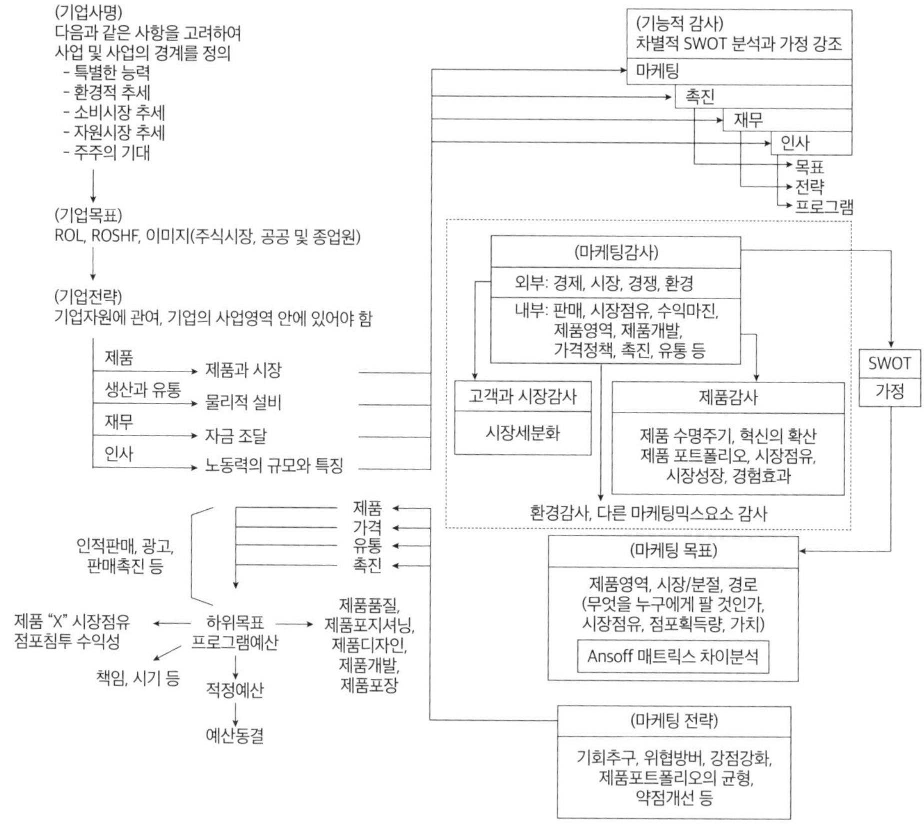

그림 3.4 기업의 마케팅 계획표

부터 논리적이고 직접적으로 도출되지 않으면, 하위로 갈수록 목표가 기업 이익에 효과적으로 기여하지 못할 수 있다는 사실이다.

기업 목표와 전략은 다음과 같이 단순화할 수 있다.

- 기업목표 - 바람직한 수익성의 수준
- 기업전략 - 어떤 제품, 어떤 시장에 대한 전략(마케팅)
  - 어떤 종류의 설비(생산과 유통)
  - 필요한 인력 규모 및 특성(인사)
  - 자금 조달 방식(재무)
  - 사회적 책임, 기업 이미지, 주식시장 내 이미지, 종업원 인식 등

조직의 하위 수준, 즉 기능적 수준에서는 어떤 시장에 어떤 제품을 판매할지가 마케팅 목표가 되며, 마케팅 믹스를 활용해 이 목표를 달성하는 것이 마케팅 전략이다. 그 아래 수준에서는 광고 목표와 광고 전략이 존재하며, 이에 따라 실행 프로그램과 예산이 수립된다. 이처럼 목표와 전략의 계층을 통해, 최상위의 기업 목표로 다시 연결되는 구조가 완성된다. 그림 3.4는 이를 시각적으로 잘 보여준다.

제3절 마케팅 목표를 설정하는 방법

기업의 경쟁 상태는 크게 두 가지 요소, 즉 제품과 시장으로 단순화할 수 있다. 이를 바탕으로 앤소프(Igor H. Ansoff)의 구조는 "무엇을 팔 것인가(제품)"와 "누구에게 팔 것인가(시장)"로 요약된다. 앤소프는 이 구조 안에서 기업이 선택할 수 있는 네 가지 행동 절차를 제시하고 있다.

- 기존 시장에 기존 제품을 판매
- 기존제품을 새로운 시장에 확장
- 기존시장을 위한 신제품 개발
- 새로운 시장을 위한 신제품 개발

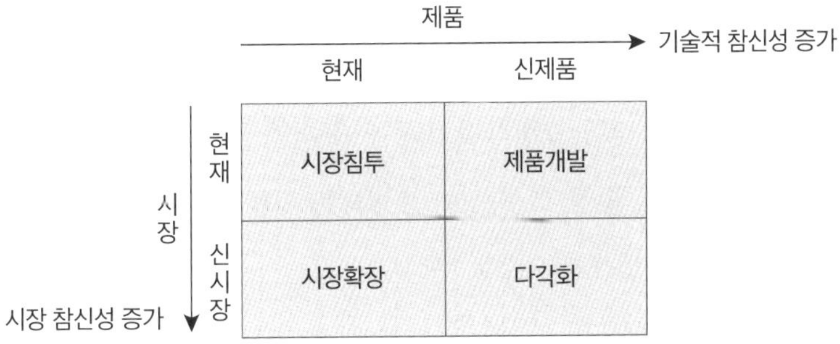

그림 3.5 Ansoff 매트릭스

기술적 참신성과 시장의 참신성 정도에 따라 마케팅 목표의 범위가 매우 넓다는 것은 분명하다. 그럼에도 불구하고, Ansoff 매트릭스는 네 가지 주요 영역(기존 시장-기존 제품, 기존 시장-신제품, 신시장-기존 제품, 신시장-신제품)을 바탕으로 마케팅 목표가 논리적으로 설정될 수 있도록 체계를 제공한다. 즉, 마케팅 목표는 결국 제품과 시장에 관한 문제로 귀결된다. 기업이 재무적 목적을 달성하기 위해서는 단순히 '무언가를 누군가에게 판매하는 것'이 중요하다는 상식적인 믿음이 있다. 광고, 가격 정책, 서비스 수준 등은 이러한 판매를 성공적으로 이끌기 위한 수단, 즉 전략에 해당한다. 따라서 가격 정책 목표, 판매 촉진 목표, 광고 목표 등은 마케팅 목표와 혼동해서는 안 된다.

마케팅 목표는 일반적으로 선택된 질적 및 양적 실행으로 인식되며, 이는 대개 정해진 운영 기간 동안의 성과 기준이거나, 주어진 자료를 바탕으로 달성해야 할 조건으로 표현된다. 성과 기준은 주로 판매량, 수익성 등 다양한 지표로 나타내며, 달성 조건은 시장 점유율이나 특정 소매점포 유형의 총수 대비 점유 비율 등 백분율로 표시되기도 한다.

목표는 부하 직원들에게 요구되는 행동의 방향을 제시할 수 있어야 하며, 성과를 평가할 만큼 충분히 구체적이어야 한다는 점에는 이견이 거의 없다. 목표는 계획의 방향을 제시하는 관리 활동의 핵심으로, 미래의 특정 시점에 조직이 어떠한 상태에 도달해야 하는지 명확히 규정한다. 모호한 목표는 감성에 호소하더라도 민감한 계획에 오히려 역효과를 가져올 수 있으며, 이는 진지한 마케팅 리더십보다 동료 집단의 리더에게 더 관심을 두는 인간적 경향에서 비롯된 결과라고 할 수 있다. '감소', '최적화', '최소화' 등과 같은 직접적인 용어가 목표로 사용될 수 있는지에 대한 논의도 있지만, 이러한 목표를 평가할 수 있는 구체적 척도가 없다면 실질적 역할을 하기 어렵다.

앤소프는 목표를 '자원 변화 과정의 효율성에 대한 측정'으로 정의했다. 즉, 목표는 효율성의 척도로 선택된 특정 속성, 그 속성이 측정되는 기준, 그리고 기업이 획득하고자 하는 기준의 특정 가치라는 세 가지 요소로 구성된다.

마케팅 목표는 Ansoff 매트릭스의 네 가지 주요 영역 각각과 밀접하게 연관되어 있다.

1. 기존시장의 기존제품

2. 기존시장의 신제품

3. 새로운 시장의 기존제품

4. 새로운 시장의 신제품

따라서 결국 어떤 기업이든 사업의 수익성을 유지하려면 누군가(시장)에게 무엇인가(제품)를 판매해야 한다. 간단히 정의하면, 제품 및 시장 전략이란 기업이 선택한 세분시장에 대해 자사가 제공하는 제품 범위를 활용해 기업의 목적을 달성하기 위해 채택하는 절차를 말한다. 즉, 제품 및 시장 전략은 기업이 앞으로 나아가야 할 방향을 실제로 실행에 옮기는 것을 의미한다. 이처럼 마케팅 목표는 제품과 시장에만 초점을 맞춘다.

앞서 언급한 목표를 이끄는 마케팅 방향은 물론, 환경 분석에서 수행한 수명주기 분석과 BCG 매트릭스를 활용한 포트폴리오 분석에서 도출된다. 이를 바탕으로 다음과 같은 논리적인 의사결정 사례를 설명할 수 있다.

1. 유지 : 대개는 '현금 젖소'(cash cow) 형태의 제품 및 시장을 의미하며 경쟁적 위치를 유지하려는 욕구를 반영한다.
2. 개선 : 대개는 '별'(star) 형태의 제품 및 시장을 의미하며 매력 있는 시장에서 경쟁적 위치를 개선하려는 욕구를 반영한다.
3. 수확 : 대개는 '개'(dog) 형태의 제품 및 시장을 의미하며 단기적인 이익과 현금흐름을 선호하여 경쟁적 위치를 포기하려는 욕구를 반영한다.
4. 탈출 : 이것도 대개는 '개' 형태의 혹은 때때로 '물음표'(question mark) 형태의 제품 및 시장을 의미하며 약한 경쟁력 위치 때문에 혹은 과중한 세금에 따르는 비용이나 자신의 위치를 너무 높게 개선하는 것과 관련된 위험 때문에 포기하려는 욕구를 반영한다.
5. 참입 : 이는 대개 새로운 사업 부분을 의미한다.

그러나 앞서 언급한 일련의 규칙이나 지침을 무작정 따르기보다는, 각 상황에 맞게 세심하게 적용하는 것이 중요하다.

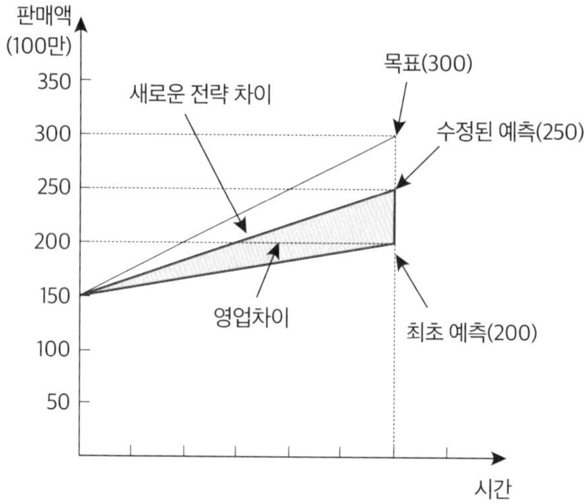

그림 3.6 마케팅의 환경 요인

그림 3.6은 보통 '차이분석'이라고 하는 것을 설명하고 있다. 본질적으로 이 설명이 의미하는 바는 만약 기업판매와 재무적 목표가 현재의 장기예측보다 크다면 메워야 할 차이가 존재한다는 것이다. 그 '영업차이'는 다음과 같은 두 가지 방법으로 채울 수 있다.

1. 생산성의 개선, 즉 비용절감, 판매 믹스 개선, 가격인상
2. 시장침투, 즉 사용증가, 시장점유 증가

'새로운 전략 차이'는 다음과 같은 네 가지 방법으로 채울 수 있다.

1. 목표축소
2. 시장확장, 즉 새로운 사용자 집단 발견, 새로운 세분시장에 참입, 지역적 확장
3. 제품개발
4. 다각화 즉 새로운 시장에 새로운 제품 판매

만약 생산성 향상이 확장의 차이를 메워주는 한 방법이라면, 마케팅 비용을 전반적으로 20% 감소시키는 방식은 신중하게 접근해야 한다. 마케팅 환경분석 과정에서 실시한 포트

폴리오 분석은 이 방법이 일부 제품 및 시장 부문에는 전혀 적합하지 않다는 점을 보여줄 것이다. 그 이유는, 오히려 마케팅 지출의 증가가 필요한 부문이 있기 때문이며, 단순히 마케팅 비용을 20% 줄이는 것만으로는 충분하지 않은 상황이 자주 발생하기 때문이다.

다른 대안을 살펴보면, 시장 침투가 기업의 첫 번째 선택이 되어야 한다. 기존 제품과 시장에서 이익과 현금 흐름을 늘리려는 시도는 일반적으로 비용과 위험이 가장 적게 들기 때문이다. 이는 기업이 이미 기존 제품과 시장에 대해 갖고 있는 경쟁력 있는 지식과 기술을 활용할 수 있기 때문이다. 같은 맥락에서, 새로운 시장을 찾기 전에 기존 시장에서 더 큰 성장을 도모하는 것이 대부분의 경우 더 의미 있는 선택이 된다. 고객과 시장에 대한 이해를 쌓고 명성을 얻는 데는 보통 상당한 시간이 걸리기 때문이다. 기업의 이름이나 상표가 가진 신뢰가 다른 기업이 이미 자리 잡은 새로운 시장으로 쉽게 이전되는 경우는 거의 없다.

마케팅 환경분석은 기업과 환경 사이의 차이를 메우기 위해 선택한 방법이 기업의 능력과 강점에 맞아야만 효과를 발휘한다는 점을 강조한다. 예를 들어, 건어물을 판매하는 제조업자가 또 다른 건어물을 도입하는 것보다 얼음 식품을 도입하는 것은 훨씬 수익성이 떨어질 수밖에 없다. 기존 판매원과 유통 경로를 활용해 기존 제품을 판매하는 것이, 새로운 유통망과 판매 기법이 필요한 신제품을 도입하는 것보다 훨씬 덜 위험하다.

이 원칙은 생산, 유통, 종업원 등에도 적용된다. 개발된 신제품은 가능한 한 기업이 가진 강점과 능력에 부합해야 하며, 일반적으로 기존 공장 설비 용량을 새로운 프로세스로 전환하는 것이 선호된다. 추가적인 투자 규모 역시 중요한 고려 사항이다. 고도로 훈련된 전문가인 기술자의 능력이 새로운 분야로 이전될 수 있는지도 신중히 검토해야 한다. 새로운 원재료가 필요한 제품은 더 많은 비용과 새로운 관리·저장 기법을 요구할 수 있다.

이제 신제품을 통해 새로운 시장에 진입하는 것이 가장 위험한 전략이 되는 이유를 이해할 수 있다. 새로운 자원과 경영 기법이 제품 개발과 병행되어야 하기 때문이다. 새로운 자원이나 경영 기법의 개발을 간과한 채 단순히 신제품을 출시했다가 실패한 사례는 많다. 이는 고도 성장기에 무리하게 다각화를 시도했다가 실패한 기업들이 많았던 이유이기도 하다.

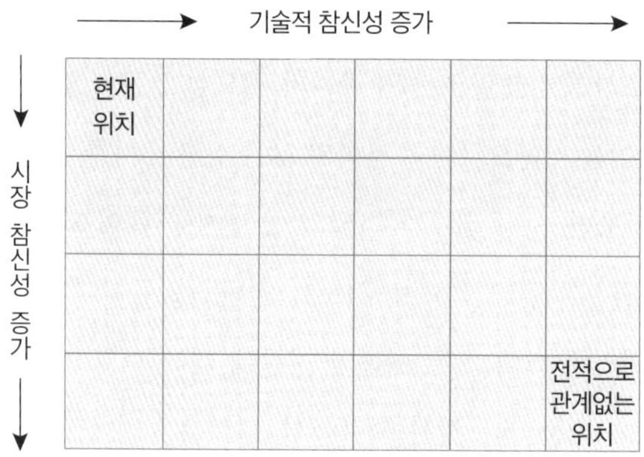

그림 3.7 Ansoff 매트릭스의 활용

물론 Ansoff 매트릭스는 기술적 참신성과 시장 참신성의 정도에 따라 단순한 네 칸의 매트릭스 이상임을 명심해야 한다(그림 3.7). 이는 매우 흔한 상황을 제외하면, 현재 위치와 무관한 곳으로 이동하기보다는 가능한 한 현재 위치와 관련 있는 부문으로 이동하는 것이 바람직하다는 점을 잘 설명한다.

그럼에도 불구하고, 제품수명주기 현상 때문에 기업이 판매와 이익을 지속적으로 증가시키고자 한다면, Ansoff 매트릭스의 하나 이상의 축을 따라 이동하지 않을 수 없다. 이 과정에서 반드시 고려해야 할 점은, 주어진 위험 상황에서 이러한 중요한 의사결정이 어떻게 이루어지는가이다.

즉, 기업은 제품이나 시장의 변화에 따라 전략적으로 방향을 전환할 수밖에 없으며, 이때 각 전략이 수반하는 위험과 기회를 신중히 평가해 결정을 내려야 한다.

제4절 신제품 개발 과정

4.1 신제품 개발 과정

신제품의 개발 과정은 그림 3.8에서 보는 것처럼 신제품 기회의 확인과 평가로부터 상업화에 이르기까지 여덟 단계를 거치게 된다.

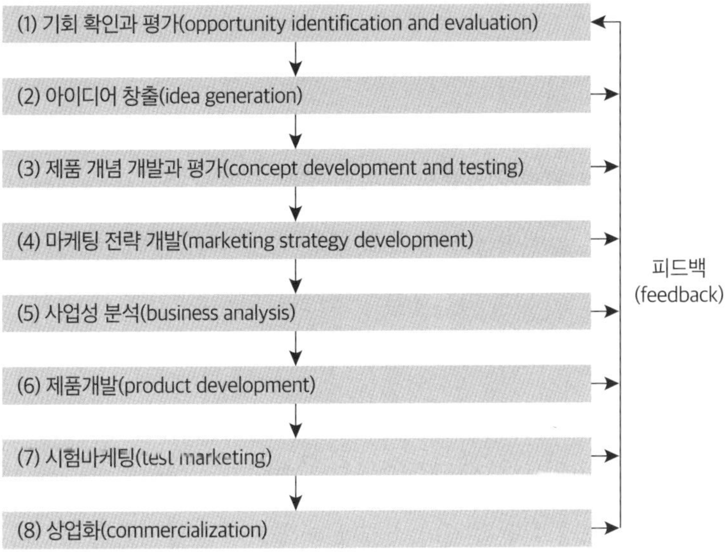

그림 3.8 신제품 개발 절차

(1) 신제품 기회의 확인과 평가

신제품 기회를 탐색하고 확인하기 위하여 다양한 형태의 조사를 실시한다. 수요예측을 통해 시장의 경쟁에서 우월한 지위를 누릴 수 있을지도 예측해본다.

이러한 수요 예측과 기술 예측을 하려면 내부고객과 외부고객에 대한 조사가 수행되어야 한다.

내부의 실무 작업자, 판매원, 중간관리자, 최고경영층 모두가 제품의 개선, 새로운 용도의 제품, 복합적 기능의 제품 등의 필요성을 찾아 세안하게 된다.

외부의 고객으로는 유통기업, 최종소비자, 경쟁사 등으로부터 새로운 아이디어와 정보를 얻을 수 있다. 중간상의 제품 보관의 내구성 확보에 대한 조언, 최종 소비자의 새로운 필요와 욕구, 경쟁기업 제품의 장단점과 개선 부분 등에 대한 정보로 신제품의 기회를 탐색하고 확인하게 된다.

(2) 아이디어 창출

아이디어를 창출하는 기법으로는 여러 가지가 있는데 아이디어를 평가하고 선별하는 과정을 포함한다.

첫째, 소비자들을 대상으로 심층 면접(in-depth interview)을 통해 제품 사용 경험을 청취하거나 문제점을 제시하도록 하여 신제품 아이디어를 얻을 수 있다.

둘째, 비슷한 유형의 소비자 집단 6~10인으로 구성된 표적 집단 면접(focus group interview)으로 진행자가 정해진 주제와 준비된 질문을 통해 자유로운 토론 과정에서 기존제품의 문제점과 개선 방안 및 경쟁의 정도 등을 분석하여 신제품 아이디어를 얻을 수 있다.

셋째, 신제품과 관련된 아이디어를 제공할 수 있는 다양한 계층의 6~10인을 데리고 정해진 장소에서 브레인스토밍(brainstorming) 기법을 이용할 수 있다. 이 기업은 창의적인 아이디어 발생을 위해 흔히 이용되는 것으로 참여자는 타인의 의견에 대한 비판을 자제하고 일정한 범위 내의 어떤 주제나 소재에 대해 자유롭게 의견을 표현하게 하는 방법이다.

브레인스토밍과 유사한 기법으로 속성제시법(attribute listing)과 강제적 관계법(focus relationship technique)이 있다. 속성제시법은 기존제품의 주요 속성을 제시한 후 각 속성 부분에 대한 변경과 대체 가능성을 논의하게 하여 아이디어를 도출하는 기법이다. 강제적 관계법은 기존제품의 주요 기능과 속성을 결합하는 시도를 통해 신제품 아이디어를 얻는 것으로 전화기와 복사기의 관련성을 결속시킨 팩시밀리와 전화기와 녹음기의 기능을 연결시킨 자동응답기 등의 아이디어를 얻을 수 있다. 다양한 기법으로 창출

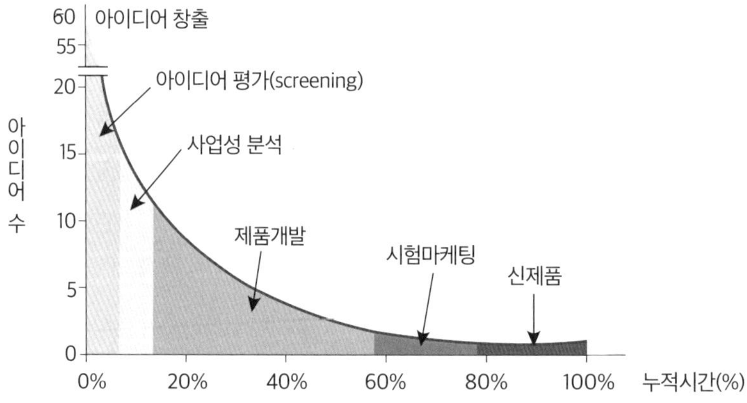

그림 3.9 신제품 아이디어의 감소 곡선

된 많은 아이디어를 아이디어 평가(idea screening) 과정을 통해 상업화가 가능한 아이디어만을 채택하게 된다. 보통 창출된 신제품 아이디어가 평가되고 상품화 과정을 거쳐서 신제품으로 시장에 출시되는 것은 10% 미만인데 그림 3.9는 신제품 아이디어의 감소 곡선을 나타내고 있다.

아이디어 평가 과정에서 활용되는 체크리스트 (check list)는 기업이나 제품 유형에 따라 다양하지만, 제품과 관련성이 높은 속성 위주로 평가하게 된다. 표 3.3은 아이디어 평가의 체크 리스트의 예를 보여주고 있다. 평가항목은 그 중요도에 따라 가중치(A)가 매겨지고 이 가중치에 각 평가항목에 대한 평가(B)를 곱하여 각 평가항목별 평점을 산출한다. 모든 평가항목의 평점을 합한 점수를 종합평가기준에 대비시켜 보면 해당 신제품 아이디어의 수준을 평정할 수 있다. 표 3.3에 예시한 신제품 아이디어는 평점의 합계가 4.1로, 그 기업이 정한 종합평가기준으로 보면 양호한 수준의 아이디어로 판정할 수 있다.

표 3.3 신제품 아이디어 평가의 체크리스트

평가항목	가중치 (A)	평가(B)					평점
		아주 좋다 (5)	좋다 (4)	보통 (3)	신통치 않다 (2)	불량 (1)	(AXB)
① 판매액	0.2	✓					1.0
② 판매업자의 종류와 수	0.1	✓					0.5
③ 기술상의 기회	0.1	✓					0.5
④ 특허권상의 보호	0.05		✓				0.2
⑤ 원재료	0.05		✓				0.2
⑥ 제조상의 부담	0.1		✓				0.4
⑦ 부가가치	0.05		✓				0.2
⑧ 주요사업과의 유사성	0.05				✓		0.1
⑨ 현 제품에 대한 영향	0.1			✓			0.3
⑩ 제품 이미지	0.1		✓				0.4
⑪ 시장의 크기	0.1			✓			0.3
합계	1,00						4.1

※ 종합 평가 기준은 0.00~0.30 : 불량, 0.31~0.50 : 양호, 0.51~0_70 : 우수, 0.70 이상 : 최우수임.

(3) 제품 개념 개발과 평가

신제품 아이디어 창출과 평가과정을 통해 선정된 제안이 궁극적인 시장의 소비자의 이용도를 높일 수 있는 형태로 만들어지는 과정이다. 소비자가 요구하는 형태와 기술이라는 구체적인 실체로 형상화되어야 한다. 기존시장에 존재하지 않았던 그 어떤 제품의 제품명, 모델명, 이미지, 모양, 크기, 색상, 소비자의 이용의 편의 등이 반영된 제품 개념을 창조해 내고 평가하는 과정이다. 휘발유가 아닌 증류수로 가는 자동차, 손을 대지 않고도 불을 켜고 끌 수 있는 장치, 가만히 앉으면 의자 등받이가 체형에 맞추어지는 의자 등이 세상이 태어날 수 있다고 생각해 내고 이를 평가해 보는 일과 같은 과업을 수행하는 단계이다.

(4) 마케팅 전략 개발

개발된 신제품의 마케팅을 위해 목표시장의 구조, 규모, 소비자의 행동 패턴, 마케팅 믹스 전략, 장기 판매 목표, 이익 목표 등을 설정하는 단계이다. 마케팅 환경 분석과 시장조사를 통하여 출시될 신제품에 걸맞은 마케팅 전략을 구상함으로써 시험 마케팅에 대한 준비를 시작하게 된다.

(5) 사업성 분석

지금까지의 신제품개발 계획 과정에서 제안되고 선택된 대안을 실제로 제품화하는 단계이다. 출시된 신제품의 비용-이익 분석(cost-benefit analysis)을 통하여 향후 시장에서 수지 타산이 맞을 것인가를 예측하는 단계이다. 적합성 검토를 통해 실제와 같은 제품이 유통되고 판매되어 소비되는 과정을 통해 발생가능한 공헌이익을 예측해 보아야 한다.

만약 아직도 기존제품의 이미지가 시장에 강력히 존재하는 경우에는 계획된 진부화 정책을 통해 기존 제품의 수명주기를 단축 시키는 전략도 필요할 것이다. 계획된 진부화의 방식으로는 다음의 세 가지가 있다. 첫째, 파손되기 쉬운 자재를 사용하여 제품 수명 자체를 단축 시키는 자재에 의한 계획된 진부화이다. 둘째, 스타일을 변경시킴으로써 기존제품의 스타일이 구식이라는 느낌이 들도록 하는 스타일에 의한 계획된 진부화이다. 셋째, 기능을 조금씩 개선함으로써 기존 제품의 진부화를 조작하는 기능에 의한 계획된 진부화이다.

(6) 제품개발

지금까지의 단계에서 형상화된 신제품이 이제는 물리적 형태를 갖춘 실제의 모습을 띠게 되는 단계이다. R&D 부서나 엔지니어링 부서는 기계 공학이나 인지 공학적 지식을 동원하여 제품의 원형(prototype)을 수많은 시행착오 과정을 거치면서 제작할 것이다.

다양한 포맷의 연구실 실험(laboratory experiment)을 통해 제품의 기능을 평가하고 판단하는 성능 테스트와 소비자의 반응을 평가하는 소비자 테스트를 거쳐서 분명한 제품 개념(concept)을 확정해야 한다. 무엇보다도 기술적 적합성(technical feasibility)의 검토가 중요한 과업인데 TV 개발은 50년, Crest 치약은 15년이란 세월이 소요된 것으로 알려져 있다.

(7) 시험마케팅

신제품의 시장 반응이 기대에 어느 정도 부합하는지를 검토하는 단계이다. 향후의 목표시장 중 몇 가지 표본을 대상으로 하여 시험시장(test market), 모의 점포 기법(simulated store technique), 통제시험마케팅(controlled test marketing) 등의 방식으로 진행된다.

실제로 출시예정 신제품에 대한 소비자의 구매와 사용 및 재구매 등에 대한 반응을 측정함으로써 미래의 시장 규모를 확인하여 출시여부를 결정하는 근거로 삼는다. 이러한 현장 실험(field experiment)에서 확인할 내용은 주로 다음과 같다.

① 신제품이 경쟁 제품들 사이에서 얼마나 많이 팔리는가

② 어떤 소비자가 언제, 얼마의 수량을, 얼마나 자주 구매하는가

③ 어떠한 마케팅 믹스 전략이 효과적인가

④ 제품의 결함은 무엇인가

(8) 상업화

시험 마케팅을 끝내고 시장에 제품을 출시(launching)하고 도입(introduction)하는 단계이다. 상업화의 단계는 크게 세 가지로 나눈다.

① 준비단계 : 출시 전 통제(pre-launch control)와 출시 전 준비(pre-launch preparation)이다. 전자는 생산과정에 대한 통제이고 후자는 가판대 및 백화점 매장 확인 등의 판매 관련 사항에 대한 준비이다.

② 고지단계 : 고지(announcement)는 신제품의 시장 출현을 미리 알리는 광고와 같은 촉진이다. 사전 고지라고 할 수 있는 시그널링(signaling)으로 잠재 고객에게 환기를 시키는 효과를 노린다.

③ 교두보 구축 단계 : 시장 진입을 위해 조기의 집약적 판매 방식으로 교두보 구축(beach head)을 실시하는데 이는 군대의 시설공병 혹은 야전공병처럼 불과 몇 분 안에 다리건설을 끝내는 것을 상상할 수 있다. 그 예로써 축차적 소개법(rollout method)은 신제품을 전체 표적 시장에 일제히 소개하는 대신 한 지역씩 점진적으로 투입해 나간다. 이렇게 함으로써 위험 분산은 물론이고 생산과 마케팅에 따른 투자의 부담도 분산시킬 수 있다.

4.2 신제품의 성공요인과 실패요인

신제품의 성공요인으로 다음과 같은 요인을 들 수 있다.

① 뛰어난 아이디어 : 일본에서 생산된 자동초점 카메라, 폴라로이드 카메라, 스토로보 내장 카메라, 스펙트라 카메라, 워크맨, 이불 건조기 등은 하나같이 뛰어난 아이디어가 바탕이 되어 성공한 제품들이다.

② 고도의 기술 : 가정용 VTR, 건식복사기, 일본어 워드프로세스, 병원용 CT촬영기 등은 고도의 기술을 통해 성공할 수 있었다.

③ 성장시장에 참입 : 제품 수명주기의 도입기 후반이나 성장기에 참입(entry)함으로써 무임승차(free ride) 효과로 성공하기도 한다. 탁상전자계산기, 디지털시계, 팩시밀리, PC 등의 산업이 좋은 예이다.

④ 적정가격의 설정 : 소비자의 관심을 유도할 뿐만 아니라 구매력에 부담을 주지 않는 가격대의 선정이 중요한 성공 요인이 되기도 한다. 전기밥솥과 전자 오븐레인지가 그러한 예로 분류된다.

신제품의 실패 요인으로는 다음의 요인을 들 수 있다.

① 부적절한 마케팅 전략 : 1957년 헨리 포드의 외아들 이름으로 출시한 에드셀 자동차는 출시 후 매출이 감소하기 시작했다. 그 이유로는 전면과 후면의 설계가 달랐고, 지나친 약속으로 반발 심리를 자극하였으며, 서둘러 출시하는 바람에 품질 관리가 미비했고, 출시 이후 경제 불황으로 값비싼 제품에 대한 수요가 감소했던 것 등이 있다. 이 모두가 출시 전후의 치밀한 마케팅 전략 계획의 필요성을 강조하는 사례이다.

② 소비자 욕구의 변화 : 긴 신제품 계획 과정 동안 소비자의 욕구가 변화하여 기업이 기초 자료로 삼았던 정보가 한 세대 전의 구태의연한 정보가 되고 시장은 훨씬 더 성숙(maturation)해 버린 경우이다. 이때는 신제품이 소비자의 안목에는 진부화된 제품으로 보이게 된다. 소비자 욕구의 변화 주세를 읽는 출시 시기의 조절 실패가 낳은 결과이다.

③ 신제품 자체의 문제 : 기획의 부재로 새로움이 없는 신제품의 출시, 신제품개발과 출시 과정의 관리 미흡, 신제품의 제품 컨셉의 시장에의 부적절성 등은 신제품개발의 역량이 부족한 기업의 마케팅의 결과이다. 따라서 명확한 목표를 세우고 목표에 따라 정확한 마케팅 조사를 토대로 신제품개발 과정을 수행하는 것이 실패를 예방하는 방법이다.

제5절 신제품 개발, 시장 확장, 다각화

마케팅 환경분석이 총체적으로 이루어졌다면, 그에 대한 대답은 비교적 간단하다. 여기서의 목적은 시장 조사, 시장 선택, 신제품 개발, 그리고 다각화 등 마케팅의 세부 하위 단위를 탐색하는 데 있지 않다. 마케팅 계획에서 중요한 것은 이러한 활동이 발생하게 되는 구조에 대한 이해를 효과적으로 의사소통하는 데 있다.

이를테면 2+2 = 5와 같은 시너지를 극대화하는 것이 궁극적 목표가 된다. SWOT 분석으로 이어지는 출발점은 마케팅 환경분석이며, 이는 어떤 형태의 개발도 기업이 지닌 기본적인 강점과 약점에 확고한 근거를 두고 있다는 것을 의미한다. 외부 요인들은 기업이 직면하게 되는 기회와 위협을 뜻한다.

이 중요한 분석 단계가 성공적으로 완수되면, 기회 확인, 검토, 사업 분석과 같은 보다 기술적인 과정들과, 궁극적으로 제품 개발, 시험 및 참입 계획과 같은 활동이 선택된 대안에 따라 이루어진다.

명심해야 할 점은, 이러한 후속 활동이 아무리 포괄적으로 수행된다 해도, 제품 개발 및 시장 확장이라는 목표가 기업의 역량 분석에 확실히 근거하지 않으면 장기적인 성공을 거두기 어렵다는 것이다. 그림 3.10은 이러한 과정을 설명한다.

한편, 표 3.4의 목록은 마케팅 환경분석의 점검표와 전체적으로 일치하며, 가장 중요한 기준을 선택하기 위해 작성된다. 그 다음으로는 등급을 매기거나 가중치를 부여하는 체계를 통해, 확인된 기회의 적합성을 평가하는 데 활용할 수 있다. 선택된 기준과 사용된 가중치 체계는 당연히 SWOT 분석과 일치하게 된다.

표 3.5에 제시된 간단한 예는, 기준이 선택된 이후의 평가를 양적으로 접근하는 방식을 보여준다. 이 표는 시장의 매력을 평가하는 양적 접근법을 설명하며, 각 요소에 점수와 백분율로 구성된 가중치를 곱해 총점을 산출한다. 총점 10점 중 7점을 얻는 것은 매우 매력적인 범주에 속하는 경우이다.

표 3.4 시장매력과 사업위치에 기여하는 요소

	시장의 매력	사업의 위치
시장요소	• 규모(시장, 단위 혹은 두 가지 모두) • 주요 세분시장의 규모 • 연간 성장률(총, 세분시장) • 시장의 다양성 • 가격, 서비스 특징 그리고 외적 요인에 대한 민감성 • 주기 • 계절성 • 상위단계 공급자의 협상력 • 하위단계 공급자의 협상	• 적절한 용어로 표현된 점유 • 주요 세분시장에 대한 점유 • 연간 성장률(총, 세분시장) • 참여의 다양성 • 시장에 대한 영향력 • 판매의 지체 혹은 시차 • 공급자의 협상력 • 고객의 협상력
경쟁	• 경쟁자의 형태 • 집중의 정도 • 형태와 믹스의 변화 • 참입과 탈출 • 점유의 변화 • 새로운 기술의 교체 • 통합의 정도와 형태	• 제품, 마케팅 능력, 서비스, 생산장점, 재무적 장점, 경영 등이 어디에 적합하고 어떻게 비교되는가 • 참입 혹은 이탈의 분석 • 상대적 점유의 변화 • 신기술에 대한 취약성 • 통합의 수준
재무적 및 경제적 요소	• 마진 기대 • 규모의 경제와 경험 등의 레버리지 요인 • 재무적 및 비재무적인 참입 혹은 탈출 장벽 • 수용량 활용	• 마진 • 규모와 경험 • 재무적 및 비재무적인 침입 혹은 탈출의 장벽 • 수용량 가동
기술적 요소	• 성숙 및 변화 • 복잡성 • 차별성 • 특허 및 사본 • 요구되는 제조과정 기술 • 사회의 대조와 추세 • 법률과 정부규제 • 압력단체와 정부대표의 영향 • 노동조합과 사회공증체의 인정 등과 같은 요소들	• 변화에 대처하는 능력 • 기술의 깊이 • 기술적 기법의 형태 • 특허보호 • 제조기술 • 기업의 책임과 유동성 • 법률과 정부규제에 대처할 능력 • 압력단체와 정부대표에 대한 대치 능력 • 노조와 사회공동체와의 관계

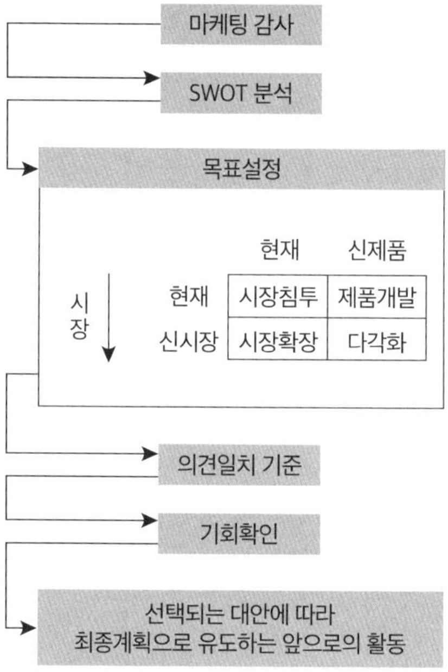

그림 3.10 기회확인과 분석

표 3.5 시장매력 평가

요소	점수기준			점수	가중치	순위
	10	5	0			
1. 시장규모	3,000 평 이상	1,000 평 이상	1,000평 이하	5	15	0.75
2. 양적성장(단위)	10% 이상	5~9%	5%	10	25	2.5
3. 경쟁강도	저	중	고	6	10	0.6
4. 산업수익성	15% 이상	10~14%	10%	8	25	2.0
5. 취약성	저	중	고	6	15	0.9
6. 주기	저	중	고	2.5	10	0.25
						총 : 7.0

제6절 마케팅 전략

기업이 달성하고자 하는 것은 시장 점유율이나 판매량 등과 같이 구체적으로 표현되는 마케팅 목표이다.

이 목표를 달성하기 위해 기업이 선택하는 방법이 바로 전략이다. 전략은 구체적 목표 달성을 위한 전반적인 과정이며, 목표 달성에 필요한 수단, 시간 계획, 그리고 자원 배분을 명확히 서술해야 한다. 단, 전략은 결과적으로 나타나는 활동의 세부 과정을 하나하나 설명하지는 않는다.

전략과 구체적인 실행(전술) 사이에는 분명한 차이가 있다. 마케팅 전략은 기업의 기술과 자원을 시장에 가장 수익성 있게 적용하는 방안에 대한 기업의 최선의 의견을 반영한다. 따라서 그 범위가 넓을 수밖에 없다. 전략에서 도출된 계획은 행동 방향과 시기, 그리고 각 부문이 기대하는 구체적인 기여를 포함하게 된다.

사업 전략과 군사 작전 전략 사이에는 유사성이 있다. 적진을 관찰하고, 지형과 자원을 파악한 뒤, 전면 공격을 할 것인지, 적의 취약점을 공격할 것인지, 한쪽을 공격하면서 다른 한쪽을 공격하는 척할 것인지, 아니면 적을 포위할 것인지 결정한다. 이때 실제로 취하는 행동이 바로 전술이다.

마케팅에서도 마찬가지로, 실행 방식, 자원의 배분, 전술적 지침과 기준 등은 모두 전략에서 비롯된다.

예를 들어, 기업의 판매원을 활용해 세 개의 주요 시장 영역에서만 유통업자를 이용하기로 하는 결정은 전략적 의사결정이다. 반면, 특정 유통업자를 선택하는 것은 전술적 의사결정에 해당한다.

이러한 맥락에서, 마케팅에서 다루는 마케팅 전략에 대한 일반적인 내용은 다음과 같다.

1. 제품과 관련된(제품의 수량, 품질, 디자인, 상표, 포장 등)정책과 절차
2. 가격 수준, 마진 및 할인정책
3. 광고와 판매촉진 크리에이티브 접근법, 매체의 유형, 진열의 형태, 지출규모 등

4. 인적판매, 판매접근법, 판매원 훈련 등에 대한 강조의 정도
5. 유통경로들과 그 각각의 중요도
6. 유통과 관련한 창고, 수송, 재고, 서비스 수준 등정책과 절차

따라서 마케팅 전략은 마케팅 목표를 달성하기 위한 수단이며, 일반적으로 다음과 같은 네 가지 주요 마케팅 믹스(4P)와 밀접한 관계가 있다.

- 제품 : 제품 제거, 수정, 추가, 디자인, 포장 등에 관한 일반적 정책
- 가격 : 세분시장에서의 제품집단에 대해 사용할 일반적 가격정책
- 유통 : 유통 경로와 고객서비스 수준에 관한 일반적 정책
- 촉진 : 광고, 판매원, 판매촉진, P.R., 전시, DM 등의 관련 부문에서 고객과의 의사소통에 관한 일반적 정책

다음은 4P에서 다루고 있는 마케팅 전략의 요소들을 요약하여 제시하고 있다.

1. 제품
   - 라인의 확장
   - 라인 합병
   - 포지셔닝
   - 상표도안
   - 성과, 품질 혹은 특성의 변화
   - 디자인 표준화
   - 믹스의 변화
2. 가격
   - 가격, 기간, 조건의 변화
   - 침투정책(초기고가전략, skimming policy)
   - 통과정책(초기저가전략, penetration policy)
3. 촉진
   - 광고 혹은 촉진의 변화
   - 판매변화

4. 유통

- 배달 혹은 유통변화
- 서비스 변화
- 경로변화
- 전방통합 정도의 변화

제3부에서 제품, 촉진, 가격정책 그리고 유통에 관해 더욱 상세하게 쓰기로 한다. 상세한 프로그램이 실행되기에 앞서 마케팅 계획과정에 더 많은 단계가 있다. 이것들은 크게 보면 전략의 비용을 추정하는 것과 대안적 계획을 묘사하는 것이다. 이러한 단계 모두는 제4부에서 상세히 다룰 것이다.

마케팅 전략의 공식화는 전체 마케팅 과정의 가장 중요하고 어려운 부분이다. 그것은 성장의 한계를 설정한다. 그것들은 모든 경영층에 의사소통하는 데 어떤 장점이 개발되어야 하는지 어떤 약점이 수정되어야 하는지 그리고 이를 어떠한 방식으로 해야 하는지를 지적해 준다. 마케팅 전략은 운영적 의사결정을 통해 기업이 앞의 분석에서 가장 성장전망이 있는 것으로 나타난 시장기회의 새로운 형태와 올바른 관계를 가지도록 한다.

다음 단계인 마케팅 계획, 즉 실제로 수행될 계획을 수립하고 기술하기에 앞서, 목표와 전략의 설정은 매우 복잡하고 중요한 단계이다. 만약 이 단계가 잘못 수행된다면 상당한 자원이 낭비될 수 있음을 강조할 필요가 있다.

이 장에서는 마케팅 프로그램의 모든 측면에 대해 명확한 목표를 설정해야 할 필요성과, 마케팅 목표가 반드시 기업 목표로부터 논리적으로 도출되어야 함을 확인하였다. 이러한 실제적인 실행의 이점은, 마케팅 활동에 관여하는 모든 이들이 각 활동을 의미 있고 건설적으로 평가할 수 있게 해줄 뿐 아니라, 전반적인 마케팅 목표 달성에 특별히 기여하도록 만든다는 점이다.

마케팅 계획의 실질적인 목적을 위해 목표의 계층화를 살펴본 바와 같이, 전체적인 마케팅 계획은 하위 목표들로 세분화된다. 각 하위 목표가 달성될 때 전체적인 목표 역시 달성된다. 전반적인 목표를 범주화함으로써 전략 개발의 문제는 더 다루기 쉽고 간결하게 정리될 수 있다.

선두 그룹에 속하는 35개의 산업재 기업을 대상으로 한 McKinsey의 2년간 연구에 따르면, 이들 선도 기업들은 제품 및 시장 계획이 주주의 지분 가치를 높이는 핵심 열쇠라고 인식하고 있었다. 따라서 제품 및 시장과 관련된 목표와 전략을 설정하는 것이 마케팅 계획 과정에서 가장 중요한 단계임은 분명하다.

폭 넓은 마케팅 목표와 전략에 대해 의견 일치를 이룬다면, 다음 단계인 상세 계획으로 나아갈 수 있으며, 적절한 전반적 전략 요소들로부터 하위 목표들을 개발할 수 있다.

계획은 선택된 경로를 따라 목표 지점에 도달하게 하는 수단이며, 전략을 구체적으로 실행에 옮기게 해준다. '계획'이라는 용어는 마케팅 문헌에서 종종 '프로그램'이나 '스케줄'과 동일하게 사용된다. 책임, 시기, 비용과 함께 달성해야 할 과업의 세부 목록을 포함하고 있는 계획은 흔히 적절한 예산이라고 불리는데, 이 예산은 단순히 수행되어야 할 행동의 구체적인 내용이며, 그 수행을 통해 기대되는 결과를 나타낸다. 이에 대해서는 다음에서 더욱 자세히 다루기로 한다.

요약

마케팅 목표와 전략의 설정은 마케팅 계획 과정에서 매우 중요한 단계로, 이 단계에서 올바른 표적(타깃)이 결정된다. 이러한 마케팅 목표와 전략은 기업 목표에 따라 설정되며, 기업 목표는 해당 사업이 달성하기를 원하는 기대되는 결과를 의미한다. 그리고 목표를 달성하는 방법이 바로 전략이다. 전략은 구체적으로 목표 달성을 위한 전반적인 과정을 의미한다. 목표는 전략이 무엇을 달성하게 되는지, 그리고 특정 전략이 언제 그 목적을 달성하는지를 명확히 보장해야 한다. 목표가 없다면 전략적 의사결정과 그 이후의 모든 활동이 무의미해질 수 있다. 따라서 기업 목표와 그에 따른 마케팅 목표, 전략의 설정은 체계적으로 계획되어야 한다.

마케팅 목표를 설계하는 데 있어 유용한 도구로 Ansoff 매트릭스가 있다. 이 매트릭스는 기업이 취할 수 있는 네 가지 주요 행동 절차를 제시한다. 즉, 기존 시장의 기존 제품, 기존 시장의 신제품, 새로운 시장의 기존 제품, 새로운 시장의 신제품에 관한 전략적 선택이다. 이를 통해 기업의 강점과 약점을 명확히 파악하고, 어떤 방향으로 수정해 나가야 하는지 방향성을 제시할 수 있다. 신제품을 개발해야 하는 경우라면, 개발 절차와 성공 및 실패 요인을 확인한 뒤 신중하게 실행에 옮겨야 한다.

마케팅 전략은 의사결정을 통해 가장 성장 전망이 큰 시장 기회에 대해 올바른 관계를 형성하도록 한다. 이 장에서는 마케팅 프로그램의 모든 측면에 대해 명확한 목표를 설정할 필요성과, 마케팅 목표 자체가 기업 목표로부터 논리적으로 도출되어야 함을 확인하였다. 이러한 실제적 수행의 이점은 마케팅 활동에 관여하는 모든 사람들이 각 활동을 의미있고 건설적으로 평가할 수 있게 해줄 뿐 아니라, 전반적인 마케팅 목표 달성에 특별히 기여하도록 만든다.

연습문제

1. 특정기업 하나를 예를 들어서 그 기업의 기업목표를 비판적으로 분석하라.

2. 그 기업의 기업전략을 비판적으로 분석하라.

3. 그 기업의 마케팅 목표를 비판적으로 분석하라

4. 그 기업의 마케팅 전략을 비판적으로 분석하라.

5. 만약 지난 10년 동안 그 기업의 특정 능력에 맞지 않는 제품 및 시장확장이 있었는가? 있었다면 그 이유를 써라.

6. 그 기업의 특정 능력에 맞는 제품 및 시장 확장의 기준을 써라.

제2부

시장환경 분석과 고객 중심 전략 수립

▶ 소비자와 경쟁환경을 분석하고 STP 전략의 기반을 마련한다

제4장 소비자 행동

마케팅 활동의 궁극적인 목적은 소비자의 만족을 실현하는 데 있다. 따라서 마케팅의 계획과 실행 과정은 본질적으로 소비자를 만족시키기 위한 일련의 과정이라 할 수 있다. 이를 위해 마케팅 관리자는 소비자의 필요, 욕구, 욕망, 그리고 제품이나 서비스로부터 얻는 효용을 명확히 이해해야 한다. 소비자가 어떤 이유로 구매를 결정하는지, 그리고 최종적으로 구매에 이르기까지 어떤 과정을 거치는지를 파악하는 것이 중요하다.

소비자는 자신의 개인적인 소비를 위해 제품과 서비스를 구매하기도 하고, 가족 전체의 소비를 목적으로 구매하기도 한다. 소비자의 성별, 연령, 소득 수준, 교육 수준, 취미, 생활양식 등에 따라 구매패턴은 다양하게 나타날 수밖에 없다. 이 장에서 설명하는 소비자 행동에 대한 내용은 소비자의 구매 목적과 특성에 따라 유연하게 이해할 필요가 있다.

제1절 소비자 행동 모델

소비자가 제품이나 서비스를 구매하는 과정은 단순히 개별적인 행동들의 집합으로 보기보다는 하나의 연속적인 흐름으로 이해해야 한다. 그림 4.1에서처럼, 소비자는 구매행위에 앞서 제품이나 서비스에 대한 필요를 인식하는 단계에서 시작하여, 실제 구매를 거쳐 구매 이후의 만족 또는 불만족에 따른 반응까지 일련의 과정을 경험하게 된다.

소비자의 구매행동 과정은 크게 외부 환경 요인과 내부 환경 요인의 영향을 받는다. 외부 환경 요인에는 사회·문화적 요인과 기업의 마케팅 활동이 있으며, 이는 소비자의 구매 의사결정에 외부적으로 영향을 미친다. 반면, 내부 환경 요인에는 개인적인 특성과 심리적 요인이 포함되며, 이는 소비자 자신의 내적 판단에 영향을 준다. 이러한 요인들은 뒤에서 다루게 될 소비자 행동의 종합적인 모델을 통해 보다 구체적으로 살펴볼 것이다.

문제인식 → 정보탐색 → 대안의 평가 → 구매결정 → 구매후 행동

그림 4.1 소비자의 구매 의사결정 과정

1.1 하워드-쉐스 소비자 행동 모델(Howard-Sheth Model)

하워드-쉐스 소비자 행동 모델은 이 모델의 원형이라 할 수 있는 하워드(John A. Howard)의 초기 모델을 보다 상세히 설명하고 정교화한 체계적 틀이다. 하워드는 소비자의 의사결정의 단계를 세 단계로 구분하여 확장된 문제해결(EPS, extensive problem routinized response behavior), 제한된 문제해결(LPS, limited problem solving) 그리고 일상적 문제해결(RRB, routinized response behavior)으로 나누었다. 이들 세 가지 단계의 특징은 표 4.1과 같다.

표 4.1 문제해결 행동의 특징

특징 \ 문제해결 행동	확장된 문제해결	제한적 문제해결	일상적 문제해결
1. 반응을 반복	낮다	중간	높다
2. 반응하기까지의 시간	길다	중간	짧다
3. 인지활동	많다	중간	적다
4. 자극의 성질과 수량	다종, 다량	중간	간단
5. 선택·고려되는 대체안 수	다양	중간	작다
6. 관여도	높다	중간	낮다
7. 문제인지	복잡	반자동	자동적
8. 정보탐색과 평가	광범위한	제한적	극미한
9. 구매방식	쇼핑	혼합	편의 추구
10. 구매 후 행동	복잡 불만시 불평	제한적 불만족시 상표교환	매우 제한적 상표충성도

확장된 문제해결은 소비자가 구매할 대상에 대한 정보가 제한적이어서 아직은 선호도와 인지도가 낮은 상황에서의 의사결정이다. 구매경험이 적은 소비자가 제품의 어떤 속성을 평가 기준으로 삼는 것이 중요한가를 배우는 과정으로서 차츰 제품 관련 정보와 신뢰를 쌓게 된다.

제한된 문제해결은 구매횟수가 점차 증가함에 따라 소비자가 구매 대상에 대한 지식과정보를 축적함으로써 기본적인 의문점을 해결한 상태의 구매의사결정이다. 이제 어느 정도는 제품 관련 속성을 파악한 소비자이기 때문에 약간의 선호도를 형성한 시기이다. 그러나 아직 완벽한 수준의 정보와 판단력은 없기 때문에 확장된 문제해결단계보다는 적지만 얼마간의 정보와 단서를 필요로 하는 때이다.

일상적 문제해결은 소비자가 구매 대상의 정보에 대한 판단력과 신뢰를 완전히 구축한 시기의 의사결정방식이다. 그렇기 때문에 이제 소비자는 자신의 구매 대안의 집합 중에서 선택해야 할 대안을 자동적으로 택할 수 있는 시기이다. 단지 제품 관련 속성이 새로워졌거나 신제품이 등장하였을 때에만 약간의 새로운 정보를 평가하기만 하면 되기 때문에 가장 간편한 의사결정의 단계이다. 하워드-쉐스 소비자행동 모델은 그림 4.2에서 보는 바와 같이 크게 네 부분으로 구성되어 있다. 투입변수, 내부변수, 외생변수 그리고 산출변수이다. 투입변수로는 사회 환경과 마케팅에서 구매에 영향을 미칠 수 있는 제품 관련 속성과 개인의 사회적 속성과 준거집단 등을 들고 있다. 내부변수로는 소비자의 구매의사결정에 동반되는 심리적 변수들로 정보탐색, 자극 모호성, 주의, 지각적 편견 등이 포함된다. 학습 관련 개념으로는 태도 형성 관련 개념과 만족 등이 있나. 소비자가 정보에 얼마나 주의를 기울이고 어떤 정보를 탐색하는가가 궁극적으로 산출변수에 영향을 미친다는 것을 암시한다. 외생변수로는 소비자가 속한 사회 계급과 문화, 조직, 시간 및 자금여력, 소비자의 개성, 구매 자세의 중요도 등이 또한 구매 의사결정에 영향을 미치는 주된 변수이다.

산출변수로는 구매행동이 최종의 산출로 보지만 구매행동 이전의 주의 → 이해 → 태도→ 구매의도 → 구매행동 과정 모두를 산출로 하였다. 그만큼 소비자의 의사결정과정을 복잡한 과정적 절차로 인식한 것이다.

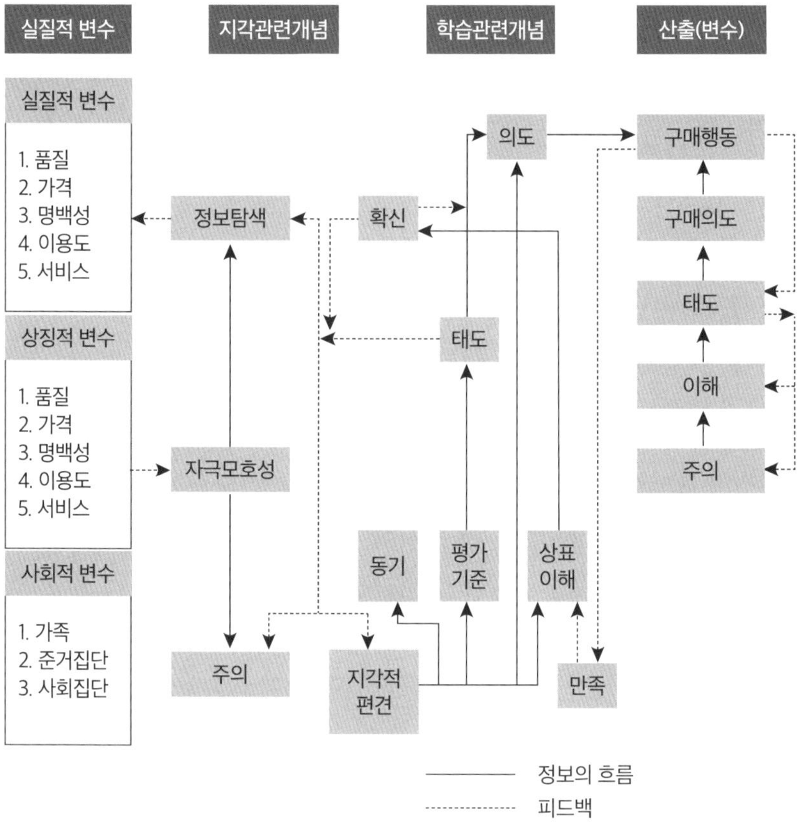

그림 4.2 하워드-쉐스 소비자행동 모델

1.2 엥겔-콜랏-블랙웰 모델(EKB Model)

엥겔, 콜랏 그리고 블랙웰이 개발한 모델인데, 미니어드가 가세한 EBM 모델이라고도 한다. 그림 4.3의 EKB 모델을 정보투입, 정보처리, 의사결정과정 그리고 영향요인 등으로 구분할 수 있다.

정보처리 과정은 감각기관을 통해 받아들인 외부의 자극을 이해하고 해석하는 과정이다. 정보처리 과정을 통해 생성된 정보는 정보투입과정을 통해 소비자의 중앙통제단위에서 평가되는 것이다. 정보투입은 정보처리과정을 통해 외부에서 들어 온 정보를 소비자의 경험이나 개성 등의 평가기준에 따라 평가하여 태도를 형성하는 과정이다.

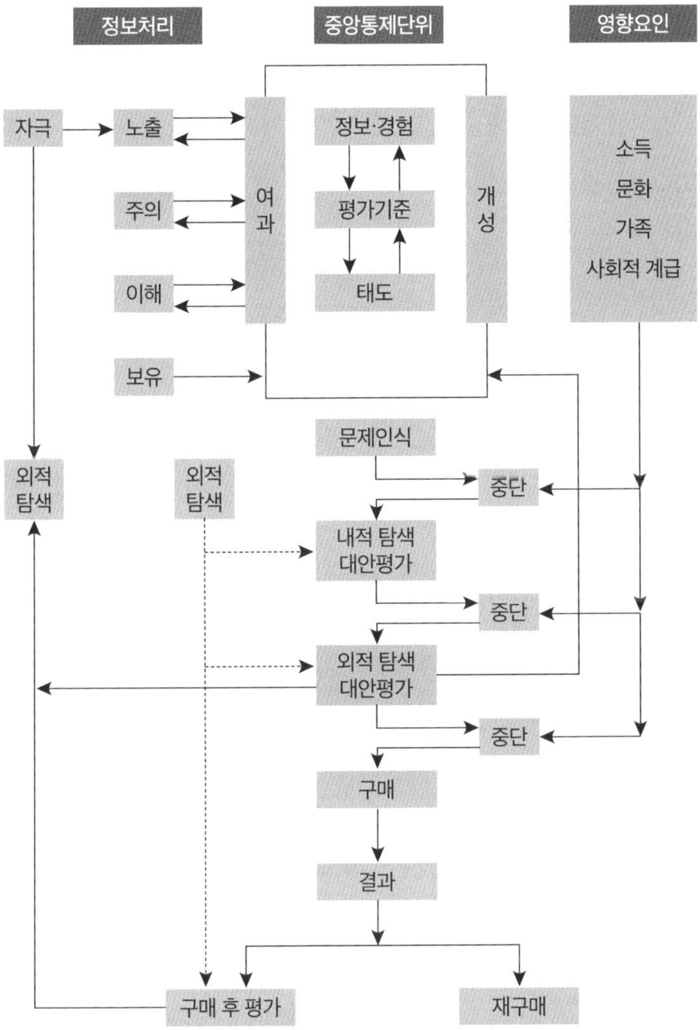

그림 4.3 앵겔-콜랏-블랙웰(EKB)모델

의사결정과정은 문제인식 → 내적탐색 → 외적탐색 → 구매 → 결과의 과정을 거치고 있다. 매체를 통해 소비자가 문제인식을 하여 구매의 필요성을 느끼면 정보를 탐색하는데, 우선 자신이 가진 정보원천에서 정보를 탐색하는 내적탐색(internal search)을 한다. 내적탐색으로 미흡하다고 판단하면 추가로 정보를 탐색하는 외적탐색(external search)을 하게 된다. 획득한 정보로 구매를 하고 그 결과의 만족이나 인지적 불일치(cognitive dissonance)를 느끼게 된다.

1.3 엥겔-블랙웰의 고관여 모델

엥겔(Engel)과 블랙웰(Blackwell)은 고관여도에서의 구매의사결정 과정을 설명하였다. 구매의 중요성이 크거나 소비자가 개인적인 관심이 크거나 흥미를 많이 느끼는 구매 상황을 고관여 구매라고 한다. 관여도가 높은 제품은 흔히 가격이 비싸거나 구매 위험이 큰 제품으로 자동차나 주택과 같은 제품이다.

그림 4.4에서 보듯이 고관여도 상황의 구매는 확장된 문제해결이기 때문에 의사결정의 과정이 필요한 모든 절차를 거치게 된다. 정보탐색의 양과 질을 중시할 것이며 대안 평가를 하는 과정에서 보다 다양한 제품 속성을 정교하게 검토한다. 고관여 모델이기 때문에 소비자 자신이 속한 집단의 규범과 가치관, 준거집단, 가족 등에 근거한 다양한 사회적 기대와 평가가 구매 대안을 평가하는 데 영향을 미치게 된다.

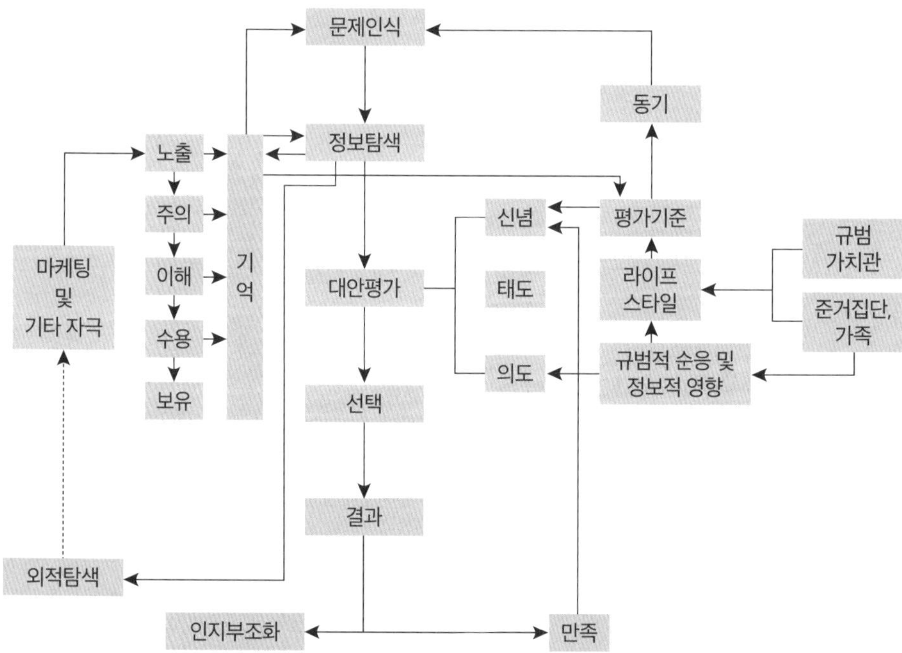

그림 4.4 고관여 모델

(1) 관여도

관여도(involvement)의 개념은 소비자가 어떤 제품이나 제품 구매 상황에 마음을 쓰는 정도를 나타내는 말이다. 관여의 정도가 높은 경우를 고관여(high involvement), 낮은 경우를 저관여(low involvement) 상황이라고 한다. 관여도는 개인이 인식하는 중요도(perceived importance)나 관심의 정도이며 개인적 관련성(perceived relevance)을 인식하는 정도이다. 관여도는 제품이나 브랜드, 점포, 점원 등 구매의 다양한 대상에 대해 형성된다.

관여도는 제품이나 서비스를 소유하고 이용하는 시간의 지속성 정도를 기준으로 지속적 관여도(enduring involvement)와 소비자가 제품구매 활동에 관여되는 상황에 따라 결정되는 상황적 관여도(situational involvement)로 구분되기도 한다. 양말의 제품 관여도는 보통 저관여지만 50년 만에 상봉하는 이산가족에게 줄 선물용으로 구매된다면 상황 관여도가 높은 제품이 된다.

이러한 관여도를 결정하는 요소로는 크게 세 가지로 구분된다. 첫째는 개인적 요인이다. 이것은 소비자 자신이 가지고 있는 제품에 대한 지속적인 관심으로 자신의 자아나 이미지에 맞는 제품이나 브랜드에 대한 관여도 또는 성격이나 개인적 특성에 따라 지속적으로 유지하게 되는 관여도라고 볼 수 있다. 술 광고를 볼 때, 평소 술을 마시는 사람의 관여도는 술을 마시지 않는 사람보다 고관여가 된다. 누드 광고를 볼 때, 남자와 여자의 관여도도 차이가 날 수 있다.

둘째는 제품요인으로, 제품의 가격, 특성, 사용시간, 불량률 등 제품이 가지고 있는 특징에 따라 결정되는 제품관여도(product involvement)이다. 이 중에서 특히 제품에 대해 지각하는 위험의 수준을 의미하는 지각된 위험(perceived risk)의 영향이 중요하게 고려된다. 이것은 구매에 따르는 금전적인 희생과 선택 후의 결과에 대한 불확실성, 선택의 결과로 발생하는 손실의 기대치 등에 따라 결정되는 요소로, 재무적 위험, 성능위험, 신체적 위험, 심리적 위험, 사회적 위험, 시간적 위험 등이 있다.

셋째는 상황적 요인으로 같은 제품을 구매하더라도 시간압박이나 구매상황, 구매 환경, 사용 상황에 따라 결정되는 것이라 볼 수 있다.

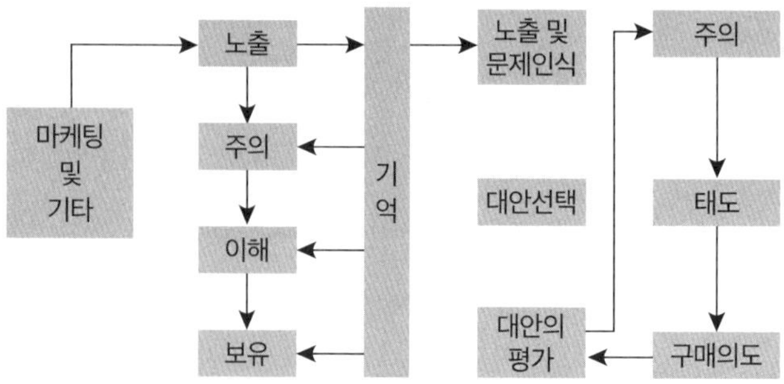

그림 4.5 저관여 모델

1.4 엥겔-블랙웰의 저관여 모델

엥겔(James F. Engel)과 블랙웰(Roger D. Blackwell)의 주장을 토대로 저관여도의 구매의사결정 과정을 그림 4.5와 같이 제시하였다. 구매의 중요성이 낮거나 소비자가 개인적인 관심이 적어서 흥미를 덜 느끼는 구매상황을 저관여 구매라고 한다. 관여도가 낮은 제품은 주로 가격이 싸고 구매위험이 적어서 잘못 구매하더라도 재차 구매하는 데 부담을 별로 느끼지 않는 제품으로 연필이나 휴지와 같은 제품이다. 저관여 상황의 구매의사결정은 소비자가 적극적인 정보탐색을 하지 않으므로 정보원천에 우연히 노출되어 주의와 이해의 과정을 거쳐 그 정보를 장기기억 장치에 저장하게 된다. 이제 구매에 임박해서 그 제품에 노출되거나 문제를 인식하게 되면 우연히 전에 보고 저장하였던 정보를 다시 인출(retrieval)하여 대안을 선택하고 그 결과를 근거로 제품에 대한 태도를 형성한다. 이 태도는 제품 구매의도를 만들어 구매에 직접적인 영향을 미칠 것이다.

1.5 종합적인 모델

지금까지 제시된 여러 가지 유형의 소비자 행동모델을 종합하여 정리하면 그림 4.6과 같은 종합적인 소비사행동모델을 제시할 수 있다. 소비자의 구매행동에 영향을 미치는 요인은 크게 외부 영향요인과 내부 영향요인으로 구분되는데, 각 영향요인들은 범주가 환경

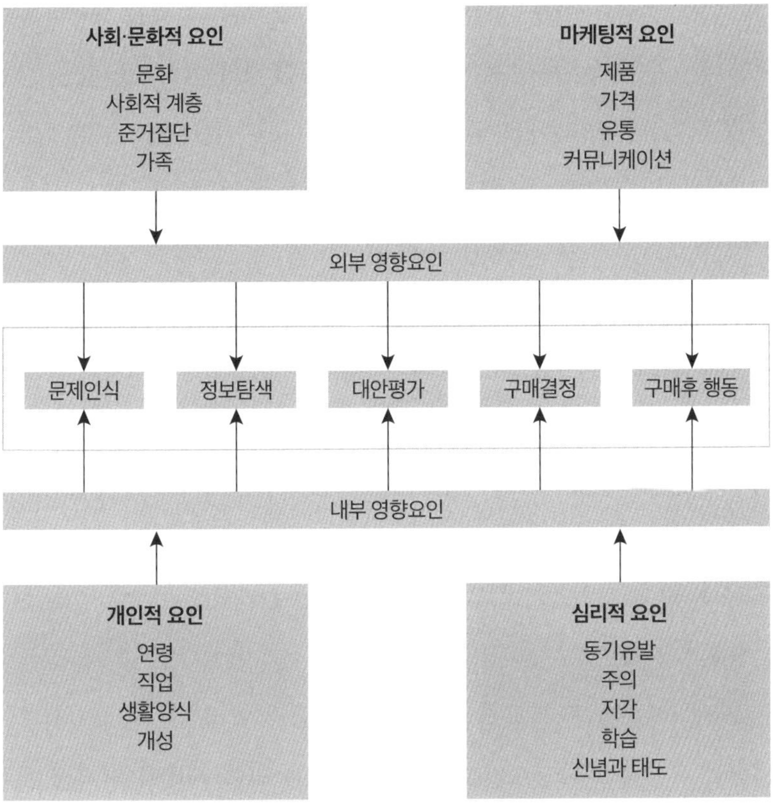

그림 4.6 종합적인 소비자행동 모델

적이든 개인적이든 문제인식으로부터 구매 후 행동에 이르기까지의 전 과정에 걸쳐서 정해진 순서 없이 영향을 미치게 된다.

(1) 사회·문화적 요인

가. 문화

문화(culturc)란 특정 사회가 공유하며 한 세대와 다음 세대로 이어지는 가치, 행동양식, 태도 등을 통칭하는 말이다. 사회의 행동을 규제하고 구성원의 가치관을 규정하는 규범이기 때문에 제도(institution), 관습(custom), 의식(ritual), 법률(law), 언어(language) 등을 포함한다.

문화가 소비자 행동에 영향을 미치는 커다란 범주의 요인이 된다는 것은 각 문화 속의 소비자는 그 문화의 문화적 가치(cultural value)가 내포하는 특징을 공유하기 때문에 필요와 욕구가 다른 문화에 속하는 소비자와 구매 행동이 달라진다는 뜻이다.

하나의 문화 속에는 여러 개의 하위문화(subculture)가 존재하고 있다. 하위문화는 세부집단의 구성원이 공유하는 규범과 가치를 나타내게 된다. 학생문화, 군사문화, 흑인문화, 여성문화 등의 특징적 하위문화가 있다.

문화는 시대에 따라 변화하는데 역사 속에서 그 변화 속도는 점차 가속화되고 있고 현대 이후의 문화변천은 첨단 과학과 정보화 사회의 특징을 함유하기에 더욱 급속히 변화할 것이다.

문화의 특징은 첫째, 비가시적이라는 점이다. 언어와 음악, 제도와 행동양식, 머릿속의 가치라 도무지 눈으로는 볼 수 없는 모습이다.

둘째, 문화는 욕구를 충족시켜 주는 것이다. 문화적 가치와 의식을 통해 인간은 정신적허기를 채울 수 있다.

셋째, 문화는 학습된다. 문화를 세대간, 계층간, 지역적으로 계승시키면서 인간은 집단의 생활을 유지하고 발전시킨다. 자신의 문화를 다음 세대가 배우는 것은 문화화(enculturation)이고 외부의 새로운 문화를 학습하는 것은 문화이식(acculturation)이다. 지금은 문화이식이 급속히 증대되는 시기이다.

넷째, 문화는 사회구성원이 공유하는 것이다. 집단전체 구성원은 문화화된 가치와 문화이식된 생활양식을 전파시켜서 모두가 공유하게 된다.

다섯째, 문화는 동태적이다. 문화가 세대를 이어서 계승되는 가운데, 그 가치와 규범은 환경을 반영하며 변화하게 된다.

여섯째, 문화는 기능을 한다. 문화는 소속된 구성원들의 사고방식, 커뮤니케이션, 리더십 등의 메커니즘을 규제하는 방식으로 사람들을 결합시키고 행동하게 만드는 기능을 한다.

나. 사회적 계층

사회적 계층(social class)은 잘사는 나라나 못사는 사회를 막론하고 존재한다. 공산주의 국가나 민주주의 국가 모두 계층의 수나 간격은 다르지만 모두 사회계층을 형성하고

표 4.2 사회적 계층

계층	구성의 특징
상의 상	여러 대에 걸쳐 부유한 저명인 가족, 사업가, 금융업자, 고위층 전문직 종사자. 부는 주로 상속. 여행과 레저로 인생을 즐긴다
상의 하	상류층에 갓 포함된 자, 졸부, 기업체 고위직 임원, 대기업 창업자, 의사, 변호사
중의 상	성공한 전문직 종사자, 중소기업 소유자. 지위에 민감하고 자녀 가족 중심으로 생활함
중의 하	사무지 존사자, 소기업 소유자. 사회집단의 평균적 계층. 노력하며 존경받고자 하는 보수적 계층
하의 상	일반 노동자, 반숙련공. 소득을 두 계층 향상시킬 수 있다. 생활을 즐기며 사는 계층
하의 하	비숙련공, 실업연금을 받는 자, 집단에 속하지 못하는 인종

있다. 사회적 계층은 경제력, 기술 수준, 인구 크기 등에 의해서 형성된다. 흔히 이용되는 사회적 계층의 구분은 표 4.2와 같이 집단을 여섯 개의 계층으로 분류하는 것이다. 사회적 계층의 구분을 통해 시장분석의 틀을 마련하고 이를 시장세분화전략의 도구로 활용하면 시장지향적 마케팅 전략을 실행할 수 있다.

다. 준거집단

준거집단(reference group)은 개인의 가치, 태도, 행동의 형성에 직간접적으로 영향을 주는 개인이나 단체를 말한다. 준거집단은 소비자의 구매의사결정에 어떤 기준을 제공하기 때문에 준거집단이 선호하는 상표, 상점, 기업 등은 시장의 다른 소비자에게 영향력을 미칠 수 있다.

제품의 가격이 비싸거나 남들의 평가를 의식하는 제품, 즉 자동차, 가구, 보석, 오디오, 고급의류, 아파트 등의 구매에는 특히 준거집단의 영향력이 크다. 준거집단의 의견선도자(opinion leader)의 영향력이 가장 큰 것이 보통이다. 준거집단의 유형으로는 접촉집단, 1

차 준거집단, 2차 준거집단, 선망집단, 거부집단, 회피집단 등이 있다.

접촉집단(contactual group)은 소비자가 수시로 인적인 접촉을 통해 그 집단의 가치, 태도, 규범, 생활양식의 영향을 받는 집단이다. 1차 준거집단과 2차 준거집단이 접촉집단인 경우가 많다.

1차 준거집단(primary group)은 가족이나 친구처럼 필연적으로 혹은 영원히 접촉하며 영향을 미치는 집단이다. 2차 준거집단(secondary group)은 동창회나 학회의 회원처럼 상당기간 접촉하며 영향을 미치는 집단이다.

선망집단(aspirational group)은 접촉하기에는 어렵지만 소비자가 함께 하기를 원하는 집단으로 연예인이나 스포츠 선수 등이 이 집단에 속한다.

거부집단(disclaimant group)은 접촉은 하지만 그들의 가치나 행동양식을 수용하지 않고 꺼리는 집단이다. 소비자 자신의 가치와 규범과 거리가 있는 집단이 거부집단이 된다.

회피집단(avoidance group)은 소비자가 접촉하지도 않지만 집단의 가치나 행동양식을 수용하지 못하는 집단이다. 공공의 적이 되는 집단이 회피집단이 되는 경우가 많다.

라. 가족

여러 준거집단 가운데 가족의 영향력은 가장 크다고 할 수 있다. 대가족 제도에서 비롯된 가족관계는 핵가족 시대로 접어든 이후에도 여전히 가족 구성원의 의식에 깊이 영향을 미치고 있다.

최근 가족 제도는 핵가족화뿐만 아니라 호주제 폐지, 파산 가정의 증가, 이혼율의 급증 등으로 인해 새로운 형태의 가족 공동체가 등장하고 있다. 이 같은 변화 속에서 특히 주목할 만한 두 가지 경향은 부부의 성역할 변화와 가족의 구매 의사결정 방식의 변화다.

첫째, 부부의 성역할 변화는 남성과 여성의 성 정체성에 대한 인식 변화에 따라 빠르게 진행되고 있다. 전통적인 성역할을 고수하기보다, 남성과 여성이 서로의 역할을 수용하는 경향이 확산되면서 부부의 구매 의사결정 양상도 크게 달라졌다. 식품을 쇼핑하는 남성이나 공구나 자동차를 구매하는 여성처럼, 성역할의 전환은 남편 구매자, 아내 구매자, 또는 부부 공동 구매자라는 새로운 소비자 역할을 만들어내고 있다.

둘째, 가족 구매 의사결정 방식에도 변화가 나타나고 있으며, 그 대표적인 예가 공동 구매 의사결정이다. 전통적으로 산업재 구매에서 나타나던 '구매센터(buying center)' 개념이 가족 내에서도 적용되고 있다. 가족 구성원들은 제안자(initiator), 영향자(influencer), 문지기(gatekeeper), 결정자(decider), 구매자(buyer), 사용자(user) 등 각자의 역할을 나누어 수행하며 구매 과정에 참여한다. 이처럼 가족 구성원 각자가 자신의 필요와 욕구, 능력에 따라 역할을 분담함으로써 보다 합리적이고 효율적인 구매가 이루어지고 있다.

(2) 개인적 요인

가. 연령, 직업, 생활양식

사람은 나이가 들어감에 따라 선호하는 제품군과 제품의 유형이 변하게 된다. 연령층이 젊을수록 화려한 제품과 즐거움을 제공하는 제품에 관심이 많다면 나이 든 소비자들은 기능성 제품이나 실속형 제품을 선호하게 된다.

직업에 따라서 달라지는 선호하는 제품군과 제품 유형도 기업의 마케팅 계획에서 고려해야 할 부분이다. 자영업자, 사무직 노동자 그리고 전문직 종사자가 선호하는 제품이나 브랜드의 특징을 파악하고 분석해 볼 필요가 있다.

어떤 사람의 살아가는 방식을 설명하는 생활양식(life style)은 문화, 사회적 계층, 직업 등과 무관하게 나타나기도 한다. 전혀 다른 문화, 사회적 계층, 직업에 속한 소비자들이 같은 유형의 생활양식으로 살아가는 경우 이를 발견하여 마케팅 전략에 응용할 필요가 있다.

생활양식의 측정법으로 AIO(Activity, Interest, Opinion) 기법은 소비자에게 어떤 개인적인 활동을 하고(A), 어떠한 문제나 분야에 관심을 가지며(I), 사회적 이슈에 관해 어떠한 의견을 갖느냐(O)를 질문하여 유사한 응답 유형의 소비자들을 집단화하여 각 집단에 맞는 마케팅 전략을 구사하는 방식이다.

나. 개성

다른 사람과는 다른 개인의 독특한 특성을 개성(personality)이라 한다. 개성은 다른 사람과의 차이로 설명할 수 있으며, 일관성 있게 나타나는 성향이며, 환경적 상황에 영향을 미치는 행동적 경향이다. 개성을 표현하는 말로 흔히 '사교적이다, 의협심이 강하다, 포용력이 넘친다, 겸손하다' 등을 들 수 있다.

개성의 특징은 첫째, 개인적 차이를 반영한다는 점이다. 개성을 근거로 사람들은 서로 다른 여러 개의 집단으로 구분할 수 있어서 소비자행동 분석의 중요한 도구가 된다.

둘째, 개성은 지속성이 있다. 수시로 바뀌는 성향이 아니기 때문에 소비자행동 연구에서 주목하게 된다.

셋째, 개성은 변화할 수도 있다. 개인의 중요한 사건인 주변인의 죽음, 아이의 탄생, 승진, 전직 등에 따라 성장과정의 한 부분처럼 변화하기도 한다.

(3) 심리적 요인

소비자는 심리적 상태에 의해 제품에 관한 생각과 느낌을 형성하기 때문에 소비자행동연구에서 소비자의 심리적 요인을 중시하게 되었다. 심리적 요인 중의 동기유발, 지각, 주의, 학습, 신념, 태도 등에 대해 서술하기로 한다.

가. 동기유발

소비자가 특정 제품이나 서비스를 선호하거나 구매하는 행동은 어떤 자극에 의해 발생하는 긴장 상태에서 비롯된다고 볼 수 있다. 충족되지 않은 욕구를 해결하기 위해 자극을 받고, 이를 계기로 목표를 달성하려는 의지가 생기는 과정을 동기유발(motivation)이라 한다.

즉, 동기유발의 핵심적인 자극은 바로 욕구(wants)이며, 이러한 욕구가 동기(motive)가 되어 행동을 유도하게 된다. 예를 들어, 사람이 배가 고플 때 밥을 먹고 싶다는 욕구는 배고픔을 해소하려는 동기가 되어 행동으로 이어진다.

동기유발 이론을 설명한 학자로는 매슬로우(Abraham Maslow)가 대표적이며, 그는

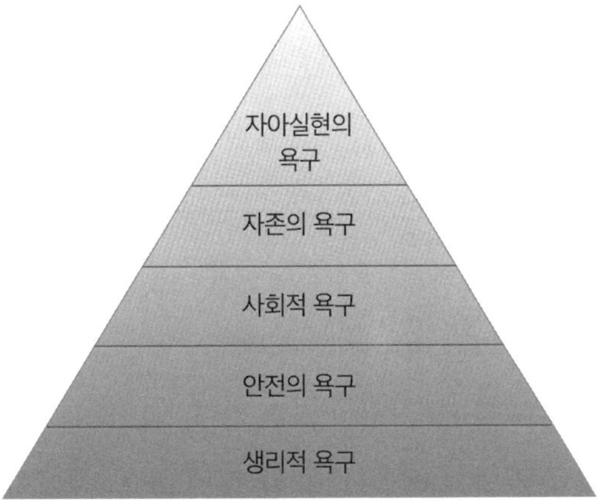

그림 4.7 매슬로우 욕구다단계

인간의 욕구가 계층적으로 구성되어 있다는 욕구 다단계설(hierarchy of needs theory)을 제시하였다. 그림 4.7에서 보이듯, 욕구는 다음과 같이 다섯 단계로 계층화되어 나타난다.

- 생리적 욕구(physiological needs) : 의식주에 대한 욕구, 성욕
- 안전의 욕구(safety needs) : 안전, 보호, 질서에 대한 욕구
- 사회적 욕구(affiliation needs) : 교분, 귀속, 사랑에 대한 욕구
- 자존의 욕구(self-esteem needs) : 성공, 목표달성, 위신에 대한 욕구
- 자아실현의 욕구(self-actualization needs) : 자기개발, 자기실현에 대한 욕구

이 욕구 다단계 이론의 특징은 다음과 같다.

첫째, 인간의 욕구는 가장 기본적인 생리적 욕구와 같은 저차 욕구에서 시작하여, 가장 궁극적인 자아실현 욕구와 같은 고차 욕구에 이르기까지 계층을 이루고 있다는 점이다.

둘째, 인간은 저차 욕구를 먼저 충족시킨 후에야 고차 욕구를 충족시키려는 경향이 있다.

셋째, 저차 욕구가 충족되지 않으면 고차 욕구를 충족시키려 하지 않는다는 점이다.

예를 들어, 생리적 욕구가 충족되어야 비로소 안전에 대한 욕구를 충족시키기 위한 노력을 하게 된다. 다시 말해, 배고픈 사람에게는 타인의 존경을 받고자 하는 고차 욕구가 쉽게 떠오르기 어렵다는 뜻이다.

나. 주의

인간의 감각기관인 시각, 청각, 촉각, 후각, 미각을 거친 정보는 너무나 많기 때문에 주의(attention)라는 시스템을 통해 꼭 필요한 정도의 정보만을 통과시키게 된다. 주의의 기능은 선택성(selectivity)과 강도(intensity)라는 특징으로 나타난다. 제한된 주의의 용량을 어디에 사용할 것인가를 결정하는 것이 선택성이라면 주의에 얼마만큼의 정보처리 용량을 집중시켜서 사용할 것인가를 정하는 것이 강도이다.

선택성은 여러 가지 정보 중에서 우선적으로 특정 정보에 주의를 기울이게 되는 기능이다. 이러한 주의의 선택성 기능은 우선순위에 따라 인간이 정보를 받아들이기도 하고 무시하기도 할 수 있음을 나타낸다.

이는 '칵테일 파티의 문제'(cocktail-party problem) 해결 능력과도 같은 것이다. 시끄럽고 어수선한 칵테일파티에서도 사람들이 원하는 사람과 필요한 대화를 선택적으로 할 수 있는 것은 주의의 선택성 덕분이다. 만화를 보면서도 TV를 시청하는 아이들은 선택적으로 주의를 TV와 만화 사이를 오가면서 집중하기 때문에 가능하다. 한 가지의 정보에 집중적으로 주의(focused attention)를 기울이면서 또 다른 정보에도 가끔씩 집중하는 주의의 분리(divided attention)가 일어나는 것이다.

강도는 주어진 임무가 중요하다면 용량을 증가시켜서 주의를 더욱 강화하게 되는 기능이다. 그런데 주의 용량을 늘려서 강화하려고 해도 요구되는 임무가 어려운 경우에는 늘어난 주의일지라도 부족하다는 한계가 있다. 또한 주의의 선택성의 경우에는 소비자 자신이 자발적으로 선택하는 것이지만 강도를 강화시키는 것은 비자발적으로 일어난다. 그래서 만약 임무가 중요성이 떨어지거나 쉬운 경우에는 소비자 자신이 아무리 주의의 용량을 증가시키려 해도 잘 안된다.

다. 지각

사물이나 환경을 받아들이는 방식을 지각(perception)이라 한다. 어떤 제품을 보고 화려하다고 지각하는 소비자가 있는 반면 천박하다고 받아들이는 소비자도 있다. 이것은 사람마다 각기 다른 지각의 방식이 있기 때문이다. 주의를 통해 정보처리 시스템에 입력된 정보를 소비자 자신의 기존의 지식체계에 따라 선택(selection)하고 조직(organization)하는 과정이 지각이다.

지각의 특성은 정보가 지각과정에서 다음과 같이 왜곡되는 현상이 일어난다는 점이다.

첫째, 지각의 방어(perceptual defense)현상이다. 지각의 방어란 사람이 어떤 사실이나 사물을 있는 대로 받아들이지 않고 쉽게 지각하지 않으려는 현상이다. 금기시되는 단어가 들어간 제품군과 브랜드는 소비자가 인식하여 입으로 말하게 되기까지 더 긴 시간이 걸린다는 보고가 있다. 이는 사람들이 소리 내어 말하면 안 된다고 생각하는 단어들은 잘 인식하려고 하지 않기 때문이다. 여러 단어를 보여주고 소리내어 읽을 때까지의 시간을 재어본 실험에서 평범한 단어보다 '매춘부', '유방' 등의 단어를 지각하여 발음하는데 더 긴 시간이 걸리는 것도 같은 이치이다.

둘째, 지각의 탐색(perceptual vigilance) 현상이란 사람들의 상태에 따라 어떤 사실이나 사물을 평소보다 더 잘 지각하게 되는 현상을 의미한다. 예를 들어, 배가 고픈 사람에게는 음식과 관련된 단어가 더 눈에 잘 들어오게 된다. 형편이 어려운 시기에는 주유소 입구의 할인 표시가 유독 눈에 띄지만, 형편이 넉넉해지면 그러한 표시를 무심코 지나치는 경우가 많아진다. 이처럼 지각의 방어와 탐색 작용으로 인해 소비자는 동일한 브랜드, 광고, 상표를 각기 다르게 인식하게 된다.

라. 학습

학습(learning)이란 경험을 통해 지식과 정보를 습득하는 과정을 말한다. 인간은 학습을 통해 행동을 변화시킨다. 학습을 통해 정보가 축적될수록, 특정 행동을 할 가능성은 점차 증가하게 되는데, 이를 학습곡선이라 한다. 그림 4.8의 학습곡선에서처럼 경험이 3, 4, 5회로 늘어날수록 특정 상표를 재구매할 확률은 급격히 증가한다. 그러나 경험이 7, 8, 9회로 누적된다고 해서 구매행동이 같은 속도로 계속 증가하지는 않는다. 이는 소비자가 그 상표나 기업의 촉진활동에 대해 점점 지루함을 느끼는 지루함 효과(tedium effect)와, 반복적으로 접한 광고와 판촉 내용을 모두 기억하지 못하는 망각(forgetting) 현상 때문이다.

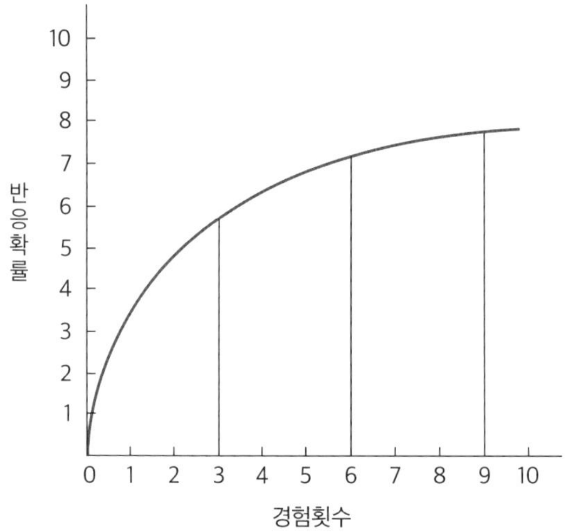

그림 4.8 특정상표에 대한 학습곡선

㉠ 고전적 조건형성

학습의 가장 기본적 모형이 고전적 조건형성(classical conditioning)이다. 파블로프(Ivon Petrovich Pavlov)는 개에게 종을 쳐서 소리를 들려주는 실험을 통해 개가 조건형성 학습을 하는 과정을 설명하였다. 그림 4.9는 고전적 조건형성을 세 단계로 설명하고 있다.

1단계에서는 개가 아직 학습이 되지 않은 상태이기 때문에 종소리에 단순히 소리가 나는 방향을 주시할 뿐이며, 먹이를 보면 침을 흘리게 된다. 이때 종소리는 아직 조건이 형성되지 않은 중성 자극(neutral stimulus)이고, 먹이는 침을 흘리게 만드는 무조건 자극(unconditioned stimulus)이다. 침을 흘리는 반응 역시 먹이를 보고 나타나는 무조건 반응(unconditioned response)이다. 개가 먹이를 보고 침을 흘리는 것은 자율 신경에 의해 나타나는 본능적인 반응이다.

이제 이 단계에서 먹이를 줄 때마다 종소리를 함께 들려주는 과정을 반복하게 되면, 중성 자극인 종소리가 먹이라는 무조건 자극과 항상 함께 제시되기 때문에, 침 흘리는 반응과 종소리가 연결되면서 종소리는 조건 자극(conditioned stimulus)이 된다. 이 과정을 계속 반복하면, 결국 조건 형성이 완전히 이루이지게 된나.

따라서 3단계에서는 조건이 형성되었기 때문에 개는 먹이라는 무조건 자극이 없어져도 조건 자극인 종소리만 들려주면 조건 반응인 침을 흘리게 된다. 이러한 고전적 조건형

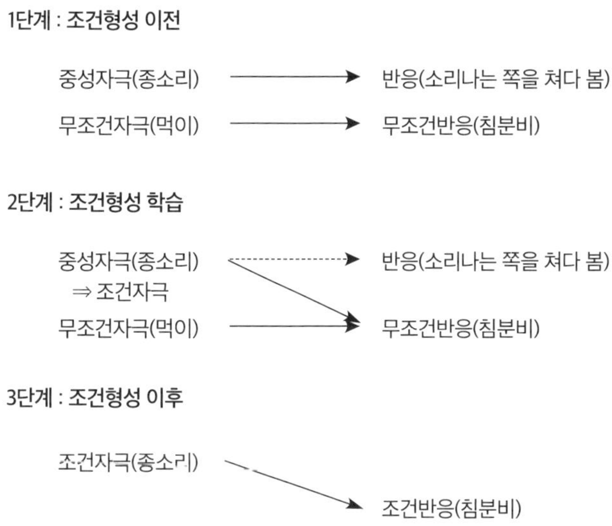

그림 4.9 고전적 조건형성의 과정

성은 음식을 보고 침을 흘리는 것과 같은 선천적인 자극에 대한 반응뿐만 아니라 후천적으로 습득한 조건자극에도 반응한다.

고전적 조건형성이 마케팅에 활용되는 대표적인 사례는 광고에서 많이 찾아볼 수 있다. 감미로운 음악과 함께 제품을 알리는 광고 장면은, 제품이라는 중성 자극이 감미로운 음악이라는 무조건 자극과 함께 제시됨으로써, 여러 번 광고를 접하게 되면 중성 자극인 제품만 보더라도 감미로운 음악이 연상되어 제품을 사용하는 즐거움을 상상하게 되는 조건 반응이 나타나게 된다.

그런데 고전적 조건형성이 실패하는 대표적인 상황이 두 가지 있다. 첫째는 그늘지움(overshadowing) 현상이다. 이는 두 개의 조건 자극이 동시에 제시되는 경우, 더 두드러진 조건 자극에 대해서만 조건이 형성되고, 덜 눈에 띄는 조건 자극에는 조건이 형성되지 않는 현상을 말한다.

그림 4.10의 A처럼 MBC TV(조건자극-1)를 통해 야구 해설가(조건자극-2)의 중계를 시청하는 경우, MBC TV라는 채널은 야구 해설가의 생생한 목소리에 의해 '그늘지워'지게 된다. 따라서 MBC TV의 야구 중계를 여러 번 본 시청자라 하더라도, MBC TV를 시청할 때마다 설렘을 느끼게 되기는 어렵다.

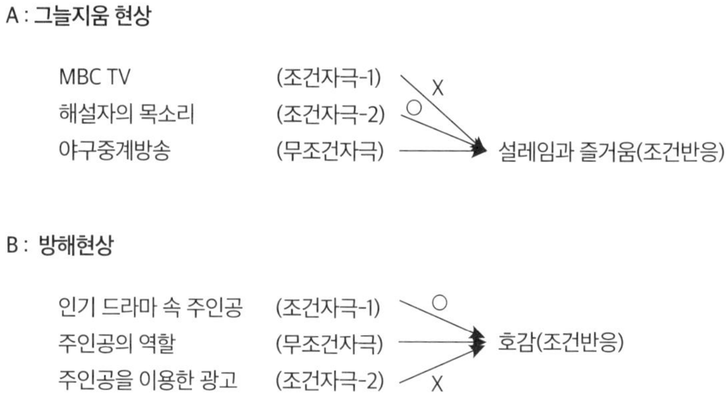

그림 4.10 고전적 조건형성의 실패상황

둘째는 방해(blocking) 현상이다. 이는 두 개의 조건 자극이 순서대로 제시될 경우, 먼저 제시된 조건 자극이 이후에 제시되는 조건 자극의 조건 형성을 방해하는 현상을 말한다. 그림 4.10의 B에서처럼 인기 드라마(조건자극-1)는 주인공의 역할(무조건 자극) 덕분에 조건 형성이 되어 시청자에게 호감(조건반응)을 얻게 되지만, 드라마가 끝난 뒤에 나오는 주인공의 광고는 드라마 속 역할에 가려져 조건 형성이 제대로 이루어지지 않는다.

㉡ 조작적 조건형성

조작적 조건형성(operant conditioning)은 스키너(B. F. Skinner)의 스키너 상자(Skinner Box)에 의해 설명되는 조건형성 현상이다. 이는 일찍이 손다이크(Edward L. Thorndike)의 실험에서 퍼즐상자 안의 고양이가 냄새를 맡고 발톱으로 할퀴고 높이 뛰어보다가 우연히 걸쇠를 당겨서 그 결과로 음식물을 먹게 되고, 이러한 반응을 보게 되면 걸쇠를 당기는 행동을 할 가능성이 증가되는 것을 원형으로 하고 있다.

그림 4.11의 스키너 상자에서 돌아다니게 놓아둔 쥐가 우연히 지렛대를 누르게 되면 먹이 접시에 먹이가 떨어져 먹을 수 있게 된다. 이러한 우연한 과정이 반복되게 되면 쥐는 의식적으로 지렛대를 눌러 먹이를 먹게 된다. 쥐는 시간의 흐름에 따라 지렛대를 더 자주 누르게 된다. 쥐가 최초의 자극은 잘 알 수 없지만 반응을 보인 후 나타난 결과를 강화자극으로 받아들이게 된 것이다. 환경의 일부를 조작 혹은 작동시켜서 조건이 형성되기 때

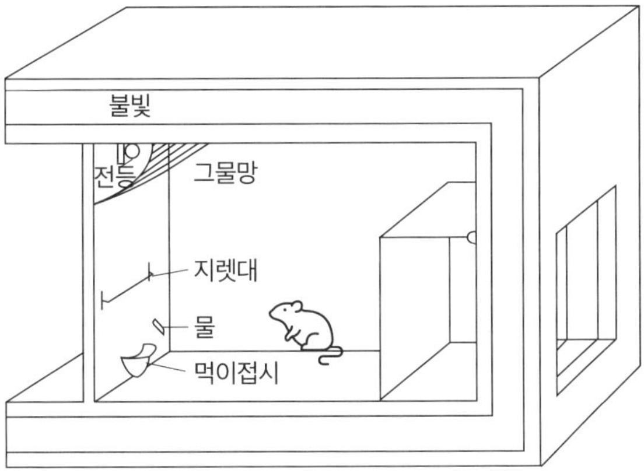

그림 설명: 동물이 돌아다니는 내부를 보기 위해서 상자의 옆부분을 자른 그림

그림 4.11 스키너 상자

문에 조작적 조건형성 혹은 작동적 조건형성이라 한다. 지렛대를 도구로 먹이를 얻는 수단이 되기 때문에 도구적 조건형성 혹은 수단적 조건형성(instrumental conditioning)이라고도 한다.

조작적 조건형성이 고전적 조건형성과 다른 점은 첫째, 고전적 조건형성이 반응자의 무의식에서 이루어지는 반응이라면 조작적 조건형성은 반응자의 의식적 통제로 이루어진다는 점이다.

둘째, 고전적 조건형성에서는 행동이 발생하기 전에 주어진 자극에 의해 학습이 이루어지지만, 조작적 조건형성에서는 행동 이후에 나타나는 결과에 대한 기대를 통해 학습이 이루어진다. 예를 들어 어떤 행동을 한 뒤에 주위로부터 칭찬을 받게 되면, 그 행동을 반복하게 되는 강화(reinforcement) 과정이 일어나며, 이는 조작적 조건형성에서 필수적인 요소이다.

강화는 크게 긍정적 강화와 부정적 강화의 두 가지 유형으로 나뉜다. 표 4.3에 나타난 것처럼, 반응자에게 유익한 자극을 제공하여 행동을 유도하는 것이 긍정적 강화이며, 반대로 반응자가 싫어하는 자극을 제거함으로써 행동을 유도하는 것이 부정적 강화이다. 예를 들어, 시험을 잘 본 학생에게 화장실 청소를 면제해 주는 방식은 부정적 강화에 해당한다. 여기서 주의할 점은 부정적 강화는 '처벌'과는 전혀 다른 개념이라는 것이다.

표 4.3 강화의 유형

제공/제거 \ 자극	보상 자극	혐오 자극
자극의 제공	긍정적 강화	처벌 I
자극의 제거	처벌 II	부정적 강화

마케팅 현장에서 판매원은 고객에게 구매에 대한 감사 전화를 걸어 긍정적인 강화를 유도하려는 전략을 활용하고 있다. 이러한 강화가 효과를 가지기 위해서는 몇 가지 기본 원칙이 필요하다.

- 신원을 밝혀서 서로의 유대감을 확인시킨다.
- 감사의 표현은 짧아도 된다.
- 고객 명단을 일일이 확인하여 혹시 빠져서 무시당한 듯한 고객이 없도록 한다.
- 판촉의 느낌이 아닌 진솔한 느낌을 전하라.
- 천천히 말하며 이해할 시간을 주라.
- 말을 하려고만 하지 말고 차라리 들으려 하라.
- 명단의 고객을 찾아서 직접 통화하라.

강화의 방식은 크게 전체 강화(total reinforcement)와 부분 강화(partial reinforcement)로 나눌 수 있다. 전체 강화는 계속적 강화라고도 하며, 소비자가 구매할 때마다 일정한 보상을 제공하는 방식이다. 예를 들어, 영수증을 제시하면 일정 금액을 환급해 주는 리베이트 제도가 이에 해당된다.

반면, 부분 강화는 간헐적(intermittent) 강화라고도 하며, 모든 구매에 대해 보상을 제공하지 않고, 일정한 조건이나 확률에 따라 가끔씩 보상을 주는 방식이다. 부분 강화에는 고정률(fixed ratio) 강화와 변동률(variable ratio) 강화가 있다. 고정률 강화는 예컨대 세 번 구매한 영수증을 제시하면 한 번 보상을 주는 방식이며, 변동률 강화는 복권 추첨처럼 언제 보상이 이루어질지 알 수 없는 방식이다. 이 경우에는 구매를 해도 보상이 없을 수 있지만, 언젠가는 보상을 받을 수 있다는 기대감이 소비자의 심리를 자극해 높은 참여를 유도할 수 있다.

부분 강화는 전체 강화보다 강화 효과가 크고, 그 효과가 더 오랫동안 지속된다는 장점이 있다. 이는 보상을 매번 제공하지 않아도 소비자의 기대심리가 행동을 유발하는 데 도움이 되기 때문에 마케팅에서 매우 효율적인 전략으로 활용된다.

㉢ 대리적 조건형성

대리적 조건형성(vicarious conditioning)은 타인의 행동과 그 결과를 관찰한 후, 이를 바탕으로 자신의 행동이 유발되는 과정을 말한다. 이는 고전적 조건형성과 유사한 점이 있지만, 무조건 자극이 관찰자 본인에게 직접 영향을 주지 않는 상황에서도 조건 형성이 이루어진다는 점에서 차이가 있다.

베거(Joseph V. Berger)는 일방향 거울(one-way mirror)을 이용해 실험을 진행했다. 이 장치는 외부에서는 내부를 볼 수 있지만, 내부에서는 외부를 볼 수 없는 구조다. 실험에서 유리 상자 안에 있는 모델이 버저가 울릴 때마다 전기 쇼크로 인해 괴로워하는 듯한 표정을 짓도록 설정하고, 유리 상자 밖에 있는 실험 참가자가 이를 관찰하게 했다. 실제로는 전기 쇼크를 받지 않았고, 모델이 연기만 한 것이다.

조사 대상자는 버저 소리(중성 자극)와 함께 모델이 괴로워하는 모습을 반복적으로 관찰하면서 땀이 나고 맥박이 빨라지는 생리적 반응(무조건 반응)을 보이게 되었다. 시간이 지난 후에는 모델의 반응이 사라졌음에도 불구하고, 버저 소리만 들어도 같은 생리 반응을 보이게 되었다. 이로써 버저 소리는 조건 자극이 되었고, 땀과 맥박 상승은 조건 반응으로 나타난 것이다.

대리적 조건형성은 모방(modeling)의 기본 개념이다. 모방의 역할은 크게 세 가지인데 첫째, 남의 행동을 보고 마음에도 없던 행동을 하는 행동의 창출과 둘째, 남의 행동을 보고 자신의 행동을 자제하고 억제하게 되기도 하며 셋째, 마음먹고 있었으나 행동하기 어려웠던 것을 실제로 행동에 옮기는 행동의 조장을 하기도 한다.

마. 신념과 태도

㉠ 신념

소비자의 신념(belief)은 제품에 대한 굳게 믿는 생각이다. 소비자의 신념은 사실(fact), 의견(opinion) 그리고 정보(information)이다.

신념은 그 형성 원인에 따라 세 가지로 구분된다. 첫째는 서술적 신념(descriptive belief)이다. 두 눈으로 보고 생기는 신념으로 초기의 신념 형태이다. '이 냉장고는 Bespoke다'라는 신념은 제품을 처음 접할 때의 신념이다.

둘째는 정보적 신념(informational belief)이다. 소비자가 자신이 보는 제품과 제품 속성을 연관시켜서 만들어 낸 신념형태이다. '이 Bespoke 냉장고의 판매 가격이 300만 원이다'라는 것은 정보의 가치를 지니게 된다.

셋째는 추론적 신념(inferential belief)이다. 소비자가 제품과 제품 속성 간의 관계를 서술적 신념이나 정보적 신념으로부터 추론하여 구성한 신념이다. '이 Bespoke 냉장고는 가격대가 다른 제품이구나'라는 생각은 추론적 신념이 된다.

㉡ 태도

태도(attitude)는 제품이나 제품의 기능에 대한 좋거나 나쁜 생각이다. 태도는 여러 가지 신념을 종합하여 호의적이거나 비호의적인 반응으로 나타나게 된다.

어떤 제품에 대한 여러 가지 신념이 '색상이 좋다', '고가이다', '신제품이다'인 경우에 소비자는 이들 신념을 종합하여 '나는 이 신제품이 좋다'라는 태도를 갖게 된다.

태도 형성에 관한 설명으로는 그림 4.12에 제시된 정세화 가능성 모델(ELM, Elaboration Likelihood Model)이 있으며, 이는 패티(Richard Petty)와 캐치오포(John Cacioppo)가 제시한 이론이다.

소비자가 태도를 형성하는 경로는 크게 중심경로(central route)와 주변경로(peripheral route) 두 가지로 나눌 수 있다. 제품 속성을 세심하게 고려하여 태도를 형성하는 경우는 중심경로를 통한 태도 형성이고, 제품 속성은 크게 고려하지 않고 형성되는 경우는 주변경로를 통한 태도 형성이다.

먼저, 메시지의 원천(①)이 제시되었을 때, 소비자가 정보를 처리하려는 동기가 있고(②), 그 정보를 이해하고 판단할 수 있는 능력(③)이 있을 경우, 소비자는 해당 정보를 인지적으로 처리하며 정세화(elaboration)하게 된다.

이러한 인지 과정에서 메시지의 주장에 대해 우호적인 생각이 들면(⑥), 긍정적인 태도 변화가 일어나고, 비우호적인 생각이 들면(⑦), 부정적인 방향으로 태도가 변화할 수 있다. 이처럼 인지구조에 실제 변화가 생겨(⑨) 새로운 태도가 형성되는 것이 중심경로를 통한 태도 형성이며, 이러한 태도는 지속적이고 안정적인 특성을 가진다.

반면, 정보 처리에 대한 동기가 부족하거나(②), 처리 능력이 부족한 경우(③)에는 소비자는 메시지의 내용을 깊이 있게 분석하지 않고, 표면적인 단서(cue)를 기반으로 태도를 형성하게 된다(⑤). 또한, 인지 과정 중 특별한 생각이 없거나 중립적인 경우(⑧) 또는 인지구조에 변화가 없는 경우(⑩)에도 마찬가지로 단서에 의존하여 태도가 형성된다.

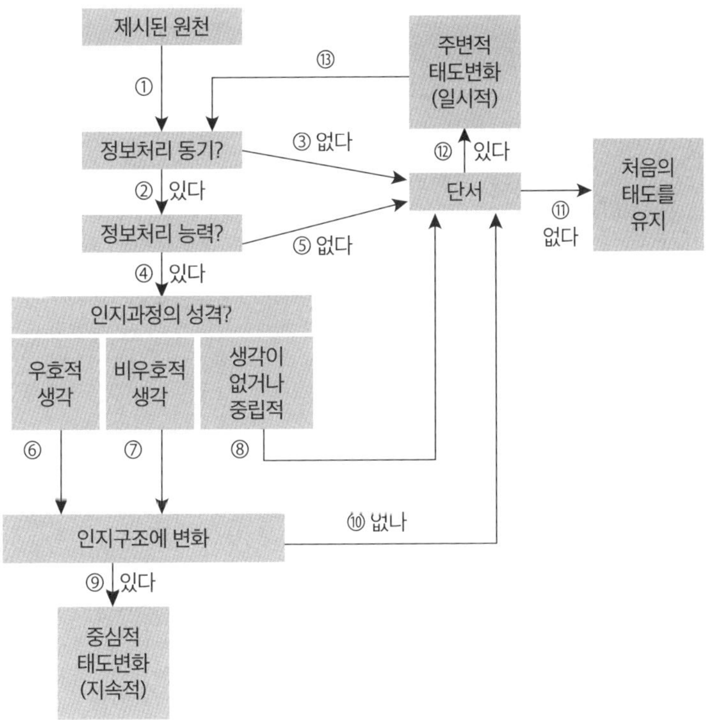

그림 4.12 정세화 가능성 모델

소비자의 인지 구조를 통한 태도 변화와 관련된 예시로, 정보(information)는 자동차의 엔진, 실린더, 연비처럼 제품의 기능을 설명하는 요소이고, 단서는 상표, 가격, 제조국명, 판매점 이름과 같이 기능적이지 않은 요소이다. 만약 소비자가 이러한 단서를 기반으로 태도를 형성하게 되면(⑫) 이는 주변경로를 통해 형성된 태도이며, 일시적이고 쉽게 변화될 수 있는 특징을 가진다.

중심경로를 통한 태도 형성은 소비자가 인쇄 광고물을 읽고 제품에 대한 정보를 인지적으로 처리하여 새로운 태도를 갖는 경우에 해당하고, 주변경로를 통한 태도 형성은 TV 광고를 보고 광고에 등장한 연예인이나 음악 등의 단서에 영향을 받아 태도를 갖는 경우에 해당한다.

중심경로를 통한 태도 형성은 고관여(high involvement) 상태에서, 주변경로를 통한 태도 형성은 저관여(low involvement) 상태에서 주로 나타난다. 이와 함께 중심경로를 통한 태도 형성은 의도적 학습(intentional learning)으로, 주변경로를 통한 태도 형성은 우연한 학습(incidental learning)으로 나타난다.

사례 (1)

2000년에 하버드 대학교의 문영미 교수는 인간의 심리적 속성에 관한 연구를 실시했다. 사람들은 인터넷에 자신의 정보를 공개하기를 꺼리는데 어떻게 하면 이러한 소비자가 정보를 더 잘 제공하게 만드는가에 관한 연구였다. 그 원리는 상호성의 원리(reciprocity principle)인데, 소비자에게 컴퓨터가 "내 하드는 10기가, 속도는 295메가입니다. 당신의 연봉은 얼마입니까?"라는 메시지로 물으면 소비자가 자신의 연봉을 밝힐 확률이 훨씬 높아진다는 것이다. 이를 증명하기 위해 세 가지 실험을 실시하였다.

첫 번째 실험은 컴퓨터가 위에 쓴 메시지를 제공하는 것인데 자신의 사양, 메모리, 장단점 등을 피실험자에게 제공한다. 그러면서 피실험자의 정보제공도 요구하는 것이다. 두 번째 실험은 첫 번째 실험의 내용을 잊게 하기 위해 피실험자들을 다른 방에 보내서 퍼즐 놀이와 퀴즈 문제풀이 등을 하게 한다. 마지막 세 번째 실험에서는 피실험자를 두 집단으로 나누어서 한 집단은 첫 번째 실험에서 자신이 사용했던 컴퓨터를 쓰게 하고 다른 한 집단은 처음 보는 새로운 컴퓨터를 쓰게 한다. 두 집단의 피실험자들에게 이제 컴퓨터가 상품을 추천하고 구매의사를 질문한다.

첫 번째 실험과 세 번째 실험에서 같은 컴퓨터를 사용한 피실험자들이 서로 다른 컴퓨터를 사용한 피실험자들보다 컴퓨터가 추천한 상품을 구매할 확률이 더 높은 것으로 나타났다. 이는 소비자가 상대한 거래 당사자가 컴퓨터일지라도 소비자는 컴퓨터로부터 정보를 얻었고 정보교환을 했다는 부담 때문에 자신의 정보를 제공해야 한다는 의무감을 느끼게 된다는 것이다.

사례 (2)

최근 상호성의 원리는 AI 챗봇, 추천 알고리즘, 개인화 마케팅 등 다양한 디지털 서비스에서 적극적으로 활용되고 있다. 예를 들어, 네이버, 카카오, 쿠팡 등 국내 주요 플랫폼은 고객에게 맞춤형 정보(예: 내 취향에 맞는 상품 추천, 내가 본 상품과 비슷한 상품 안내 등)를 먼저 제공하고, 이후 고객의 피드백이나 추가 정보(리뷰, 설문, 프로필 입력 등)를 요구하는 방식으로 상호성의 원리를 적용한다. 특히, AI 챗봇이 고객의 질문에 먼저 답변을 제공하거나, 맞춤형 콘텐츠를 추천해주면, 고객은 더 많은 정보를 기꺼이 제공하는 경향이 강해졌다.

이와 유사하게, 오늘의 집, 당근마켓 등 커뮤니티 플랫폼은 사용자 간 정보 교환과 공유를 통해 신뢰를 구축하고, 이로 인해 더 많은 사용자가 자신의 경험과 정보를 적극적으로 공유하게 된다.

또한, 상호성의 원리는 무료 샘플, 쿠폰, 유용한 콘텐츠 제공 등 다양한 마케팅 전략에서도 효과적으로 활용된다. 예를 들어, 레드불은 고객에게 자극적이고 도전적인 콘텐츠를 먼저 제공함으로써 고객 충성도를 높이고, 인텔리젠시아 커피는 블로그를 통해 커피 추출 노하우를 공유하며 고객의 신뢰와 정보 제공을 이끌어낸다.

이처럼 상호성의 원리는 소비자의 심리적 특성을 활용해 정보 제공과 구매 확률을 높이는 핵심 전략으로 자리 잡고 있다. AI와 디지털 플랫폼이 발전하면서, 기업은 더욱 정교한 방식으로 상호성의 원리를 적용해 고객과의 신뢰를 강화하고 있다.

제2절 구매의사결정 과정

일반적으로 소비자는 앞의 그림 4.1과 같은 구매의사결정 과정을 거쳐 제품과 서비스를 구매하게 된다. 소비자의 구매 의사결정 과정은 소비자가 문제를 인식하면서부터 시작된다. 문제를 인식한 소비자는 그 문제를 해결하기 위한 노력으로 정보를 탐색하게 된다. 소비자가 찾아낸 정보는 판단의 근거가 되어 구매 대안을 평가하게 되며, 가장 우수한 평가를 받은 대안을 선택하는 것이 곧 구매에 해당한다.

구매한 이후에는 소비가 이루어지며, 이와 함께 제품이나 서비스에 대한 평가와 느낌, 만족감 혹은 인지 부조화 등이 나타나게 된다.

2.1 문제인식

소비자가 자신의 현재의 상태에서 더 이상 바라는 것이 없으면 아무 문제가 없는 상태이다. 만약 현재 상태에서 더 이상 바라는 것이 있다면 문제를 인식하는 상태이다.

문제인식의 시기는 소비자가 욕구를 가지게 되는 시점이다. 점심시간이 되었는데 어디에 적당한 식당이 있는지를 모를 때 문제를 인식하는 것이다. 우연히 친구가 새 옷을 입고 있는 모습을 보는 순간 문제를 인식하기도 한다.

문제를 인식한 소비자는 문제해결을 위한 노력을 하게 된다. '현재의 상태'와 '바라는 상태'와의 차이가 어떤 상당한 크기(threshold)보다 클 뿐만 아니라 그 인식한 문제가 소비자에게 중요한 것일 때 문제해결을 하려는 동기부여가 될 것이다.

2.2 정보탐색

(1) 정보탐색의 유형

가. 내적탐색과 외적탐색

문제를 인식한 소비자가 문제해결을 위한 정보를 필요로 할 때 정보탐색(information search)을 한다. 정보탐색을 내적탐색(internal search)과 외적탐색(external search)으로 구분하는 것은 소비자가 찾는 정보가 이미 자신이 알고 있는 것인가 아니면 새로 찾아야 할 정보인가 하는 것이다.

소비자가 이미 자신의 장기기억장치에 저장해 둔 제품의 상표명, 상점명, 상점의 위치, 제품의 가격대 등을 다시 기억해 내는 것이 내적탐색이다. 과거의 경험이 크게 만족스러운 경우에는 그 기억을 다시 들추어내는 내적탐색을 통해 구매하는 습관적 구매의사결정(habitual decision making)을 한다. 반면 소비자 자신이 가진 정보가 제품 구매에 부족할 때는 새로운 정보원천으로부터 정보를 획득하는 외적탐색을 하게 된다. 외적탐색의 원천으로는 가족이나 친구 등의 개인적 원천, 광고나 판매촉진, 매체나 소비자 관련 단체, 자신의 경험 등이 이용될 것이다.

나. 구매 전 탐색과 지속적 탐색

구매 전 탐색(prepurchase search)은 소비자가 구매와 관련된 문제인식으로 그 문제를 해결하기 위한 목적으로 정보를 탐색하는 것이다. 반면 지속적 탐색(ongoing search)은 구매를 염두에 두지 않고 제품을 알고 싶은 욕망이나 정보탐색 자체의 즐거움을 위해 수행하는 정보탐색이다.

새로운 자동차 구매를 앞두고 자동차 전시장의 팸플릿을 구해서 읽는 것이 구매 전 탐색이라면 평소 자동차에 대한 관심이 큰 소비자가 새로 출시된 자동차의 팸플릿을 살펴보는 것은 지속적 탐색이라 할 수 있다.

구매 전 탐색은 구매 관여도(purchase involvement)가 높은 경우에 많은 탐색을 할 것이고,지속적 탐색은 제품 관여도(product involvement)가 높은 제품에 대해 많이 이루어진다.

다. 적극적 탐색과 소극적 탐색

정보탐색의 적극성의 정도를 기준으로 보면 아주 적극적으로 정보를 수집하는 소비자는 다양한 정보원천을 폭넓게 찾을 것이기 때문에 적극적 탐색(active search)을 하는 반면, 제품 구매에 필요한 최소한의 정보만 제한된 정보원천을 통해 수집하는 소비자는 소극적 탐색(passive search)을 하는 것이다.

적극적 탐색을 하는 소비자는 정보탐색의 양이 많고 지금 당장은 구매에 필요 없는 정보까지도 수집하는 경향이 있어서 마니아인 경우가 많다. 소극적 탐색을 하는 소비사는 주로 최소량의 정보를 수집하므로 구매 전 탐색을 할 가능성이 많다.

라. 정형적 탐색과 우연한 탐색

정보탐색이 계획화되고 정형화된 정도에 따라 정형적 탐색(formal search)과 우연한 탐색(casual search)으로 구분한다. 일정한 계획에 의거하여 탐색할 원천, 정보의 내용, 시간과 비용 등을 고려한 정보탐색이 정형적 탐색이라면 우연한 탐색은 소비자가 계획하지 않은 시간과 장소에서 비정형적으로 일어난다. 계획을 세워서 제품 전시장이나 쇼핑몰을 방문하여 제품의 형태와 가격을 확인하는 것은 정형적 탐색이고, 우연히 길거리에서 버스를 기다리다가 쇼윈도를 통해 전시된 제품의 모양과 가격표를 보게 된다면 우연한 탐색이라 할 수 있다.

마. 정보탐색의 의의

내적탐색을 통해서만 구매의사결정을 하는 소비자는 그 상표에 대해서 상표충성도가 높은 소비자이다. 그는 이런저런 것을 따지지 않고도 그 제품을 선택하기 때문에 그러한 구매는 그 제품을 생산한 기업이 이미 많은 마케팅 활동을 통해 그 소비자가 그 제품군에서 무엇을 선택할지를 고민할 때 그 제품만을 떠올리게 만들어 준 셈이다. 그런 제품이 없어서 제품군의 여러 제품이 떠오른다면 이를 제안된 상표집단이라 한다. 만약 떠오르는 제품이 없다면 소비자는 외적탐색을 통해 새로운 제품을 알아내게 된다. 이러한 과정에서 알게 된 상표들과 '제안된 상표집단(evoked set)'의 상표를 모두 모여 소비자가 선택을 위해 고려하게 되는 '고려된 상표집단'이 된다. 고려 상표 집단에 포함된 제품도 소비자의 구매시점에 머리에 가장 선명하게 떠올라 활성화가 되어야만 선택될 것이다.

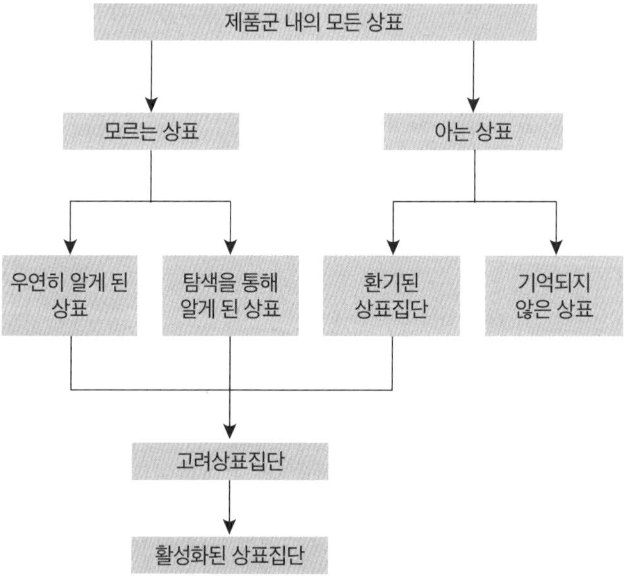

그림 4.13 상표선택 대안 중 집단의 형성

이처럼 구매 시점의 소비자 마음의 정점을 차지하게 하는 기업의 노력이 최종적으로 구매를 실현하게 할 것이다. 소비자의 마음의 정점을 차지하는 이른바 TOMA(Top-Of-Mind Awareness)상태에 있는 제품을 '활성화된 상표집단'이라 할 수 있다. 이러한 상황은 그림 4.13에 제시되어 있다.

바. 정보탐색의 방향과 정도

소비자가 정보탐색을 할 때, 어떤 정보를 어느 정도까지 탐색할지를 결정하는 요인들은 표 4.4에 정리되어 있다.

내적탐색의 방향은 목적과 구매 상황에 따라 결정된다. 구매할 제품과 관련한 구매의 목적에 따라 특정의 제품 속성을 탐색할 것이고 구매 상황에 따라 탐색할 내용이 달라지기도 한다. 내적탐색의 정도는 저장된 기억 속의 정보의 양과 기억된 정보의 적합성에 따라 결정된다. 기억속의 정보가 많으면 탐색할 정보의 양은 적을 것이고 적절한 정보일수록 추가 탐색량은 적을 것이다.

외적탐색의 방향은 목적, 지식의 정도, 환경 구조 등에 따라 결정된다. 소매상이 많이 밀집한 지역이라는 환경구조는 다양하고 폭넓은 외적탐색을 가능하게 할 것이다.

표 4.4 정보탐색의 방향과 정도

탐색의 유형	탐색의 차원	탐색의 결정요인
내적탐색	탐색의 방향	• 목적 • 구매상황
	탐색의 정도	• 저장된 기억속의 정보의 양 • 기억정보의 적합성
외적탐색	탐색의 방향	• 목저 • 지식의 정도 • 환경구조
	탐색의 정도	• 시장특성 • 제품특성 • 소비자특성 • 상황특성

외적탐색의 정도는 시장특성, 제품특성, 소비자 특성, 상황특성에 따라 결정된다.

시장특성으로는 대체안의 수, 가격범위, 점포의 분포, 정보의 이용가능성 등을 고려할 수 있다. 가격 범위가 넓은 제품은 외적 탐색량이 증가할 것이다.

제품특성으로는 가격 수준, 제품 차별화의 정도, 제품 범주의 안정성 등을 고려하게 된다. 제품 범주의 안정성이 높은 라면이나 담배의 경우보다 상대적으로 안정성이 낮은 컴퓨터 관련 제품에 대한 외적 정보탐색량은 훨씬 클 것이다.

소비자 특성으로는 소비자의 사전지식과 사전경험, 관여도, 인구 통계적 특성이 고려할 사항이다. 제품관여도나 구매관여도가 높으면 더 많은 외적 탐색을 할 것이고 인구통계학적으로도 남녀간, 나이, 소득, 교육수준 등에 따라 외적 탐색의 크기는 달라진다. 그 외 상황적 특성으로 소비자의 시간적 여유와 장소적 제한성이 외적 탐색량을 좌우하게 된다.

2.3 대안의 평가

정보탐색을 통해 수집한 정보를 바탕으로, 소비자는 구매할 제품이나 서비스를 평가하는 단계에 이르게 된다. 이때 소비자는 앞서 설명한 '고려된 상품집단'에 포함된 대안들의 제품 및 서비스 속성을 비교·평가하게 된다. 대안평가를 하기 위해서는 먼저 각 제품군에서 주요 평가기준을 설정해야 한다.

예를 들어 소비자가 텔레비전을 구매하려는 경우, 가격, 제조사, 브랜드, 화질, 크기, 품질보증 등의 속성(attribute)을 기준으로 삼을 수 있다. 만약 한 소비자가 이 중에서 가격, 브랜드, 화질을 가장 중요하게 여긴다면, 이러한 기준을 바탕으로 시장의 대표적인 제품인 A, B, C를 평가할 수 있다. 이 과정을 기댓값 모형(expectancy value model)으로 설명하면 표 4.5와 같다.

이 소비자는 각 제품 속성의 중요도를 각각 0.6, 0.2, 0.2로 평가하고 있으며, 이는 가격을 가장 중시하는 소비자임을 보여준다. A, B, C 제품의 기댓값은 다음과 같이 계산된다.

$$A : 8(0.6) + 10(0.2) + 9(0.2) = 8.6$$

$$B : 9(0.6) + 8(0.2) + 7(0.2) = 8.4$$

$$C : 10(0.6) + 6(0.2) + 9(0.2) = 9.0$$

표 4.5 대안평가표

제품명	제품속성		
	가격(0.6)	브랜드(0.2)	화질(0.2)
A	8	10	9
B	9	8	7
C	10	6	9

이러한 기대값 방식의 결과를 토대로 텔레비전을 평가한다면 이 소비자는 C제품을 선택하게 될 것이다. 사람마다 제품군에서 중시하는 제품 속성이 다르고 또한 제품 속성에 대한 중요도인 가중치도 서로 다르기 때문에 시장에서는 여러 가지 브랜드가 소비자들로부터 선택되고 있다.

2.4 구매

대안평가를 통해 소비자는 자신이 선호하는 제품을 결정하게 된다. 가장 선호하는 제품에대해 궁극적으로 구매를 하겠지만 당장 구매를 못할 수도 있다. 구매를 가로막는 것은 구매력이 부족할 수도 있고, 제품의 재고가 시장에 없는 경우도 있을 것이며, 지각된 위험(perceived risk) 때문에 구매를 연기하거나 수정할 수도 있다. 따라서 대안평가로 얻어진 소비자의 구매의도(buying intention)가 구매로 나타나도록 하는 것은 기업의 촉진 노력에달려 있다.

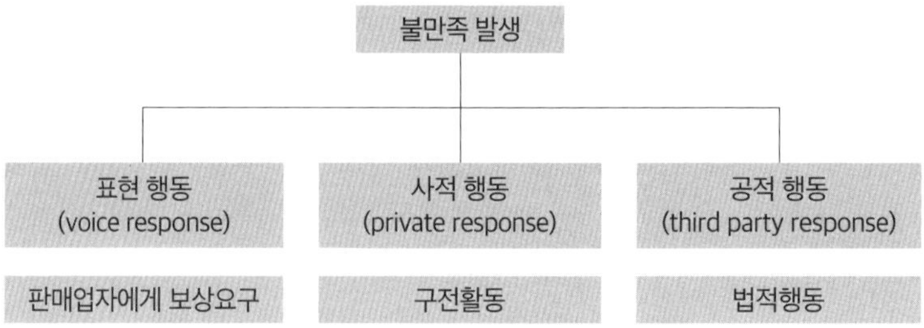

그림 4.14 불평행동 유형

2.5 구매 후 행동

제품을 구매한 소비자가 제품을 사용하면서 느끼는 감정은 다양하게 나타난다. 구매 전의 기대가 구매 후에 달성되었다고 생각하면 소비자는 만족(satisfaction)할 것이지만, 기대불일치가 발생하면 불만족(dissatisfaction)할 것이다.

(1) 불평행동

소비자의 만족이나 불만족의 크기에 따라 소비자의 구전(word-of-mouth)과 불평행동이 나타난다. 소비자의 불평행동(complaining behavior)은 그림 4.14에 나타난 것과 같이 표현행동, 사적불평행동, 공적불평행동이 있다.

이러한 불평행동은 크게 사적 불평행동과 공적 불평행동으로 구분할 수 있다. 일반적으로 우리나라 소비자는 공적 불평행동보다는 사적 불평행동을 더 많이 하는 경향이 있으며, 서구 소비자에 비해 전반적으로 불평행동 자체를 덜 하는 것으로 알려져 있다. 특히 우리나라 소비자는 서구 소비자보다 사적 불평행동과 공적 불평행동 사이의 차이가 더 크게 나타나며, 공적 불평행동에 비해 사적 불평행동을 현저히 많이 하는 특징을 보인다.

(2) 인지부조화 이론

소비자는 제품 구매 후에 여러 제품 속성들에 대한 엇갈리는 평가로 인해 불편한 감정을 느끼게 된다. 이처럼 여러 인지요소 간의 불균형으로 소비자의 마음이 불편한 상태를

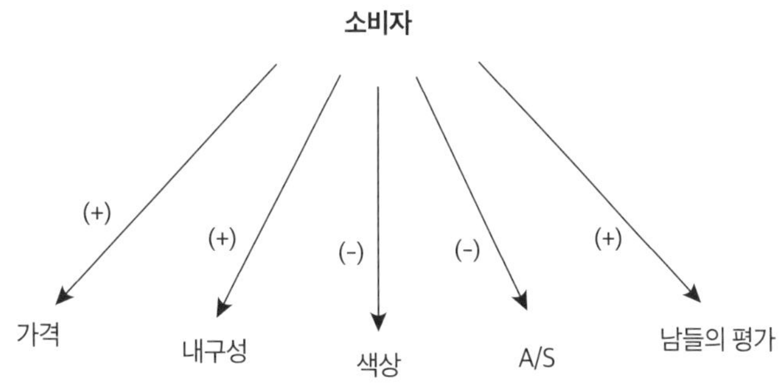

그림 4.15 인지부조화 상태

설명하는 것이 인지부조화이론(cognitive dissonance theory)이다. 그림 4.15에서처럼 자동차를 구매한 소비자는 가격에 대한 평가는 긍정(+)인데, 또 다른 인지요소인 색상에 대해서는 부정(-)인 마음상태에 도달할 수 있다.

이러한 부조화된 상태를 소비자는 구매행동 이전에 해결하기도 하고 이미 행동한 이후에 해결하려고 노력하기도 한다. 인지부조화를 행동 이전에 해결하는 방법은 첫째, 여러 인지요소 중의 하나를 바꾸어서 전체 인지요소들이 조화를 이루도록 하는 것이다. 담배를 사는 소비자의 마음은 '건강에 해롭다'는 부정적 생각과 '흡연의 즐거움'이라는 긍정적 기대 사이에서 늘 불편하다. 그는 결국 '흡연이 해롭지만 내 인생을 망칠 정도로 건강에 나쁘지는 않을 것'이라는 생각을 함으로써 편안한 조화된 마음을 찾을 수 있다.

둘째, 정보를 편파적으로 수용하거나 왜곡시키는 방법이다. 소비자가 자신의 생각과 다른 정보는 자신이 편한 대로 왜곡하여 해석하는 경향이 있다. 담배를 많이 피우는 소비자는 담배를 적게 태우거나 안 피우는 소비자에 비해 훨씬 더 담배가 건강에 나쁜 의학적 근거는 없다고 생각한다는 보고가 있다.

셋째, 부조화된 인지요소들 간의 조화를 위해 새로운 생각을 추가해 보는 방법이다. 여러 가지 의학적 결론들이 사람이 아닌 동물들을 대상으로 한 실험이었다는 것을 지적하면서 사람에게는 그다지 유해하지 않을 것이라고 믿어 버리는 소비자는 새로운 정보를 통해 기존의 인지요소에 새로운 생각을 더하여 전체의 조화를 이끌어 낸 것이다.

넷째, 인지요소들 중의 중요도 순위를 결정함으로써 부조화를 줄일 수도 있다. 흡연자나 유해물질을 흡입하는 소비자는 자신의 삶에서 '인생을 즐긴다'는 가치가 '건강에 불리하다'는 걱정보다 더 우위에 있는 사실이라고 단정함으로써 고민스러운 걱정을 덜어 버릴수도 있다. 걱정하면서 담배를 피우느니 차라리 즐겁게 흡연하고 조금 일찍 죽는다는 생각을 할 수도 있다.

구매행동 이후에 인지부조화를 해결할 수도 있다. 구매와 관련된 인지부조화는 다음과 같은 경우에 더 크게 나타날 수 있다. 그것은 구매가 소비자에게 매우 중요하거나, 어떤구매가 구매하지 않은 제품의 좋은 점을 포기해야 하거나 구매하지 않은 제품의 나쁜 점을 수용해야만 하는 경우, 여러 제품의 제품 속성은 아주 상이 하지만 모두 다 갖고 싶은 제품인 경우에 특히 그러하다. 이러한 때의 구매행동 이후에 인지부조화를 해결하는 방법은 다음과 같다.

첫째, 행동을 취소한다. 구매행동 이후 소비자는 가장 간단하게 반품이나 환불로 인지부조화를 해소할 수 있다.

둘째, 구매한 제품의 좋은 점을 과장하거나, 구매하지 않은 제품의 나쁜 점은 과장하고 좋은 점은 축소하여 간과하는 방법이다.

셋째, 어떤 제품을 구매했더라도 결과가 같았을 것이라고 단정하는 것이다. 다른 제품을 구매했더라도 자신이 몰랐던 나쁜 점이 나타나서 괴롭힐 것이라고 생각함으로써 마음의 평정을 찾을 수 있다.

(3) 균형이론

하이더(Friz Heider)의 균형이론(balance theory)은 세 가지 인지 요소(triad) 또는 두 가지 인지 요소(dyad) 사이의 불균형을 해소하여 균형 상태를 찾는 과정을 설명한다. 그림 4.16에서처럼, 나는 어떤 사람을 좋아할 수도(+), 싫어할 수도(-) 있다. 그 사람은 어떤 제품을 구매할 수도(+), 구매하지 않을 수도(-) 있으며, 나 역시 그 제품을 좋아하거나(+), 싫어할 수도(-) 있다.

여기서 나와 타인, 제품 사이의 관계 중 감정(sentiment) 관계는 '좋아한다/싫어한다'로 나타내며, 타인과 제품 간의 관계는 관련성의 정도에 따라 편성(unit) 관계로 본다. 이

세 관계의 부호를 곱해 결과가 (+)이면 균형 상태이며, (-)이면 불균형 상태이다.

예를 들어, 내가 좋아하는(+) 사람이 내가 좋아하는(+) 제품을 구매했다면(+), 이는 균형 상태이다 ((+) × (+) × (+) = +). 반면, 내가 싫어하는(-) 사람이 내가 좋아하는 (+) 제품을 구매했다면(+), 이는 불균형 상태가 되어 심리적으로 불편함을 느끼게 된다 ((-) × (+) × (+) = -).

균형 삼각형의 부호의 곱이 (-)가 되는 불균형 상태를 해결하여 균형상태로 바꾸는 방법은 다음과 같다.

첫째, 감정의 관계나 편성의 관계 중의 하나의 부호를 바꾸어 준다. 그림 4.17의 A에서 만약 소비자가 김연아를 싫어한다면 삼성전자의 여러 가지 마케팅 노력을 통해 소비자가 김연아을 좋아하도록 만들어야 한다. 소비자가 김연아를 좋아하게 되면 장기적으로는 소비자는 Bespoke 냉장고를 좋아하게 되어 마음의 균형을 찾을 것이다.

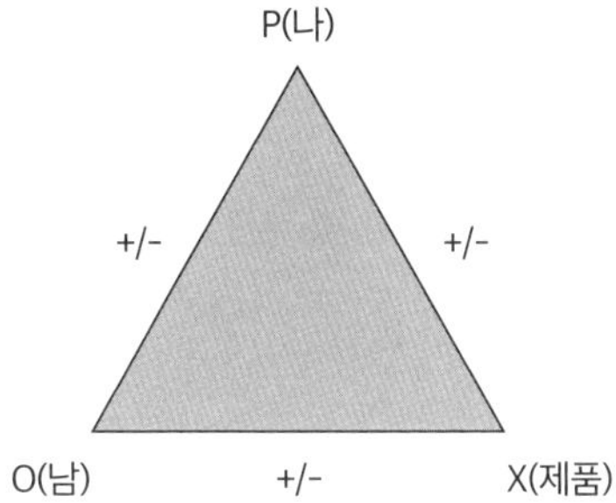

그림 4.16 균형이론의 모형

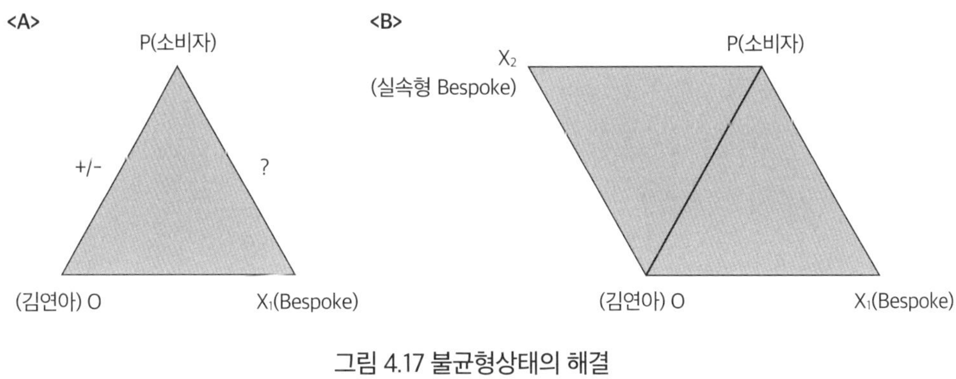

그림 4.17 불균형상태의 해결

둘째, 세 가지 요소 중의 하나를 교체하는 방법이다. 만약 소비자 대부분이 김연아를 좋아하지 않는다면 삼성전자는 김연아 대신 다른 광고 모델을 찾아야 할 것이다.

셋째, 대상이 되는 제품의 좋은 점과 나쁜 점을 구분함으로써 새로운 대안이 되는 제품을 균형삼각형에 도입하는 방법이 있다. 그림 4.17의 B에서처럼 만약 소비자가 Bespoke라는 브랜드는 좋아하지만 가격에 부담을 느낀다면 가격이 좀 싼 실속형 Bespoke의 개발로 소비자가 마음의 균형을 이루게 할 수 있다.

요약

이 장에서는 소비자 행동을 전체적으로 파악함과 동시에, 구매 행동을 하나의 과정으로 설명하였다.

문제 인식 → 정보 탐색 → 대안 평가 → 구매 → 구매 후 행동의 각 단계에서 이루어지는 소비자의 의사결정에 있어 핵심적인 사항들을 정리하였다.

소비자 행동 모델로는 하워드-쉐스 모델, 엥겔-콜랏-블랙웰 모델, 종합 모델 등을 통해 소비자의 구매 행동을 다양한 시각에서 설명하고자 하였다.

특히 소비자 행동을 사회·문화적 요인, 마케팅 요인, 개인적 요인, 심리적 요인 등으로 구분하여, 이들 다양한 차원의 요인이 구매 행동 관련 의사결정에 어떻게 영향을 미치는지를 설명하고 있다.

연습문제

1. 소비자의 구매과정을 설명하시오.

2. 소비자 행동 모델 중 EKB모델의 특징을 서술하시오.

3. 종합적인 모델의 내용을 설명하시오.

4. 관여도를 정의하고 제품관여도, 지속적 관여도, 상황 관여도를 각각 설명하시오. 또한 각각의 관여도가 높은 제품과 낮은 제품을 예를 들어 설명하시오.

5. 정보탐색의 유형을 내적탐색과 외적탐색, 구매 전 탐색과 지속적 탐색, 적극적 탐색과 소극적 탐색, 정형적 탐색과 우연한 탐색으로 나누어 설명하고 그 예를 들어 보시오.

6. 우리나라 소비자의 불평행동의 특징을 설명하시오.

제5장 경쟁환경분석

경쟁자 분석의 목적은 제품 시장에 대한 투자 결정을 내리고, 지속적인 경쟁우위(SCA, sustainable competitive advantage)를 유지하거나 확보하는 데 필요한 통찰력을 얻는 데 있다. 따라서 분석의 초점은 현재 또는 잠재적인 경쟁자의 움직임으로 인해 발생할 수 있는 기회와 위협, 전략적 불확실성, 그리고 경쟁자의 강점과 약점을 파악하는 데 맞춰져야 한다.

경쟁자 분석은 먼저 현재 및 잠재 경쟁자를 식별하는 것에서 시작된다. 현재 경쟁자는 크게 두 가지 방식으로 파악할 수 있다. 하나는 소비자의 선택 기준에 따라 경쟁자를 유사한 집단으로 분류하는 방법이고, 다른 하나는 경쟁자가 채택한 전략에 따라 전략집단으로 분류하는 방법이다. 이렇게 경쟁자를 파악한 후에는 경쟁자 및 전략 집단의 전략을 분석하고 이해하는 단계로 초점이 이동한다. 이 과정에서는 특히 경쟁자들의 강점과 약점에 대한 분석이 핵심적인 관심사가 된다. 표 5.1은 경쟁자 분석과 관련하여 고려해야 할 주요 질문들을 정리한 것이다.

표 5.1 경쟁분석의 기본 질문

<경쟁자 파악> • 우리의 전반적인 경쟁자는? 경합자는? 경합자는 아니지만 방심치 못할 경쟁자는? 대체제품 제조업체는? • 자산, 역량, 전략에 의해 경쟁자를 전략집단으로 나눌 수 있는가? • 잠재경쟁자는? 진입장벽은? 진입을 저지할 수 있는 수단은? **<경쟁자 평가>** • 목표와 전략은? 몰입 정도는? 퇴출장벽은? • 원가구조는? 원가상 불리하거나 유리한 점은? • 이미지와 포지셔닝 전략은? • 가장 성공하거나 실패한 경쟁자는? 그 이유는? • 각 경쟁자나 전략집단의 강점과 약점은? • 경쟁자가 시장에 진입하고 방심치 못할 경쟁자로 성장하기 위해 기회로 활용할 수 있는 수단은? (예 : 자사의 약점, 고객의 미충족 욕구) • 자산과 역량에서 경쟁사를 평가하여 작성한 경쟁자 강점 그리드는?

제1절 경쟁자 파악 : 고객평가에 근거한 방법

대부분의 경우 주요 경쟁자는 쉽게 식별할 수 있다. 예를 들어 코카콜라(Coke)는 펩시(Pepsi)뿐 아니라 노브랜드 콜라와 같은 유통업체(-이마트) 상표와도 경쟁하고 있다. 시티은행(Citi Bank)은 체이스(Chase), 뱅크오브아메리카(BofA) 등 여러 대형 은행과 경쟁 중이며, NBC 방송은 ABC, CBS, Fox 등과 경쟁하고 있다. 생수 제조업체인 칼리스토가(Calistoga)는 페리에(Perrier)와 경쟁하고 있다. 이처럼 직접적으로 경쟁하는 기업들은 자세하고 통찰력 있는 분석이 필요하다. 이들 기업은 대체로 고객에 대해 비슷한 가정을 가지고 있으며 유사한 전략을 구사하기 때문에, '누가 더 잘하고 더 낮은 가격을 제공할 수 있는가'에 초점을 맞춘 경쟁이 심화되면서 전반적인 수익성이 저하되고 있는 실정이다.

그러나 오늘날 많은 시장에서는 소비자 선호가 변화하며 기존 산업의 기반 자체가 흔들리고 있다. 예를 들어 콜라는 이제 더 이상 음료 시장의 절대적인 지배자가 아니며, TV 시청자들은 기존 네트워크 프로그램 외에도 다양한 OTT(예; 넷플릭스, 디즈니+, 티빙 등) 콘텐츠를 선택할 수 있으며, 은행 또한 유일한 금융거래 수단이 아니다. 커피는 예전과 다른 방법으로 구입되고 소비된다. 새로운 경쟁자들은 기존 경쟁자보다 작고 성격도 달라 일반적인 경쟁자 탐지 시스템인 '레이더망'에는 잘 포착되지 않는다. 이러한 변화에 대응하기 위해서는 경쟁자를 식별하는 레이더망의 감지 능력을 향상시킬 필요가 있다.

이러한 변화는 다음과 같은 사례들에서 잘 드러난다:

- 코카콜라는 전통적인 경쟁자인 펩시 외에도 칼리스토가와 같은 탄산수, 에비앙(Evian)이나 애로우헤드(Arrowhead) 같은 생수, 아이스티나 과즙음료 등 수익성 높은 시장의 틈새를 겨냥하고 있다.
- TV 방송사들이 서로 다투고 있을 때, 독립 네트워크가 등장하고, ESPN이나 CNN 같은 강력한 네트워크가 번성하고 있다. 한편, 유튜브, 넷플릭스, 틱톡, 메타(인스타그램, 페이스북) 등 디지털 플랫폼도 시청자의 여가 시간을 차지하려 경쟁하고 있다.
- 은행들이 동종업계에 초점을 맞추고 있는 사이에 시장은 뮤추얼펀드, 보험, 찰스 슈왑(Charles Schwab)과 같은 할인증권중개업자를 포함한 증권거래업뿐 아니라, 카카오뱅크, 토스뱅크, 네이버파이낸셜 등 디지털 뱅크와 핀테크 기업들에 의해 잠식되고 있다.
- 커피회사인 폴저스(Folgers)나 맥스웰 하우스(Maxwell House)가 쿠폰을 중심으로 한 판촉으로 슈퍼마켓에서 다투고 있는 동안, 스타벅스(Starbucks)와 같은 기업이 다양한 커피를 새로운 방식(앱 주문, 배달, 구독 서비스 등)으로 판매하는 데 성공하고 있다.

이러한 사례는 다음 세 가지 원칙을 입증한다:

- 대부분의 산업에서 경쟁자는 자사와 얼마나 치열하게 경쟁하는가에 따라 분류될 수 있다. 직접적인 경쟁자, 덜 치열하게 경쟁하는 경쟁자, 간접적이지만 관련성이 있는 경쟁자가 있으며, 이 같은 분류는 시장 구조를 이해하는 데 큰 도움을 준다. 가장 치열한 경쟁 집단은 보다 정밀한 분석이 필요하지만, 나머지 집단 역시 간과해서는 안 된다.
- 핵심 경쟁 집단의 개념은 여러 변수에 따라 결정되며, 변수 간의 상대적 중요도를 이해하는 것이 전략적으로 중요하다. 예를 들어 콜라 시장에서 가장 중요한 변수가 '콜라 vs. 비콜라', '다이어트 vs. 일반', '카페인 vs. 무카페인' 중 무엇인지에 따라 접근 전략이 달라진다. 만약 무카페인이 핵심 요인이라면 다이어트 여부가 중요할 때와는 다른 전략이 필요하다.
- 대체제품도 강력한 경쟁자가 될 수 있다. 예를 들어, 쌀과 국수는 감자 기반의 제품과 상호 영향을 주는 관계에 있으며, 이들은 서로의 판매량과 가격에 큰 영향을 미친다.

1.1 고객 선택에 의한 경쟁자 분석

어떻게 경쟁자를 집단화할 수 있는가를 이해하는 것은 이론적으로나 실무적으로 모두 유용하다.

한 가지 접근 방법은 '고객이 어떤 상표를 선택하느냐'를 기준으로 경쟁자를 분류하는 것이다. 예를 들어, 펩시를 선호하는 소비자에게 펩시가 없을 경우 어떤 브랜드를 대체로 구매할 것인지를 묻거나, 환자용 가정식 식사를 구매하는 고객에게 감자가루의 가격이 인상되었을 때 어떤 제품을 대신 선택할지를 질문함으로써 경쟁 제품을 파악할 수 있다. 스포츠카 구매자에게는 고려했던 다른 자동차 브랜드가 무엇이었는지, 방문했던 전시장은 어디였는지를 질문함으로써 경쟁 브랜드를 식별할 수 있다.

1.2 제품 사용 상황에 따른 경쟁자 분석

또 다른 유용한 접근 방법은 제품이 사용되는 상황이나 용도를 기반으로 경쟁자를

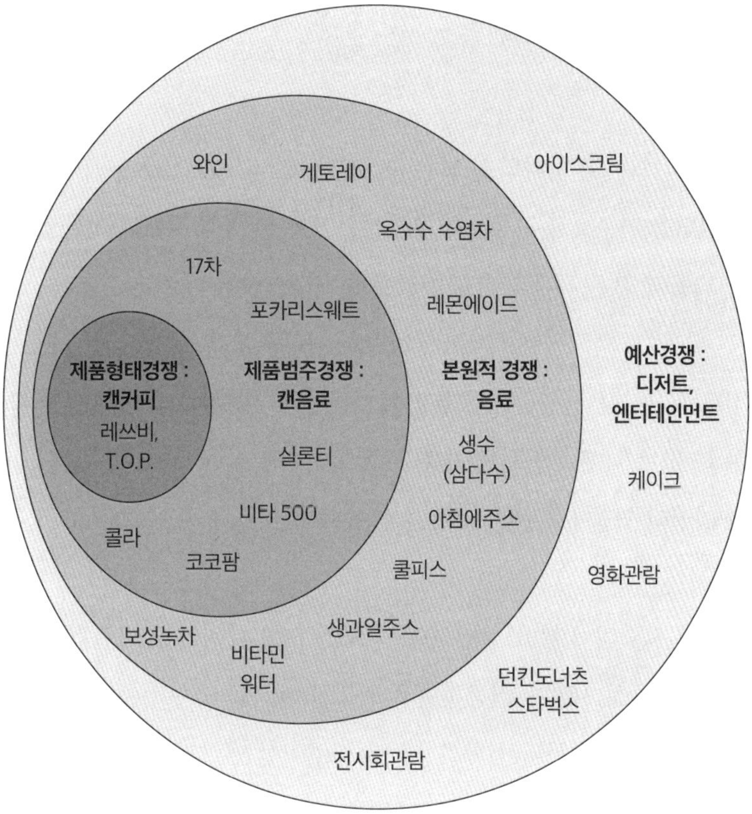

그림 5.1 고객 평가에 근거한 캔커피 시장의 경쟁자분석 사례

파악하는 것이다. 예컨대, 20~30명의 소비자에게 해당 제품이 사용되는 상황이나 용도를 먼저 나열하게 한 다음, 각 상황에 적합한 다른 제품이 무엇인지 질문함으로써 경쟁 제품을 식별할 수 있다. 또 다른 응답자 집단에게는 특정 제품이 각 사용 상황에 얼마나 적합한지를 평가하게 하여, 사용 상황의 유사성에 따라 제품을 군집화할 수 있다. 예를 들어, 펩시가 간식과 함께 마시기에 적합하다고 인식된다면, 펩시는 유사하게 인식된 제품들과 경쟁하게 될 것이다. 이러한 접근은 다양한 용도로 사용되는 산업재 제품에도 유효하다.

이 두 가지 접근법은 시장 조사를 따로 실시하지 않더라도 경영자가 경쟁자를 식별하는 데 유용한 개념적 기반이 된다. 고객이 선택하는 '대안'의 개념과 사용 상황에서의 '적합성' 개념은 경쟁환경을 이해하는 데 강력한 도구가 될 수 있다.

제2절 경쟁자 파악 : 전략집단

경쟁자를 파악하는 또 하나의 방법은 '전략집단(Strategic Group)' 개념을 활용하는 것이다. 전략집단을 기준으로 경쟁사를 구분하는 방식은 고객 선택에 의한 접근법과는 확연히 다르며, 다음과 같은 특징을 지닌 기업들이 전략집단을 이룬다.

- 지속적으로 유사한 경쟁전략을 추구(예 : 동일한 유통경로와 대량 광고 활용)
- 유사한 특징 보유(예 : 규모, 공격성)
- 유사한 자산과 역량 보유(예 : 고품질 이미지)

애완동물 사료시장의 상황을 살펴보면, 규모가 크고 다각화된 기업들로 구성된 전략집단이 있는 반면, 특정 시장에 집중하면서 최고급 제품을 추구하는 전략집단도 존재한다. 먼저, 규모가 크고 다각화된 식품회사들로 이루어진 전략집단은 강력한 상표를 보유하고 있으며, 광고와 판촉을 효과적으로 활용해 규모의 경제를 실현하고 있다. 랄스톤퓨리나(Ralston Purina)는 폭넓은 제품 계열을 갖추고 있으며, 20%의 시장 점유율로 규모와 가격 면에서 리더의 위치에 있다. 네슬레(Nestlé)는 고양이 사료시장에서 특히 강점을 지니며 2위를 차지하고 있으며, 하인즈(Heinz)는 9-라이브즈 & 아모르(9-Lives & Amore)라는 브랜드로 고양이 사료 시장의 12%를 점유하고 있다. 마즈(Mars)는 페디그리와 위스카스(Pedigree and Whiskas) 브랜드를 통해 전 세계적으로 제품을 판매하며, 10%대의 시장 점유율을 확보하고 있다.

두 번째 전략집단은 특정 시장에 집중하면서 최고급 제품을 추구하는 기업들로, 사이언스 다이어트(Science Diet)와 프리스크립션 다이어트(Prescription Diet) 브랜드를 보유한 힐스 펫 프로덕트(Hills Pet Product), 유카누아(Eukannua)와 아이엠스(Iams) 브랜드를 보유한 아이엠스컴퍼니(Iams Company)가 이에 속한다. 이들 기업은 동물병원이나 애완동물 전문점을 통해 제품을 유통하며, 애완동물의 건강에 관심이 있는 소비자에게 구전 네트워크를 통해 접근한다. 세 번째 전략집단은 도안 프로덕트(Donne Product)가 주도하는 유통업체상표 제조업체들로, 랄스톤 또한 이 집단에 참여하고 있다.

전략 차이에 따라 전략집단을 정의하는 방식은 상황에 따라 다르지만, 사업 전략의 다양한 요소 중 어느 것이든 기준이 될 수 있다. 예를 들어, 유통경로의 유형, 가격-품질 차원에서의 위상, 현금회수 전략 또는 성장 전략의 사용 여부, 의존하는 기술의 유형 등이 해당한다. 이처럼 각 전략집단은 서로 다른 경쟁우위와 경쟁 기반을 가지며, 기업 규모, 다각화 수준, 다국적 기업 여부 등에서도 차이가 나타날 수 있다.

이와 같은 전략집단 사이에는 한 전략집단에서 다른 전략집단으로 이동하기 어렵거나 방해가 되는 이동장벽(mobility barrier)이 존재한다. 이동장벽은 동일 산업 내에서 상이한 전략을 구사하는 전략집단 간의 이동에 필요한 시간과 비용을 의미한다. 애완동물 사료시장 역시 각 전략집단이 이러한 장벽으로 인해 쉽게 진입할 수 없는 구조를 가지고 있다. 예를 들어, 두 번째 전략집단은 상표 명성, 건강 중시 세분시장에 맞춘 제품 생산능력, 수의사와 같은 영향력 있는 전문가와의 접점, 지역 고객기반 등이 이동장벽 역할을 한다. 반면, 세 번째 전략집단에 속한 유통업체상표 제조업체는 낮은 생산비용, 적은 간접비, 고객과의 밀착된 관계 등을 이동장벽으로 갖는다.

물론 이러한 장벽을 극복하거나 우회하는 경우도 존재한다. 예를 들어, 랄스톤사는 시리얼 및 기타 범주의 제품에서 OEM 방식으로 유통업체상표 제품을 생산하며, 두 번째 전략집단으로의 진입을 목표로 삼을 수 있다. 그러나 일반적으로 이러한 장벽으로 인해 전략집단 간 경쟁은 불리하게 작용한다.

전략집단의 구성원들은 진입장벽(entry barrier)뿐만 아니라 퇴출장벽(exit barrier)도 가질 수 있다. 예컨대, 설비투자나 전문 인력과 같은 자산은 퇴출장벽의 대표적인 예라 할 수 있다. 이처럼 경쟁자로부터 자사 보호를 위한 자산과 역량을 구축하는 전략은 지속적인 경쟁우위를 개발하는 데 있어 중요한 방법이며, 이동장벽 개념이 중요한 이유이기도 하다.

전략집단 간 존재하는 이동장벽에 관한 경제이론과 실증연구도 존재한다. 예일대학교의 샤론 오스터(Sharon Oster) 교수는 19개 소비재 산업을 대상으로 광고비 규모에 따라 전략집단을 분류하고, 8년간의 이동 여부를 조사한 결과, 한 집단에서 다른 집단으로 이동한 기업이 거의 없음을 발견하였다. 이는 비누, 의약품, 청량음료와 같이 광고 지출이 많은 산업에서 제품 차별화의 장벽이 형성되었기 때문이라고 할 수 있다. 또 다른 사례로, 1970년대 석유 시추 산업에 속한 33개 기업을 세 개의 전략집단으로 분류해 연구한 결과, 총 109번의 이동 가능성 중 단 2번만 이동이 발생한 것으로 나타났다.

2.1 전략집단 개념의 사용

전략집단이라는 개념의 활용은 경쟁자 분석 과정을 보다 용이하게 해준다. 이는 많은 산업에서 경쟁자를 하나하나 분석하기에는 경쟁자의 수가 지나치게 많기 때문이다. 수백 개의 경쟁자를 분석하는 것은 말할 것도 없고, 단지 50개의 경쟁사를 분석하는 일조차도 결코 간단하지 않다. 예를 들어, 와인 산업에서 베린저(Beringer)나 BV와 같은 고소득층 대상 와인 제조업자는 경쟁자 분석 시 갈로(Gallo), 세바스티아니(Sebastiani), 셔터 홈(Sutter Home), 글렌 엘렌(Glen Ellen) 등 대중 프리미엄 와인 기업들의 강점과 전략이 유사하기 때문에 이들을 하나의 전략집단으로 간주한다. 더욱이, 전략집단에 속한 기업들은 산업 발전에 대해 유사한 방식으로 영향을 받고 비슷하게 반응하기 때문에, 어떤 경우에도 경쟁사의 전략적 흐름을 놓치는 일은 드물다. 따라서 경쟁사의 미래 전략을 예측하는 데 있어 전략집단 개념은 매우 유용하다.

전략집단 개념은 전략적 투자 결정을 구체화하는 데에도 활용된다. 이는 단순히 '어떤 산업에 투자할 것인가'라는 결정이 아니라, '어떤 전략집단에 투자할 것인가'에 초점을 두는 의사결정을 가능하게 한다. 그러므로 각 전략집단의 현재 수익성과 미래의 잠재수익성을 파악하는 것이 필요하다. 전략의 목표 중 하나는 경쟁우위를 창출하기 위해 자산과 역량을 가장 매력적인 전략집단에 투자하는 데 있다. 결국, 전략과 그것을 뒷받침하는 자산 및 역량을 선택하는 행위는 전략집단을 선택하거나 새롭게 창조하는 것과 밀접히 관련되며, 전략집단 구조에 대한 이해는 매우 유용하게 활용될 수 있다.

2.2 전략집단의 계획화

전략집단 개념은 미래의 경쟁전략을 계획화하는 데에도 효과적으로 활용된다. 규제가 철폐된 5개 산업에 대해 규제 철폐의 영향을 분석한 맥킨지(MacKenz)의 연구에 따르면, 표 5.2에 나타난 바와 같이 성공적인 기업은 세 가지 전략집단 중 하나로 수렴해 갈 것으로 예측되었다.

첫 번째 전략집단에 속한 기업은 다음의 세 단계를 거쳐 진화한다. 첫째, 중견기업이나 중소기업들이 대기업과의 경쟁을 위해 서로 합병함으로써 시장 점유율을 높이려 하지만, 이 시도는 종종 실패로 끝난다. 둘째, 강력한 기업이 제품 계열이나 시장에서의 공백을 메우기 위해 약한 기업을 인수하는 단계가 규제 철폐 후 약 3~5년 내에 나타나며, 주요

표 5.2 규제철폐로 나타난 전략집단

전략집단	산업	예
차별화된 제품으로 고가격과 높은 서비스를 강조하며, 전국적 유통망을 갖춘 집단	증권업 항공업 트럭운수업 철도업 업무용 컴퓨터 터미널제조업	메릴린치(Merrill Lynch) 델타(Delta) 콘솔리데이티드 프레이트웨이즈(Consolodated Freighways) 버링턴 노던(Burlington Northern) 루슨트 테크놀로지(Lucent Technologies)
저원가생산자 - 원가우위 추구기업, 많은 경우 규제 철폐 후 새로 진입	증권업 항공업 트럭운수업 철도업 업무용 컴퓨터 터미널제조업	찰리 슈왑(Charlie Schwab) 사우스웨스트 항공(Southwest Airline) 오버나이트(Overnite) 트랜스포데이션(Transportation) 오키(Oki)
매력적인 고객집단에 표적을 맞추어 강력한 고객 애호도를 갖고 전문화된 서비스를 제공하는 전문 기업	증권업 항공업 트럭운수업 철도업 업무용 컴퓨터 터미널제조업	골드만 삭스(Goldman Sachs) 에어 위스콘신(Air Wistonsin) 라이더 시스템(Ryder Systems) 산타 페(Santa Fe) 노던 텔레콤(Northern Telecom)

기업은 유통 커버리지와 제품 계열의 폭이 넓은 특징을 보인다. 셋째, 강력한 산업간 합병이 발생하는데, 이는 해당 산업 외부의 다른 기업을 강한 기업이 인수하는 방식이다.

두 번째 전략집단은 규제 철폐 이후 가격 탄력성이 높은 세분시장에 최소한의 서비스와 단순한 제품 계열을 제공하며 진입한 원가 우위 기업들로 구성된다. 세 번째 전략집단은 특정 고객집단에 맞춘 전문화된 서비스를 제공하며 집중화 전략을 추구하는 기업들로 구성된다.

2.3 잠재경쟁자 파악

기존 경쟁자 외에도, 다음과 같은 전략을 통해 시장에 진입하려는 경쟁자를 고려하는 것이 중요하며, 이러한 전략들이 바로 잠재 경쟁자의 원천이 된다.

가. 시장 확대

가장 분명한 잠재 경쟁자의 원천은 다른 지역이나 다른 나라에서 활동하고 있는 기업들이다. 예를 들어, 어떤 쿠키 회사는 인근 주에서 활동 중인 기업을 예의주시할 필요가 있다.

나. 제품 확대

스키 제조업의 선두주자인 로씨놀(Rossignol)은 같은 시장에서 제조기술과 유통분야에서의 이점을 활용하여 스키복으로 제품영역을 확대하였고 마침내 테니스 용품으로까지 제품영역을 확대했다.

다. 후방통합

또한 고객 역시 경쟁의 또 다른 잠재적 원천이 된다. 제너럴 모터스(General Motors)는 초기에는 자사에 필요한 부품을 직접 생산했으며, 캠벨 수프(Campbell Soup)와 같이 통조림 캔을 많이 사용하는 기업들은 자사 수요를 충족하기 위해 통조림 캔을 자체 생산하고 있다.

라. 전방통합

공급자는 시장에서 잠재적인 경쟁자로 전환될 수 있는 가능성을 지니고 있다. 예를 들어, 대형 전자부품 제조업체인 폭스콘(Foxconn)은 오랫동안 애플, 델 등의 글로벌 브랜드에 스마트폰과 컴퓨터 부품을 공급해 왔지만, 최근에는 자체 브랜드 제품 개발과 완제품 생산에 나서며 전방 통합을 시도하고 있다. 이러한 움직임은 공급자가 단순한 부품 제공자에서 완성품 시장의 경쟁자로 진입할 수 있음을 보여주는 대표적인 사례다. 공급자가 핵심 기술과 생산 능력을 확보하고 있다고 판단하면, 최종 제품 시장에서 직접 수익을 얻기 위해 경쟁자로 전환할 수 있다.

마. 자산 및 역량의 이전

치명적인 전략적 약점을 지닌 현재의 소규모 경쟁기업이 이런 약점을 보완하거나 제거할 수 있는 기업에 의해 인수되어 버렸을 때 그 소규모 경쟁기업은 강력한 경쟁자로 바뀔수 있다. 이러한 변화를 예측하는 것은 실제로 무척 어려운 일이지만, 때때로 경쟁자의 강점과 약점을 분석함으로써 서로의 약점을 보완하고 시너지효과를 얻을 수 있는 합병전략을 추구하고자 잠재적 시장진입 가능자를 알아낼 수 있다. 평균 이상의 성장을 보여 온 산업에서 오랫동안 재무적 자원이나 관리적 자원이 충분치 않은 기업이 상대경쟁자로 꼽힐 수 있다.

2.4 경쟁자 분석 : 경쟁자의 이해

경쟁자와 그들의 행동을 이해하면 여러 가지 이점이 있다. 첫째, 경쟁자의 현재 전략과 강·약점을 이해하게 되면 대응해야 할 기회와 위협을 알 수 있다. 둘째, 경쟁사의 미래전략을 알게 되면 앞으로 나타날 기회·위협을 예측할 수 있다. 셋째, 경쟁자가 어떤 전략에 어떤 반응으로 나올 것인가를 알게 되면 전략대안의 의사결정이 쉬워진다. 마지막으로, 경쟁자 분석은 장기간에 걸쳐 모니터할 필요가 있는 전략적 불확실성을 파악할 수 있게 한다. 전략적 불확실성이란 예컨대, “경쟁자 A는 과연 서부지역시장으로 진입할 것

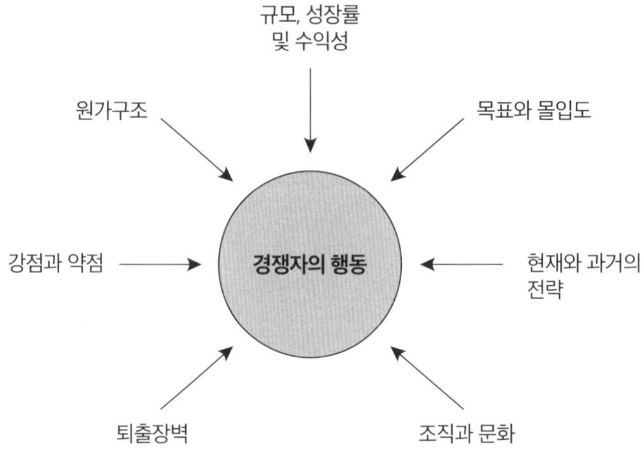

그림 5.2 경쟁자의 이해

인가?"와 같은 질문이다. 그림 5.2에서 보듯이 경쟁자의 행동은 '일곱 가지 요인'에 의해 영향을 받는데, 그 첫 번째가 규모, 성장률, 수익성으로 측정되는 재무지표이다.

(1) 규모, 성장률 및 수익성

매출액의 크기와 성장률 및 시장점유율 등은 사업전략의 활성화 지표이다. 강한 시장 위상의 유지나 빠른 성장은 경쟁자 또는 전략집단이 강하다는 것과 성공적이라는 것을 나타낸다. 대조적으로 시장위상의 악화는 기업이 새로운 전략을 고려하는 데 미치는 재정적·조직적 부담이 된다.

매출액 규모와 성장률 다음으로 수익성에 대해서도 관심을 가져야 한다. 수익성이 있는 사업은 모회사에서 자금의 젖줄로 지정하지 않을 경우, 투자를 위한 자금의 여유를 가질 수 있다. 반면 오랫동안 손실을 내거나 최근 들어서 수익성이 급락하면 내부나 외부에서 자금을 조달하기가 어려워질 것이다.

(2) 경쟁자의 목표와 몰입도

경쟁자의 목표를 알게 되면 경쟁자가 현재의 성과에 만족하고 있는지 혹은 새로운 전략변화를 시도할 것인지에 대한 예측이 가능해진다. 어떤 경쟁자의 재무적 목표를 이해하게 되면, 그들이 투자하려는 의지를 읽을 수 있다. 특히 시장점유율, 매출성장률, 수익성 등에 관한 경쟁자의 목표가 무엇인지를 이해해야 한다. 비재무적 목표를 파악하는 것도 중요하다. 경쟁자가 기술 리더가 되길 원하는가? 아니면 서비스 조직을 개발하려 하는가? 유통망을 확장시키길 원하는가? 이러한 목표에 대한 이해는 경쟁자의 미래 경쟁전략을 사전에 예측할 수 있게 한다.

만약 경쟁자의 모기업이 존재한다면 그 모기업의 목적도 파악해야 한다. 현재 모기업의 성과수준과 재무적 목표는 무엇인가? 만일 어떤 사업단위가 모기업의 기대에 부응하지 못한다면 모기업에 의한 신규투자가 일어나거나 아니면 자본의 철수가 발생할 가능성이 높을 것이다. 그 사업난위가 모기입의 징기계획상의 핵심단위인가 혹은 아닌가, 성장사업단위로 보고 있는가 아니면 단기적 현금창출단위로 보고 있는가 등에 대한 검토가 있어야한다. 또한 그 사업이 부서 간에 시너지를 창출하고 있는가, 모기업이 특정 사업단위에 애착을 가지고 있는 이유는 무엇인가 등에 대한 검토가 있어야 한다는 것이다.

(3) 경쟁자의 과거 · 현재 전략

경쟁자의 과거·현재 전략들을 자세히 살펴보아야 한다. 특히 실패했던 과거 전략들을 예의주시해야 하는데, 왜냐하면 이러한 경험은 경쟁자가 유사한 전략을 다시 사용하는 것을 꺼려할 가능성이 있기 때문이다. 또한 신제품이나 신시장에 대한 경쟁자의 행동방식을 이해하면 경쟁사의 미래 성장 방향을 예상하는 데 도움이 된다. 경쟁사가 차별화 전략을 사용해 왔다면 제품계열의 폭, 제품 품질, 서비스, 유통경로의 형태 또는 브랜드 인지도 등에 어느 정도나 근거한 차별화 전략이었는지를 파악해야 할 것이다. 원가 우위 전략을 사용했으면 이 전략이 가능했던 이유는 규모의 경제, 경험 곡선, 제조공정이나 설비 때문인가 또는 원재료의 확보가 용이했기 때문인가, 경쟁사의 원가구조 때문인가 등을 분석해야 한다.

집중화 전략이라면 사업의 범위를 명확히 해야 한다.

(4) 경쟁자의 조직과 문화

경쟁자의 최고경영자의 배경과 경험에 대한 지식은 미래행동의 방향을 제시한다. 그 경영자가 마케팅, 엔지니어링, 생산 중 어디에 관심을 두는가? 경영자가 다른 산업이나 회사로부터 영입되어 온 사람인가? 예컨대, 클로록스(Clorox)는 대법원의 분할명이 있기 전까지 P&G사가 클로록스를 관리함으로써 경영 분야에서 P&G으로부터 상당한 영향을 받았다.

조직구조와 시스템, 사람에 의해 영향을 받는 조직 문화는 종종 조직의 전략에 영향을 미친다. 조직구성원에 대한 동기부여와 조직목표달성을 위한 수단으로 강력한 통제력에 주로 의존하는 원가지향적이고 관련 조직은 혁신을 채택하거나 마케팅 지향적 전략을 적극적으로 수용하는 데 큰 어려움이 있다. 기술혁신과 위험감수를 강조하는 느슨한 수평조직은 제품수정과 원가절감 프로그램을 시행하는 데 어려움이 있다. 일반적으로 문화, 구조, 시스템 및 사람들과 같은 조직요소들은 전략의 선택에 제약요건으로 작용한다.

(5) 원가구조

경쟁자의 원가구조에 대한 지식, 특히 원가우위전략을 사용하는 경쟁자의 원가구조에 대한 지식은 경쟁자의 가격전략과 경쟁자의 원가우위전략을 유지해 갈 수 있는 능력을 파악할 수 있게 한다. 이를 위해서는 경쟁사의 손익분기점 수준을 결정하게 될 직접비와 고정비에 대해 이해해야 한다.

- 종업원 수와 변동비와 총비용
- 원자재와 부품의 상대적 원가
- 고정비인 재고, 공장, 장비에 대한 투자
- 고정비에 할당되는 매출액 수준과 공장 수

(6) 퇴출장벽

퇴출장벽은 기업이 퇴출이라는 전략대안을 선택하는 데 있어 결정적인 역할을 하며 다음과 같은 것이 있다.

- 기업특유자산 : 공장, 장비 또는 기타 자산들을 타기업으로 이전시키는데 비용이 들며, 따라서 거의 잔존가치가 없다.
- 고정자산 : 기존 장비의 요소를 유지하고자 하는 욕구, 노동 계약, 리스
- 다른 사업단위와의 관계 : 기업 이미지 또는 공유 시설, 유통경로, 판매원
- 정부와 사회장벽 : 정부는 철도승객에 대한 서비스 때문에 철도운행을 중단하지 못하도록 한다. 때때로 종업원에 대한 사회적 책임 때문에 기업이 어떤 사업에서 퇴출하지 못하는 수도 있다.
- 경영자의 자부심 또는 기업에 대한 충성심 : 기업 또는 종업원들이 경제적 의사결정에 영향을 준다.

(7) 경쟁사의 강점과 약점 평가

경쟁자의 강점과 약점에 대한 지식은 다양한 전략을 추구할 수 있는 기업의 능력에 대한열쇠라는 통찰력을 제공한다. 또한 전략 대안들을 규명하고 선택하는 과정에 중요한 투입정보를 제공한다. 한 가지 접근법은 기업이 이미 가지고 있는 강점과 개발 중인 강점인 분야에 경쟁자의 약점을 이용하는 것이다. 바람직한 형태는 경쟁자의 약점에 대항하여 자사의 강점을 맞붙게 하는 전략을 개발하는 것이다. 반면에, 경쟁자의 강점을 알면 강점이 있는 분야를 우회하거나 강점을 중화시키는 조치를 취할 수도 있다. 한 예로, 소매 광고에서 필요한 소매유통능력과 자원이 부족한 소규모 소프트웨어업체는 전략적 약점을 중화시키는 전략을 개발하였다. 부가가치 소프트웨어 시스템 기업에게 노력을 기울였는데, 이 기업은 소프트웨어를 판매하고 때때로 병원이나 투자기업과 같은 기업에게 하드웨어 시스템을 판매하였다. 이러한 부가가치시스템 기업은 제품의 위력을 이해하여 이를 자신들의 시스템에 통합시켰으며 대량으로 사용했다. 경쟁자의 강점과 약점의 평가는 특정 산업의 성공에 필요한 자산과 역량을 파악하고 이어서 이들 자산과 역량에서 경쟁사를 평가해야 한다.

제3절 경쟁자 강점과 약점

3.1 관련 자산과 역량은 무엇인가

경쟁자 강점과 약점은 자산이나 역량의 존재 여부로 평가할 수 있는데, 유명한 상표나 주요 입지와 같은 자산은 강점이 될 수 있고 강력한 촉진프로그램을 개발하는 역량 또한 강점이 될 수 있다. 반면에 이들 자산이나 역량의 부재는 약점을 나타낸다. 경쟁자의 강·약점의 분석은 산업과 관련한 자산이나 역량을 파악하는 것이 필요하다.

표 5.3은 관련 자산과 역량을 파악하는 데 유용한 질문이다.

표 5.3 관련 자산과 역량을 파악하기 위한 요소

1. 성공기업들은 왜 성공하는가? 실패기업들은 왜 실패하는가?
2. 고객들의 주요 동기는 무엇인가?
3. 고비용 구성요소들은 무엇인가?
4. 산업의 이동장벽은 무엇인가?
5. 가치사슬에서 어떤 요소들이 경쟁우위를 달성할 수 있는가?

(1) 어떤 기업들이 시간에 지남에 따라 성공하였는가

어떤 자산이나 역량이 성공에 기여했는가? 어떤 사업들이 만성적으로 성과가 낮은가? 그들은 어떤 자산이나 역량이 부족한가? 정의에 따르면, 지속적 경쟁우위(SCA)를 제공하는 자산과 역량은 성공에 영향을 미친다. 따라서 성과측면에서 차이가 나는 기업들은 역량과 자산 측면에서도 차이가 난다. 성과의 원인에 대한 분석은 대개 관련자산과 역량을 암시한다. 전형적으로 탁월한 성과를 달성한 기업은 성과의 기초인 핵심자산과 역량을 개발하고 유지하였다. 예를 들면, AI와 빅데이터 등 첨단 기술을 자산으로 삼아 차별화된 상품과 서비스를 제공하는 핀테크 기업(토스, 카카오뱅크 등)은 빠르게 성장하고 있으며, 이는 기술 역량, 데이터 분석, 고객 중심 서비스 등 핵심 자산과 역량이 뒷받침된 결과이다.

반면, 기존 금융기관 중에서도 디지털 전환에 실패하거나, 고객 경험 혁신이 부족한 기업들은 만성적으로 낮은 성과를 기록하고 있다. 이들은 기술 역량, 데이터 기반 의사 결정, 민첩한 조직 문화 등 핵심 역량이 부족한 경우가 많다.

(2) 주요 고객의 구매동기는 무엇인가? 실제로 고객에게 중요한 것은 무엇인가?

고객의 구매동기는 대개 구매의사결정을 내리게 하며 경쟁우위를 창출하는 자산과 역량이 무엇인가를 결정케 한다. 중장비 산업에서 고객들은 서비스와 부품의 교환에 가치를 두는데, 캐터필러(Caterpillar)는 세계 어디에서도 24시간 무료 부품서비스를 약속한다. 이것은 핵심자산이 되는데, 왜냐하면 이것이 고객에게 중요하기 때문이다. 현재의 제품으로 충족되지 못한 욕구가 가끔 있는데, 앞서 언급한 미충족된 욕구는 '외부자'에게는 기회가,'내부자'에게는 위협이 된다. 또 다른 예로, 매킨토시(Macintosh)는 다른 회사가 충족하지 못한, 즉 사용자 위주의 시스템을 개발함으로써 성공하였다. 매킨토시의 기술은 컴퓨터 산업에서 IBM의 아성을 무너뜨리는 데 지대한 공헌을 했다.

또한 고객의 구매동기를 분석하게 되면 어떤 사업에서 고객에게 서비스하는 데 필요한 자산과 역량이 무엇인지를 파악하게 된다. 어떤 스낵기업에게 중요한 구매기준이 신선도인 경우 어떤 브랜드든 이런 속성을 제공할 수 있는 역량을 개발해야 할 것이다. 세분시장에 중요한 역량이 부족한 기업은 다른 대체적인 지속적 경쟁우위를 가진다 하더라도 문제에 봉착할 수 있다.

(3) 제품이나 서비스에서 가장 중요한 부가가치의 영역은 무엇인가? 가장 큰 원가구성요소는 무엇인가?

특정 산업의 원가구조분석은 어떤 부가가치 단계가 총비용의 가장 큰 부분인가를 나타낸다. 핵심 부가가치 단계에서 비용우위를 획득하는 것은 저가격전략 또는 차별화전략을 지원하는 데 사용된다. 저부가가치 단계에서 비용우위는 레버레지(leverage)효과가 적다. 따라서 금속캔 사업에서 물류비용이 상대적으로 높고 고객 가까이 또는 고객의 구내에 공장시설을 위치시킬 수 있는 경쟁사는 유리한 비용우위를 점할 것이다.

(4) 산업에서 이동장벽은 무엇인가?

지속적 경쟁우위를 지원하는 데 필요한 자산과 역량을 창출하는 비용과 어려움은 그 산업에서 이동장벽이 된다. 산업의 이동장벽이란 하나의 전략집단과 경쟁무대에서 다른 전략집단과 경쟁무대로 이동하는 데 따르는 어려움과 진입장벽을 포함한다. 예컨대, 1970년대와 1980년대에 석유 시추산업에서 얕은 바다 시추에서 깊은 바다 시추로, 또 근해에서 원양, 해외 시추로 옮겨가는 데는 많은 장벽이 가로막았다. 먼 바다 시추용 설비의 확보 및 운영, 외국정보 및 기업과의 교섭 그리고 다른 나라에서 사업을 하는 데 필요한 전문적인 자산과 역량이 필요하다. 한 산업이나 전략집단을 진입하는 것을 막는 자산이나 역량은 해당 산업의 성공과 관련된 자산과 역량에 포함되어야 한다.

(5) 경쟁우위를 창출하는 가치사슬의 구성요소를 고려해라. 어떤 요소가 잠재적으로 경쟁우위를 창출하는가?

마이클 포터(Michael Porter) 교수는 경쟁자의 가치사슬을 경쟁우위를 결정하는 차별적 요소를 나타내는 하나의 방법으로 개념화하였다. 기업의 가치사슬은 그림 5.3에서처럼 가치창출활동의 두 유형으로 구성되어 있다.

주요가치 창출활동

- 조달물류 - 자재관리와 보관
- 생산 - 투입물을 최종 제품으로 전환
- 판매물류 - 주문처리와 유통
- 마케팅과 판매 - 커뮤니케이션, 가격 및 경로관리
- 서비스 - 설치, 수리 및 부품공급

지원가치 창출활동

- 조달 - 조달절차와 조달 관련 정보시스템
- 기술 개발 - 제품과 공정·시스템의 개선

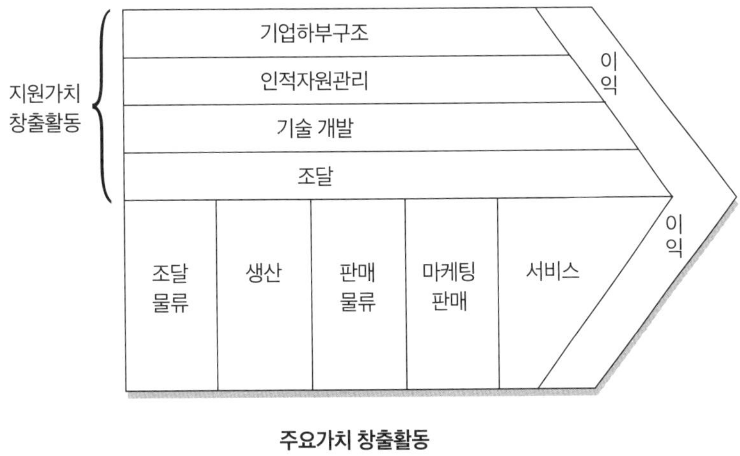

※출처 : Reprinted with permission of The Free Press, a division of Macmillan, Inc., from Competitive
※Advantage : Creation and Sustaining Superior Performance by Michael E. Porter. Copyright © 1985 by Michael E. Porter

그림 5.3 가치사슬

- 인적자원관리 - 고용, 훈련 및 보상
- 기업의 하부구조 - 일반관리, 재무, 회계, 정부관계 및 품질관리

가치사슬의 개개 활동은 경쟁우위의 잠재적 원천이며 경쟁자를 평가할 때 고려해야 한다.

3.2 자산과 역량의 체크리스트

표 5.4는 경쟁자가 강점과 약점을 가지는 분야의 전반적인 체크리스트를 제공한다. 첫 번째 영역은 기술혁신이다. 가오(Kao)의 강점 중에 하나는 비누, 세제, 스킨케어, 플로피 니스켓에서 혁신제품을 개발하는 능력이다. 신제품은 대개 뚜렷한 기술 우위를 가진다. 기술집약적 산업에서 R&D의 비중과 기본/응용 분야에 대한 강조는 혁신하고자 하는 누적능력 중의 한 지표이다. 제품 특성, 성과 능력, 신제품, 제품 수정, 특허 측면에서 프로세스의 산출물은 혁신하고자 하는 기업의 능력을 측정한다.

표 5.4 강·약점 분석

기술혁신	경영관리
• 제품과 서비스의 우수성 • 신제품 개발능력 • 연구개발 • 기술 • 특허권	• 경영진의 자질 • 사업에 대한 지식 • 문화 • 전략적 목표와 계획 • 기업가적 진취성 • 계획/운영 시스템 • 종업원의 충성도 - 이직률 • 전략적 의사결정의 질
생산	**마케팅**
• 원가구조 • 설비 • 원자재에의 접근성 • 수직적 통합 • 근로자의 작업태도 및 동기부여 • 생산능력	• 제품품질에 대한 명성 • 제품특징과 차별화 • 상표인지도 • 제품계열의 폭 - 시스템 능력 • 고객지향성 • 세분화/집중 • 유통경로 • 소매상과의 관계 • 광고 및 판촉역량 • 판매원 • 고객서비스와 제품지원
재무-자본조달	**고객기반**
• 영업에서 • 단기자산에서 • 부채를 통한 조달과 주식발행을 통한 조달 • 자본조달에 대한 모기업의 의지	• 규모와 애호도 • 점유율 • 서비스하고 있는 세분시장의 성장률

경쟁자의 강점과 약점을 파악하는 두 번째 영역은 생산 부문이다. 예를 들어, 반도체 기업인 텍사스 인스트루먼트(Texas Instruments)의 경우, 주요한 경쟁우위는 생산력에서 비롯된다고 볼 수 있다. 생산 부문이 중요한 잠재적 강점이 되는 이유 중 하나는, 이 부문이 지속적인 원가우위의 기반이 되기 때문이다. 지속적인 원가우위를 실현하려면 현대식 공장 및 설비, 안정적인 원재료 공급, 높은 수직 통합 수준, 그리고 우수한 노동력을 확보하고 있어야 한다. 일반적으로 과잉설비는 고정비용을 증가시켜 약점으로 작용

할 수 있지만, 시장이 성장기이거나 빠르게 변화하는 상황에서는 오히려 이를 활용한 유연한 대응이 가능해져 강점으로 작용할 수 있다.

세 번째 영역은 재무분야로, 장·단기적으로 자금을 창출하고 획득하는 능력이다. 풍부한 재무자원을 가진 기업은 자금규모가 작은 기업이 이용할 수 없는 전략을 구사할 수 있으므로 기술적 우위를 가진다. 예컨대, GE와 클라이슬러(Chrysler)를 비교하고 밀러(Miller)와 버드와이저(Budwiser)를 비교해 보라. 규모가 주요한 재무 원천 중 하나라는 것을 알 수 있다. 자금원으로는 현금이나 다른 유동자산이 될 수도 있고 모기업이 될 수도있다. 하지만 중요한 것은 부채와 자산의 사용을 정당화하는 기업의 능력과 의지이다.

네 번째로 주목해야 할 경쟁자의 강점과 약점의 영역은 경영관리이다. 예를 들어, 해롤드 제닌(Harold Geneen)이 ITT의 최고경영자였던 시기에는, ITT의 주요 강점이 분산된 여러 사업체를 효과적으로 통제하고 직원들에게 동기를 부여하는 경영 역량에 있었다. 일반적인 분석 기준으로는 경영진의 품질, 최고경영층 및 중간관리층의 전문성, 인력의 이직률을 통해 기업의 안정성과 충성도를 평가할 수 있다. 이와 함께 조직문화도 매우 중요한 요소이다. 조직 전반에 걸쳐 공유되는 가치관과 규범은 전략 실행의 에너지원이 되기도 하고, 반대로 특정 전략의 실행을 제한하기도 한다. 특히 3M과 같은 기업은 기업가 정신을 고취하는 문화와 이를 뒷받침하는 조직적 역량을 통해 새로운 전략적 방향을 제시하는 데 강점을 가지고 있다. 이처럼 전략의 목표와 계획 수립 능력 또한 핵심적인 역량이며, 개별 사업체가 명확한 비전을 갖고 그 비전을 실현하려는 의지와 실행능력을 보유하고 있는지 여부가 중요한 경쟁력의 요소가 된다.

다섯 번째 영역은 마케팅이다. 특히 하이테크 산업에서는 제품 라인, 제품 품질에 대한 명성, 제품 계열의 폭, 그리고 다양한 제품 특성 등이 가장 강력한 마케팅 강점으로 꼽힌다. 델몬트(Delmonte)를 레이놀드(Reynolds)가 인수할 당시, 레이놀드는 델몬트가 보유한 브랜드 인지도와 유통 경로에서의 강점을 높이 평가했다. 진정한 의미의 고객지향성을 개발하는 역량은 중요한 경쟁우위가 될 수 있으며, 효과적인 광고를 제작하고 이를 실행할 수 있는 능력과 의지도 또 다른 강점이 된다.

퍼듀치킨(Purdue Chicken)의 성공은 특히 퍼듀가 우수한 광고를 창출하는 능력을 보유했기 때문이라는 점에서 주목할 만하다. 판매 인력과 서비스 관리와 같은 마케팅 믹스의 다른 요소들도 지속 가능한 경쟁우위의 기반이 된다. 예를 들어, 캐터필러(Caterpillar)의 강점 중 하나는 강력한 유통망이며, 고객과의 밀착된 관계를 형성하는 역량 또한 특히 하이테크 산업에서 중요한 경쟁 요소가 된다.

마지막으로, 고객 기반 역시 중요한 강점이다. 고객이 특정 공급업체에 대한 애호도가 높을수록, 공급업체를 변경할 때 발생하는 전환 비용으로 인해 이탈 가능성이 낮아진다. 특히 충성도가 높은 고객은 다른 공급자로 쉽게 전환하지 않으며, 기업이 서비스를 제공하는 세분시장의 규모와 향후 성장 가능성 역시 경쟁우위를 뒷받침하는 중요한 요소이다.

3.3 경쟁 강점 그리드

관련 자산과 역량이 파악되면 다음 단계는 자사와 주요 경쟁자 또는 경쟁자가 속한 전략 관련 자산과 역량으로 비교하여 평가한다. 그 결과가 바로 경쟁 강점 그리드(competitive strength grid)인데 자산과 역량에서 경쟁자의 위치를 요약하는 데 이용된다.

지속적 경쟁우위는 특정 산업 및 채택한 전략과 관련한 하나 이상의 자산과 역량에서 표적 경쟁자의 자산과 역량보다 우수한 위치를 점할 때 확보된다. 따라서 관련 자산과 역량에서 각 경쟁자가 어떤 위치를 점하는지를 아는 것은 전략 개발과 평가에 아주 중요하다.

만약 전략에 중요한 자산과 역량에서 우월한 지위에 있지 않다면, 전략은 수정되거나 포기해야 한다. 때때로 경쟁자로 간주된 기업들 간에 차이가 없는 경우도 있다. 모든 경쟁자들이 가지는 역량은 SCA의 기반이 아니다. 예컨대, 항공안전도가 항공기 승객들에게 중요하지만, 만약 여러 항공사가 조종사의 자질과 비행기 정비능력 면에서 동등한 것으로 인식된다면 항공안전도는 SCA의 기반이 될 수 없다. 만약 항공사가 반 테러 안전도에 있어 우월한 것으로 승객에게 확신을 준다면 이는 SCA의 기반이 될 수도 있다.

㉠ 냉동식품 산업

냉동식품 산업에서 경쟁 강점 그리드는 표 5.5와 같다. 관련자산과 역량은 제품선택 시 고려하는 특성의 중요성의 정도로 제시된다. 주요한 경쟁자는 관련 강점과 약점에 따라 각 차원에 위치하게 된다. 프로세스는 자산과 역량의 본질, 경쟁자 능력, 자사의 상황에 대한 통찰력을 제시해준다.

8개의 자산과 역량이 표 5.5에서 제시된다. 1980년대 중반에 냉동 식품산업에서 주요한경쟁기업 7개가 위치화된다. 그리드에서 린 쿠진(Lean Cuisine)이 확고한 시장점유, 유통, 광고 순서로 위치화되어 있는 것을 알 수 있다. 그러나 다른 기업들은 제품 포장에서 우위를 점하고 있으며, 품질에서 산업 간 갭이 발생하게 된다.

㉡ 하위시장 수준에서 분석

하위시장이나 전략 집단 및 제품수준에서 분석하는 것이 바람직한 경우가 많다. 왜냐하면 어떤 기업은 그 산업 내에 있는 모든 기업과 경쟁하는 것이 아니라 유사한 전략

표 5.5 경쟁자 강점 그리드

자산과 역량	약점														강점
제품품질	W		V	B		A	G		L		M			L	
시장점유율	V	B	W		A			G		G		M		L	
관련사업에서 모기업	B		W					V				A	M		
제품포장			W		B	V	L	G				A	M		
저칼로리	V	G			M		B			A		L	M		
판매원/유통	V	B			W		G				A	M		L	
광고/촉진	V	B		G			W			A		M		L	
모든 인종에 어필하는 정도	W		A	L	M							G		V	B

L 스토프스 린 쿠진(Stouffer's Lean Cuisine : 네슬레 제조)
M 르 메뉴(Le Menu : 캠벨 스프)
W 웨이트 워처스(Weight Watchers : 하인즈)
A 아모르 디너 클래식/클래식 라이트(Armour Dinner Classic/Classic Lite : 콘아그라)
V 밴 디캠프 멕시칸 클래식(Van deKamp Mexican Classic)
B 베니하나(Benihana)
G 그린 자이언트 스티어 프라이 앙트레(Green Giant Stir Fry Entrees : 필즈베리)

과 세분시장에 참여한 기업들과만 경쟁하기 때문이다. 경쟁 강점 그리드에서 보면 냉동식품산업에서 칼로리 함유량에 있어 각 기업별로 큰 차이를 보이고 있다. 따라서 저칼로리는 가장 강력한 강점이 되며 하인즈(Heinz)의 웨이트 워처(Weight Watchers) 제품이 경쟁 우위를 점하고 있다. 사실상, 1980년대 후반에 하인즈는 웨이트 워처 제품의 품질과 포장에 상당히 많은 투자를 하였는데, 그 결과 두 영역에서의 갭을 좁히고 선두브랜드인 린 쿠진(Lean Cuisine)을 위협하고 있다.

ⓒ 분석과정

경쟁 강점 그리드 개발과정은 견문을 넓히는 기회도 되고 유용하기도 하다. 한 가지 접근법은 여러 관리자들로 하여금 그들 각자의 그리드를 혼자서 만들게 하면 각 그리드가 달라 정보가 다르고 가정이 다름을 알 수 있다. 조정단계는 관련정보를 얘기하게 하고 전략적 의문을 파악하고 정리하게 한다. 예컨대, 경쟁자의 품질 명성에 관한 다른 의견이 있다면 마케팅 조사를 통해 과연 어느 견해가 옳은지를 조사하게 된다. 다른 접근법은 스태프가 예비조사를 하여 정보를 제공하고 팀이 모여서 그리드를 개발하는 것이다. 이 경우 가능하다면 실험법이나 고객인식조사를 통해 얻어진 객관적 정보를 사용해야 한다. 이런 정보는 다양한 차원에서 경쟁자를 측정할 때나 의견이 일치하지 않을 때 더욱 필요하다.

3.4 경쟁자에 대한 정보의 획득

경쟁자에 관한 정보는 대개 다양한 원천으로부터 얻을 수 있다. 경쟁자는 대개 그들의 공급업자와 고객, 유통업자, 증권 분석가 및 주주 그리고 정부의 입법 및 행정부 사람들과 광범위한 의사소통을 하는데, 이들과의 접촉이 정보가 된다. 또한 경쟁자의 광고, 전시회, 산업잡지, 대학의 강연회, 연간 보고서 등과 같은 정보를 모니터하면 많은 정보를 얻을수 있다. 또한 기술관련 모임이나 기술전문잡지 등도 기술개발에 관한 정보를 제공한다. 컴퓨터화된 수 많은 데이터베이스에서 경쟁자와 시설에 대한 상세한 정보를 얻을 수 있다.

경쟁자가 고객의 마음속에 어떤 위치에 있는지에 관한 상세한 정보를 획득하는 한 가지 방법은 시장 조사를 하는 것이다. 정기적인 전화조사로 경쟁자의 전략이 어떤 점에서 취약한지 또 성공할 수 있는지에 관한 정보를 얻을 수 있다. 예컨대, 캘리포니아주 로스엔젤레스와 오렌지 카운티에 있는 1500명의 거주인들을 대상으로 전화로 슈퍼마켓에 관한 고객행동을 조사하였다. 이 조사에서는 다음과 같은 일련의 질문을 하였다. 당신의 집에서 가장 가까운 슈퍼는 무엇인가? 가장 자주 방문하는 슈퍼는 무엇인가? 가장 싼 가격을 제시하는 슈퍼는 무엇인가? 최고의 고객서비스를 제공하는 슈퍼는? 가장 깨끗한 슈퍼는? 최고의 품질을 제공하는 슈퍼는 무엇인가?

이 연구의 결과는 랄프(Ralph)가 전반적으로 좋은 이미지를 가지고 있으며 다른 시장으로 확장할 수 있는 좋은 위치를 점하고 있으며 반면에, 럭키(Lucky)는 약한 이미지를 상쇄할 수 있는 가격 선도력을 가지고 있으며 경쟁 가격전략에 강하다. 알파 베타(Alpha Beta)와 세이프웨이(Safeway)는 여러 영역에서 약하였고 상당한 전략 변화를 요하며 랄프나 럭키와 경쟁할 수 있는 자본이 필요하다. 나머지 3개의 소규모 슈퍼체인은 아주 강한 전문품점 이미지로 상대적으로 고가, 소규모 시장 커버리지를 가지고 있다. 이들은 가능한 합병후보로 평가되었다.

요약

경쟁자 분석의 첫 단계는 경쟁자를 식별하는 일이다. 이를 위한 한 가지 방법은 고객의 선택에 근거하여, 고객 관점에서 경쟁자를 파악하는 것이다. 또 다른 접근법은 제품이 사용되는 상황을 기준으로, 동일한 사용 상황에서 활용되는 제품을 경쟁자로 간주하는 방식이다. 대부분의 산업에서는 경쟁자가 자신이 준거로 삼는 기업들과 얼마나 치열하게 경쟁하는지를 기준으로 구분된다.

두 번째 단계는 전략집단을 식별하는 것이다. 전략집단은 유사한 전략을 추구하고 비슷한 자산, 기술, 기타 특성을 보유한 기업들의 모임이다. 전략집단 간에는 이동장벽이 존재하는데, 이는 특정 전략의 수익성을 보호하는 데 중요한 역할을 한다. 이와 더불어, 특정 산업에 진입할 역량과 동기를 가진 잠재적 경쟁자를 파악하는 것도 중요하다.

경쟁자를 보다 깊이 이해하기 위해서는 여러 차원에서 분석하는 것이 효과적이다. 경쟁자의 규모, 성장률, 수익성은 그 기업의 상대적 중요도를 나타내며, 경쟁기업의 목표와 과거 및 현재의 전략은 유용한 통찰을 제공한다. 또한 조직문화나 퇴출장벽과 같은 요소는 해당 기업의 전략적 제약을 보여준다. 원가 구조나 퇴출장벽은 가격 전략이나 시장 지배력 분석에도 중요한 지표가 된다.

경쟁자의 강점과 약점을 분석할 때는 우선 해당 산업 내에서 중요한 자산과 역량을 파악하는 것이 출발점이다. 성공한 기업과 실패한 기업의 특성, 고객의 핵심 구매동기, 주요 비용 요소, 이동장벽, 가치사슬 구조 등이 이에 포함된다. 경쟁 강점 그리드는 각 경쟁자나 전략집단이 보유한 자산과 역량의 수준을 비교하여 핵심 전략 정보를 도출하는 데 사용된다. 이러한 경쟁자에 대한 정보는 시장 조사, 산업 잡지, 전시회, 고객 및 공급업자 등 다양한 출처로부터 얻을 수 있다.

연습문제

1. 경쟁자 분석의 두 가지 방법을 설명하라.

2. 전략집단의 개념을 사례를 들어 설명하라.

3. 경쟁자 분석 시 경쟁자의 강점과 약점을 평가하는 요소에 대해 설명하라.

4. 경쟁 강점 그리드의 개념을 냉동식품시장을 중심으로 설명하라.

제6장 고객 및 STP

제1절 고객과 소비자의 차이

이제 우리의 관심을 성공적인 마케팅 계획의 주요 결정 요소 중 하나인 시장 분석에 맞추기로 한다. 시장 세분화를 이해하기 위해서는 먼저 고객(customer)과 소비자(consumer)의 차이, 그리고 시장 점유와 '파레토 효과'로 알려진 현상의 차이 등을 이해하는 것이 선행되어야 한다.

시장 내 소비자를 지칭하는 용어는 매우 다양하여, consumer, customer, user, decider, marketing planner, marketing man, end user, buyer, purchaser 등 여러 표현들이 혼용되고 있다.

우선 고객과 소비자의 차이부터 살펴보자. 일반적으로 소비자보다 고객의 수가 적다. 이는 모집단과 표본의 관계에 비유될 수 있다. 예를 들어, 냉장고가 필요한 사람은 모두 소비자이지만, 실제로 자사 점포에서 냉장고를 구매한 사람만이 고객이 되는 것이다. 따라서 모든 소비자가 반드시 고객이 되는 것은 아니다.

씨리얼을 구매하는 가정주부의 사례를 들어보자. 구매자는 주부이지만, 궁극적인 소비자는 그녀의 가족이다. 이런 경우, 주부는 대리인으로 행동하는 중간적인 고객이라고 볼 수 있다. 그러므로 실질적인 구매자인 주부의 욕구뿐 아니라, 구매사슬의 아래 단계에 있는 궁극적인 소비자의 욕구도 항상 함께 이해할 필요가 있다.

또 다른 예로 양모와 털실이 원단으로 가공되고, 다시 이 원단이 의류로 제작되는 과정에서 누가 이 원재료의 고객인지 생각해보자. 실질적인 구매자는 원단을 생산하는 기업이지만, 최종 사용자는 의류업체가 된다. 비록 양모와 털실의 주문 명세서는 원단 업체로부터 전달되지만, 그 속에는 이미 최종 사용자이자 의류업체의 요구사항이 반영되어 있다.

사례

최근 교육업계에서는 '눈높이 교육'이 더욱 강조되고 있다. 인공지능(AI)과 빅데이터 기술의 발전으로, 학생 개개인의 학습 수준과 성향에 맞춘 맞춤형 학습 서비스가 가능해졌다. 대교 역시 AI 기반 학습 분석과 맞춤형 콘텐츠 제공을 통해 '눈높이' 브랜드의 가치를 한층 강화하고 있다. 학습지 시장은 디지털 전환과 AI 튜터, 온라인 학습 플랫폼 등으로 빠르게 변화하고 있으며, 대교의 '눈높이'는 어린이 중심 교육의 대표 브랜드로 자리매김하고 있다.

'눈높이 수학'은 원래 '공문수학'이라는 학습지를 발행하던 대교에서 새롭게 출시한 브랜드명이다. 대교가 '눈높이'라는 개념을 도입한 것은 1990년 7월로, 당시 학습지 시장의 경쟁이 점점 치열해지고, 소비자들은 더 높은 수준의 콘텐츠와 맞춤형 서비스를 요구하기 시작했다. 기존의 판매자 중심 마케팅만으로는 이런 변화에 대응하기 어려웠고, 내부적으로도 조직 혁신과 경쟁사와의 차별화가 필요한 시점이었다.

'공문수학'은 과거에 판매자 중심의 독점적 상품명이었지만, 대교는 주 고객인 어린이, 즉 소비자 중심으로 사고를 전환해야 한다는 판단 아래 '눈높이'라는 브랜드를 탄생시켰다. '눈높이'는 어린이의 시각과 수준에 맞춘 교육을 의미한다.

루소, 피아제, 방정환 등은 "어린이는 저마다 고유한 정신구조를 가지고 있으므로, 교육자는 어린이의 행동을 잘 이해하고 어떤 생각을 하는지 아는 것이 중요하다"고 강조했다. 이를 위해서는 어린이와 눈(마음)을 맞추는 것이 공감대를 형성하고 이해의 폭을 넓히는 데 도움이 된다는 것이다. 이런 점에서 '눈높이'라는 이름은 제품의 특성을 잘 표현해 주고 있다.

'눈높이'는 기업 경영, 소비자, 제품이라는 세 가지 측면에서 각각 고유한 의미를 가진다.

첫째, 기업 경영 측면에서는 어린이 중심의 철학과 인본주의에 바탕을 두고 진정한 교육문화기업으로 성장하겠다는 목표를 담고 있다. 둘째, 소비자 측면에서는 사회의 여러 문제를 어린이의 눈높이에서 바라보고 바른 방향을 제시해 건강한 사회를 만들겠다는 의지를 나타낸다. 셋째, 제품 측면에서는 어린이 각자의 지적·정신적 수준에 맞춰 교육함으로써 개인의 능력을 키우겠다는 목표를 담고 있다.

이처럼 '눈높이'는 기업, 소비자, 제품 세 가지 측면에서 긍정적인 이미지를 구축해 왔으며, 현재까지도 고객들로부터 높은 신뢰와 호응을 얻고 있다.

결국 원재료 업체의 직접 고객은 공급사슬 상 다음 단계인 원단 업체의 주문 담당자이지만, 이들은 의류를 생산하는 소비자의 욕구를 반드시 반영해야 한다. 따라서 실제로 구매하는 고객과 그것을 사용하는 소비자가 일치하는지, 그리고 그들의 욕구는 각각 무엇인지 항상 고려하고 분석해야 한다.

이처럼 고객과 소비자의 차이를 명확히 이해하고, 우리가 마케팅하려는 제품의 궁극적인 소비 형태에 영향을 미치는 모든 요소에 민감하게 대응할 필요가 있다. 이러한 이해를 바탕으로 누가 진정한 우리의 고객인지 명확히 정의할 수 있어야 하며, 그 정의 방식에 따라 우리의 시장 점유율에도 차이가 발생할 수 있다.

제2절 고객관계관리

2.1 CRM의 개념

고객관계관리(CRM, Customer Relationship Management)는 신규고객 확보, 기존 고객 유지,고객 수익성 증대 등을 위해 지속적인 커뮤니케이션을 통해 고객의 행동을 이해하고 고객에게 영향을 주어 과거의 거래적 고객(transactional customer)에서 관계적 고객(relationship customer)으로 만들어 가는 과정이다.

고객확보(customer aquisition)는 충성도 높은 고객을 만들어내는 과업이다. 확보한 고객에대한 고객유지(customer retention) 작업은 제품다양화(product variety)를 통해 맞춤화(customization)와 개인화(personalization)를 추구하게 된다. 특정한 고객계층을 발견하여 그들에게 맞는 창의적인 제품과 서비스를 생산하여 공급하는 것이 맞춤화라면 이보다 더 발전된 고객지향적 사고를 바탕으로 각각의 고객에게 맞는 제품과 서비스를

표 6.1 대중마케팅, 표적마케팅, CRM 간의 비교

	대중마케팅	표적마케팅	CRM
시대	1960년대	1970~1980년대	1990년대 이후
매체형태	대중매체	대중매체의 효과측정	대중매체+디지털 매체
목표고객	불특정 다수	특정 고객집단	고객 개개인
소비자의 욕구	동질적 구매욕구	이질적 구매욕구	특화된 욕구
커뮤니케이션 방식	일방적 의사소통	쌍방적 의사소통	개인적 커뮤니케이션
생산방식	대량생산, 대량판매	소품종 대량생산	다품종 소량생산

※출처 : 박충환, 오세조, 김동훈(2002), 마케팅 관리, 박영사, 547

제공하는 것이 개인화 전략이다. 개인화 전략의 혜택을 누리는 고객이야말로 진정한 관계 고객이 되는 셈이다.

2.2 CRM의 형성과정

과거 대중 마케팅(mass marketing)의 일방향적 의사소통과 표적마케팅(target marketing)의 쌍방적 의사소통을 거쳐 CRM은 이제 표 6.1에서와 같이 개인적 의사소통의 방식을 통해 고객과 기업이 일대일의 마케팅을 지향하고 있다. 이를 위해서는 POS시스템 등을 이용한 개별고객에 대한 데이터베이스(database)의 구축이 필수요건이 된다.

2.3 CRM의 수행과정

CRM을 수행하는 과정은 그림 6.1에 나타난 것처럼 고객접촉, 정보수집, 고객학습, 고객 욕구 발견 및 세분화, 마케팅 계획의 수립, 고객관리 등의 순서로 순환된다.

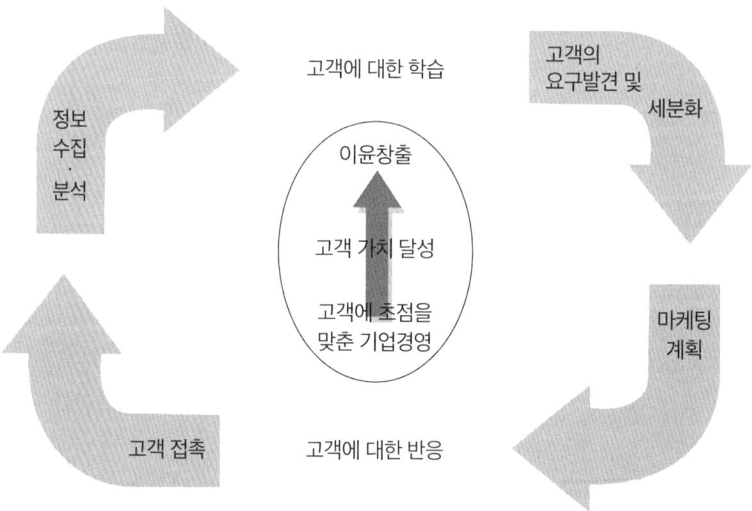

※출처 : 박충환, 오세조, 김동훈(2002), 마케팅 관리, 박영사, 552

그림 6.1 CRM의 수행과정

2.4 CRM의 관계사다리

CRM에서 고객과의 관계를 유지·발전시키는 과정을 설명하는 모형이 관계 사다리(relationship ladder)이다. 그림 6.2에서와 같이 CRM의 고객은 용의자(suspect), 잠재 고객(prospect), 사용자(user), 고객(customer), 옹호자(advocate)의 5가지 유형으로 나뉘는데, 기업은 궁극적으로 용의자(suspect) 수준의 고객을 옹호자(advocate) 수준으로 만드는 노력을 기울여야 한다.

관계사다리의 용의자는 막연하지만 앞으로 자사의 고객이 될 가능성이 높은 사람을 말한다. 잠재고객은 조만간 자사나 경쟁사 제품을 구매할 것처럼 보이는 사람이다. 사용자는 적어도 한 번 이상은 자사 제품을 구매한 사람을 말한다. 고객은 자사 제품 구매 경험이 많아서 습관화된 구매를 하는 사람을 일컫는다. 옹호자는 자사 제품에 대한 신념을 갖고 타인에게 자사 제품 구매를 권유하는 사람을 말한다.

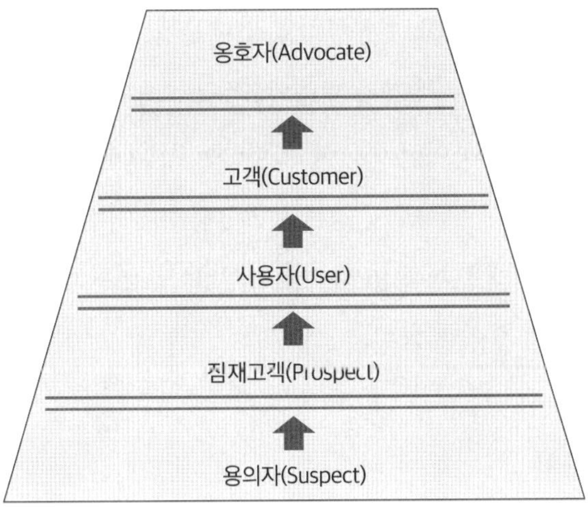

※출처 : 박충환, 오세조, 김동훈(2002), 마케팅 관리, 박영사, 553

그림 6.2 관계 사다리

2.5 CRM을 위한 데이터베이스 분석

CRM을 위해 다양한 고객 데이터베이스(database) 분석기법이 이용되고 있다. 각종 통제기법과 데이터 마이닝(data mining) 기법들을 보다 정확한 고객 정보제공으로 고객의 재구매율 향상, 충성도 증가, 비용절감 등의 시장지향성을 높여주고, 시장세분화와 관련된 마케팅 능력 또한 개선시켜주게 된다.

(1) RFM 기법

RFM(Recency, Frequency, Monetary) 기법은 고객의 최근구매(recency), 구매빈도(frequency), 구매액(monetary)을 기준으로 등급화하는 기법이다.

'최근구매'의 경우, 가장 최근에 구매한 고객부터 가장 오래전에 구매한 고객까지 5등급의 분류를 실시한다.

'구매빈도'의 경우, 구매빈도가 가장 많은 고객부터 가장 적은 고객까지의 순서로 5등급의 분류를 실시한다.

'구매액수'의 경우, 각 고객의 역사적인 총 구매 금액을 기준으로 가장 큰 고객부터 가장작은 고객까지의 순으로 5등급의 분류를 실시한다.

세 기준에 의해 각각 5등급으로 분류하였기 때문에 총 125가지(5 × 5 × 5 = 125)의 RFM유형이 생성된다. 또한 이 세 가지 기준의 5등급 분류에 의해 각각의 고객은 세 자리 의숫자를 배정받게 된다. 만약 어떤 고객이 '324'라는 RFM 유형을 배정받았다면, 이 고객의최근구매 정도는 3이고, 구매빈도의 정도는 2이며, 구매액수의 정도는 4등급이라는 뜻이된다. 이렇게 자사의 고객 모두를 RFM으로 유형화함으로써 이를 새로운 시장세분화의 결과처럼 유용한 정보로 활용할 수 있게 된다.

(2) 고객의 생애가치

고객의 생애가치(life-time value)를 계산하여 기업이 고객과의 관계를 지속하는 동안 그 고객에게서 생길 수 있는 총 수익을 추정해 보는 기법이다. 이를테면 어떤 고객이 평생에 20년간 일 년에 3번씩 자사 매장에서 30만 원 상당의 제품을 구매한다고 추정하면(다른 모든 조건과 비용을 무시하고), 돈으로 계산한(추정된) 이 고객의 생애가치는 '30만 원 × 20년 = 600만 원'이 된다.

제3절 시장점유

이 시장점유의 문제가 마케팅 관리의 주요 개념이고 우리는 그 문제로 돌아오고자 한다. 기업에게 왜 시장점유가 중요한지는 다음 장에서 논의하기로 한다. 이 장에서는 시장점유란 무엇을 의미하는지에 관해 생각해 보기로 하자.

기업은 잠재적 시장보다는 실제시장의 점유 혹은 그 기업의 역량이나 가치의 비율에 대한 관심을 가질 필요가 있다. 그러나 실제시장을 측정하려면 우리가 올바른 것을 측정하고 있다는 보장이 되어야만 한다. 사무실용 나일론 카페트를 생산하는 기업의 예를 들어보자. 바닥덮개 시장의 측정에 콘크리트를 포함시키는 것은 분명 넌센스(non-sense)이다. 그 이유는 콘크리트가 바닥덮개이지만 그것이 따뜻함과 색상에 대한 욕구를 가진 소비자의 욕구를 충족시키지 못하기 때문이다. 따라서 그것은 시장의 일부가 되지 못한다. 물론 양모로 만들어진 목욕탕 카페트를 포함시키는 것도 합당하지 않다. 따라서 우리는 이 시장을 기업적인 점포에 판매되는 섬유형태의 모포 카페트를 의미하는 총체적 시장으로 정의를 내릴 수 있다.

이를 놉기 위해 다음과 같은 정의가 유용하다.

- 제품계층 : 담배
- 제품형태 : 필터
- 제품상표 : 말보로

시장점유를 측정할 목적으로 제품 상표로서 말보로(Malboro)는 고객필요의 동일한 부분을 만족시키는 다른 모든 상품 전부에 대해서만 관심을 가지게 된다. 그럼에도 불구하고 말보로 제조업자는 필터담배와 담배시장 전체의 판매추세를 알 필요가 있다.

시장점유가 진실로 무엇을 의미하는지 이해하지 못하는 사람들이 흔히 하는 실수는 그들 기업이 단지 어떤 시장의 소량의 점유만을 가진다고 가정하는 것이다. 그러나 만약 기업이 상업적으로 성공적이라면 그 기업은 더 작은 시장의 더 큰 점유를 가지고 있다. 그것이 우리가 시장에 대해 느끼는 또 다른 매력적이고 극히 유용한 관찰을 하게 해주는 것이다.

제4절 파레토 효과

많은 기업이 공통적으로 관찰하는 현상은 그들 사업의 커다란 부분을 고객의 작은 일부가 설명해 준다는 사실이다. 이것은 흔히 80/20법칙 혹은 파레토 효과라고 하는데 고객의 약 20%가 사업의 80% 정도를 차지한다는 것을 말한다.

파레토 효과는 이탈리아의 경제학자 빌프레도 파레토(Vilfredo Pareto)에 의해 주장된 법칙으로 80/20 rule(principle), the Pareto Law, the Principle of Least Effect, the Principle of Imbalance 등으로 불린다.

판매의 특정 비율을 설명하는 소비자의 비율을 그림으로 그린다면 그림 6.3에서 보여준 것과 비슷한 관계를 발견하게 될 것이다. 여기서 고객들은 그들이 설명하는 판매의 비율에 따라 A, B, C로 범주화되었다. A고객은 총고객의 20%인데 약 80%의 판매를 설명하고 B고객은 총 고객의 30%인데 총 판매의 10%를 설명하고 C고객은 총고객의 50%인데 판매의 나머지 10%를 설명한다.

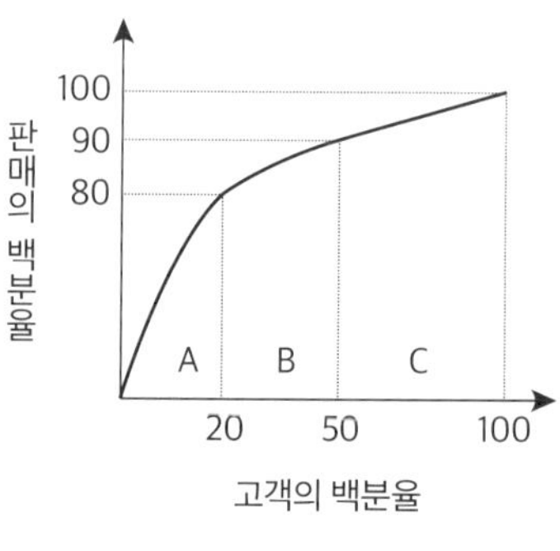

그림 6.3 마케팅의 환경요인

파레토 효과는 자본재부터 원자재, 소비재에 이르기까지 거의 모든 시장에서 발견되고 있다. 그렇다고 해서 A에 속하지 않는 나머지 80%의 고객을 무시해야 한다는 것은 아니다. 그 이유는 이러한 고객에 의한 판매량이 전체에 가치 있는 기여를 하기 때문이다. 단지 한 명의 고객에 대한 판매량도 전체에 영향을 미치는 것이 확실하기 때문이다. 그러나 이러한 종류의 분석을 하게 되면 기업이 어느 부분에 가장 큰 노력을 기울여야 할지 분명해진다는 점에서 의미가 있다.

음료산업의 한 제조업자가 자기 산업에 대해 이러한 분석을 한 결과 거의 85%의 거래가 20%의 고객으로부터 생기는 것으로 나타났다. 그러나 고객 모두에게 똑같은 서비스를 제공해 왔다. 모두 격주로 판매원으로부터 전화를 받고 배달을 하였으며 모든 고객에게 동일한 가격정책을 적용하였다. 그 결과 창고와 운송차량을 지속적으로 늘려야 했고 마진보다 영업비가 높아졌다. 이러한 경우에 해답은 간단하다. 대부분의 소량계정은 도매상에게 인계하고 가치 있는 자본과 경영시간을 중요한 고객에게 집중할 수 있게 되었다. 또한 가 격 정책은 더 많이 구매한 고객들에게 보상을 주는 것으로 고안하였다. 이로 인해 판매원은 기존사업을 개선하고 새로이 수익성 있는 점포를 개점하는 데 집중하게 되었다.다만 이러한 분석은 정적이라는 단점을 주의해야 한다. 고객의 가치는 언제든 변할 수 있는 동적인 분석이 필요하기때문에 현재 80%에 속해 있는 고객이라도 향후에 최고의 고객이 될 수 있으며, 현재 우리 고객이 아닌 소비자 중에서도 우리의 최고 고객이 등장할 수 있다는 것이다. 그렇기 때문에 이러한 분석의 적용에는 신중한 접근이 필요하다.

파레토 법칙이 제시하는 세 가지 직관적인 교훈은 단순화(simplification), 조점(focus), 성과의 비교(comparison of performance)이다. 첫째, 단순화는 수익성이 없는 기업 활동을줄임으로써 모든 과업에 똑같은 노력을 투입하는 어리석음을 범하지 말라는 교훈이다. 작업과정과 내용을 단순화시킴으로써 A 혹은 C에 해당하는 고객을 쉽게 발견할 수 있을 것이다.

둘째, 초점을 맞추라는 것은 개선의 여지가 보이는 주된 과업에 초점을 맞추라는 뜻이다. 잠재적으로 비용 감소의 크기가 가장 큰 것으로 보이는 과업 부분에 80%의 노력을 투입하라는 지적이다. 어떤 과업은 20%의 비용만으로도 중요한 과업 80%를 수행할 수 있다는 직관력을 가져야 한다. 과업마다 똑같은 비용을 투입한다고 해서 똑같은 고객 만족을 달성할 수 없음을 명심해야 한다. 적은 비용 투입으로 고객 만족을 극대화할 수 있는 과업 부분에 초점을 맞추어야 한다.

셋째, 작업 부서별 성과를 비교해 보면 어느 부서별 투입에 대비한 산출의 크기를 계산해낼 수 있다. 똑같은 투입에도 산출이 적은 부서의 과업은 C에 해당하는 것이고 상대적으로 산출이 극대화되는 작업은 A에 해당한다. 이러한 성과의 비교를 통해 20%의 A과업에 노력을 투입해야 한다는 사실을 알게 된다.

그림 6.4는 어떤 출판사의 조판 과정의 오류 유형과 그 오류의 숫자를 도식화한 예이다.

오류 유형 15가지 중 세 가지 오류의 합이 전체 오류의 77.4%에 이른다. 그 세 가지는 저자의 교정 지연, 저자의 최초 원고 제출 지연, 저자가 너무 많이 본 교정 등이다.

이러한 예에서 이 출판사는 이러한 성과의 비교를 통해 이제는 불과 세 가지의 오류를 줄이는 데 집중적인 노력을 투입함으로써 효율적 성과를 달성할 수 있다는 사실이 입증된 것이다.

최근 어떤 은행에서는 지점당 4명의 개인자산관리사(private banker)를 동원하여 VIP 고객을 대상으로 마케팅 전략을 펼치고 있고, 증권사의 VIP룸의 개설도 전체 고객의 20%가 매출의 90% 이상을 차지하는 현실을 설명하는 현상이다.

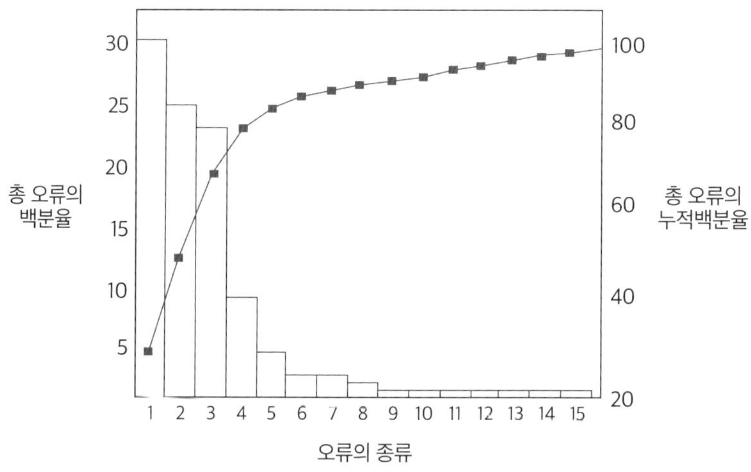

그림 6.4 출판사 조판 과정의 오류에 대한 80/20 도표

제5절 시장의 정의

마케팅에서 쓰이는 '시장'이라는 말은 여러 가지로 정의될 수 있다. 고객의 묶음 혹은 집단을 '시장'으로 볼 수 있는데, 마케팅 담당자는 시장에 대한 다양한 정의를 통해서 보다 실용적인 시장세분화(market segmentation)를 수행할 수 있게 된다. 시장세분화는 결국 기업의 환경, 시장의 구조, 소비자 특징 등에 대한 유형화를 의미하기 때문에 상이한 여러 '시장'의 개념을 이해할 필요가 있다.

그림 6.5에서 보는 것처럼 각 단계의 질문을 통해 점차 시장이 완성되게 된다.

① 시장이 되기 위해서는 제품을 필요로 해야 한다.

② 제품에 관심을 가진 고객의 집단을 '잠재 시장'이라 한다.

③ 구매력을 가진 고객의 집단을 '구입 가능 시장'이라 한다.

④ 구매의도를 가진 고객의 집단을 '구입 의도 시장'이라 한다.

⑤ 구매 권한을 가진 고객의 집단을 '유자격 구입 가능 시장'이라 한다. 구매의도가 있더라도 미성년자이거나 면허를 소지하지 않아서 제품을 구매할 수 없는 고객은 '유자격 구입 가능 시장'에 포함되지 못한다.

⑥ 구매를 시도하는 고객의 집단을 '목표 시장'이라 한다.

⑦ 구매 경험이 쌓인 고객의 집단을 '침투 시장'이라 한다.

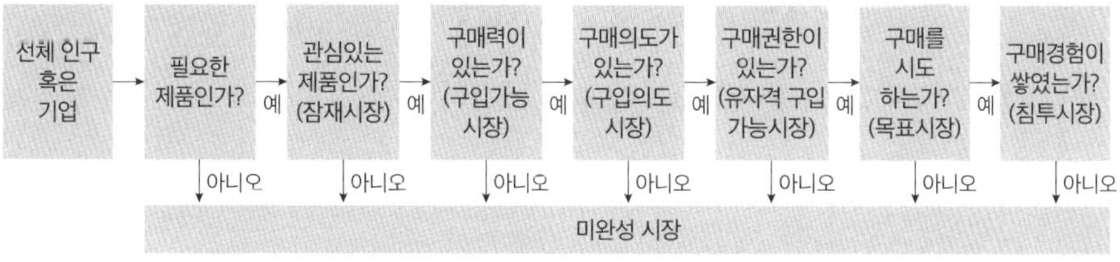

그림 6.5 시장의 형성 과정

시장을 정의해 가는 과정에서 전체 인구 혹은 기업으로 구분한 까닭은 전자가 소비재 시장(consumer market)이라면 후자는 산업재 시장(industrial market)을 나타내고 있기 때문이다. 각 시장에 맞추어 시장의 개념을 적용해 볼 수 있다.

제6절 시장세분화

6.1 시장세분화의 개념

이제 마케팅의 주요 개념 중 하나인 시장세분화에 대해 집중적으로 알아보자. 시장세분화는 기업이 경쟁자에 비해 차별적인 이익을 얻기 위해 활용하는 모든 수단을 의미한다. 시장은 대개 자연스럽게 형성된 집단, 즉 세분시장(segment)으로 나누어지며, 이는 유사한 특징을 가진 고객들로 구성된다. 이러한 세분시장은 독립된 시장을 형성하며, 종종 상당한 규모를 갖는 경우가 많다.

하지만 극단적으로 말하면, 소비자 개개인의 요구가 모두 다르기 때문에 한 명의 소비자도 하나의 정형적인 세분시장으로 간주할 수 있다. 그러나 아주 특별한 경우를 제외하고, 개인의 욕구를 충족시키기 위한 맞춤형 제품을 만드는 것은 기업에 있어 분명, 비경제적이다. 따라서 대략 유사한 욕구를 지닌 고객 집단을 구분하여 이들에게 효과적으로 소구하는 것이 일반적이다.

시장세분화에는 본질적으로 두 가지 접근법이 있다. 첫째는 고객의 반응이나 행동을 분석하는 것이고, 둘째는 고객의 특성이나 속성을 분석하는 것이다. 일반적으로 소비자 시장의 시장세분화에서 주로 활용되는 기준은 표 6.2에 제시되어 있다.

이처럼 여러 가지 기준을 도출하는 일은 어렵지 않지만, 시장세분화는 실제로 현실에 적용하기 가장 어려운 마케팅 개념 중 하나이다. 그러나 이를 성공적으로 수행하지 못하면, 결국 다른 기업들이 판매하는 것과 동일한 제품을 판매하는 하나의 기업에 지나지 않게 된다.

표 6.2 소비자 시장의 주요 세분화 기준

기준		대표적 구분 형태
지리적 특성	지방	중부지방, 영남지방, 호남지방 등
	군 단위 규모	A, B, C, D
	도시 규모	인구 5만 이하, 인구 5만~10만 미만, 인구 10만~30만 미만, 인구 30~50만 미만, 인구 50만~100만 미만, 인구 100만 이상
	인구밀도	도심, 도시교외, 농촌
인구통계적 특성	연령	6세 미만, 6~11, 12~19, 20~34, 35~49, 50~64, 65세 이상
	성별	남, 여
	가족규모	1~2, 3~4, 5명 이상
	가족생활주기	결혼초기, 중년기, 노년기(독신, 무자녀 부부, 자녀를 둔 부부, 아동기 자녀, 노년기 부부)
	소득	월 30만 원 미만, 월 30~50만 원 미만, 월 50~100만 원 미만, 월 100~150만 원 미만, 월 150~200만 원 미만, 월 200만 원 이상
	직업	전문, 기술직, 관리, 경영직, 공무원, 주부, 사무직, 학생, 판매원, 직능공, 농업종사자, 실업자, 은퇴자
	종교	불교, 유교, 기독교, 천주교 등
정신심리적 특성	사회계층	하류층, 중류층, 상류층
	생활양식	편의주의형, 성취동기형, 전통주의형, 변화추구형 등
	성격	충동적, 권위주의적, 야심적, 공격적, 이타주의적
행태적 특성	구매제기	정기저 구매, 특별구매
	효익	품질, 서비스, 전략
	사용경험여부	사용 경험이 없는 사람, 사용 경험이 있는 사람, 사용가능성이 있는 사람, 처음으로 사용해 본 사람, 정규적으로 사용하는 사람
	사용량	소량 사용자, 보통 사용자, 다량 사용자
	애착도	없음, 보통임, 강함, 절대적임
	구매태세단계	인식, 관심, 평가, 시험, 수용
	제품에 대한 태도	열광적, 적극적, 무관심, 부정적, 적대적

6.2 시장세분화의 일반적 유형

시장세분화는 시장에 존재하는 소비자를 유형화하는 방법이다. 그림 6.6은 다섯 가지 서로 다른 수준의 시장세분화 유형을 보여 준다. 이 그림에서는 여섯 명의 소비자가 존재하는 시장을 가정하고 있다.

그림 (a)는 아직 시장세분화를 실행하지 않은 상태이다.

그림 (b)는 완전한 시장세분화의 결과이다. 시장세분화를 최대한 진행하게 되면, 결국 시장의 소비자 하나하나의 필요와 욕구를 기준으로 세분화하게 되며, 각 개인에 맞는 제품이나 서비스가 필요하게 된다. 그러나 이러한 정도의 시장세분화는 비용과 노력을 고려할 때 거의 무의미하다.

그림 (c)는 소비자의 소득수준을 3등급으로 나누어 이를 기준으로 시장세분화를 시행한 것이다. 소득수준 1에 해당하는 소비자 시장의 규모가 가장 큰 것으로 나타났다.

그림 (d)는 소비자의 연령을 기준으로 2등급으로 시장을 세분화하였다. 청년인 a계층과 장년인 b계층의 소비자 수는 동일하게 분류되어 있다.

그림 (e)는 소비자의 소득수준과 연령이라는 두 변수를 모두 고려하여 세분화한 결과이다. 소득수준이 1이고 청년인 소비자 1a가 두 명으로 나타났고, 다른 조합에 해당하는

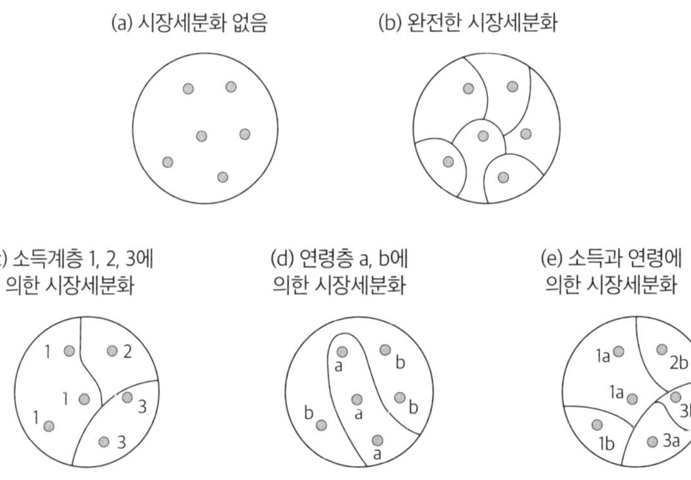

그림 6.6 다양한 수준의 시장세분화

소비자는 각각 1명이며, 2a에 해당하는 세분시장은 존재하지 않는 것으로 나타났다. 이처럼 두 가지 이상의 변수를 기준으로 시장을 세분화하게 되면, 세분시장의 특징이 보다 차별적이고 뚜렷한 기준으로 구분되기 때문에, 최근에는 두 가지 이상의 변수를 기준으로 세분화한 정보를 더욱 많이 활용하는 경향이 있다.

6.3 지리적 특성에 의한 시장세분화

시장세분화의 지리적 기준으로는 지방, 도시의 규모, 인구밀도 등을 바탕으로 소비자 시장을 분류하게 된다. 지리적 변수에 따라 소비자의 필요나 요구가 다르게 나타나는 산업의 경우, 지리적 변수에 의해 나누어진 세분시장(segment)은 기업의 주요 공략 대상이 된다.

예를 들어, 의류 판매상이 도시의 규모를 인구 5만 이하, 10~30만 미만, 50만~100만 미만의 특징적인 크기로 우리나라의 도시를 구분해 보았더니, 그 크기에 따라 지역 주민의 제품 필요나 욕구 등이 서로 다르게 나타나는 경우, 마케터는 그에 맞는 적절한 가격과 디자인의 의류를 공급할 계획을 세울 것이다.

6.4 인구통계적 특성에 따른 시장세분화

시장세분화의 인구통계적 기준으로는 연령, 성별, 가족 규모, 소득, 직업, 종교 등이 주로 이용된다. 이러한 기준에 따라 구분된 소비자 집단이 서로 다른 필요와 욕구를 가진다면, 마케터는 각각의 세분시장에 대해 차별적인 마케팅을 수행하게 된다.

예를 들어, 에어컨 판매상이 소득 수준을 기준으로 월 소득 50~100만 원 미만, 150~200만 원 미만, 200만 원 이상 등의 집단으로 소비자를 분류한 결과, 시장 조사를 통해 각 소득 수준별 고객이 기대하는 에어컨 모델이 서로 다르다는 점을 발견할 수 있다.

이를테면 50~100만 원 미만 계층의 소비자는 냉풍기를 선호할 수 있으며, 150~200만 원 계층은 실용적인 기능형 제품(economy product)을 원할 가능성이 있고, 200만 원

이상 계층은 복합기능이 가능한 고급형 제품을 찾게 될 것이다.

지리적 변수와 인구통계적 변수는 시장세분화의 가장 기본적인 기준 변수로 활용된다.

6.5 정신심리적 특성에 따른 시장세분화

시장세분화의 정신심리적 기준으로는 사회계층, 생활양식(life style), 성격 등이 이용된다. 사회적 계층은 신분을 나타내기도 하며, 일반적으로 정형화된 9등급 혹은 6등급으로 구분된다. 예를 들어, 상의 상부터 하의 하까지 나누는 방식은 9등급 분류에 해당한다.

이러한 신분 계층에 따른 소비자의 필요와 욕구의 차이는 신제품의 판매를 예측하는 데 기준이 될 수 있다.

생활양식에 따른 세분화 기법으로는 AIO 분석이 널리 사용된다. 표 6.3에 나타난 것처럼 활동(activity), 관심(interest), 의견(opinion)에 대해 소비자 응답자 집단에게 각각 여러 질문을 제시하고, 그 응답을 기준으로 소비자를 유형화하게 된다.

만약, 세 가지 영역의 질문에 대한 응답 유형이 서로 비슷한 A, B, C형의 생활양식 집단이 발견되면, 마케터는 각 집단에 알맞은 마케팅 전략을 수립하게 된다.

표 6.3 생활양식 세분화를 위한 AIO분석의 변수

활동(activity)	관심(interest)	의견(opinion)
일	가족	자기 자신
취미	가정	사회적 관심사
사회적 사건	직업	정치
휴가	지역사회	사업
오락	여가활동	경제
클럽회원활동	유행	교육
지역사회	음식	상품
쇼핑	대중매체	장래
스포츠	업적달성	문화

※출처 : Joseph Plummer(1974), "The Concept and Application of Life-Style Segmentation", Journal of Marketing, January, 38(1), 33-37.

6.6 행태적 특성에 의한 시장세분화

행태적 시장세분화는 고객이 실제 시장에서 어떻게 행동하는지를 기준으로 하며, 크게 두 가지 측면으로 나눌 수 있다. 하나는 '무엇을 구매하는가', 다른 하나는 '왜 구매하는가'에 대한 분석이다.

'무엇을 구매하는가'에 대한 분석은 구매량, 가치, 제품의 물리적 특성, 구매 장소, 구매 빈도, 지불 가격 등을 기준으로 시장의 구조를 파악하는 것이다. 이를 통해 어떤 제품군이나 점포, 가격 범주가 성장하고 있는지 혹은 쇠퇴하고 있는지를 알 수 있다. 예를 들어, 한 카페트 회사의 판매가 감소한 사례에서 전체 시장은 성장 중이었지만, 전통적으로 해당 회사 제품을 판매하던 특정 점포의 매출이 줄어든 것이 원인이 될 수 있다. 또는 이 회사가 생산하던 특정 섬유 형태의 고가 제품 수요가 줄어들고 있었을 가능성도 있다. 이러한 요인들은 매출과 수익성 감소로 이어지고, 기업이 전략적으로 집중해야 할 시장의 방향에도 변화를 유도한다.

이는 시장세분화의 가장 기초적인 형태임에도 불구하고, 여전히 많은 기업이 과거의 판매 추세를 단순히 외삽한 예산 체계에 의존하고 있어 시장 전략을 명확히 설정하지 못하는 경우가 많다. 이러한 체계는 시장 구조가 변할 때, 예를 들어 앞서 언급한 카페트 회사처럼 심각한 상업적 문제를 초래할 수 있다. 변화에 대한 대응이 늦어 파산에 이르는 경우도 있다. 또 다른 사례로는, 동일한 제품과 원료, 유통 경로만을 고수하던 신발 제조업체가 시장 변화에 적절히 대응하지 못하고 동일한 결과를 맞이한 바 있다.

행동 분석의 두 번째 측면은 고객이 왜 그런 행동을 보이는지를 이해하는 것이다. 고객의 행동을 명확히 설명할 수 있다면, 차별화된 경쟁력을 확보할 수 있기 때문이다. 고객 행동에 대한 기본적인 이론은 두 가지가 있다. 하나는 만족이나 효용을 최대화시키려는 합리적인 고객에 대한 것이다. 그의 행위는 그의 재무적 지출과 과거의 다른 기회와 비교되는 마진에서의 구매로부터 유발되는 효용에 의해 결정된다. 하지만 실제 시장에서는 가격이 상승해도 수요가 늘어나는 등, 이론과 일치하지 않는 경우도 빈번하게 나타난다.

이러한 현상을 보완적으로 설명하는 이론은 고객의 행동이 심리적·사회적 요인에 의해 영향을 받는다는 관점이다. 고객은 가족, 직업, 문화, 준거집단, 자아 인식, 기대, 라이프스타일 등에 의해 구매 결정을 내릴 수 있다. 이러한 이론들은 고객 행동에 대한 통찰을 제공하지만, 행동 전반을 완전히 설명하지는 못한다. 예를 들어, 새로운 아이디어나 제품을 가장 먼저 수용하는 의견 선도자가 있다 하더라도 이들을 정확히 파악하고 효과적으로 소통하지 못하면 마케팅적으로 실질적인 효과를 기대하긴 어렵다.

고객의 행위를 설명하는 가장 유용하고 실질적인 방법은 이익 세분화인 것으로 드러났는데 이것은 고객이 제품을 구매할 때 고객이 이익을 찾게 된다는 의미이다. 예를 들면 어떤 고객들은 그 기능적 특징(제품), 경제성(가격), 편리성과 획득 가능성(유통), 감정적 이유(촉진) 혹은 이러한 이유들의 조합(교환관계) 때문에 제품을 구매한다. 그렇지 않고는 어떻게 롤스로이스 등의 유명한 기업의 성공을 설명할 수 있겠는가? 제품이익의 중요성은 제7장 제품관리에서 다룰 것이다.

"고객은 제품이 아니라, 그 제품이 제공하는 이익을 구매한다." 이는 어떤 미용 사업을 하는 다소 혁신적인 기업의 마케팅 담당 이사의 원칙이다. 이러한 말 뒤에는 성공적인 마케팅의 기초적 원칙이 숨어 있다. 소비자는 제품의 물리적 속성보다, 그 속성이 가져다주는 실질적 이익에 반응한다. 예를 들어, 산업용 기름을 구매하는 기업은 특정 화학물질 자체보다는 그로 인해 해결할 수 있는 주유 문제의 해결책, 즉 '이익 묶음'을 구매하는 것이다.

제품과 이익의 차이는 단순한 표현상의 차이가 아니라, 기업 성공의 핵심이다. 모든 제품은 외형, 규격, 성능, 중량, 원재료 등의 특성을 지니고 있으나, 많은 기업은 이러한 특성이 고객에게 어떤 의미를 갖는지를 설명하지 않은 채 단순한 정보로만 전달하는 실수를 한다.

만약, 어떤 제품에 대해 고객이 질문했을 때, 판매원이 이에 명확히 답하지 못하면 신뢰가 무너지고 이는 곧 제품에 대한 의심으로 이어질 수 있다. 따라서 대부분의 판매원은 자신이 판매하는 제품의 기술적 특성을 구매자, 설계자, 기술 전문가 등에게 명확히 전달할 수 있어야 한다. 그러나 단순히 기술적 정보를 숙지하고 있다고 해서 충분하지 않다.

고객은 기술적 특성 그 자체보다는 그것이 제공하는 이익을 원한다. 따라서 판매원은 제품의 각 특성이 고객에게 어떤 실질적 이익을 주는지를 설명할 수 있어야 한다. 이를 위해 자주 사용되는 방법은 '그 말의 의미는 무엇인가'라는 표현을 활용해 제품의 특성과 이익을 연결하는 것이다. 예를 들어,

"지속 시간이 4시간에서 3시간으로 줄었다는 말은, 운영 비용이 절감된다는 의미이다."

"엔진 포장이 알루미늄으로 되어 있다는 말은, 한 번에 더 많은 제품을 운송할 수 있어 수송비가 절감된다는 의미이다."

"물탱크의 용량이 25% 늘어났다는 말은, 연간 연료비를 2,000달러 절약할 수 있다는 의미이다."

"신형 베어링이 자체 정렬 기능을 갖춘 대칭 롤러 구조라는 말은, 무게가 균일하게 분산되어 제품 수명이 늘어난다는 의미이다."

이처럼 제품의 특성과 고객 이익을 효과적으로 연결하여 설명하는 방식은 행태적 시장세분화의 핵심이자, 마케팅 성공의 중요한 출발점이 된다.

(1) 이익세분화

기업은 그들 고객에게 모든 범위의 이익을 제공하는 것을 결정하기 위해 상세한 분석을 시작해야만 한다. 이는 주요제품의 특징을 기록하면서 동시에 그것들이 고객에게 어떤 의미를 갖는지 기록해야 된다. 이익세분화(benefit segmentation) 분석은 다양한 계층의 이익을 만들어낸다.

가. 표준이익(standard benefit)

표준이익은 기업과 그 제품이 기본적으로 제공하는 이익을 의미한다. 이익은 가능한 한 모두 명확히 제시되어야 하며, 포괄적인 목록을 작성할 때 주의가 필요하다. 마케팅 담당자들이 자사 제품에 지나치게 익숙한 나머지 특정 특징을 당연하게 여겨 누락할 수 있기 때문이다. 그러나 소비자는 해당 분야에 대한 지식이 부족할 수 있으며, 경쟁사 또한

동일하거나 유사한 이익을 제공할 수 있다는 점을 분명히 인식하고 이에 대한 명확한 설명이 필요하다.

나. 2배 이익(double benefit)

이익은 단일 대상에만 적용되지 않는다. 어떤 제품은 고객에게 직접적인 이익을 제공하면서 동시에 고객의 제품이나 서비스가 개선됨으로써 최종 소비자에게도 이익을 줄 수 있다. 예를 들어, 특정 마이크로 컴퓨터는 다양한 비즈니스 용도에 적합한 소프트웨어 선택 옵션을 갖추고 있다. 이 경우 첫 번째 이익은 다양한 고객군에게 어필할 수 있다는 점이고, 두 번째 이익은 고객이 자신의 특수한 요구를 충족시키는 소프트웨어를 선택할 수 있다는 점이다. 전자는 고객에게, 후자는 최종 소비자에게 적용된다.

다. 기업이익(company benefit)

고객은 드물게는 단순히 제품을 구매하는데 이는 공급자와의 관계를 구매하는 것이다. 배달, 신용, 애프터 서비스, 창고와 사무실의 위치, 명성 등이 모두 고객에게 적절하다. 그러므로 이익분석은 기업 및 기업이 제공하는 부대 서비스를 평가해야 한다. 전형적으로 기업이익은 다음 것들을 포함한다.

'우리는 전국 연결망 창고를 가지고 있으므로 24시간 배달서비스를 제공한다는 말의 뜻은 귀하는 결코 배달지연 때문에 생산의 손실을 보지는 않을 것이라는 뜻이다.'

'우리는 거대한 국제기업이라는 뜻은 귀하는 세계를 망라한 포괄적 서비스에 의존할 수있다는 뜻이다.'

'우리는 작은 가족기업이기 때문에 우리는 귀하에게 개인적인 관심을 보일 것을 확신합니다.'

라. 차별이익(differential benefit)

산업재 판매원에게 특히 중요한 부분은 경쟁사와 비교하여 자사의 제품이나 서비스가 어떤 차별적 이익을 제공하는지를 명확히 분석하는 것이다. 만약 차별이익이 도출되지 않는다면 이는 자사가 경쟁사와 동일한 수준의 혜택만을 제공하거나, 이익 분석을 충분히 수행하지 못하고 있다는 신호일 수 있다. 차별이익에 집중해야 하는 이유는 바로 그 지점이 가장 큰 성공 기회를 제공하기 때문이다.

(2) 사례

시장세분화가 상업적 성공의 열쇠라고 했기 때문에 시장세분화의 실제 사례를 몇 가지 제시 하고자 한다.

첫 번째 사례는 유럽 산업용 기계유 시장에서 경쟁에 실패한 한 석유회사다. 이 회사는 항상 가격경쟁에서 밀렸고, 경쟁사들은 규모의 경제를 바탕으로 이 회사를 압도하고 있었다. 분석 결과, 이 회사는 고품질 윤활유를 제조할 수 있는 기술력과 혁신성을 보유하고 있었고, 이를 통해 가격 문제를 극복할 수 있는 전략이 가능하다는 결론을 도출하였다. 기술 중심의 고객 집단을 파악하고 해당 세그먼트를 타깃으로 전문 판매 인력을 배치해 교육하였으며, 맞춤형 촉진 캠페인을 개발해 새로운 시장을 공략했다.

두 번째 사례는 모터 부품 시장에서 유럽의 대기업과 경쟁하고 있던 한 기업이다. 기존에는 가격 경쟁이 어렵다고 판단하여 주문자 상표 부착 방식에 집중해왔지만, 기술을 중요시하는 고객층이 부상하면서 기술적 신뢰성과 명성이 오히려 가격보다 중요한 경쟁력이 될 수 있다는 점을 인식하게 되었다.

마지막으로, 치약 시장의 세분화 사례(표 6.4)는 해당 시장이 얼마나 다양한 고객군으로 분리될 수 있는지를 보여준다. 이 사례는 개별 고객 집단의 요구를 깊이 이해하지 못하면 시장에서 성공하기 어렵다는 점을 설명한다. 또한 이 장에서 소개한 다양한 세분화 기준들이 어떻게 결합되어 실질적인 시장 이해에 기여할 수 있는지도 함께 보여준다. 이러한 통찰은 제품 기획, 포장 전략, 판촉 방안, 매체 활용, 광고 문구 개발 등에 구체적으로 반영될 수 있다.

시장세분화에 대한 이런 실질적인 이해 없이 의미 있는 마케팅 전략을 수립하는 것은 매우 어려운 일이다.

표 6.4 치약시장의 세분화

추구하는 이익	향, 제품 외관	이의 선명도	충치예방	가격
인구통계적 장점	어린이	10대, 젊은층	대가족	남자
행동 특성	스피어민트향 사용자	흡연자	다량 사용자	다량 사용자
선호하는 상표	Colgate, Stripe	Macleans, Plus white, Ultra Brite	Crest	할인판매하는 상품
개성적 특성	자기중심	사교적	우울	높은 자율성
라이프스타일 특징	쾌락적	활동적	보수적	가치 지향적

※출처 : Russell Haley(1968), 'Benefit Segmentation : a decision-oriented research tool' Journal of Marketing, 32(July).

6.7 시장세분화의 이점

(1) 시장기회의 발견이 용이하다.

시장을 세분화된 시장으로 나누어보면 각 세분시장의 특징이 밝혀지기 때문에 각 세분시장에 맞는 제품과 서비스를 찾을 수 있다. 뿐만 아니라 분명히 세분시장이 존재하는데도 그 시장에 적절한 제품이 출시되지 않은 틈새시장(niche market)의 발견도 가능하다.

예를 들어 지리적 변수를 기준으로 농촌과 도시로 세분시장을 나누면 농촌 소비자와 도시 소비자의 필요와 욕구에 맞는 제품의 공급 필요성을 쉽게 알 수 있을 것이다. 인구통계적 변수인 연령을 기준으로 20대와 50대 소비자의 세분시장을 구분한 경우에는 20대 젊은 층의 선호품과 50대 장년층의 선호품을 구분하여 대응할 수 있는 마케팅 전략이 도출될 것이다.

(2) 마케팅 믹스를 효과적으로 조합할 수 있다.

전체 시장을 세분시장으로 분류해 보면 각 세분시장이 원하는 제품, 가격, 촉진, 유통 믹스와 그 하위 믹스의 조합이 각기 다르게 나타날 것이다. 이러한 세분시상 내에서 필요한 믹스전략을 구축함으로써 소비자의 혜택을 극대화하는 마케팅 활동을 수행하게 된다.

(3) 시장의 수요변화에 신속히 대처할 수 있다.

기업의 시장세분화는 일회성으로 끝나는 과업이 되어서는 안 된다. 시장세분화는 정기적으로 마케팅 조사와 시장분석을 매년 혹은 분기별로 반복 수행하는 종단면적 연구(longitudinal study)를 실시하는 것이 바람직하다. 이러한 종단면적 연구를 통해 변화하는 소비자의 필요와 욕구의 추세를 확인하고 대응할 수 있다.

6.8 효과적인 시장세분화를 위한 요건

세분시장은 기업에게 노력에 대한 적절한 수익을 제공할 정도의 규모가 되어야 하며, 각 세분시장의 구성원은 유사성의 정도가 높으면서 나머지 시장과는 달라야 한다. 또한 세분시장을 서술하는 기준은 구매상황에 적합해야만 하고 접근이 가능한 시장이어야 한다.

(1) 측정가능성(measurability)

시장세분화는 마케팅 조사를 통해 도출된 결과로서 마케팅 조사라는 수단을 적용할 수 있는 시장이어야 시장세분화를 실행할 수 있다. 따라서 2차 자료(secondary data)보다는 1차 자료(primary data)가 있을 때 더 유용한 세분화가 가능하다. 예를 들어 왼손잡이를 위한 스포츠용품 생산자는 왼손잡이의 인구 규모, 지리적 분포, 구매력의 크기 등에 대한 자료가 없다면 왼손잡이용 스포츠용품 소비자에 대한 시장세분화는 불가능한 것이 된다.

(2) 규모(size)

시장세분화를 통해 구성된 세분시장의 크기가 적당한 규모가 되어야 기업에게 마케팅 활동을 할 수 있는 기회가 생긴다. 세분시장의 크기가 너무 작으면 그 세분시장을 위한 제품의 생산은 기업에게 수익성을 제공하기 어렵다. 만약 장신(長身)을 위한 기성복 제조업체는 목표시장의 장신 소비자의 수가 수익성에 못 미친다면, 장신 소비자를 위한 기성복 세분시장은 마케팅 기회를 제공받지 못한다.

(3) 접근 가능성(reachability)

세분시장을 구성하는 기업의 궁극적인 목적은 해당 세분시장에 제품과 서비스를 공급하는 일이다. 판매촉진과 광고, 유통경로를 통한 접근, 상호 의사소통을 통한 시장 조사 등이 가능한 소비자 집단일 때에만 시장세분화는 의미를 갖는다. 예를 들어, 비대한 체형의 중년 여성이 고가의 향수를 대량으로 소비하는 시장 상황이라 하더라도, 이들을 대상으로 소비자 조사를 할 수 없거나, 이들에게 자사 제품을 효과적으로 촉진할 수 없거나, 이들이 주로 활동하는 장소를 몰라 제품 유통경로를 확보할 수 없다면, 이들에 대한 시장세분화는 매력을 상실하게 된다

제7절 고객속성의 분석

세분시장을 아무리 현명하게 나누더라도, 의사소통 프로그램을 통해 세분시장 고객과 명확히 소통할 수 있도록 그들의 특징을 분명히 밝혀내지 않으면 시장을 세분화한 의미는 없어지게 된다. 따라서 시장을 세분화한 다음에는 고객속성 분석을 실시하여 각 세분시장의 고객 특성을 명확히 파악하고, 그들과의 효과적인 소통 방법을 미리 마련해 두어야 한다. 그래야 목표시장을 선정하고 포지셔닝을 진행하는 과정에서 고객과 쉽게 접촉하고 원활한 마케팅 활동을 펼칠 수 있다.

고객속성 분석에서 가장 유용한 방법은 인구통계적 분석이다. 소비자 시장에서는 연령, 성별, 교육 수준, 가족생활주기 단계, 직업, 사회적 지위 등이 주요 기준이 된다. 예를 들어, 전문직 종사자나 중간 관리자들을 목표시장으로 TV 마케팅을 계획하고 있다면, TV 광고보다는 이들이 자주 접하는 신문이나 경제지를 활용하는 편이 더 효과적일 수 있다. 이러한 예에서 보듯이 선호하는 매체 접촉 방식과 사회경제적 집단 간에는 유의미한 상관관계가 존재하며, 이는 광고를 통해 목표시장과 효과적으로 소통하는 데 도움이 된다. 그러나 목표시장이 누구인지 명확히 알지 못한다면 이러한 유용한 방법들을 활용하기 어렵다.

가족생활주기 단계 역시 자주 활용되는 기준 중 하나이다. 각 단계마다 상이한 욕구가 존재하기 때문에 시장을 설명하는 데 매우 유용한 기준이 된다. 예를 들어, 은행과 보험회사가 특정 연령대를 겨냥한 상품을 전문적으로 개발하는 사례는 이 같은 관점에서 이해할 수 있다. 산업재 시장에서는 표준산업분류(SIC) 범주, 종업원 수, 연매출액, 생산공정 등의 항목이 인구통계적 요소로 활용되며, 표 6.5는 이러한 기준들이 시장세분화에 어떻게 적용되는지를 잘 요약하고 있다.

표 6.5 시장세분화의 근거

무엇을	수량 가격 점포 물리적 특성 지역
누가 구매하는가	인구통계적 변수 사회경제적 변수 상표충성도 대량/소량 사용자 개성, 특징, 라이프스타일
왜 구매하는가	이익 태도 인식 선호도

사례

흔히 경마라고 하면 한국에서는 그간 발전과정의 파행성, 내기도박에 대한 사회적 거부감 등으로 국민적 레저스포츠로 정착하는 데 적지 않은 어려움을 겪어 온 것이 사실이다. 1993년 7월부터 '마주제 경마'가 시작되어 이러한 어려움을 헤쳐 나가려 하고 있다. 이 제도는 지금까지의 제도에서 볼 수 없었다. 많은 상금, 치열한 경쟁 등으로 냉엄한 '우승열패'의 원칙을 적용하게 되었다. 특히 경주마의 소유가 마사회에서 개인 혹은 법인으로 이관됨으로써 출주마에 대한 정보가 보다 폭넓게 알려지고 경우에 따라서는 마주, 조교사, 기수가 특정 레이스에 임하는 자신들의 전략을 공포할 가능성도 있다.
이러한 제도의 도입은 경마에 참여하는 계층을 다양화시켰고, 공개적이고 공정한 경쟁 환경을 조성하는 데 기여했다. 동시에, 공익단체로서의 사회적 책임을 다하기 위해 사업 이익의 일부를 사회에 환원하고 있다. 예를 들어, 한국마사회는 최근 국민드림마차 지원사업, 마농 문화체험 등 다양한 사회공헌 프로그램을 통해 교통약자와 아동, 지역사회에 실질적인 지원을 제공하고 있으며, 매년 상당한 규모의 기금과 지원금을 다양한 복지기관과 지역사회에 납부하고 있다
또한 고객을 위한 주차장 무료개방, 어린이 고객에게 무료 자전거 대여, 가족석 준비, 경마가 없는 날 무료 개방하는 시민 공원, 지역 주민을 위한 주부교실 강좌, 주부가요교실, 다른 용도의 교육장 등으로 경마장을 활용하고있다. 이와 함께 골프연습장을 녹지대로 만들고 시민 휴식 공간으로 제공하려는 계획을 세우는 것 등은 소비자의인정을 받아야 살아남는다는 새로운 마케팅 사고의 실현이라 하겠다.

제8절 표적시장의 선정

시장세분화의 자료를 바탕으로, 기업은 시장을 공략하기 위한 구체적인 방법을 마련해야 한다. 이러한 전략을 표적시장선정(target marketing)이라고 하며, 대표적인 전략으로는 비차별적 마케팅(undifferentiated marketing), 차별적 마케팅(differentiated marketing), 집중적 마케팅(concentrated marketing)의 세 가지가 있다. 이 각각의 전략 형태는 그림 6.7에 제시되어 있다.

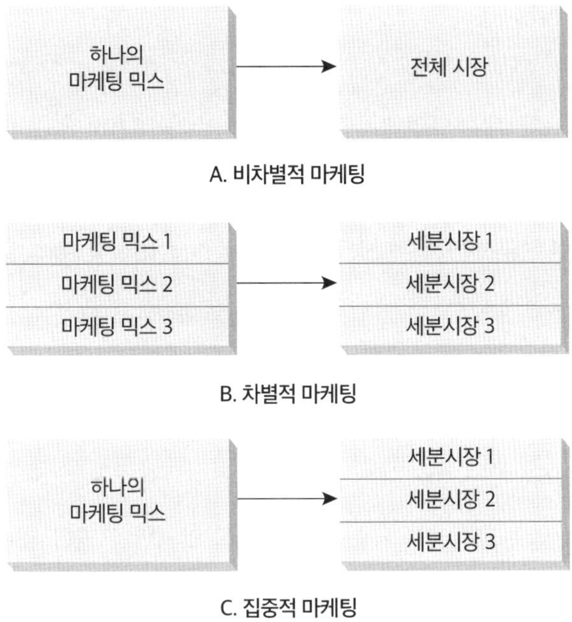

그림 6.7 표적시장 선정 전략

8.1 비차별적 마케팅

비차별적 마케팅이란 기업의 마케팅 믹스를 차별화하지 않고 하나의 마케팅 믹스(제품, 유통, 가격, 촉진)만으로 전체 시장을 공략하는 방식이다. 이는 시장을 세분화할 필요가 없으므로 비용이 절감되며 제품이나 촉진 개발을 위한 비용을 줄이고 대중 마케팅(mass marketing)으로 규모의 경제를 달성할 수 있다.

그러나 고객의 욕구가 점차 다양해지고 시장의 분화가 촉진되고 지리적 분포가 확장되는 경우에는 모든 시장을 하나의 마케팅 믹스로 커버하기 곤란해지게 된다. 초기의 코카콜라는 세계 어느 시장에서도 단일 브랜드를 단일 유통 및 가격전략으로 승부를 펼쳤는데 이처럼 신제품의 초기 시장에서 마케팅 활동을 수행하는 경우에는 가능한 전략이다.

8.2 차별적 마케팅

시장 고객의 욕구가 점차 다양해지고 경쟁자의 수가 증가하면서 비차별적 마케팅 전략의 한계가 생기게 되면 기업은 여러 가지의 마케팅 믹스를 개발하며 전체 시장을 각각의 세분시장(market segment)으로 나누어 각 세분시장별로 알맞은 마케팅 믹스 전략을 구사하게 된다.

비차별적 마케팅은 소위 복수세분시장 마케팅(multi-segment marketing)이라고도 하는데 비차별적 마케팅 전략에 비해 각 세분시장에 맞는 믹스전략을 수행함으로써 전체 매출이 증가될 수 있다.

다양한 믹스전략으로 고객층이 넓어지는 장점이 있지만 그만한 세분시장을 충족시키기 위한 비용으로 제품수정비용, 생산비, 일반 관리비, 재고관리비, 촉진비 등이 추가적으로 발생하게 된다. 또한 경우에 따라, 불필요한 정도로 시장을 세분시장으로 나누는 '과대차별화'를 범할 우려도 있다.

8.3 집중적 마케팅

앞에 소개한 비차별적 마케팅과 차별적 마케팅이 전체 시장을 목표시장으로 하는 전략이라면 집중적 마케팅은 하나의 세분시장만을 공략 대상으로 하는 마케팅 믹스 전략이다.

이 방법의 장점은 하나의 목표시장에 대한 전문화된 마케팅 믹스를 개발하여 그 목표시장에 마케팅 노력을 집중함으로써 차별적인 경쟁력을 가질 수 있다는 점이다. 폭스바겐이 소형차 시장에서 경쟁적 우위를 점하는 것이 좋은 예이다.

집중적 마케팅에서는 어느 세분시장을 선택하여 공략할 것인가가 중요한 의사결정 대상이 된다. 파레토의 법칙(80/20의 법칙)처럼 20%의 고객이 80%의 매출을 차지하는 시장 상황이라면 그 20%의 고객을 발견하여 이러한 주요 고객(heavy user) 위주의 집중적 마케팅 전략을 펼칠 것이다. 최초의 VIP 마케팅이나 맨투맨의 'Personal Marketing'은 집중적 마케팅으로 승부를 펼치는 좋은 예이다.

8.4 표적시장 선정의 기준

(1) 기업의 자원

자원이 풍부한 기업은 차별적 마케팅이나 비차별적 마케팅을 수행하여 전체 시장을 공략할 수 있겠지만 한정된 자원을 가진 기업은 집중적 마케팅이 적합할 것이다.

(2) 품질의 동질성

제품의 품질이 차별화하기 어려운 농수산물 및 임산물과 같은 경우에는 비차별적 마케팅이 적당하다. 그러나 신제품 개발이 급속히 진행되는 첨단 전자제품의 경우에는 차별적마케팅 또는 집중적 마케팅을 펼쳐야 한다.

(3) 제품수명주기곡선

도입기의 제품은 고객 욕구가 아직 차별화되지 않았으므로 비차별적 마케팅이 적절하다. 그러나 성장기 이후에는 경쟁제품의 등장과 고객의 사전지식(prior knowledge) 및 사전경험(prior experience)의 증가로 욕구가 다양해져 차별적 마케팅과 집중적 마케팅이 필요할 것이다.

(4) 시장의 동질성

고객이 유사한 욕구를 가진 지역을 공략할 때는 비차별적 마케팅이면 충분하지만 욕구가 이질적인 지역이나 계층의 시장에는 차별적 마케팅이 필요하다.

(5) 경쟁자의 전략

시장의 경쟁자가 시장을 세분화하여 차별적 혹은 집중적 마케팅 전략을 수행한다면 자사의 전략도 그에 따라 차별적 혹은 집중적 마케팅 전략을 구사해야 할 것이다.

8.5 표적시장의 선정에 따른 시장진출 전략

전체 시장을 세분화하여 표적시장을 결정하면 시장을 커버할 범위와 공급할 제품의 범위를 결정하게 된다. 시장과 제품의 동질성과 이질성을 기준으로 표적시장의 유형에 따른 마케팅 전략의 형태는 그림 6.8과 같은 여섯 가지 종류로 나눌 수 있다.

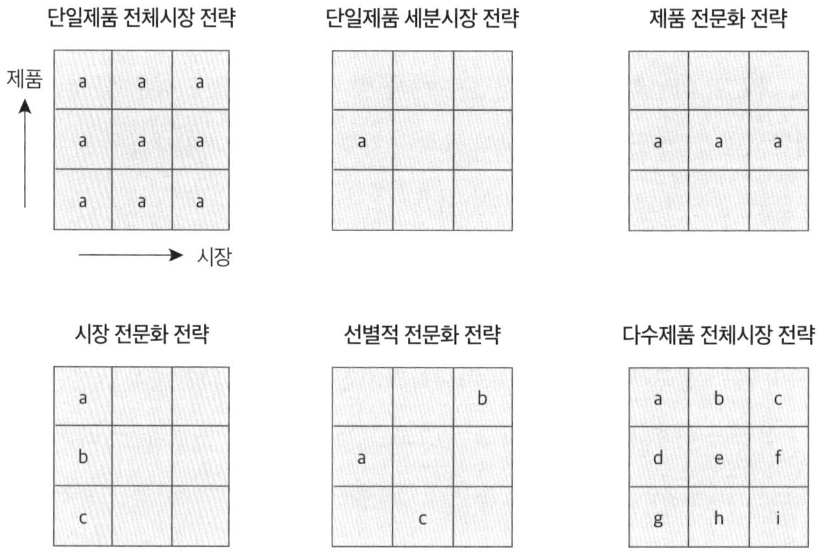

※출처 : Abell, Derek F.(1980), Defining The Business-The Stsrting Point of Startegic Planning, PrenticeHall, 192-196.

그림 6.8 표적시장 유형에 따른 마케팅 전략

(1) 단일제품 전체시장 전략

단일제품 전체시장 전략이란 하나의 제품으로 전체 시장을 공략하는 전략이다. 시장의 소비자 욕구가 아직 다양화되지 않은 초기 시장이어서 대량생산으로 다수의 한 가지 유형으로 소비자의 욕구를 충족시키는 모습이다. 제품 표준화, 대량생산, 대량판매, 대량유통, 대량촉진 등의 규모의 경제가 가능한 시장 전략이다.

(2) 단일제품 단일세분시장 전략

전체 시장 중의 하나의 세분시장만을 대상으로 하나의 제품으로 공략하는 전략이다. 표적시장이 하나이기 때문에 기업의 마케팅 노력을 집중적으로 활용하여 작은 시장 부분을 공략하기 위한 것으로 규모가 작은 기업의 전략으로 이용되는 예가 많다. 오랜 세월 동안 하나의 시장 부분에서 마케팅 활동을 수행한 결과로 기업 이미지와 명성을 구축할 수도 있다.

(3) 제품 전문화 전략

여러 세분시장에 하나의 제품으로 공략하는 전략이다. 제품의 특성이나 우수성이 입증된 경우 제품 전문화는 특정 제품영역을 지배할 수 있는 좋은 전략이 된다. 그러나 신기술 개발로 경쟁사의 신제품이 출현하는 경우 위기에 직면할 수도 있다.

(4) 시장 전문화 전략

단일 유형 시장의 특정 소비자 계층 욕구도 다양할 수 있기 때문에 이들 계층의 욕구에 맞는 다양한 제품을 제공하는 전략이다. 농약회사가 제초제, 살충제, 낙과 방지제 등의 제품을 공급하는 것이 시장전문화의 좋은 예인데 특정 계층 소비자의 욕구를 충족시켜서 강력한 명성을 얻을 수 있지만 소비자 계층의 욕구가 변화하거나 구매력이 급감하는 경우 위기에 처할 수도 있다.

(5) 선별적 전문화 전략

여러 세분시장을 각기 다른 제품으로 공략하는 전략이다. 이러한 선별적 전문화를 시도하는 기업은 일반적으로 일정 수준 이상의 시장 지배력을 갖추고 있으며, 규모나 역량 면에서도 비교적 안정적인 기반을 가진 경우가 많다. 또한 하나 또는 두 개의 세분시장에서 실패하더라도, 다른 성공적인 세분시장을 유지하고 있다면 위험을 분산시키는 효과도 기대할 수 있다.

(6) 다수제품 전체시장 전략

시장 전체를 세분시장으로 나누고 각 세분시장에 알맞은 제품을 개발하여 공급하는 전략이다. 기업의 세력이 크고 시장지배력이 충분한 경우에만 가능한 전략이다. 거대 기업의 성장기 이후의 전략으로 나타나는 전략이고 시장경험이 풍부한 기업이기 때문에 각 세분시장에 공급하는 제품의 속성도 자주 변경할 수 있어야 한다.

8.6 표적시장 선정의 전후 과정

표적시장을 선정하기 전과 후에 이루어지는 일련의 마케팅 전략은 그림 6.9에 제시된 구성과 같다. 먼저 시장세분화를 통해 시장 내 동질성과 이질성을 기준으로 구획을 나눈 후, 이 중 어떤 세분시장을 주요 공략 대상으로 삼을지를 결정하게 된다. 이렇게 표적시장으로 선정된 소비자 집단을 대상으로 자사 제품의 이미지를 부각시켜, 소비자에게 전형적인 평가를 얻고 그들의 마음속에 특정한 위치를 차지하게 만드는 것이 포지셔닝(positioning) 전략이다.

한 번 소비자의 마음속에 포지셔닝이 이루어진 이후에도, 시장 환경의 변화, 소비자 욕구의 변화, 경쟁제품의 등장, 자사 제품의 변경 및 신제품 출시 등 다양한 요인에 따라 소비자의 기호와 기대가 달라지게 된다. 이에 따라 기업은 새로운 포지셔닝 전략을 수립해야 하며, 이를 재포지셔닝(repositioning) 전략이라고 한다.

중요하게 여겨지는 특성으로는 주로 제품의 가격, 품질, 디자인, 소비자 평가, 효용 등을 기준으로 삼는다. 그러나 평가기준의 수가 지나치게 많으면 지각도는 복잡한 차원의 그림으로 표현되며, 이는 오히려 설명을 어렵게 만들거나 무의미하게 될 수 있다.

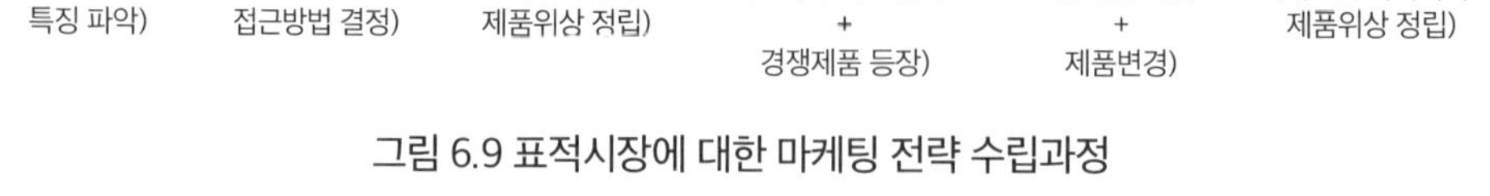

그림 6.9 표적시장에 대한 마케팅 전략 수립과정

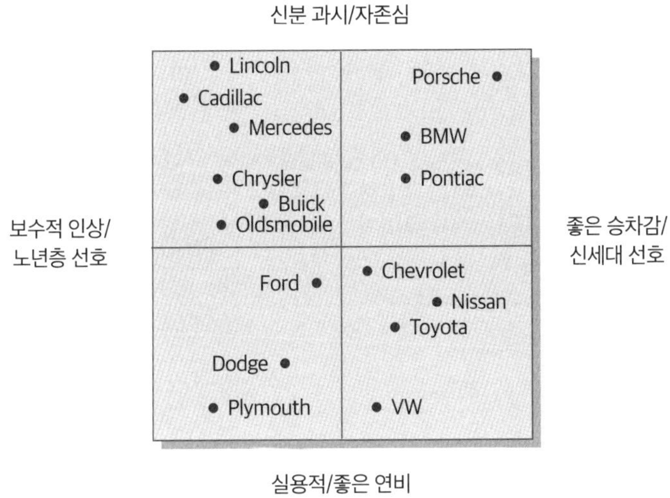

※출처 : Car Markets Use 'Image' Map as tool to Position Products, The Wall Street Journal, March 22, 1984, 33.

그림 6.10 자동차에 대한 지각도

예를 들어 두통약에 대한 지각도를 그림 6.11과 같이 표현하면, 현재 시장에 공급되고 있는 두통약은 A부터 E까지 총 다섯 가지 브랜드로, 각 브랜드의 약효와 부작용 정도가 소비자를 대상으로 한 설문조사 결과를 바탕으로 사분면 상에 표시되어 있다.

이 그림에서 무차별 곡선(indifference curve)은 두통약의 약효와 부작용이라는 두 핵심 기준에 따라 소비자가 가장 선호할 것이라 기대되는 지점을 연결한 가상의 곡선이다.

그런데 시장 조사 결과 소비자는 실제로는 'X1'이라는 위치를 이상점(ideal point)으로 생각하는 것으로 밝혀졌다. 소비자는 왜 가장 훌륭한 두통약인 무차별 곡선상에 위치한 제품을 선호하지 않고 그보다 조금 덜한 약효와 부작용 정도의 제품을 가장 이상적이라고 선호하는 것일까? 이에 대한 대답은 소비자가 세상의 경험을 통한 사전지식(prior knowledge)과 사전경험(prior experience) 때문이라 하겠다. 세상의 소비자는 두통약을 복용하면 금방 머리가 맑아지고 부작용도 못 느끼는 제품을 거의 경험하지 못했기 때문에 'X1'정도의 위치에 있는 제품이면 스스로 이상적이라고 기대해 버리는 것이다.

따라서 현재 시장 내의 어떤 브랜드도 소비자 인식 속에서 이상적인 위치에 자리하고 있지 않다. 자사 브랜드인 'A'와 경쟁 브랜드인 'B' 모두 'X1'을 목표로 포지셔닝 전략을

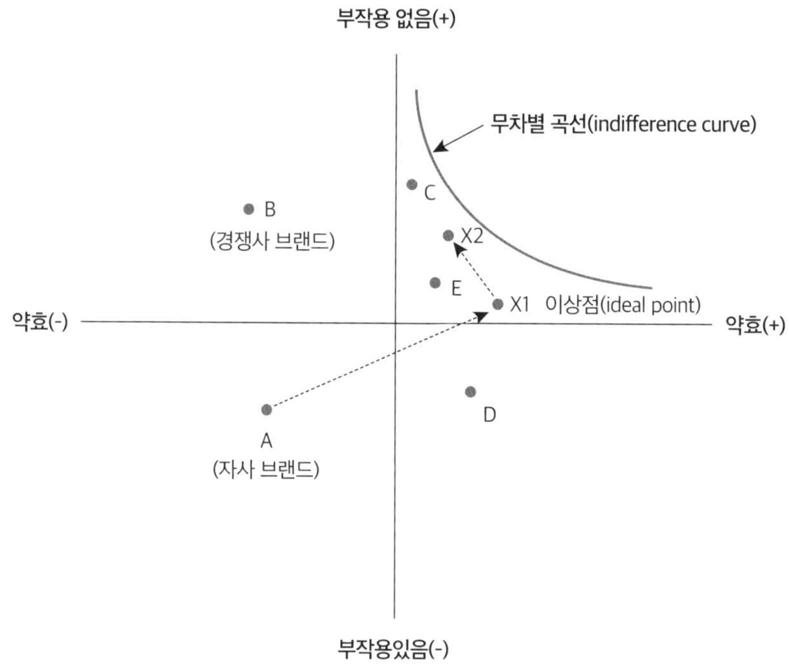

그림 6.11 두통약에 대한 지각도

수정해야 할 필요가 있다. 이때 그림에서 'X1'을 향해 그려진 화살표는 자사 브랜드의 마케팅 전략이 나아가야 할 방향을 나타낸 것이다.

8.7 재포지셔닝 전략

그림 6.11의 지각도에서 시장에는 경쟁 제품들이 계속 출시되고 소비자들은 다양한 제품을 경험하게 된다. 소비자의 경험은 새로운 기호와 선호도 및 기대를 형성하게 되어 시간이 흐를수록 새로운 지식을 축적하게 된다. 이제 시간이 흐른 후 새로운 시장 조사 결과 소비자의 이상점은 'X1'에서 'X2'로 이동한 것으로 나타났다. 소비자는 약효는 조금 떨어지더라도 부작용이 많이 개선된 두통약을 선호하게 된 것으로 조사되었다.

이런 상황에서 자사 브랜드 'A'는 'X2'로의 재포지셔닝 전략을 수행해야 할 처지가 되었다. 이처럼 기업은 시장 환경 변화에 따른 소비자의 욕구를 파악하고 추적하여 새로운 기대에 맞는 이상적 제품과 서비스를 제공하는 전략을 수행해야 한다.

8.8 포지셔닝 전략의 성공전략

(1) 먼저 하기

제품을 먼저 출시하거나 브랜드명을 먼저 널리 알리거나 소비자 마음속에 먼저 자리를 잡게 하는 것이 성공전략이 될 수 있다. 그림 6.12에서 보듯이 소비자의 지각도는 하나의 백지라고 보면 된다.

냉장고라는 신제품이 시장에 출시되면 소비자는 자신의 마음속에 처음으로 냉장고라는 페이지의 지각도를 만들고 그 한가운데에 자신이 처음 경험한 브랜드 'A'를 가장 크게 그리게 된다. 그 다음 지각되는 브랜드 B, C, D, E는 결국 크고 중요한 자리에 위치하기 어렵게 되고 만다.

(2) 차별화 하기

만약 냉장고 생산 기업이 B, C, D, E보다도 더 후발 주자인 'F'라면, 그림 6.12에서 볼 때 별로 승산이 있어 보이지 않는다. 이 'F'는 다섯 경쟁자 사이의 좁은 공간에 포지셔닝하려 하기보다는 제품 차별화를 시도해야 할 것이다. 'F'가 새로 개발한 김치냉장고는 소비자가 처음으로 접하는 신제품이며, 이에 따라 소비자는 김치냉장고에 대한 새로운 지각도를 형성하게 된다. 이 새로운 김치냉장고 지각도에서 'F'는 지각도의 중심에 뚜렷하게 자리 잡게 되고, 결과적으로 포지셔닝에 성공하게 된다.

이때 중요한 것은 김치냉장고라는 신제품이 기존 냉장고와는 명확히 다른 제품이라는 점을 소비자가 인정하고 지각해야 한다는 것이다. 차별화의 정도가 기존 제품의 권역(threshold)을 벗어난 새로운 범주의 제품으로 인식될 수 있을 수준에 이르는 것이 핵심이다.

(3) 복수 세분시장 공략하기

포지셔닝 전략을 수행하다 보면 한 집단의 고객계층만을 만족시키는 데 치중한 나머지 다른 계층의 고객 욕구에 충실하지 못한 경우가 생긴다. 기존 제품에 대한 선호를 보이

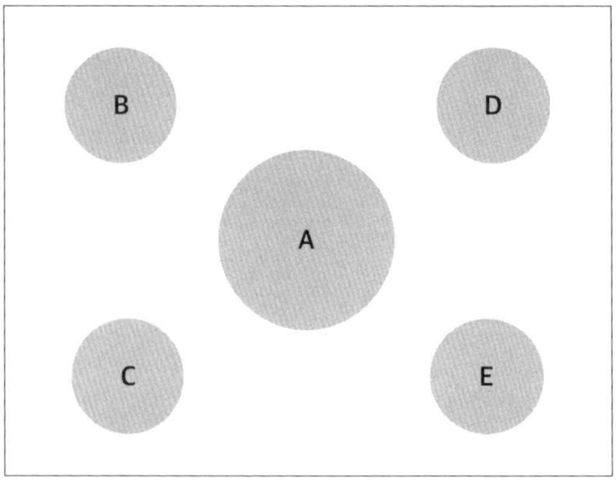

그림 6.12 냉장고의 심리적 지각도

는 고객 위주의 포지셔닝은 새로운 진입구매자(entry-level buyer)에게 마땅한 혜택을 주지 못하는 위기가 생길 수 있다. Levi's 청바지는 진입고객을 위한 새로운 브랜드에 대한 광고로 진입구매자를 확보하려고 한 예가 있다. 기업은 재포지셔닝 전략을 통해 기존 고객은 물론 새로운 진입고객도 커버할 수 있는 복수 세분시장(multiple segment)에 대응하는 전략을 준비해야 한다.

(4) 제살 깎아먹기에 대한 대비

기업의 포지셔닝 과정에서는 경우에 따라 동종 제품의 두 브랜드가 지각도상에서 유사한 위치에 자리하게 되는 상황이 발생한다. 이로 인해 자사 브랜드 간에 제살 깎아먹기(cannibalism) 경쟁이 벌어질 수 있다.

예를 들어 한때 GM의 Buick과 Oldsmobile은 시장 조사 결과 소비자에게 비슷한 이미지로 인식되고 있는 것으로 나타났다. 이에 GM은 상당한 예산을 투입하고 지속적인 광고 전략을 펼쳐 Oldsmobile이 젊은 층을 겨냥한 자동차라는 이미지를 구축하려 노력했으며, 그 결과 지각도상에서 두 브랜드의 위치가 분리되었다.

요약

이 장의 서두에서 모든 소비자가 반드시 고객이 되는 것은 아님을 살펴보았다. 예를 들어, 가정주부가 소비자인 경우에도 그녀는 가족의 대리인 역할을 할 수 있다. 따라서 효과적인 마케팅을 위해서는 단순히 그 가정주부의 욕구뿐만 아니라, 그 아래 단계의 궁극적인 소비자(예: 자녀나 배우자)의 욕구까지도 이해할 필요가 있다.

고객의 행동을 설명하는 가장 유용하고 실질적인 방법 중 하나는 이익 세분화(benefit segmentation)이다. "고객들은 제품을 구매하는 것이 아니라, 그로부터 얻은 이익을 찾는다"는 말처럼 고객은 제품의 물리적 속성 자체보다 그 속성이 제공하는 이익에 의해 구매 동기를 갖는다. 즉, 제품은 수단일 뿐 고객은 그 제품을 통해 자신의 문제를 해결하거나 특정 가치를 얻고자 한다.

이처럼 고객의 반응과 행동을 분석하고, 고객의 특성과 속성을 파악하기 위해 시장을 세분화하는 작업은 매우 중요하다. 시장세분화는 기업이 경쟁자와 차별화된 이익을 확보하기 위한 모든 활동을 포함하며 가장 유망한 기회에 기업의 자원과 노력을 집중할 수 있게 해준다.

시장세분화가 이루어진 후에는 표적시장(target market)의 선정과 포지셔닝(positioning) 전략이 뒤따라야 한다. 표적시장 선정 시에는 비차별적 마케팅, 차별적 마케팅, 집중적 마케팅 등의 전략을 고려해 가장 적합한 시장을 선정하고, 그에 맞는 시장 진출 전략을 수립하는 것이 중요하다.

선정된 시장에 진출할 때는 소비자의 마음속에 명확한 지각을 형성하기 위한 포지셔닝 선택이 필요하다. 이때 선점하기(first mover), 차별화하기(differentiation), 복수 세분시장 공략(multi-segment targeting) 등의 전략적 접근이 활용될 수 있으며, 동시에 자기잠식(cannibalization)에 대한 대비도 함께 이루어져야 한다.

연습문제

1. CRM의 중요성을 설명하고 자신의 경험을 토대로 CRM의 효과를 정리해 보자.

2. 시장의 형성되어 가는 단계별로 상이한 여러 시장의 예를 들어 설명해 보자.

3. 비차별적 마케팅에 비해 시장세분화를 통한 마케팅의 이점이 무엇인가?

4. 시장을 세분화하는 기준을 설명하고, 최근의 변화를 반영한 새로운 기준을 개발하여 보자.

5. 주요 제품이나 서비스를 하나 선택하여 그 특징을 말하라. 고객에 대한 각 특징의 이익을 말하라. 이러한 이익 중 어떤 것이 차별이익인가?

6. 만약 차별이익을 찾을 수 없다면 어떠한 방법으로 차별이익을 개발할 수 있는지 말하라.

7. 앞에서 답한 차별이익을 어떻게 개선할 수 있는가?

제3부

마케팅 믹스를 활용한 진략 실행

▶ 제품, 가격, 유통, 촉진 등 마케팅 믹스 요소를
효과적으로 설계하고 실행한다

제7장 제품관리

제1절 제품이란

마케팅 관리자에게 있어 제품은 중심적 역할을 가지며, 한 제품 분야에서의 경영 실패는 다른 분야에서 아무리 훌륭한 경영을 하더라도 보상할 수 없을 정도로 중요한 주제이다. 이 장에서 다룰 제품 관리의 핵심적인 측면은 제품의 본질, 제품 수명주기, 제품이 이익을 창출하는 방식, 제품 포트폴리오 개념, 그리고 신제품 개발과 관련된 내용들이다. 이러한 논의의 목적은 제품에 대한 분석을 통해 의미 있는 마케팅 목표를 설정하는 데 도움을 주는 것이다. 그러나 제품 관리에 대한 본격적인 논의를 시작하기에 앞서, '제품이란 무엇인가'에 대한 이해가 선행되어야 한다. 이는 제품 관리에 대한 오해가 생기는 근원이 되기 때문이다.

앞서 고객에 대해 살펴보았으니 이제는 그들에게 무엇을 팔 것인가를 살펴보아야 한다. 제품은 고객의 문제를 해결한다는 점에서, 그리고 기업이 목표를 달성하는 수단이라는 점에서 문제 해결자로 이해될 수 있다. 제품은 실제로 거래의 대상이 되는 실체를 변화시키는 것이므로 매우 중요한 주제이다. 제품이 무엇으로 구성되는지를 파악하기 위해서는 고객이 실제로 무엇을 구매하려 하는지를 살펴보는 것이 단서가 된다.

유명한 경영 저술가 레빗(Theodore Levitt)은 "고객은 1/4인치 드릴을 원한 것이 아니라 1/4인치 구멍을 원한 것"이라고 설명하였다. 즉 드릴 자체는 단지 목표 달성을 위한 수단일 뿐이라는 것이다. 만약 드릴 제조업자가 자사의 사업을 재료에 구멍을 뚫는 수단을 만드는 것이 아니라 단지 드릴을 만드는 것이라고 생각하게 되면, 주머니에 넣고 다니며 구멍을 뚫을 수 있는 레이저 장치가 등장했을 때 중대한 위기에 처하게 된다. 이 이야기의 핵심은 기업이 자신의 사업을 고객의 관점에서 바라보지 못할 경우 시장에서 경쟁적 위치를 잃을 수 있다는 점이다.

제품을 고객의 관점에서 바라보는 것은 기업의 최고 경영진에게도 중요하지만, 판매원 수준에서도 똑같이 중요하다. 예컨대, 어떤 판매원이 자신의 용광로 탱크가 경쟁사 제품보다 3배 크다는 점을 강조한다 해도, 만약 고객이 그 탱크를 설치하기 위해 지금보다 3배나 큰 구멍을 파야 한다면 그 장점은 매력적이지 않을 수 있다. 오히려 그 탱크가 고객에게 연간 운영비를 1만 달러 절감시켜 준다면, 그것이 고객의 관심을 끌고 이익이 되는 중요한 요소가 된다.

지금까지 컨설팅, 은행, 보험 등 서비스 상품에 대해서는 따로 언급하지 않았는데, 그 이유는 서비스 상품의 마케팅이 일반적인 제품 마케팅과 크게 다르지 않기 때문이다. 가장 큰 차이점은 서비스 상품은 저장될 수 없다는 점이다. 예를 들어 비행기 좌석은 해당 비행에서 판매되지 않으면 그 기회는 영원히 사라지지만, 물리적인 제품은 보관하여 나중에 판매가 가능하다. 하지만 이러한 손실은 마케팅 관점에서 본질적으로 큰 차이를 만들지 않는다. 주요 문제는 많은 서비스 상품 기업들이 자신들이 제공하는 것을 '제품'으로 인식하지 못한다는 데 있다.

상담원을 예로 들어보자. 많은 상담원들은 자신을 일반적인 마케팅 상담원이라고 소개한다. 그러나 이러한 설명만으로는 잠재 고객이 그 상담원이 실제로 어떤 이익을 제공할 수 있는지를 쉽게 파악하기 어렵다. 상담 시장 또한 다른 시장과 마찬가지로 시장을 세분화하고, 특정한 이익을 제공할 수 있는 '제품'을 개발하는 것이 가능하다.

기업 고객이 자신을 위한 장비를 구매하는 실구매자라 할지라도, 그가 구매하는 것은 결국 그의 특정한 욕구와 필요를 충족시켜 줄 것으로 기대하는 '이익'이다. 따라서 제품에 대한 의사결정을 전적으로 엔지니어나 R&D 인력에게 맡기는 것은 상당한 위험을 수반할 수 있다. 엔지니어는 일반적으로 제품 관리에서 기술적인 성과나 제품 자체의 기능적 특성에만 초점을 맞출 가능성이 크기 때문이다. 이러한 사고방식은 그림 7.1에서 설명되고 있다.

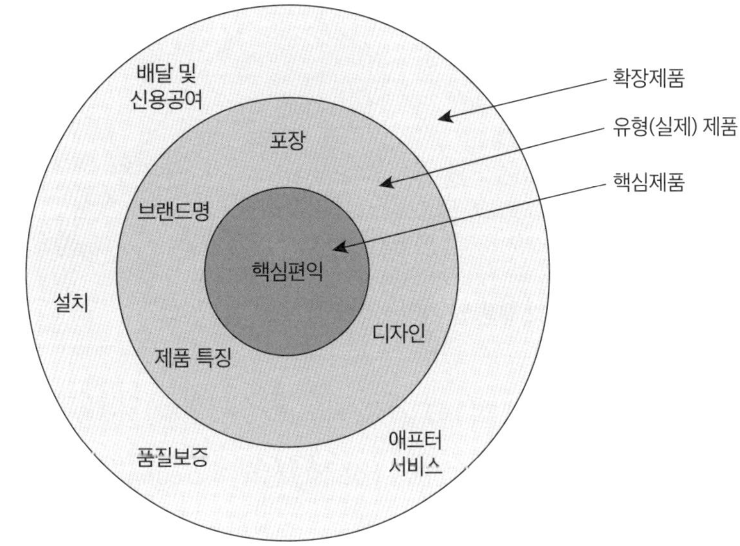

그림 7.1 제품은 무엇인가?

제2절 소비재의 분류

소비재(consumer goods)는 주로 코플랜드(Melvin Thomas Copeland)가 제시한 분류 기준에 따라 편의품(convenience goods), 선매품(shopping goods), 전문품(specialty goods) 등으로 나뉜다. 편의품은 소비자가 제품이나 서비스 구매에 시간과 노력을 투입하지 않고도 구매 결정을 용이하게 할 수 있는 제품으로 연필이나 복사지와 같은 비 내구성 소비재이다. 선매품은 소비자의 제품 및 서비스 구매 의사결정이 편의품보다 더 많은 노력과 시간을 필요로 하는 제품이다. 제품이나 서비스의 가격, 품질, 색상, 형태 등을 브랜드 간에 비교한 후 자신의 기호나 취향에 맞는 품목을 선택하게 되는데 커피나 의류가 여기에 속할 것이다.

전문품은 소비자가 제품이나 서비스를 구매하기 위해서 전문적인 식견을 가져야 하는 제품을 말한다. 제품의 성능이나 품질을 일반 소비자들이 쉽게 알 수 없는 부분들이 포함되어 있기 때문이다. 고가의 첨단 전자제품이나 보석이 이에 해당된다. 그러나 현대사회가 저관여 소비자 사회(low involvement consumer society) 구도로 진전되면서 전문품의 구매에 대한 어려움도 간단한 몇 개의 정보(information)나 단서(cue)로 해결이 가능한 시대가 되었다.

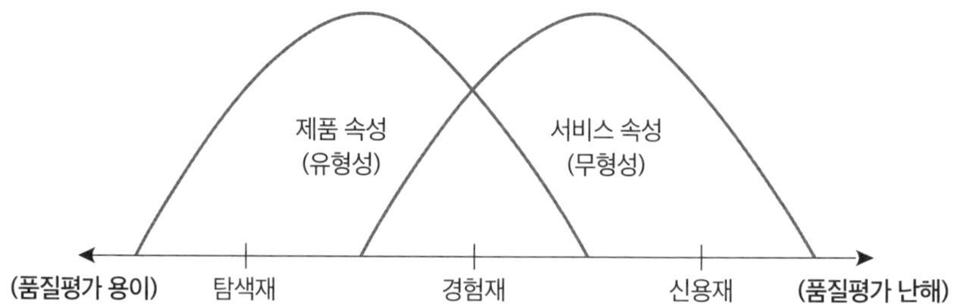

그림 7.2 제품 및 서비스 속성에 의한 제품 분류

최근에는 이러한 편의품, 선매품, 전문품의 분류 대신에 그림 7.2에서 보는 바와 같은 탐색재(search goods), 경험재(experience goods), 신용재(credence goods)의 분류가 등장하였다. 탐색재는 제품의 품질평가가 가장 쉬운 유형의 제품으로 소비자가 그 제품의 존재를 찾기만 하면 품질평가와 구매 의사결정이 이루어질 수 있는 재화들을 말한다. 제품의 속성이 주로 유형성의 제품 속성만을 포함하고 있기 때문에 타 제품군에 비해 평가가 용이하다. 자동차, 주택, 의류는 제품가격의 고하를 막론하고 코플랜드의 기준에 의한 분류와 상관없이 탐색재에 속한다.

경험재는 제품 혹은 서비스를 경험해 본 후에야 품질을 평가할 수 있는 재화를 말한다. 따라서 제품품질의 평가에 있어서 탐색재보다 좀 더 어렵다. 경험재는 유형성의 제품 속성과 무형성의 서비스 속성을 모두 포함하고 있어서 제공되는 상황과 사용하는 소비자의 특성에 따라 품질 평가가 다르게 나타난다. 이발 및 미용 서비스나 호프집의 맥주 등이 여기에 속한다. 호프집의 맥주는 맥주라는 제품 속성과 호프집의 분위기와 종업원의 친절도라는 서비스 속성이 포함된 제품이다. 따라서 맥주를 즐기는 중년 남성이 야간에 주문한 맥주와 즐기지 않는 젊은 여성이 대낮에 주문하는 맥주에 대한 평가는 같을 수가 없다.

신용재는 제품이나 서비스의 품질을 평가하기 가장 어려운 품목이다. 무형성의 서비스속성으로만 이루어졌기 때문에 흔히 무형재 혹은 서비스재라고 부르기도 한다.

신용재의 품질평가는 극히 어렵다. 이는 신용재가 전문적인 지식과 정보를 담고 있기 때문에 전문적 식견이 부족한 소비자에게는 평가 자체가 무리인 경우가 허다하다. 경영자문, 변호사의 변론, 치과의사의 진단 등이 이에 속하며, 말 그대로 눈에 보이지 않으니 믿고 이용할 수밖에 없다는 뜻에서 신용재라 지칭한다.

제3절 제품수명주기

제품관리의 일부로서 이익을 주요 요소로 논의하였으므로 이제 제품 자체에 대해 살펴보자. 유아용 장난감을 제조하는 산업에 진입하여 크게 성공하였지만, 시장 변화에 의해 유행이 지난 제품들이 수익성을 잃게 되자 결국엔 사업에 실패하게 된 경영자들의 예는 수없이 많다. 이러한 예들은 제품수명주기를 극단적으로 표현한 것이다. 제품수명주기는 경영자가 고려해야 할 가치가 있는 중요한 것이다.

기술에 대해 역사가들은 "모든 기술적 기능은 성장이 정체하게 되며, 급격히 성장하다가도 결국 다른 기술에 의해 대체될 때 자연스럽게 쇠퇴하게 된다"고 설명하고 있다. 이와 같은 현상은 제품에도 적용될 수 있으며, 지난 30년 동안 마케팅 문헌에서 제품수명주기의 개념으로 많이 설명되었다.

제품수명주기에서 신제품이 도입기에 성공하면(이 단계에서는 많은 제품이 실패함), 반복 구매가 점차 증가하고 판매 성장률도 높아진다. 이 시점에서 경쟁자들이 시장에 진입하는 경우가 많으며, 그들의 추가적인 촉진 활동은 시장 확대에 더욱 기여하게 된다.

그러나 어떠한 시장도 무한히 확장될 수는 없으므로 결국 성장률은 제품이 성숙 단계에 이르게 되면 둔화된다. 마침내 시장에 너무 많은 기업이 존재하는 지점에 도달하게 되면 가격전쟁이 일어나서 어떤 기업들은 시장에서 밀려나고 결국 시장 자체가 쇠퇴하게 된다. 그림 7.3은 이와 같은 일반적인 현상을 설명하고 있다.

제품수명주기가 이러한 현상을 일반화하기에 유용함에도 불구하고, 특정 제품수명주기는 어떤 중요한 법칙에 의해서가 아니라 기업의 활동에 의해서 결정된다는 주장들이 있다. 예를 들면 특정 상표의 담배는 고전적 제품수명주기의 모든 특징을 나타내는 한편, 신제품 관리자의 활동에 따라 새로운 판매고를 기록하였다.

이러한 기업의 활동이 없었다면, 그 제품은 아마 새로운 판매고를 기록하지 못하였을 것이다. 이는 제품수명주기분석을 잘못 해석할 수 있는 위험을 설명하고 있다. 하지만 이 경우에도 언제든 고객의 필요가 변하면 제품의 판매율은 결국 쇠퇴하게 될 것이다.

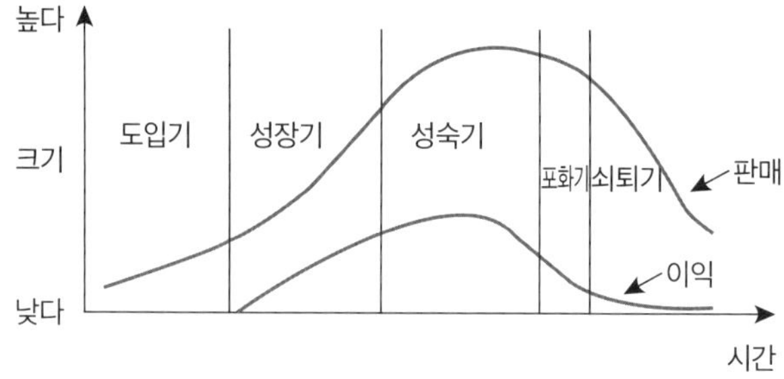

그림 7.3 제품 수명주기 곡선

수명주기에 걸쳐 제품의 수익성 있는 판매를 유지하려는 우리의 시도에서 우리가 할 수 있는 몇 가지의 행동 과정이 있다. 그림 7.4는 어떤 기업의 주도적인 산업재 시장제품 중의 하나가 가진 실제의 과정을 설명하고 있다. 판매성장이 둔화되기 시작하면서 추가적인 성장 단계를 성공적으로 이끌고 갈 제품영역의 확장과 시장개발 프로그램을 도입하기 시작했다. 동시에 그 기업은 신제품을 적극적으로 찾았고 다양화 가능 분야도 고려하게 되었다. 보다 더 중요한 것은 마케팅 믹스의 모든 요소에 대해 제품수명주기 개념이 가지는 함축적 의미이다. 제품이 수명주기에 걸쳐서 어떻게 변화해야 하는지에 대해서도 똑같은 그림표를 그려볼 수 있다.

예를 들어, 어떤 기업이 제품수명주기의 성숙기에 가격 정책에 지나치게 집착하게 되면, 시장 경쟁이 치열해지고 가격 전쟁이 시작될 때 시장 점유율을 잃게 될 가능성이 높다. 그리고 시장이 나중에 안정되었을 때, 기업은 이를 후회하게 될 수 있다. 왜냐하면, 기업에게 실질적인 수익이 발생하는 시점이 일반적으로 이 성숙기이기 때문이다. 이 장의

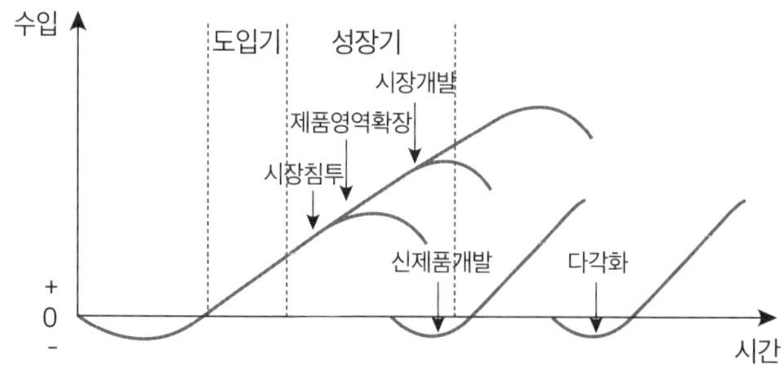

그림 7.4 제품, 시장전략 그리고 제품 수명주기

뒷부분에서는 시장 점유율이 왜 중요한지를 명확히 설명할 것이다.

이와 같은 논리는 촉진 정책에도 동일하게 적용된다. 제품 도입기의 초기 단계에서는 광고의 주요 목적이 제품의 존재 자체를 알리는 데에 있다. 반면, 제품이 성장기에 들어서면 광고는 소비자에게 제품에 대한 긍정적인 태도를 형성하는 역할로 변화하게 된다. 유통경로에 대한 정책 또한 고정되어 있어서는 안 된다. 도입기에는 가장 중요한 유통 경로에 제품을 입점시키는 데 집중하지만, 성장기에는 우리 제품을 필요로 하는 새로운 경로에 접근하는 방법을 고려해야 한다.

이러한 내용은 가격, 유통, 그리고 촉진의 관리에 대해 전문적으로 다루는 장에서 더욱 명확히 설명될 것이다. 제품수명주기를 그리는 작업은 어떤 형태로든 시계열적 분석을 통해 데이터가 확보된다 하더라도 매우 어려운 일이다. 이는 시장 점유율 관리의 복잡한 문제와 직결되어 있다.

기업은 잠재적 시장보다는 실제 시장에서의 점유율(판매량이나 판매가치의 비율)에 더 관심을 가질 필요가 있다. 예를 들어, 제품계층이 '카페트', 제품형태가 '나일론 묶음', 제품상표가 'X'라고 할 경우, 상표 X는 고객의 동일한 필요를 충족시키는 다른 모든 상표의 총합에 대해 점유율을 평가받게 된다.

그럼에도 불구하고, X의 제조업자는 전체 카페트 시장뿐 아니라 더 넓은 제조 시장에서의 카페트 및 마루덮개 등 다양한 제품의 판매 추세에 대해서도 파악할 필요가 있다. 시장 점유율의 의미를 정확히 이해하지 못하는 기업이 저지르는 가장 흔한 실수는, 자사가 단지 시장의 작은 일부만 차지하고 있다고 단정짓는 것이다. 그러나 만약 그 기업이 상업적으로 성공하고 있다면, 실제로는 더 작게 세분화된 시장 내에서 높은 점유율을 확보하고 있을 가능성이 크다.

이 시점에서 기억해야 할 중요한 사실은, 제품수명주기라는 개념이 단순한 학문적 상상이 아니라, 현실에서 무시할 경우 큰 위험을 초래할 수 있는 분명한 실체라는 점이다. 한때 성공을 거두었던 전략이 앞으로도 계속 성공할 것이라는 경영진의 고정된 사고방식은 상업적인 실패로 이어지기 쉬운 원인 중 하나다. 표 7.1은 제품수명주기 속에서 자사의 시장이 어떤 위치에 있는지를 판단하는 데 도움을 주는 점검표이다.

표 7.1 시장성숙에 대한 안내

성숙단계 / 요소	초기	성장	성숙	쇠퇴
1. 성장률	• GNP보다 정상적으로 훨씬 큼	• GNP보다 높은 성장유지 • 새로운 고객, 새로운 공급자 • 이 단계의 끝을 향해 성장둔화	• GNP와 거의 같음	• 수요감소 • 사용자의 욕구 변화에 따라 시장 위축
2. 성장잠재력의 예측가능성	• 정확히 정의하기 어려움 • 수요의 적은 부분이 만족됨	• 수요의 더 많은 비중이 충족되고 수요의 상한이 분명해짐 • 규모의 경제에 근거한 가격 인하가 생길 수 있음	• 잠재력이 잘 정의됨 • 구체적 세분시장의 욕구를 만족시키기 위해 경쟁이 전문화됨	• 알려지고 한계가 드러남
3. 제품라인 증가	• 초기 고객의 욕구를 충족시키기 위한 전문화된 라인	• 급속한 확장	• 증가 둔화 혹은 증가 중간	• 수익성 없는 제품의 도태로 라인 축소
4. 경쟁자의 수	• 예측불가능	• 극대점에 도달 • 성장과 마진에 매력을 느끼는 새로운 침입자 • 이 단계의 끝이 시작되면서 함께 병행	• 고유한 영역을지키는 위치가 설정됨 • 새로운 경쟁자들의 재조직	• 새로운 진입자 없음 • 경쟁자 쇠퇴하기 시작
5. 시장점유	• 새로운 진입자 없음 • 경쟁자 쇠퇴하기 시작	• 안정성 증가 • 전형적으로 몇몇 강력한 경쟁자 대두	• 산업의 많은 부분을 통제하는 새로운 기업들로 안정됨	• 지역화 되는 산업의 세분시장으로 인해 고도로 집중 혹은 쪼개짐
6. 고객 안정성	• 상표 충성도 없는 고객들의 사용 시도	• 상표 충성도 조금 생김 • 대체 공급자를 찾으면서 반복 사용	• 상표 충성도가 생긴 고객들의 구매형태가 잘 개발됨 • 경쟁자들이 구매의 역동성을 이해하고 새로운 공급자가 이익을 남기기 어렵게 됨	• 극히 안정적. 공급자 감소하고 고객은 새로운 대안을 찾으려는 의욕이 적음
7. 진입의 용이성	• 정상적으로 용이함 • 아무도 우월하지 않다. 고객의 기대가 불확실함 • 장벽이 있다면 대개 기술, 자본 혹은 모르기 때문에 두려운 것 등임	• 더욱 어려움 • 시장 프랜차이즈 및 규모의 경제 존재 • 아직은 경쟁에 직면하지 않고 새로운 사업 가능함	• 어려움. 시장 선도자가 생김 • 다른 것으로 새로운 사업을 성공시켜야 함	• 진입의 이점이 거의 없음
8. 기술	• 시장욕구에 제품특성을 연계시키는 데 중요한 역할을 한다. 빈번한 제품 변화	• 초기에는 제품이 중요하지만 이 단계의 후반에는 기술이 더 중요함	• 프로세스와 재료 대체가 초점 • 제품의 요구사항이 잘 알려지고 상대적으로 수요가 적음 • 신기술을 통하여 산업을 새롭게 하려는 공격일지도 모름	• 기술적 내용이 알려지고 안정적이며 대처 가능함

제4절 제품 포트폴리오

우리는 한 시점에 기업의 여러 제품이 성장기, 성숙기, 쇠퇴기 등의 상이한 단계에 있을 수 있다는 것에 대해 생각해 볼 수 있다. 그림 7.5에서 점선은 우리의 분석 시점을 의미하고 이 시점에 세 개의 제품이 각각, 쇠퇴기, 포화기, 도입기에 있음을 보여 주고 있다. 만약 우리의 목표가 장기에 걸친 수익성의 성장이라면 제품 포트폴리오에 대한 우리의 분석은 그림 7.6에서와 같은 상태를 나타내야만 한다. 그림 7.6에서 신제품 도입은 계속적인 판매성장을 보장하는 시기에 이루어지는 것으로 되어 있다. 기업의 포트폴리오에 대한 아이디어는 판매성장, 현금흐름 그리고 위험의 균형을 이룸으로써 목표를 달성하는 것이다.

개별 제품이 진보하거나 쇠퇴함에 따라 그리고 시장이 성장 혹은 위축됨에 따라 기업의 제품 포트폴리오의 전반적인 본질은 변할 것이다.

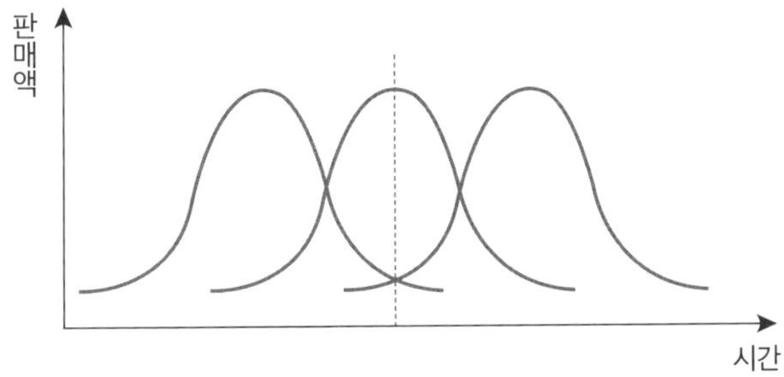

그림 7.5 여러 제품의 수명주기

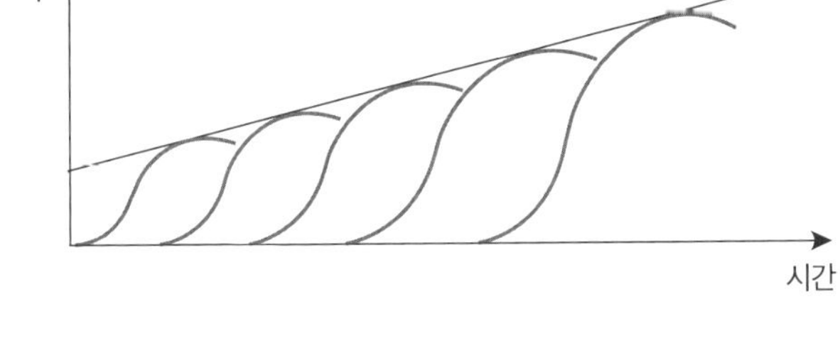

그림 7.6 포트폴리오 수명주기

그러므로 전체 포트폴리오를 정기적으로 점검하고 신제품 개발과 오래된 제품에 대한 신축성 있는 정책을 추구하는 것이 필수적이다. 이러한 관점에서 보스턴 컨설팅 그룹의 과거 수십 년의 작업은 경영자가 이러한 주제와 그들 제품 및 시장 전략에 대한 사고방식에 심오한 영향을 미쳤다고 하겠다.

제5절 단위비용과 시장점유

보스턴 컨설팅 그룹의 작업의 근간이 되는 두 가지 기본은 시장점유와 시장성장에 관한 것이다. 우리는 대부분 어떤 일을 많이 하면 할수록 더 잘하게 된다는 것을 알고 있다. 이러한 현상은 '학습곡선'으로 설명할 수 있는데, 이는 노동의 효율성, 작업 전문화 그리고 개선의 방법 등과 같은 항목에서 보다 심도 있게 다루고 있다.

이러한 학습곡선을 일반화 한 것이 경험 곡선이라고 하는 것인데 이는 프로세스 혁신, 공장과 설비의 생산성 개선, 제품설계개발 등의 항목을 포함한다. 경험 곡선에 추가하여 반드시 상호 배타적인 것은 아니지만 성장과 함께 생기는 규모의 경제가 있다. 예를 들면 생산량에 정비례하여 자본비용이 증가하지는 않는다. 그 결과 생산 단위당 감가 상각분이 낮아지고, 직원의 숫자 면에서 영업비의 절감, 마케팅, 판매, 관리, 연구개발비의 감소 그리고 원재료와 선적비의 절감 등이 생긴다.

이러한 것을 증명하는 예는 많은데 생산량이 많을수록 단위비용은 더욱 낮아지는 것을 보여 준다. 따라서 제품의 가격에 상관없이 가장 큰 시장점유를 차지하려면 항상 상대적으로 더 수익성이 있어야 한다(그림 7.7).

그러므로 일반적인 규칙으로 시장점유는 그 자체가 바람직한 목적이라고 할 수 있다. 그러나 제4장에 분명히 한 것처럼 시장 혹은 그 세분시장(segment)을 주의 깊게 정의해야 함을 명심해야 한다. 이는 많은 소기업들이 거대한 시장에서 수익성이 있는지를 설명하는 이유가 된다. 실제로 기업들은 더 작은 세분시장에서 큰 점유를 차지하고 있다. 이것은 시장세분화를 이해하는 것이 성공적인 마케팅의 열쇠가 되는 또 다른 이유이다. 보스턴 컨설팅 그룹이 제시한 증거는 일반적으로 이 규칙이 소비재, 산업재 혹은 서비스 시장

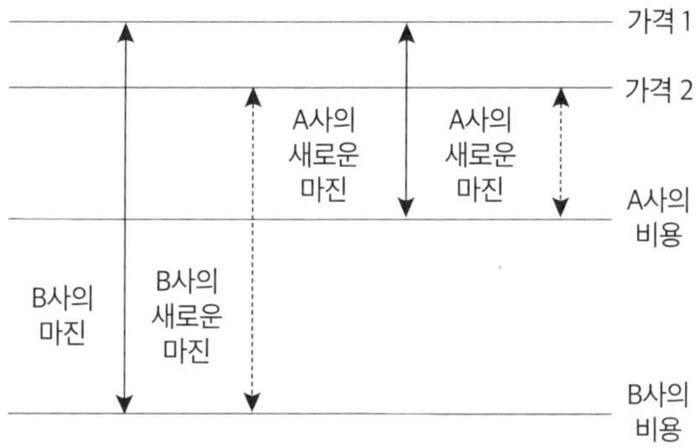

그림 7.7 기업의 마진과 비용

에서도 보편적으로 적용 가능하다는 것을 보여 준다는 데 주목해야 한다.

'시장성장' 문제로 돌아와서 연간 성장률이 매우 낮은 시장에서는 시장점유의 증가가 극히 어렵고 비용이 많이 든다. 이는 대개 제품수명주기의 포화기 상태에 있는 시장은 안정되어 있고 이미 균형상태에 도달한 몇몇 주요 기업에 의해 지배되고 있기 때문이다. 그러므로 이러한 상태가 뒤집어 지기란 매우 어렵다.

고도성장기를 거치고 있는 시장에서 추구하기에 가장 민감한 정책은 경쟁자보다 더 빠른 시장성장률을 통해 시장점유를 획득하는 문제일 것이다. 그러나 그러한 정책은 촉진 측면에서 비용이 매우 많이 든다. 따라서 많은기업들은 가만히 앉아서 시장의 성장률보다 낮은 성장률을 즐기기를 선호한다. 이러한 접근법의 주된 문제는 그 기업들이 사실은 시장점유율을 뺏기고 있으며 이익을 경쟁자에게 주고 있는 것이 된다는 점이다.

포화기에 도달하여 시장이 불가피하게 가격에 민감해지면 시장성장률은 떨어질 것이라는 것을 제품수명주기에 의한 경험으로부터 이미 알고 있기 때문에 제품은 수익을 올리지 못하고 기업은 시장에서 도태될 것이다. 실제로 모터사이클과 같은 산업에서 일본의 기업들은 시장성장기에 수천 단위에서 수백만 단위로 생산을 증가시킨 반면, 국내기업들은 똑같은 기간에 불변의 상태를 유지하여 시장에서 실패하였던 예가 있다. 시장성장률이 쇠퇴하기 시작하면 그것은 불가피한 것이다. 더욱 나쁜 것은 그러한 상태에서 국내기업들은 회복하기가 어려웠던 반면, 일본 기업들은 그들의 비용의 이점을 이용하여 자전거를 포함한 모든 세분 시장에서 실제로 지배적인 상태를 유지할 수 있었다는 점이다.

제6절 보스턴 매트릭스

6.1 보스턴 매트릭스의 활용

보스턴 컨설팅 그룹이 이러한 사고를 간단한 형태의 매트릭스로 조합을 만들었는데 이는 기업 들에게 심오한 함축적 의미를 지니며 특히 현금흐름에 대해서는 의미가 크다. 이익이 항상 포트폴리오 성과를 적절히 나타내지는 못하는 이유는 재고자산, 자본 장비, 받을 어음등의 유동자산의 변화를 반영하므로 미래 개발의 진실한 영역을 지적하지 못하기 때문이다. 반면 현금흐름은 제품 포트폴리오를 개발하는 기업 등의 주요 결정요인이 된다. 이러한 부분이 반영된 것이 그림 7.8의 보스턴 매트릭스이다. 이것을 BCG 매트릭스(BCG Metrix)라고도 하는데, 최고경영자가 핵심적인 사업 부분인 전략사업부분(SBU, Stratesic BusinessUnit)을 파악하는 데 필수적 과정이 된다.

보스턴 매트릭스는 앞서 언급한 두 영역, 즉 상대적 시장점유율과 시장성장률을 기준으로 현금사용과 현금유입에 따라 기업의 제품을 분류한다. 시장점유는 제품의 현금유입

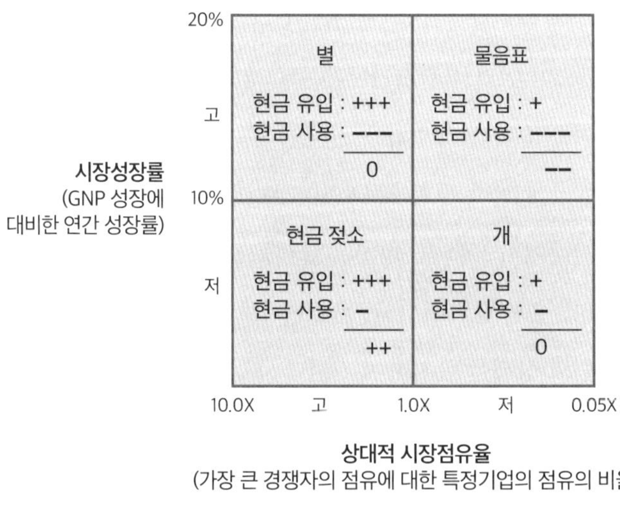

그림 7.8 BCG 매트릭스

에 대한 지표가 되기 때문이고 시장 성장성은 제품의 현금요구에 대한 지표가 되기 때문에 사용되었다. 시장점유율의 측정은 그 기업의 가장 큰 경쟁자에 대한 제품의 상대적 점유이다. 이것은 그 제품의 시장에서의 지배 정도를 반영하기 때문에 중요하다. 만약 A기업의 상대적 시장 점유율이 0.1이라면 최대 시장점유기업의 10%를 차지하고 있다는 의미하는 것이다. 이러한 상대적 시장점유율은 1.0을 기준으로 그 크기를 대수(log)로 표시한 것이다. 그러므로 상대적 시장점유가 높다라는 것의 정의는 비율이 1 이상이라는 것이다. 그림의 세로축인 시장 성장성은 고/저를 나누는 기준점은 산업의 환경에 따라서 정의되기도 하지만 여기서는 10%를 기준으로 삼는다. 0%부터 20%까지 성장률을 표현하고 있으나 필요에 따라 조정하여 사용하면 된다.

이렇게 도출된 네 가지 제품영역 각각에 붙은 재미난 이름은 각 사분면의 제품에 대한 전망을 말해주고 있다. '물음표'(question)는 아직 지배적인 시장 위치에 도달하지 않은 제품을 나타내는데 현금흐름이 많거나 한때 그러한 위치에 있었다가 제자리로 낮아진 제품이다. 성장시장에 있기 때문에 현금을 많이 사용하는 제품일 것이다. 주로 육성(build) 전략이 필요한 사업이다. 간혹 수확(harvest) 전략과 처분(divest) 전략이 필요한 경우도 있다. 이는 종종 '들 고양이'라고 하기도 한다.

'별'(star)은 아마도 높은 시장점유에 도착한 새로운 제품으로 현금 면에서 다소 자체 조달이 되는 제품일 것이다. 주로 육성 전략이 필요한 사업이다. '현금 젖소'(cash cow)는 추가성장이 없는 시장의 주도자이면서 안정성이 높다. 이러한 제품은 훌륭한 현금유입 제품이고 시장의 상태 때문에 현금사용을 거의 하지 않는다. 주로 보존(hold) 전략이나 수확전략이 필요한 사업이다.

'개'(dog)는 전망이 없고 종종 기업의 현금을 소모시키고 마는 사업단위가 된다. 이것들은 아마도 도태 후보들이고 피터 드러커가 주장한 자만한 경영의 범주에 들기 쉽다. 주로 처분 전략이나 철수(withdrawal) 전략이 필요한 사업이다.

이제 제품 포트폴리오 관리의 기법이 보다 분명해진다. 우리가 찾아야 할 것은 '현금 젖소'에서 생긴 현금초과분을 '별'에 투자하거나 '물음표' 중의 선택된 몇 개의 제품에 투자하는 방법이다. 이는 그림 7.9에 나타나 있다.

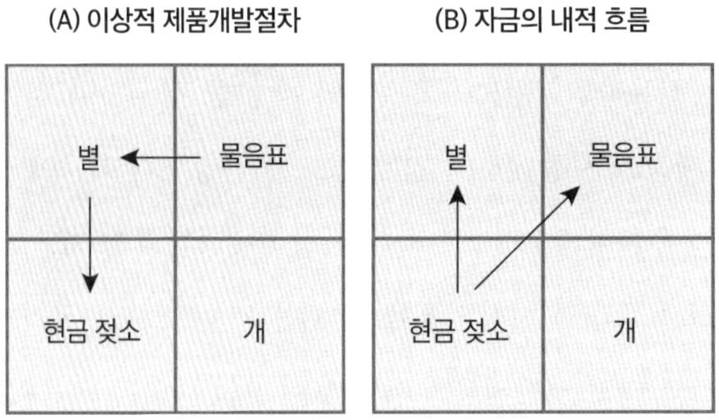

그림 7.9 BCG 매트릭스의 적용(1)

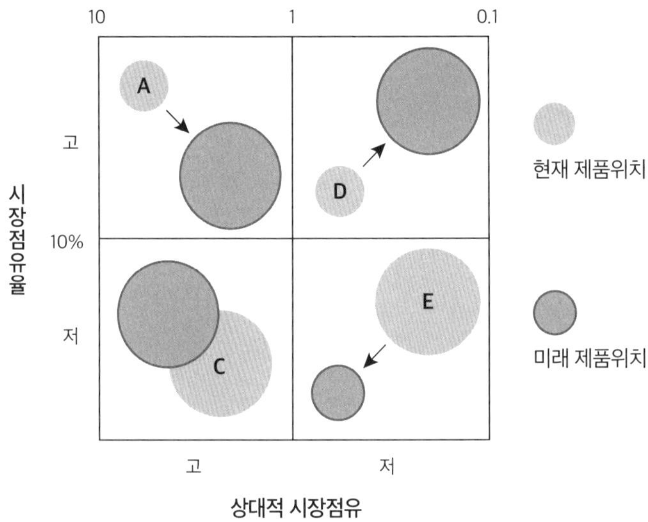

그림 7.10 BCG 매트릭스의 적용(2)

보스턴 매트릭스는 우리와 제품의 시장위치, 말하자면 우리가 지금의 정책을 계속 추구하는 경우에 지금으로부터 5년 뒤의 위치를 예측하는 데 사용될 수 있다. 그림 7.10은 공업용 플라스틱 밸브 제조업자에 이 과정을 적용시킨 것이다. 각 원의 크기는 기업의 총 판매량에 기여하는 각 제품의 비율을 의미한다. 이 기업의 경우에 주된 제품에 관해서 보면 파면할 것 같은 정책을 따르고 있는 것으로 보인다.

그러한 구조는 10% 성장 및 20% 투자수익률의 달성 등과 같은 마케팅 목표의 실현 불가능성을 설명하는 것을 용이하게 해준다. 그러한 목표는 전반적인 정책으로는 훌륭하지만 포트폴리오의 개별 제품에 적용되면 분명히 의미 없게 되고 전체적으로 자멸하는 것이 되고 만다.

예를 들어 연간 15%로 성장하고 있는 시장에서 10%의 성장률을 확보하는 것은 장기적으로는 실패하게 될 것이다. 마찬가지로 저성장시장에서 시장성장률보다 훨씬 높은 성장을 하는 것은 불필요한 가격전쟁과 시장분열로 이끌 것이 분명하다.

6.2 보스턴 매트릭스의 확장

보스턴 매트릭스의 주요 가정 중의 하나가 마진과 유입된 현금은 높은 상대적 시장 점유에 의존한다는 것이다. 보스턴 컨설팅그룹의 작업에 직접관계는 없지만 양립할 수 있는 것 하나는 시장점유와 수익성이 선형관계에 있다는 점이다.

불행히도 이 모든 것이 시장점유측정에 있어서 시장이 어떻게 정의되느냐에 의존적이다. 또한 어떤 제품의 시장점유는 수익성과 아무 관계가 없을 수도 있다. 예를 들면 화학제품의 수익성은 상대적 시장점유와 상관이 없을 수 있는데 그것은 제조의 초기 단계에서 거치는 복합물의 생산과정에 의해 수익성이 결정될 수 있기 때문이다. 경험의 축적에서 열쇠가 될 수 있는 다른 사업부문은 원재료의 제공, 부속품 생산, 조립, 유통, 판매, 광고 및 촉진 등이 있다.

보스턴 매트릭스가 특정 상황에서 적합성이 떨어지는 것은 그러한 복합성 때문이다. 이러한 상황이 무엇인지 절대적 규칙을 만들기는 불가능하지만 그러한 문제를 처리하는 경우에 크게 주의할 필요가 있다. 어떤 경우에도 두 가지 원칙이 항상 따르게 되어 있다.

첫째, 사업은 그 시장을 정의하는 경우에 주요 활동에 대한 비용이 경쟁적이라는 것을 보장할 수 있어야 한다. 둘째, 시장을 정의하는 방법은 그 기업이 시장에서 전문적인 기술을 개발하여 상대적인 비용손실을 극복할 수 있는 것이어야 한다. 이 두 가지는 물론 기업의 특별한 능력과 관계되어 있다.

그러나 보스턴 컨설팅그룹의 접근법은 앞에서와 같은 두 가지 요소에만 의존하는 상황에서는 비판을 받게 되어 있다. 이러한 어려움을 극복하기 위하여 제너럴 일렉트릭사와 맥킨지사는 보스턴 매트릭스와 기본적으로 같은 아이디어를 사용하여 복수 요소 접근법을 공동으로 개발하였다. 그들은 기업의 매력과 산업의 장점을 두 개의 주요 축으로 삼아서 수 많은 변수로부터 영역들을 만들어 냈다.

이러한 변수를 사용하고 그 중요도에 따라 그것들에게 가중치를 주는 것을 원칙으로 하여 제품이나 사업이 3×3 매트릭스의 아홉 칸 중의 하나에 분류되게 된다. 따라서 보스턴 매트릭스에서와 같은 목적이 충족되지만(즉 여러 제품이나 사업의 투자기회 비교) 복수 기준이 된다는 차이가 있다. 이러한 기준은 상황에 따라 다양하지만 일반적으로 그림 7.12에서와 같은 변수를 포함하게 된다.

어떠한 접근법을 사용하든 간에 시장의 매력(보스턴 매트릭스에서는 시장성장)에 적절한 마케팅 목표와 전략에 대해서 분명히 고려해야 하고 기업의 능력(보스턴 매트릭스에서는 시장점유)에 그러한 기회를 연계시키는 정도에 대해서도 분명히 고려해야만 한다.

그림 7.11과 그림 7.13에 보여 준 일반적인 안내들은 네 칸짜리 그림이나 아홉 칸짜리

상대적 시장점유율(%) 혹은 경쟁적 지위

상대적 시장점유율(%) 혹은 시장 매력	고 (10.0)	(1.0)	저 (0.1)
고 (10)	(성장을 위한 투자) ·리더십에 의존하고 가능하면 리더십 확보 ·보충의 단기 수익과 부정적 현금으로 수용 ·지역적 확장, 제품라인 확장/제품차별화 고려 앞선 제품 도입 시도 ·판매, 광고, 가격정책, 판매촉진, 서비스 수준 등의 적절한 총괄적 마케팅 활동		(기회주의적 개발) ·선택적 대안의 제품에 성장을 위한 투자처럼 크게 투자
저 (0)	(시장위치 유지, 수익 관리) ·모든 성공적인 제품라인에서 시장위치 유지 ·덜 성공적인 제품라인 제거 ·주요 세분시장의 점유를 유지하기 위해 제품차별화임의 마케팅 지출 제한 ·시장점유 유지를 위해 일시적으로 공격적인 자세를 취할 필요가 있는 곳을 제외하고는 가격을 안정화시킴	(현금 젖소) ·저성장 인정 ·마케팅 문제로 간주하지 않음 ·성장 세분시장을 확인하고 탐색 ·상품경쟁을 피하기 위해 품질 강조 ·생산성을 체계적으로 증진 ·유능한 경영자 배정	(개) ·제품라인을 과감히 제거 ·현금흐름을 최대화 ·마케팅 지출을 최소화(量)로 줄여서 가격을 유지하거나 인상

그림 7.11 포트폴리오 매트릭스가 제안한 상대적 전략

그림에 모두 잘 적용될 수 있다. 그림 7.13의 복수요소 접근법은 제너럴 일렉트릭사의 포트폴리오 모델이다.

하지만 이러한 일반적 안내를 무작정 따라서는 안 된다. 이는 마케팅 목표와 전략을 설정하기 전, 각 주요시장의 주요 제품에 대한 점검표로 사용될 의도가 더 큰 것이기 때문이다.

주요 공략점	성장을 위한 투자	시장위치, 수입관리	선택성 유지	현금관리	기회수의석 개발
시장점유 →	유지 혹은 지배 증가	유지 혹은 수입을 위한 조금의 착취	선택적으로 유지, 세분화	이익을 위한 점유 지향	선택적으로 투자
제품 →	차별화, 라인 확장	덜 성공적인 제품 제거, 주요 세분시장에 대해 차별화	품질강조, 차별화	과감히 제거	차별화, 라인확장
가격 →	선도, 점유율 위한 총괄적 가격정책	가격안정 / 인상	유지 혹은 인상	인상	공격적, 점유를 위한 가격
촉진 →	공격적 마케팅	제한	선택적으로 유지	최소화	과감한 마케팅
유통 →	유통 확장	폭넓은 유통행태 유지	세분화	점차 유통 포기	한정된 범위
가격 통제 →	강력통제, 규모의 경제 지향	변동비로 비용감소 강조	강력한 통제	고정비 변동비 모두 점차 감소	기업 이미지를 해치지 않는 강력한 추진
생산 →	확장, 유기적, 확장, 조인트벤처, 생산투자	용량가동 최대화	생산성 증대, 전문화/표준화	가동 자율	투자
R&D →	확장, 투자	구체적 사업에 초점	선택적 투자	없음	투자
인사 →	주요기능 부분 경영 향상	유지·효율성에 대한 보상 조직 강화	주요 경영자 배정	감원	투자
투자 →	자금 성장	고정된 투자에 한정	선택적 투자	기회주의적으로 최소화 혹은 포기	자금 성장
운전 자본 →	과정 감소, 신용 확보	신용 강화, 받을 어음계정 축소, 재고회전율 증대	감소	과감히 감소	투자

그림 7.12 포트폴리오 매트릭스가 제안하는 다른 기능적 안내

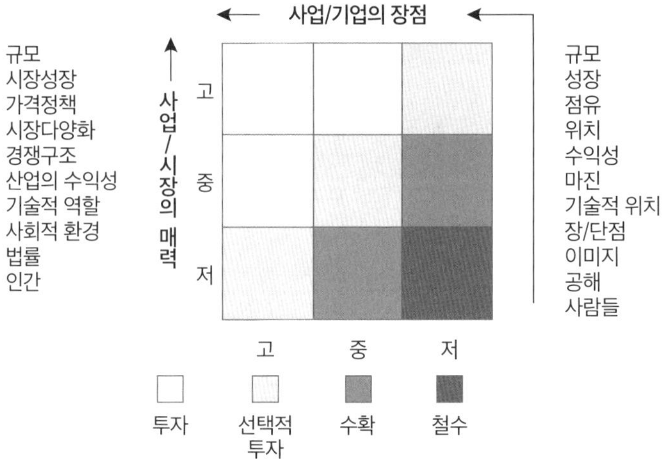

그림 7.13 복수요소 접근법

제7절 제품수명주기와 포트폴리오 관리의 결합

그림 7.14는 제품수명주기 개념과 시장점유 및 시장성장의 이중조합 모두의 함축적 의미를 평가하지 못한 결과를 설명하고 있다.

이 그림에서 A기업과 B기업은 성장에서 5년 혹은 6년 정도에 물음표(들고양이)로 사업을 시작했다. A기업은 시장점유 확보에 투자를 하여 제품을 신속히 '별'로 바꾸어 놓았다. 그러나 B기업은 4년에 걸쳐 이익을 위한 제품관리를 하여서 성장하는 동안에 꾸준히 시장점유를 잃어서 '물음표' 혹은 '들고양이'로 남아 있다.

10년 뒤에 시장이 포화 되었을 때(전형적으로 경쟁압력이 강력해짐) B기업은 시장점유가 적어서 전형적으로 비용이 크고 마진이 적으므로 경쟁을 할 수 없고 시장에서 신속하게 쇠락하게 된다. A기업은 반대로 과감히 시장점유에 의존하여서 10년 정도를 '현금젖소'가 된 제품으로 향유하게 된다. 그래서 B기업은 단기 이익 극대화 정책의 추구로 최소한 10년 만에 이익잠재력을 잃고 말았다.

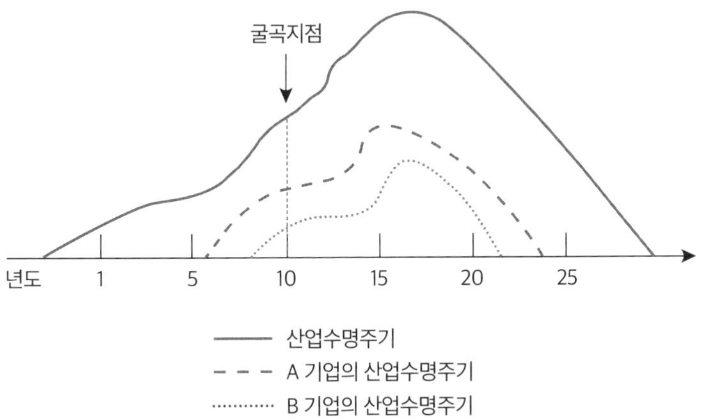

그림 7.14 제품수명주기의 성공과 실패

요약

제품 분야에서의 경영이 제대로 이루어지지 않으면, 다른 분야에서 아무리 훌륭한 경영을 수행하더라도 이를 보상할 수 없을 정도로 제품의 역할은 매우 중요하다. 이러한 이유로 이 장에서는 '제품이란 무엇인가'라는 제품의 본질을 시작으로, 제품이 도입되어 쇠퇴하기까지의 제품수명주기, 제품이 이익을 창출하는 방식, 제품 포트폴리오 개념, 그리고 신제품 개발과 관련된 사항들을 살펴보았다.

제품 포트폴리오에 대한 분석에서는, 신제품 도입이 지속적인 판매 성장을 보장하는 시점에 이루어지는 것이 바람직하다는 점이 강조된다. 이와 관련하여 보스턴 매트릭스는 제품 포트폴리오를 관리하기 위한 기법을 보다 명확하게 보여주는 도구로 활용된다. 보스턴 매트릭스는 간단한 형태의 매트릭스 조합이지만, 기업들에게는 매우 심오한 함축적 의미를 담고 있으며, 특히 현금흐름 측면에서 중요한 의미를 지닌다.

연습문제

1. 주요 제품 두 개를 선택하여 그 제품의 수명주기를 그리고, 그 제품이 경쟁하는 세분 시장의 수명주기를 각각 그려라.

2. 그 수명주기들의 모양을 갖춘 이유를 설명하라.

3. 미래의 그 수명주기의 모양과 길이를 예측하라.

4. 그러한 예측을 하는 이유를 말하라.

5. 보스턴 매트릭스에 그 제품의 위치를 표시하라.

6. 그것들의 상대적 위치를 설명하라.

7. 5년 뒤에 그것들이 어디에 있을지 예측하고 그 이유를 설명하라.

제8장 광고와 판매촉진

이제 고객, 그리고 제 고객과 '어떻게 커뮤니케이션할 것인가'라는 문제에 대해 생각해 보자. 기업은 다양한 방식으로 고객과 커뮤니케이션을 하며, 이를 크게 두 가지 영역으로 나누어 볼 수 있다.

1. 비인적 커뮤니케이션 : 광고, 판매시점 전시, 촉진, P.R.
2. 인적 커뮤니케이션(사람 대 사람의 커뮤니케이션): 판매원과 고객 간의 직접적인 만남

많은 기업들은 하나 또는 여러 가지 커뮤니케이션 기법을 병행하여 사용하며, 이를 '커뮤니케이션 믹스'라고 부른다. 커뮤니케이션 믹스는 주어진 예산 안에서 최대의 효과를 달성하기 위해 상황에 따라 유연하게 활용된다. 이러한 커뮤니케이션의 중요성을 인식한 기업들은 더 저렴한 비용으로 고객과 효과적으로 소통할 수 있는 방법을 끊임없이 모색하고 있다. 다양한 커뮤니케이션 방법들이 위의 두 가지 영역에서 활용되고 있으며, 이 장에서는 광고와 판매촉진에 대한 심화된 고찰을 통해 마케팅 믹스의 핵심 요소인 촉진에 대한 세부적인 계획 수립과 실행 방안을 살펴보고자 한다. 또한 제9장에서는 인적 판매와 판매계획에 대해 보다 구체적으로 다룰 것이다.

제1절 커뮤니케이션 믹스의 결정

광고는 신문, TV, 라디오, 벽보 등 다양한 매체를 활용하는 대중적인 비인적 커뮤니케이션 방법이다. 그러나 광고에 자금을 투입하기로 결정하기에 앞서, 단순히 예산의 집행 방식뿐 아니라 그에 앞서 반드시 신중하게 고려해야 할 많은 요소들이 존재한다. 예를 들어, 많은 사람들은 광고비 지출을 낭비로 인식하며 차라리 인적 판매에 자금을 투입하는 것이 더 낫다고 생각할 수 있다.

따라서 가장 먼저 고려해야 할 문제는 바로 커뮤니케이션 믹스를 어떻게 결정할 것인가 하는 점이다. 이 문제의 해결을 돕기 위해 기업이 구매 결정을 내리는 방식과 관련된 두 가지 별개의 조사를 살펴볼 수 있다. 이 내용은 표 8.1과 표 8.2에 제시되어 있다.

이 표들을 통해 다음과 같은 사실을 확인할 수 있다.

1. 구매에 최소한 한 사람 이상이 영향을 미친다.
2. 판매원이 모든 중요한 영향을 미치는 사람들을 관리하지는 못한다.
3. 기업은 의사결정의 정보 원천이 다양하며 그중 하나가 판매원이다.

이제 구매과정을 살펴 볼 수 있는데 특히 산업구매는 한 사람 이상이 관여하기 때문에 복잡해진다. 산업구매는 수많은 사람들이 관여할 수 있고 상당한 시간을 소요하는 것이다. 그 과정은 다음과 같이 몇 가지 단계로 나누어 볼 수 있다.

1. 구매자 조직이 문제가 있음을 인식하고 일반해로 찾아낸다. 예로써 새로운 공장이나 기계 부분의 설계팀이 기업 내부나 현재의 공급자 수준에서 제공할 수 없는 전문적 구성 요소를 필요로 하고 있음을 결정한다.
2. 필요한 것의 특징과 양(量)을 고려한다. 이는 성과를 구체화시키는 대강의 설계과정이며 구체적으로 중량, 크기, 가동조건 등의 특징이다.

3. 명세서를 작성한다.
4. 가능한 공급 원천을 조사한다. 이는 기존 요소들로부터 구매하기 위한 공급자 카탈로그 조사일 수도 있고 완전한 새로운 제품이 설계되어야 할 수도 있다.
5. 잠재적 공급자가 평가받기 위한 계획과 제품을 제출한다.
6. 필요한 검토를 평가받기 위한 계획과 제품을 제출한다.
7. 주문서가 제시되고 제품이 결과적으로 배달된다.
8. 명세서와 맞는 제품인지 검토한다.

모든 구매 의사결정이 항상 동일한 단계를 따르는 것은 아니다. 그러나 새로운 사업을 위한 구매의 경우에는 대부분의 단계를 거쳐야 한다. 반면, 과거에 구매했던 제품을 단순히 재주문하는 경우에는 별도의 조사조차 필요하지 않을 수 있다.

의사결정에서 '새로움의 정도'는 각 단계에 참여하는 사람들의 수와 이들의 역할에 영향을 미친다. 이 '새로움의 정도'는 제품의 복잡성과, 그 구매결과에 따른 상업적 불확실성이라는 두 가지 요소에 의해 결정된다.

표 8.1 기업규모에 따른 구매에 미치는 영향

종업원 수	구매에 영향을 미치는 사람의 평균 수	판매원의 평균 접촉 수
0~200	3.42	1.72
201~400	4.85	1.75
401~1,000	5.81	1.90
1,000+	6.50	1.65

표 8.2 정보의 원천

	구매에 영향을 미치는 사람의 평균 수	판매원의 평균 접촉 수
무역 혹은 기술 신문	28	60
판매원	47	19
전시	8	12
DM	19	9

이 두 요소 모두에서 새로움의 정도가 높을수록 더 많은 인원이 관여하게 되며, 그들의 직위도 상대적으로 높아질 가능성이 크다. 예를 들어, 제품이 매우 복잡하지만 상업적 불확실성이 낮은 경우에는 설계 엔지니어나 기술자의 역할이 중요해진다. 반면, 이 두 요소가 모두 낮다면 구매 담당자가 전반적인 과정을 주도하게 된다.

새로운 구매 상황에서는 판매원이 장기간에 걸쳐 도움을 주고, 조언과 정보를 제공하면서 구매 의사결정에 영향을 미치게 된다. 이 과정에서 다양한 사람들이 제품에 관여하게 되며, 이에 대한 대표적인 사례는 다음에 소개할 텔레콤 시스템 구매 사례에서 확인할 수 있다.

1. 경영감독자는 기업의 텔레콤 시스템 재배치를 제한한다.
2. 기업구매 및 기업 텔레콤 부서는 기업의 욕구를 분석하고 잠재적 판매조직과의 가능한 연결을 추천한다.
3. 기업 텔레콤 부서와 자료처리경영자는 그 기업이 어떤 시스템 및 기업과 거래할지에 대해 중요한 발언을 한다. 기업의 다른 감독자들도 이 의사결정에 주된 영향을 미친다.
4. 텔레콤 장비를 이용하는 모든 종업원들이 자문한다.
5. 행동적인 감독책임자들이 다른 사람들의 영향으로 공급기업 및 시스템을 결정한다.

산업구매과정에 대해 이렇게 상세하게 고찰하는 이유는 기업이 그 잠재고객을 완전히 이해하고 구매과정의 각기 다른 단계에서 접촉하는 사람들 중 누가 중요한 삶인지를 완전히 이해할 때까지는 인적판매에 대한 광고의 정확한 역할을 결정하는 것이 불가능하다는 점을 설명하려는 것이다. 분명히 말하자면 재무 및 행정 인원들은 엔지니어와는 다른 단계에서 관여할 것이고 다른 종류의 정보를 필요로 할 것이다.

예를 들면 가격, 업무특징, 배달, 판매 전 및 후 서비스, 평판 및 신뢰도, 보증, 지불조건 등은 구매과정의 모든 단계에서 모든 사람들에게 관계되는 것은 아니다.

첫 번째 요점은 기업이 그 자신이 처신할 시장의 구매과정을 이해하여야 한다는 점이다. 이 과정에 대해 도움을 줄 수 있는 모델이 많지만 우리는 다음과 같은 질문에 대답할 수 있는 간단한 모델을 사용해야만 한다.

1. 구매의사결정에 중대한 영향력을 지닌 사람이 누구인가?
2. 영향을 미치는 사람 각각이 원하는 구체적 이익이 무엇인가?

주요 고객 및 잠재적 고객에 대해 이러한 분석을 한 후에는 다음의 일들이 비교적 쉬워 진다.

1. 그들을 어떤 방법으로 집단화하라(세분화).
2. 각 집단과 커뮤니케이션 하는 데 있어 가장 저렴한 비용의 방법을 결정하라.

이러한 과정을 거치면, 인적판매에 대한 광고의 상대적인 비용절감효과에 대한 질적인판단을 내릴 수 있게 되는데 그 둘은 특별한 상황이 아니면 상호 배타적인 것이 아니다.

표 8.3에서는 비인적 커뮤니케이션의 목표를 열거하고 있다. 이제 구체적으로 광고에 대해 주목해 보자.

표 8.3 DAGMAR의 점검표

- **광고는 판매를 완결(close)시키는 데 어느 정도 역점을 두는가?**
  1. 판매의 제반기능을 발휘한다.
  2. 과거 광고로 인해 잠재고객이 된 사람들에게 구매하도록 한다(close).
  3. "당장" 구매를 하게끔 특별한 동기를 제공한다(가격, 할인 등).
  4. 구매를 하도록 상기시킨다.
  5. 구매를 위한 이벤트와 연결시킨다.
  6. 충동구매를 자극시킨다.

- **광고는 잠재고객을 단계별로 촉진해 잠정적인 판매를 이룩하는 데 역점을 두는가?**
  7. 상품 혹은 상표의 존재를 인식시킨다.
  8. 상표에 대한 '상표 이미지'나 호의적인 정서적 경향을 형성한다.
  9. 상표의 우수한 특성과 효익에 대한 정보와 태도를 주지시킨다.

10. 경쟁사의 소구를 견제 또는 대응한다.
11. 편견과 오보 등과 같은 판매의 장애요인을 수정한다.
12. 포장과 마크에 대해 친근감을 부여하며 재인을 쉽게 유도한다.

• 광고는 '장기적인 소비자 애호도'를 도약하는 데 역점을 두는가?

13. 장기적으로 이익이 될 수 있는 기업과 상표에 대한 신뢰도를 도약시킨다.
14. 유통경로대비 교섭력을 강화할 수 있는 최종수요에 대한 힘을 구축한다.
15. 광고주로 하여금 선호하는 대리점과 소매상을 선택할 수 있게 한다.
16. 대대적인 유통망을 확보한다.
17. 신상품을 런칭할 수 있는 '평판(reputation platform)'을 구축한다.
18. 신규시장을 개척할 수 있도록 상표의 재인과 수용도를 구축한다.

• 광고는 구체적으로 판매를 증가하는 데 어떻게 기여할 수 있는가?

19. 타사의 위협으로부터 기존 고객을 방어한다.
20. 타사상표의 사용자를 당사상표로 전환시킨다.
21. 일반 상품명보다 광고주의 상표를 고수하도록 만든다.
22. 상품과 상표의 비구매자를 구매자로 전환시킨다.
23. 비정기적인 구매자를 지속적인 구매자로 전환시킨다.
24. 상품의 새로운 용도를 광고한다.
25. 사용자들이 더 큰 포장 혹은 다수를 구매하도록 유도시킨다.
26. 사용자로 하여금 구매를 하도록 상기시킨다.
27. 빈도와 구매량을 증가하도록 유도한다.

• 광고는 구매까지 연결되도록 어떤 구체적인 방법을 추구하는가?

28. 잠재고객이 상품책자, 할인권 제출, 경연참가 등을 하도록 설득한다.
29. 잠재고객이 전시장(showroom)을 방문 또는 시연(demonstration)을 요청하도록 유도한다.
30. 잠재고객이 상품을 사용하도록 유도한다.

• 판매원을 위한 지원광고의 '지원 효익'은 얼마만큼 중요한가?

31. 신규거래를 개설하는 데 판매원을 지원한다.
32. 도매와 소매상으로부터 주문을 증가하도록 판매원을 지원한다.
33. 월등한 진열위치를 확보할 수 있도록 판매원을 지원한다.
34. 판매원이 진입하도록 지원한다.
35. 판매원의 사기를 높인다.
36. 유통경로에 위상을 높인다.

• 고객만족과 구매를 실현하는 데 광고의 역할은 정보전달인가?

37. "어디서 구매할 것인가" 광고
38. "어떻게 사용할 것인가" 광고
39. 신규모델, 특성, 포장
40. 신규가격

41. 특별조건, 교환 오퍼 등
42. 신규정책(보증 등)

• **광고는 기업에 대한 신뢰도와 호감을 조성하는데 어느 정도 역점을 두는가?**
43. 고객과 잠재고객
44. 유통경로
45. 피고용인과 잠재피고용인
46. 금융업계 대상
47. 일반대중

• **기업은 광고를 통해 구체적으로 어떠한 이미지를 추구하는가?**
48. 상품품질, 신뢰성
49. 서비스
50. 다각화된 상품의 연계성
51. 기업 시민의식
52. 성장, 진취성, 기술적 선도력

제2절 광고의 정의

광고(advertising)는 여러 가지 측면에서 정의되고 있고 학자에 따라 다양한 정의를 내리고있다. 광고는 제품의 고유한 판매 명제(USP, unique selling proposition)를 이용하여 광고캠페인을 청중(audience)에게 전달하는 것이다. 이를 통해 그 누구도 모방하거나 추종할수 없는 창의성(creativeness)을 창소하는 과업이다.

① 광고주(sponsor) : 광고에는 누가 그 광고를 청중에게 알리고 있는가를 밝히는 부분이 있어야 한다. 광고를 위해 비용을 지불하는 확인된 광고주는 광고자(advertiser)이기도 하다.

② 비인적 커뮤니케이션(nonpersonal communication) : 광고는 사람의 입을 통하거나 행동으로 제시하는 전달이 아니라 대중매체(mass media)를 통한 커뮤니케이션이어야 한다. 현대의 매체는 시시각각으로 개발되고 다양화되고 있다.

③ 비용 지불(paid money) : 광고를 위해서는 광고주가 광고 매체에 광고비를 지불해야한다. 광고비가 지불되지 않은 것은 광고가 아니며 퍼블리시티(publicity)나 PR인 경우가 많다.

④ 촉진(promoting) : 광고의 내용이나 주장이 무엇인가를 촉진시키거나 흥행을 지원하는 것이어야 한다. 광고가 제품과 서비스의 장점을 차별적으로 강조하는 것이어야지 어떤 기업이나 제품을 비난하거나 반대하는 주장을 펼친다면 광고로 볼 수가 없다.

제3절 광고의 영향력

3.1 광고는 커뮤니케이션이다

광고는 누군가에 무엇인가를 알리려는 몸짓이다. 광고가 만들어 내는 커뮤니케이션의 과정은 여러 가지로 설명되고 있다. 그림 8.1은 광고의 커뮤니케이션 과정을 소개하는 모형들이다.

그림 8.1에서 보는 것처럼 광고는 크게 보아서 제품과 서비스의 존재를 모르는 사람들에게 그것의 존재를 알리고 관심을 갖게 하여 궁극적으로는 구매와 관련된 행동을 유발하게 하는 역할을 한다. 그러므로 당장 광고가 구매를 유발하지 못했다 하더라도 광고의 효과가 없는 것이라고 단언해서는 곤란하다.

특히 DAGMAR(defining advertising goals for measured advertising results, 광고효과 측정을 위한 광고 목표의 정의)의 경우 광고의 목표를 달성해가는 과정으로 앞에서 표 8.3에서보듯이 보편적인 광고의 목표를 제시하여서 광고가 소비자의 어떠한 반응을 유발시켜야할지를 보여 주고 있다.

① AIDA모형 Attention → Interest → Desire → Action
(주의) (관심) (욕망) (행동)

② AIDMA모형 Attention → Interest → Desire → Memory → Action
(주의) (관심) (욕망) (기억) (행동)

③ AIDCA모형 Attention → Interest → Desire → Conviction → Action
(주의) (관심) (욕망) (확신) (행동)

④ AIETA모형 Awareness → Interest → Evaluation → Trial → Adoption
(인식) (관심) (평가) (시도) (채택)

⑤ UACCA모형 Unawareness → Awareness → Comprehension → Conviction → Action
(존재 모름) (인식) (이해) (확신) (행동)

⑥ CACB모형 Cognition → Affect → Conation → Behavior
(생각) (느낌) (행동의지) (행동)

⑦ AKLPCP모형 Awareness → Knowledge → Liking → Preference → Conviction → Purchase
(인식) (지식) (호감) (선호) (확신) (구매)

⑧ DAGMAR모형 Awareness → Comprehension → Image → Attitude → Action
(인식) (이해) (이미지) (태도) (행동)

※출처 : Everett M. Rogers(1962), Diffusion of Innovations(New York; Free Press), 79-86.

그림 8.1 광고 커뮤니케이션 과정

3.2 광고는 행동을 유발시킨다

광고는 궁극적으로 청중의 마음에 변화를 일으켜서 행동이라는 결과를 유도하게 된다. 앞의 그림 8.1에서 살펴보면 광고의 커뮤니케이션의 마지막 단계는 행동(action), 즉 구매 와관련된 의사 표현으로 나타나기를 희망하고 있다. 광고와 관련된 전통적 논쟁 중의 하나가 '커뮤니케이션 효과(communication effect)' 대 '판매(sale)'라는 주제이다. 이는 그림 8.1 광고효과계층(hierarchy of effects)인 ⑤번, 즉 'UACCA' 대 'sale'의 대결이기도 하다.

광고주의 입장에서 광고가 판매를 달성하지 못한다고 한다면 당장은 실망스러울 것이다. 그러나 광고를 통해 보다 많은 소비자가 행동에 가까운 마음, 생각, 감정, 느낌 등의변화를 경험한다는 것은 언젠가는 직접 구매에 가담하거나 타인의 구매의사결정에 의견선도자(opinion leader)가 되거나 구전(word-of-mouth) 역할을 수행하는 우호적 세력이 될 것이다.

요약하면 전통적으로는 광고가 '판매'를 목적으로 하였지만, '커뮤니케이션 효과'를 달성한다면 광고의 역할은 광고주에게 무엇인가를 기여한다는 점을 상기시키고 있다.

3.3 광고는 소비자의 행동변화를 의도한다

앞서 광고가 청중의 행동을 유발시키는 목적을 지닌다고 한 바 있다. 광고 청중의 행동이 궁극적으로 기업이 바라는 완전한 행동인 구매가 아닌 경우도 많다. 제품과 서비스에 대한 잘못된 인식과 태도를 바꾸어 주는 것이 광고의 역할이다. 뿐만 아니라 제품과 서비스에 대한 불만족을 표현하거나 불평행동(complaining behavior)의 정도나 방식이 변화하도록 유도하는 것도 광고의 영향이다. 광고에 자주 노출된 소비자는 불평 행동의 빈도가 감소할 뿐 아니라 공적불평행동보다는 사적불평행동으로 행동의 변화가 일어날 것이다.

3.4 광고는 상표충성도를 축적한다

광고가 상표충성도(brand loyalty)를 만들어 내는 것은 시일이 걸리는 일이다. 소비자가 광고를 통해 제품과 서비스의 존재를 알고 관심과 확신이 생기고 나면 제품을 사용하기 시작한다. 충분한 사용 경험이 쌓이도록 반복구매를 통해 제품을 사용하기 시작한다. 반복 구매를 통해 제품의 장점과 효용을 확인하고 나면 상표 충성도를 형성하게 된다. 광고 기업이 상표 충성도를 만들기까지는 단기간이 아닌 장기전을 치를 것을 암시하고 있다.

3.5 광고의 효과는 장기적이다

광고는 청중에게 자주 반복적으로 주장을 펼치면서 기억과 느낌에 호소하는 경향이 있다. 광고의 소구력이 아무리 크더라도 즉각적인 반응이 오기는 어려우며 소구력이 적은 광고라 하더라도 청중이 광고물(advertisement)에 노출되는 횟수가 누적되게 되면 느낌이나 행동의지가 생기게 된다.

광고 효과의 장기적 및 누적성을 설명하는 예로 광고의 'V효과(V effect)'와 'M효과(M effect)'를 들 수 있다. 그림 8.2의 (a)는 광고의 V효과를 설명하고 있다. 광고량의 증가로 판매량이 증가하는 결과를 보이는 반면 광고량의 감소가 판매량의 증가라는 쉽게 납득하기 어려운 결과를 보여 준다. 이는 소비자의 기대 심리로 설명되는 부분이다. 광고에 자주 노출되는 소비자는 한동안 그 광고를 보지 못하게 되면 호기심과 기대감 때문에 광고에 노출되지 않는 시기에도 그 제품을 찾게 된다는 이론이다.

(b)에서와 같은 광고의 M효과는 V효과가 확장된 그림인데, 일시적으로 광고량이 줄어들면 V효과에서처럼 매출이 증가하지만 장기적으로 더 많은 광고량의 감소가 이어진다면 매출에는 부정적인 효과를 미치고 있다. 또한 광고량의 증가가 판매증가를 낳지만, 장기적이고 누적적인 광고량 증가가 경우에 따라서는 소비자의 '지루함 효과(tedium effect)'때문에 오히려 역효과가 나는 것을 설명하고 있다.

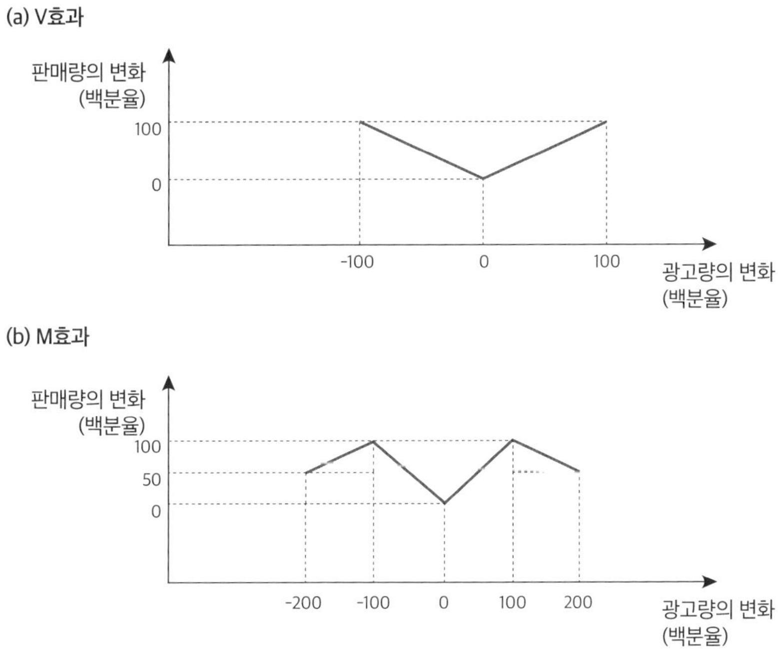

그림 8.2 광고의 V효과와 M효과

제4절 광고의 기능

4.1 소비자 교육

광고의 가장 기본적인 기능은 이른바 3R 기능으로써 충성도 있는 고객의 유지(retention), 고객 이탈의 방지(restraint), 신규 고객의 확보(requisition) 등이다.

반면 광고의 폐단 중의 하나는 허위·과대·과장·기만 광고이다. 표 8.4에 제시된 것과 같은 광고가 제공하는 다양한 정보의 유형은 소비자를 교육시키는 기능을 한다.

그러나 사실과 다른 정보제공으로 소비자에게 불이익을 주는 기만광고(deceptive advertising)와 허위광고(false advertising)의 피해는 심각한 영향을 미친다. 따라서 광고의 소비자 교육 기능은 사회적 기능으로서 건전한 생활수준을 유지하게 한다. 소비자 보호 운동이 활발한 나라에서는 광고의 허와 실을 규정하고 규제하는 역할이 민간이나 시민단체 등에 의해서도 체계적으로 진행되고 있다. 미국의 랄프 네이더(Ralph Nader)의 소비자 보호 운동은 이른바 Nader 특공대라 불릴 정도이다. 우리나라의 방송심의에 관한 규정 84조는 위법 행위 금지 차원이 아닌 광고심의 통과 요건으로 '특별한 주장은 광고주가 실증하라'는 광고 실증 명령제(advertising substantiated order)의 도입으로 미실증 광고(unsubstantiated advertising)의 '치고 빠지기(hit and run)'를 막을 수 있는 제도를 마련해 두고 있다. 우리나라의 경우 방송 광고는 사전심의와 타율규제(방송통신심의위원회)를 시행하고 있고, 인쇄 광고의 경우는 사후심의와 자율규제(신문윤리강령, 광고윤리실천요강)를 시행하고 있지만, 규제기준을 강화하고 자율규제와 법적규제를 상호보완적으로 운용하는 제도 마련이 필요하며, 소비자에 의한 규제가 더욱 현실화될 필요가 있다.

4.2 상품가치 증가

광고는 상품의 가치를 증가시킨다. 광고된 제품에 대해서는 그렇지 않은 제품보다 통상인지도·선호도·신뢰도가 증가되기 때문이다. 뿐만 아니라 광고는 제품의 새로운 이미

표 8.4 광고에 포함되는 정보 유형

가격	제품의 가격
품질	세공, 기술, 내구성, 원자재, 서비스 등의 객관적인 평가 기준을 비교하여 볼 때, 경쟁제품보다 우수한 점
성능	제품의 성능
구성부품	구성부품
이용가능성	제품 구매 가능 시간과 장소
특별제공	가격을 지불하지 않고 얼마나 오랫동안 시험적으로 사용할 수 있는가
경험	특정 제품이 다른 제품보다 우수하다는 잠재고객의 경험담이 광고에 표현되었는가
영양	특정제품의 영양가에 대한 데이터가 광고에 포함되었는가 혹은 다른 제품과의 직접적인 비교가 광고에 포함되었는가
포장	대체품보다 더 잘 포장이 되었는가
보증 혹은 보장	구매 후 제품에 대한 보증
안전성	대체품에 대비한 안전성
독립적인 조사	독립적인 연구기관이 제공한 연구결과 반영 여부
사내연구조사	경쟁제품과 비교하기 위해서 사내에서 연구된 자료 제공 여부
새로운 아이디어	정보의 장점 제공 여부

지를 형성하기도 하고 제품이나 서비스의 해로운 용도를 일러줌으로써 제품의 효용가치를 증대시키는 역할도 한다.

4.3 새로운 정보의 창조

광고는 광고메시지를 개발하고 광고의 제공방식을 결정하는 과정에 수많은 아이디어가 동원된다. 최종 광고 소비자에게 전달되는 한 편의 광고물은 축적된 아이디어의 산물이다. 광고에서 자주 등장하는 제품의 이름은 종종 소비자가 기업의 브랜드로 인식하지 못하고 보통명사화 되는 경우도 있다. 듀퐁의 나일론과 셀로판, 우리의 기억에 남아 있는 포마드, 아스피린, 에스컬레이터 등도 원래는 제조회사의 상표명이었지만 상품 전체를 의미하는 보통명사로 이해되어 버리기도 한다.

4.4 내부 마케팅

현대는 전사적 마케팅(total marketing)의 시대이다. 기업의 모든 구성원들이 마케터 역할을 수행하게 하는 동기부여는 내부 마케팅(internal marketing)을 통해 가능하다. 자사의 제품이 매체에 등장하여 촉진을 지원하고 있다면 종업원의 사기가 진작되고 애사심이 증대되게 된다.

4.5 유통의 판로 확보

광고를 통해 소비자가 제품과 서비스에 대한 호감을 갖게 되면 그 소비자는 점포에서 정보탐색과 구매를 시도하게 된다. 이른바 풀 마케팅(pull marketing)의 실행으로 유통경로를 통한 밀어내기식의 푸쉬 마케팅(push marketing)과 다른 방법으로 판로를 확보하는 효과를 얻을 수 있다.

4.6 사전판매의 효과

판매원들이 흔히 콜드 캔버싱(cold canvassing)으로 가가호호 방문하면서 겪는 사실은 잠재고객이 제품의 존재나 장점을 아예 모르고 있다는 점이다. 그런 판매원들은 '제발 광고 한번 내어 주십시오'라고 기업 측에 하소연하는 경우를 볼 수 있다. 이런 경우 기업이 제품을 광고하고 있다면 이는 생산자와 소비자를 연결시켜 주는 커뮤니케이션의 수단이 된다. 광고를 통해 제품을 이해하고 구매의도를 갖게 된 소비자는 쇼핑에 나서기 선에 이미 구매의사결정을 끝낸 상태이기 때문에 광고는 사전판매(preselling) 효과를 내는 것이다.

제5절 광고의 특징

5.1 광고의 종류

전통적으로 광고는 '인쇄된 판매원(salesman in print)'이라고 불릴 정도로 인쇄 광고가 원형이었다. 그러나 이제는 TV, 라디오, 인터넷 광고는 물론이고 SNS를 통한 광고량도 급증하는 추세이다. 뿐만 아니라 광고의 종류를 구분하기도 어려운 복합적인 목적이나 매체를 이용한 광고도 등장하고 있어서 광고 산업의 앞날은 꾸준한 변화와 성장이 예상되고 있다. 표 8.5에 다양한 형태와 목적의 광고를 유형화하여 제시하였다.

표 8.5 광고의 종류

분류기준	대분류	세부 분류
사용매체	방송광고 인쇄광고 옥외광고 광고지광고 직접우송광고 교통광고 인터넷광고 기타	TV, 라디오, 케이블 TV 등 신문, 잡지, 전화번호부 등 광고 선전탑 등 전단지 등 잡지, 신문, 엽서, 사보지 등을 이용한 광고 버스, 지하철, 이동광고차량 등 배너광고, 이메일광고, 컨텐츠광고 등 PC통신 광고, 모바일 광고 등
광고주체	제조업자광고 소매업자광고 협동광고	제품이나 서비스를 직접 생산하는 제조업자가 하는 광고 백화점, 편의점, 할인점 등의 광고 소매업자와 제조업자 혹은 소매업자들이 모여서 함께하는 광고
목표청중	소비자대상광고 사업자대상광고	일반 소비자를 대상으로 하는 광고 산업광고, 거래광고, 전문인광고, 농업광고 등
영리/비영리	영리광고 비영리광고	상품광고/기업광고 공익광고/개념광고/사람광고/정보광고
광고문안	인지적 광고 감성적 광고	사실전달형/설득형/상기형 광고 정, 향수, 깨끗함 등 감성 소구형 광고
반응유도	인식광고 비교광고 상기광고	자사상표를 인식시키기 위한 광고 타 경쟁상표보다 자사상표의 우월성을 알리기 위한 광고 소비자의 이미 알고 있는 상표에 대한 기억강화를 위한 광고

광고 노출지역	국제광고 전국광고 지역광고	자국의 국경을 넘어 해외에서 이루어지는 광고 한 국가의 전 지역에서 노출되는 광고 한 국가 내에서 일부지역에만 노출되는 광고
특수 목적	PPL 티저광고 POP 정정광고 직접반응광고 인포머셜 녹색광고	영화나 TV프로그램에 제품을 위치시키고 자연스럽게 그 제품의 상표를 노출시키는 광고 광고캠페인 중 주 광고에 대한 호기심을 유발하기 위해서 앞서 시행되는 광고 소매점 내에 전시되어 고객의 구매심리를 자극하는 광고 광고의 기만 또는 오도된 내용을 정정하는 광고 측정 가능한 반응을 창출하기 위해 우편, 전화, 인터넷 등의 매체를 이용하는 광고 정보와 광고의 합성어로 한 번에 짧게는 2분에서 30분 정도의 시간을 들여 하나의 제품에 대해 집중적인 정보를 전달하는 광고 환경을 내용으로 하는 광고로서 기업의 환경정책을 알리고 기업의 녹색이미지를 형성하는 광고

5.2 광고매체

광고가 주장하는 메시지를 정확하고 효과적으로 청중에게 전달하기 위해서는 매체의 선택이 중요하다. 매체 선정을 위해서는 표적이 되는 청중의 인구통계적 특성, 심리적 변수, 구매 관련 특정 행동 등에 관한 정보를 미리 수집하여야 한다.매체의 특징을 설명하는 대표적인 기준은 도달률(reach), 도달빈도(frequency), 도달범위(coverage), 노출효과(impact) 등이 있다. 매체의 선정은 이들 기준과 예산을 고려하여 결정된다.

광고 매체마다 표 8.6에 나타난 것처럼 장점과 한계가 있는데, 특히 TV는 시청각 매체로써 현대적인 제품과 서비스의 특징을 전달하기에 적합하다. 반면, 신문이나 잡지 광고는 많은 정보와 단서를 오랫동안 담을 수 있어서 유용한 면이 있다. 또한 최근에는 인터넷을 통한 광고가 급속히 성장하는 추세에 있어서 인터넷 광고의 다양한 기법과 효과에 대한 연구가 기대된다. 도달률은 광고 캠페인에 한 번이라도 노출된 시청자의 비율이다. 도달빈도는 광고에 노출된 광고시청자 한 명이 광고메시지에 노출된 평균횟수를 말한다. 도달범위는 도달률을 의미하는데 가끔 좀 더 포괄적인 개념으로 쓰이기도 한다. 노출효과는 광고시청자가 광고에 노출되는 매 1회의 질적인 가치를 의미한다. 보통 시청각 효과 모

표 8.6 매체별 장점과 한계

매체	장점	한계
신문	신축성, 적시성, 범위한정 용이, 광범위한 수용성, 높은 신뢰성	짧은 수명, 재현도 낮음, 독자 수가 적음
TV	역동성, 감각적 소구, 주의도 높음, 노출·도달 범위 넓음	고비용, 과다 광고로 인한 광고 혼잡, 단기적 노출, 청중의 무작위성
라디오	대량이용, 저비용, 지리적·인구통계적 선별성	청각에만 의존하여 주의력 낮음, 순간적 노출
잡지	신뢰성 확보가능, 장기적 광고 수명, 지리적·인구통계적 선별성	광고 게재에 소요되는 시간 길, 일부 부수의 효과 상실
옥외광고	신축성, 반복 노출도 높음, 저비용, 저경쟁	청중 선별 못함
인터넷	높은 선별성, 상호작용성, 상대적 저비용	노출제한

※출처 : Kotler, Philip(2000), Marketing Management(Millennium Edition), Prentice Hall.

두를 노리는 TV광고의 노출효과가 라디오광고의 노출효과보다 크다. 매체의 효과를 설명하기 위해 다음과 같은 공식을 이용하기도 한다.

GRP(총도달률) = 도달률(reach) x 노출빈도(frequency)

CPP(도달률당 매체비용) = 광고캠페인 계약비용/GRP

이때 GRP(gross rating points)는 총도달률로써 도달 가능한 시청자에 대한 절대적인 도달 효과를 수학적으로 계산한 값이다. TV의 GRP를 계산하기 위해 가정의 TV 피플미터(people meter)를 부착하여 TV 작동시간과 채널을 기록하는 방법을 쓰기도 한다. CPP(cost per point)는 1% 도달률당 매체비용을 나타내는 값으로 광고효율성의 지표로 쓰인다.

제6절 광고계획 및 광고목표

6.1 광고계획의 준비

오랫동안 사람들은 매우 간단한 방법, 즉 광고하는 사람이 메시지를 보내거나 목표고객이그것을 받아서 이해한다는 식으로 광고가 이루어진다고 믿어 왔다. 그러나 연구결과 커뮤니케이션이 많은 사회에서 그 과정은 훨씬 복잡한 것으로 보인다. 그림 8.3은 그 과정의 몇 가지를 지적하고 있다. 광고는 많은 사람들이 알고 있는 것처럼 기업에 의한 일방적인 활동이 아니며 또한 기업은 단지 광고물을 통해 판매를 증가시키고자 광고를 사용하지만은 않는다.

우리가 광고에 대해 가장 크게 오해하고 있는 부분도 바로 광고의 효과를 알아보려면 그 판매도의 증감을 측정해 보면 되는 것으로 생각하는 것일 것이다. 물론 우리는 광고가 판매수준에 중요한 영향을 미칠 것으로 기대하지만 대부분의 경우에 광고는 판매수준, 즉 제 품품질, 가격, 고객서비스 수준, 판매원의 능력 등을 구성하는 중요한 요소 중의 하나일 뿐이다. 그러므로 일반적으로 판매증가를 광고의 목표로 설정하는 것은 불합리하다.

표 8.7 비인적 커뮤니케이션의 목표

교육과 정보 전달	인식을 유발 전달 의문을 유발	이러한 목표는 전체 마케팅 프로그램에 기여하는 것인바, 그 목표는 수익성 있는 판매를 달성하는 것이다.
이미지 형성	기업이름을 기억하게 함 기업이미지 형성 판매원이 도달할 수 없는 사람에게 접근	
태도에 미치는 영향	판매를 용이하게 함 편견극복, 최종사용자에게 영향	
충성도 및 가격	판매비용 절감 판매달성	

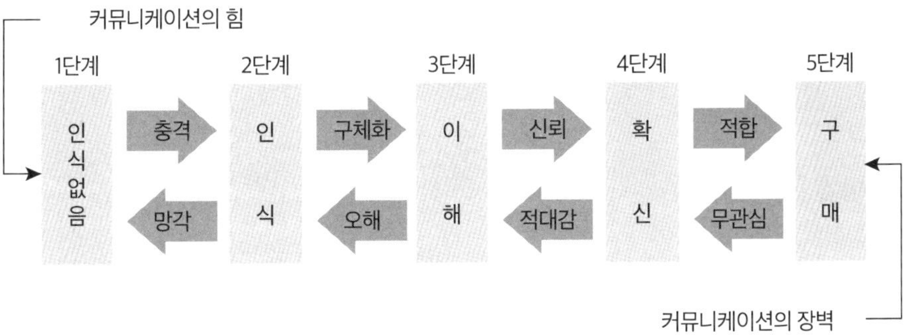

그림 8.3 상표충성도 사다리: 커뮤니케이션의 5단계

그렇다면 광고의 목표는 무엇이어야 하나? 이제 우리는 광고의 목표를 설정할 필요가 있음을 동의하고 있고 그 이유는 다음과 같다고 하겠다.

1. 어떤 광고예산을 설정할 필요가 있다. 따라서 어떤 목표가 필요하다.
2. 목표대상이 누구인지 결정할 필요가 있다. 따라서 어떤 목표가 필요하다.
3. 광고물의 내용을 결정할 필요가 있다. 따라서 어떤 목표가 필요하다.
4. 어떠한 매체를 이용할지 결정할 필요가 있다. 따라서 어떤 목표가 필요하다.
5. 광고의 빈도에 대해 결정할 필요가 있다. 따라서 어떤 목표가 필요하다.
6. 광고효과를 측정할 방법을 결정할 필요가 있다. 따라서 어떤 목표가 필요하다.

이러한 의사결정은 다음과 같이 요약될 수 있다.

1. 왜(목표)
2. 누구(대상)
3. 무엇(문안)
4. 어디(매체)
5. 어떻게(크리에이티브)
6. 언제(시기)

7. 얼마나(예산)

8. 스케줄(schedule)

9. 응답

10. 평가

그러나 이 모든 절차는 첫 번째 절차에 의존적이다.

6.2 광고목표

많은 기업들은 광고의 목표로 광고로서만 달성할 수 없는 것들을 설정해 놓은 것으로 연구결과 밝혀졌다. 판매증가 외에 '적들을 전멸'시킨다거나 또 다른 형태의 달성할 수 없는 목표를 설정하고 있다. 예로써 만약 다른 경쟁자의 제품이 더 좋다면 목표시장에 우리 제품이 최고라고 확신시키는 목표를 설정하는 것은 합리적이지 못하다. 이러한 목표가 달성되지 않았다면 광고대리인을 탓할 수는 없다. 광고지출에 대한 또 다른 부적절한 생각은 버스회사가 자기네 버스의 서비스에 대한 신뢰도를 광고하는 데 많은 지출을 하는 것이다. 그것은 사람들이 버스는 '노동계층'을 의미하는 것으로 생각하고 있기 때문에 지출의 효과가 없을 것이다. 이것이 바로 잘못된 표적의 중심을 맞추는 것과 같은 것이다.

그러므로 첫째로 우리는 합리적인 광고목표를 결정해야 한다. 광고만을 통해서 달성할 수 있는 목표인지 자문해 보아야 한다. 만약 그렇다면 광고의 목표가 될 수 있다. 만약 그렇지 않다면 그것은 광고의 목표가 될 수 없다. 매체를 통한 광고는 다음과 같은 것을 하게 된다.

- 정보전달
- 인식 및 태도 변경
- 연관성의 형성
- 직접적인 행동

• 확신을 제공
• 기억해 낼 수 있게 함
• 구매의 이유를 제공
• 전시효과
• 의문을 갖게 함

따라서 합리적이고 달성 가능한 목표가 광고계획의 가장 우선적이고 중요한 절차이다. 광고계획을 실행에 옮기는 다른 모든 절차는 이로부터 시작되며 그것들은 다음과 같이 간단히 요약할 수 있다.

(누구)

• 목표대상이 누구인가?
  - 그들이 우리에 대해서 또한 우리 제품 및 서비스에 대해서 이미 알고 있고, 느끼고, 믿는 것은 무엇인가?
• 그들은 경쟁자에 대해 무엇을 알고, 느끼고, 믿고 있는가?
• 그들은 어떤 종류의 사람들인가? 우리는 그들을 어떻게 서술하고 확인하는가?

(무엇)

• 대상고객들이 어떠한 반응을 보일 것을 우리가 원하는가?
• 이러한 구체적 커뮤니케이션의 목표는 무엇인가?
  - 우리의 제품 및 서비스의 구매와 사용에 대해 우리는 무엇을 말하고, 그들이 느끼게 하고, 믿게 하고, 이해하게 하기를 원하는가?
• 우리는 어떤 것을 전달하지 않으려 하는가?
• 우리 목표의 중요성은 어떠한 우선순위를 가지는가?
  - 광고대행사와 대리인이 표시하여 나타내고 의견일치를 보이는 목표는 무엇인가?

(어떻게)

• 우리의 목표는 어떻게 호소력을 지니는 형태로 나타낼 수 있는가?
• 우리의 크리에이티브 전략은 무엇인가?
  - 이 전략이 우리의 광고대상자에게 수용 가능하고 적절하다는 어떤 증거가 있는가?

(어디)

  - 어디가 우리의 광고대상자에게 커뮤니케이션을 노출시킬 수 있는 가장 비용 절감이 되는 곳인가?
  - 어디가 우리의 커뮤니케이션이 획득 가능한 경로의 질(質)과 비교하여 반응이라는 측면에서 가장 이점이 많은 곳인가?

(언제)

• 언제 우리의 커뮤니케이션이 대상자들에게 전시되고 전달되겠는가?
• 광고물 및 커뮤니케이션의 스케줄(schedule)에 대한 합리성은 무엇인가?
• 우리의 선택의 자유를 제한하는 요인은 무엇인가?
• 우리 기업의 여러 제품 및 서비스의 촉진 활동에 맞추어야 하는가?
• 우리는 경쟁사 제품의 촉진 활동에 맞추어야 하는가?
• 우리는 시장의 특별한 사건에 관한 다른 촉진 활동에 맞추어야 하는가?

(결과)

• 우리는 어떤 결과를 기재하는가?
• 그 결과를 우리는 어떻게 측정할 것인가?
• 결과를 측정하려고 하는가? 그렇다면 사전에 무엇을 필요로 하는가?
  - 만약 우리가 정확한 결과를 측정할 수 없다면 우리의 목표가 충분히 구체적이지 못하거나 커뮤니케이션 목표가 아닌 것이 아닌가?
• 우리의 커뮤니케이션 활동의 상대적인 성공을 어떻게 판단할 것인가?

• 우리는 행동표준을 가지고 있어야 하는가?

(예산)

• 시도하는 활동이 요하는 자금은 얼마인가?
• 얼마의 자금이 획득가능한가?
• 지출은 어떻게 통제할 것인가?

(스케줄)

• '무엇'과 '언제'를 행할 사람은 누구인가?
• '무엇', '어디' 그리고 '언제'에 얼마를 지출하고 있는가?

통상의 가정은 광고는 공격적인 역할을 수행하고 시간흐름에 따른 변화의 모두가 크리에이티브 내용이라는 것이다. 그러나 광고의 역할은 대개 제품의 수명주기 동안에 변화한다.

예로써 설득과정 자체는 대개 시장의 제품이나 서비스에 관한 인식이 어느 정도 이루어지기 전까지 시작되지 못한다. 따라서 인식을 만들어내는 것은 대개 수명주기 초기에 가장 중요한 목표 중의 하나이다. 만약 인식이 만들어지면 더 많이 배우는 것에 대한 흥미가 따르게 된다.

이제 태도개발이 진지하게 시작된다. 이것 역시 기존의 태도를 상화하거나 새로운 구매에 대한 방식을 분명히 하기 위해 기존의 태도를 변경시키려는 것일 것이다. 이러한 역할은 분명히 제품수명주기의 후반부에서 훨씬 중요해지는 경향이 있는데 그 후반부는 경쟁제품이 각기 시장에서 자신의 위치를 만들려고 노력하는 시기이다.

제7절 광고 정보의 제공

7.1 광고 정보 제공자의 효과

① 정보원천의 신뢰도 효과(source credibility effect) : 정보를 제공하는 원천인 사람이나 매체가 믿을 만할수록 그 정보는 더욱 설득력을 가지게 된다. 이 신뢰도(credibility)는 신용성(trustworthiness)과 전문성을 합한 것이다. 신용할 만한 사람이나 매체라도 전문성이 부족하면 설득력이 떨어질 것이다. 광고 정보의 제공자는 입으로 진실을 말하는 신용성과 자신의 주장과 제품에 대한 전문적인 지식을 모두 갖추었을 때 소비자를 설득할 수 있다.

② 정보원천의 설득의도 효과(source persuasiveness effect) : 정보 제공자의 지나친 설득의도는 오히려 광고 소구대상의 반발 심리를 자극하여 역효과를 낼 수 있다. 적당한설득의도나 설득의도를 자제함으로써 오히려 더 큰 설득력을 발휘할 수 있다. 현대의 일반적인 소비자는 저관여 상황에 있기 때문에 지나친 설득보다는 자연스럽게정보를 '엿듣게' 하는 방식이 효과적이기도 하다.

③ 정보원천의 매력성 효과(source attractiveness effect) : 사람이 가진 얼굴이나 외모의 매력성은 현혹효과(halo effect)를 불러일으켜서 훌륭한 설득 요인이 된다. 정보 원천의 매력성이 효과를 보여 준 예로는 1960년 미국 대통령 TV선거 유세에서 케네디 후보가 자신의 외모상 넘치는 힘과 자신감으로 닉슨 후보를 압도하여 예상을 뒤엎고 승리한 것이 좋은 사례이다. 일찍이 그리스의 철학자 아리스토텔레스는 "아름다움이 최고의 소개장"이라 설파하였다.

④ 정보원천의 유사성 효과(source similarity effect) : 정보원천이 정보 수용자와 유

사할 때정보 수용자가 더욱 잘 설득된다는 이론이다. 사람은 무의식적으로 자신과 유사한 나이, 계층, 외모의 사람에 접근하고 경계를 허무는 경향이 있다. 공중전화를 걸기위해 동전을 구하게 하는 연구에서 정장 차림의 사람이 역시 정장 차림의 사람에게 요구를 하고 사복 차림의 사람은 사복 차림의 사람에게 요구를 하는 것으로 드러난 연구 결과가 이를 입증한다.

⑤ 정보원천의 권한 효과(source authority effect) : 정보 제공자의 권한이 높을수록 정보수용자는 더욱 잘 설득된다는 이론이다. 사람이나 매체의 권한이 갖추어진 경우 소비자에게 더욱 잘 설득되기 때문에 흔히 제품광고에 등장하는 사람의 자격이나 학위를 표시하거나, 제품이 획득한 품질 인증 마크를 강조하기도 하며, 매체의 권한이나 권위를 보여 주는 증거를 제시하기도 한다.

7.2 광고 정보 제공 형식의 효과

① 제공하는 정보의 수 : 광고 메시지가 주장하는 정보의 수가 너무 많으면 설득 효과는 오히려 떨어지게 될 수 있다. 어떤 광고주가 광고 대행사의 예비 광고물의 정보가 너무 부족하다고 하자 광고대행사의 발표자가 광고주에게 한 움큼의 필기도구를 던지면서 잡아보라고 했다. 그러자 결국 광고주는 불과 한두 자루만 받을 수 밖에 없었던 이 사례는 사람이 받아들일 수 있는 정보의 수에는 한계가 있음을 나타낸다.

② 제공하는 정보의 반복성 : 광고 메시지에 자주 노출될수록 사람들은 그 광고내용을 더 잘 이해하거나 기억하게 된다. 그러나 광고에 지나치게 반복 노출될 경우 '지루함 효과(tedium effect)' 때문에 효과가 감소하게 된다. 이러한 지루함 효과를 제거하기 위해 광고는 실질변형(substantive variation)과 장식변형(cosmetic variation)을 부단히 수행하게 된다. 실질변형은 광고의 형식은 그대로 유지하면서

주장하는 내용과 스토리는 바꾸는 방식이다. 반면 장식변형은 기본적인 메시지는 그대로 두고 배경과 장면 등의 형식을 바꾸는 방법이다. 세계적 다국적 기업 맥도날드는 TV에서 햄버거 광고를 할 때, 2주 이상 동일한 광고를 제공하지 않는다고 한다.

③ 공포심을 유발하는 광고 : 공포심을 느끼게 하는 광고는 기억장치에 저장하는 효과는 클 수 있지만 부정적인 이미지가 남게 된다. 강한 공포심을 느끼는 광고 시청자는 여러 가지 이상 증세를 호소하기도 하는데 적당한 공포심을 유발시켜서 자사의 제품도 기억하고 부정적 이미지는 최소화시키는 광고 전략이 필요할 것이다.

④ 유머 광고 : 광고 시청자를 즐겁게 하는 유머(humor) 광고는 설득 효과가 탁월하다. 특히 여자보다 남자에게 더 설득적인데 유머광고는 소비자가 심리적 방어벽을 허물게 하는 좋은 수단이다. 그러나 제품의 특성이나 이미지가 정확성이나 기능성을 강조해야 하는 경우라면 유머광고의 효과는 크게 기대하기 어려울 것이다.

⑤ 선정적 광고 : 선정적 광고는 일반적으로는 여자보다 남자, 고령보다는 청장년, 고학력자보다는 저학력자에게서 더 긍정적인 반응을 보이는 것으로 알려져 있다. 한때 의류회사의 광고에서 죽어가는 병사의 모습, 말기 에이즈 환자의 모습, 벌거벗은 최고경영자의 모습 등을 보여 준 적이 있다. 이러한 광고는 방어기제(defense mechanism)를 발동시켜 카타르시스를 느끼게 하려는 의도가 목표라고 할 수 있다. 본능적 욕구와 도덕적 욕구가 상치될 때 거짓행위를 하는 대신 그러한 광고 장면에 몰입함으로써 인간의 억눌림을 풀어주는 '인간성'에 대한 회고적 감상의 시간을 갖게 하는 방법으로 설득을 시도한 것이라 하겠다.

⑥ 일면적 광고 대 양면적 광고 : 광고에 있어서 자사 제품의 장점만을 강조하는 메시지는 일면적 광고(one-sided advertising)라 하고, 자사 제품의 장점과 단점 모두를

보여주는 메시지를 양면적 광고(two-sided advertising)라 한다. 일반적으로 일면적 광고에 노출된 시청자는 후에 제품의 하자를 발견하게 되면 심리적으로 수습이 어려워진다. 반면 양면적 광고를 접한 소비자는 후에 하자를 발견하더라도 이미 그 하자에 대한 정보를 학습한 상태이기 때문에 충격에 대한 완충작용이 일어나 심리적으로 쉽게 수습이 된다. 이는 처음 제품의 장점과 함께 단점을 듣던 시점에 이미 소비자는 '예방접종'이 되어서 더 이상 그 하자에 대해 놀라지 않게 된다는 '예방접종효과(inoculation effect)'를 설명하는 것이다.

제8절 광고주와 광고대행사

8.1 광고주

기업이 제품과 서비스를 촉진시키기 위해 광고대행사를 이용한 광고를 실시하는 경우에 광고주(advertiser)가 되어 광고주는 인쇄매체나 방송매체 커미션(commission)을 지급하는 스폰서(sponsor)가 된다.

광고가 기업의 경영활동에 대해 갖는 의미는 흔히 비행기의 파일럿에 비유되는데 이는 고도를 유지하여 궤도를 아무리 잘 운행 중인 비행기라 하더라도 파일럿이 없어서는 안된다는 의미이다.

광고 산업의 발달은 광고주의 광고비 규모로 알 수 있는데 표 8.8에서 보는 바와 같이 우리나라 광고주의 선두주자들은 주로 전자 및 자동차 기업인 것으로 나타나고 있다.

8.2 광고대행사

광고를 기획하고 제작하는 광고대행사(Advertising Agency)는 그림 8.4에서 보는 것처럼 총무, 크리에이티브, 매체, 마케팅 연구조사, 고객 팀으로 구성된다.

표 8.8 한국의 30대 광고주 (단위 : 천 원)

순위	광고주명	광고비	순위	광고주명	광고비
1	삼성전자	22,679,300	16	SK하이닉스	4,132,755
2	코웨이	12,875,860	17	동국제약	3,887,537
3	현대자동차	10,569,850	18	우주텍	3,868,104
4	명인제약	8,634,528	19	CJ제일제당	3,826,340
5	우리은행	7,622,851	20	기아	3,789,373
6	시몬스	7,200,438	21	아이더스에프앤비	3,744,853
7	동화제약	6,854,584	22	SK이노베이션	3,628,755
8	SK텔레콤	6,510,573	23	KT	3,603,451
9	르노코리아	6,015,044	24	잡코리아	3,480,248
10	신한은행	5,756,682	25	기업은행	3,265,660
11	하나금융그룹	5,264,952	26	한국피앤지	3,248,623
12	인포벨	5,248,216	27	주영엔에스	3,221,728
13	AXA손해보험	4,648,409	28	대한항공	3,191,078
14	KB금융지주	4,479,175	29	넷플릭스서비시스코리아	3,145,144
15	에이스침대	4,437,488	30	삼성생명보험	3,100,429

※출처 : 광고정보센터, 2025년 2월, https://static.ad.co.kr/data/lit/j20/54/0e/cc/73/190579.pdf

이 중 무엇보다 중요한 부분이 고객 팀이며 고객관리 요원 중 A.E.(Account Executive)는 광고주와 대행사의 관계를 책임지는 주된 역할을 수행한다. 그렇기 때문에 A.E.는 전문적인 지식으로 광고주의 사업내용을 이해하여야 하며 광고관련 시장 및 광고반응 등을 대행사 내의 다른 팀과 긴밀히 커뮤니케이션하여야 한다.

크리에이티브(creative)팀의 회사 광고메시지로 포스트모더니즘 경향이 새로운 광고의 해석을 요하고 있다. 과거 모더니즘의 엘리트주의와 카리스마적 권위주의에서 벗어나 미학적 대중주의와 반귀족주의적 개체의 자유를 지향하는 포스트모더니즘 광고는 가끔은 미성숙한 수준에 머물고 있다. 소형자동차로 출근하는 직장여성의 아침 풍경을 담은 TV의 자동차 광고는 생산직 노동자에게는 상대적 박탈감과 움츠러든 자아를 느끼게 할 뿐이며, 사무직 노동자에게는 광고텍스트와 사진의 생활을 연결시키지 못하는 미적구성에만 주목하는 미흡한 효과를 거두고 있다.

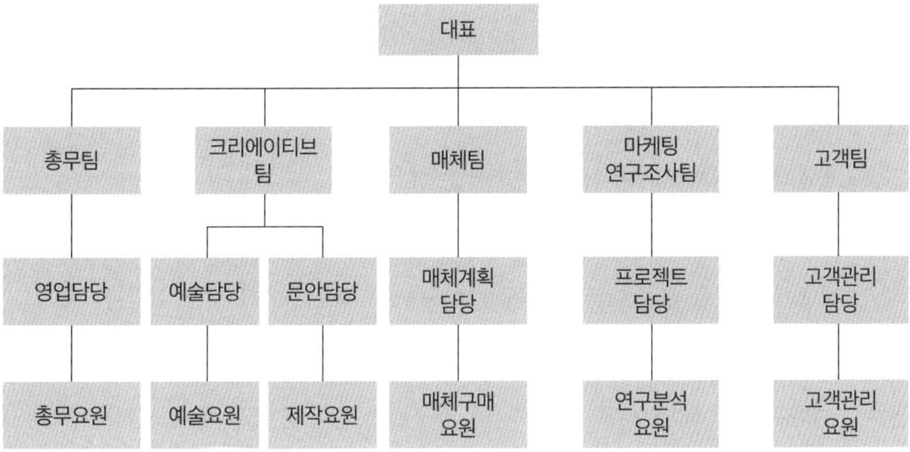

※출처 : Engel, James F., Martin R. Warshaw, and Thomas C. Kinnear(1991), Promotional Straegy : Managing the Marketing Communication Process, Irwin, 304.

그림 8.4 광고대행사의 조직도

8.3 광고주와 광고대행사

광고주와 광고대행 간의 관계는 협력과 갈등이 수반되는 관계로 볼 수 있다. 흔히 광고주와 대행사 간에는 몇 가지 관계 수행에 대한 다음과 같은 원칙이 있다. 대행사는 광고주의 경쟁관계 회사의 광고는 광고주의 동의 없이 맡지 않는다. 모든 비용은 사전에 광고주의 동의를 얻는다. 광고주는 매체에게 대금을 즉시 지불할 의무가 있다. 대행사는 매체사로부터 받은 할인액을 광고주에게 즉시 돌려주어야 한다.

광고주와 대행사 간의 갈등 요인은 양자가 서로 다르다.

(광고주측 갈등 요인)

① 최고 경영자의 대행사에 대한 이해 부족

② 대행사에 대한 불신으로 자료 제공 제한

③ 광고 목표, 계획, 절차 수검 등한시

(대행사측 갈등 요인)

① 성과측정을 위한 표준 설정 등한시

② 성과통제를 위한 조직화 등한시

③ 성과에 대한 보상방법이 적절치 못하다고 비난

광고 대행사에 대한 보상으로는 크게 커미션(commission)과 수수료(fee)가 있다. 한국에서는 인쇄매체의 경우 15%의 커미션을 정하고 있는데 이를테면 시간이나 지면을 제공해주는 매체로부터 대행사가 100만 원의 청구서를 받으면 15만 원(15%)을 제외한 85만 원을매체에게 지불하고 광고주에게는 100만 원의 청구서를 발부하게 된다.

커미션 외에도 대행사가 광고주에게 제공한 서비스의 대가로 수수료를 부과하는 관례도 있는데 이는 최근 수익성이 떨어진 대행사의 수익을 보전하는 효과와 추가적인 서비스가 증가되고 있는 현상을 반영하고 있다.

그러나 아직은 이 수수료 제도가 정착되지 못하여 (커미션을 보충하려는 성격과 커미션제도를 대체하려는 성격의 것이 공존하는 시점에서) 광고주와 대행사 간의 갈등이 발생할소지가 있다.

광고주와 광고대행사의 관계를 광고대행사-광고주 수명주기(Agency-Client Life Cycle)로 그림 8.5처럼 설명하는 예도 있다.

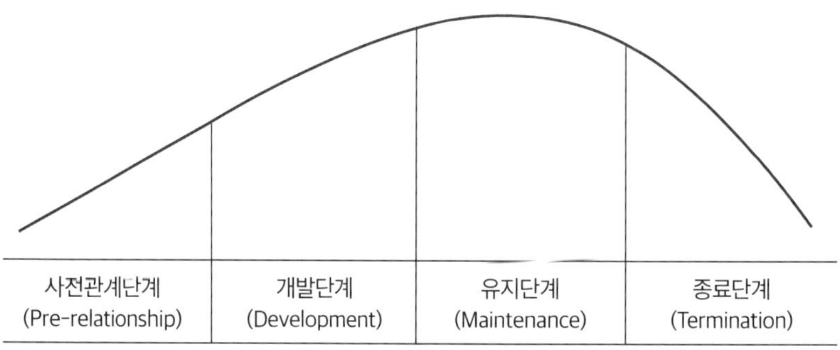

그림 8.5 광고대행사-광고주 수명주기

① 사전관계(pre-relationship)의 단계 : 광고주가 대행사를 선정하는 과정이다. 정형의 관계를 맺기 이전의 단계로서 서로를 학습하는 시기이다. 첫 인상이 중요하며 설명회를 통해 대행사는 광고주의 좋은 평가를 받기 원할 것이다.

② 개발(development)의 단계 : 개발의 단계는 보통 1년 이상이 걸리게 된다. 최초로 광고물을 개발하여 시행하는 시기로 고도의 정열을 쏟는 기간이다. 새로운 아이디어가 많이 개발되지만 보통 이 시기에 많이 실패하기도 한다. 약 25%의 광고주가 2년이 되기 전에 관계를 종료한다는 통계도 있다.

③ 유지(maintenance)의 단계 : 깊은 관계를 지속하는 시기이다. 서로 간에 가장 생산적인 시기이며 수익성이 보장되기도 한다. 대행사 입장에서는 수익성이 최대가 되고 광고주 입장에서는 광고 캠페인의 성공으로 최고 수준의 상품매출이 가능해진다. 관계를 지속하는 것이 이 단계의 최우선 목표이다. 통계상으로는 약 44%의 광고주만이 5년 이상 동일한 대행사를 이용한 것으로 나타났다.

④ 종료(termination)의 단계 : 광고주가 대행사의 업무에 몇 가지 불만이 생기는 시기이다. 광고주 기업의 최고경영층의 변화가 있을 수 있으며, 광고주 기업이 M&A 등의 변화와 발전으로 자체 광고능력이 대행사의 능력을 능가하는 수준으로 성장하는 예가 있다. 광고주 기업의 철학과 전략의 변화뿐만 아니라 대행사의 성장과 합병 등도 관계 종료의 원인이 된다.

광고주와 광고대행사 간의 관계는 뉴욕에서 개최된 제48차 AMA(American Marketing Association)에서 폐쇄 결혼(closed marriage)과 개방결혼(open marriage)으로 대비하여 설명되기도 했다. 폐쇄 결혼은 남편이 군림하고 아내가 복종하며 자유와 신뢰가 부족한 결혼관계를 의미하고 개방결혼은 배우자 간의 동등성이 보장되고 상호신뢰와 책임이 동반되며 배우자간 1대 1의 관계가 긍정적 상호작용 효과를 낸다고 본다.

여기서 과거 초기의 대행사와 광고주의 권위주의적 관계는 폐쇄 결혼에 해당되고 향후의 대행사와 광고주의 관계는 긍정적 시너지 효과를 낼 수 있는 개방결혼의 관계를 유지하여야 한다는 점을 강조하는 설명 모형이다. 이제는 수많은 광고대행사의 등장으로 경쟁이 더욱 심화되는 시기인데 표 8.9에 나타난 GE의 광고대행사 평가 기준으로 광고대행사의 통합적 업무관리 및 개발과 참신한 아이디어의 산출이 성패의 관건이 될 것으로 전망할 수 있다.

표 8.9 GE(General Electronic)의 광고대행사 평가기준

광고대행사 평가기준	내용
성장성	광고대행사 성장 정도와 광고물량 취급고의 변동사항
경험	취급 분야의 전문성 여부
고객과의 거래지속 기간	고객과의 거래연수와 고객회전율
인력	구성원들의 경험의 심도와 각 분야별 인원수 및 이직률
마케팅 컨셉	광고대행사의 경영관리 철학
캠페인 기획력	마케팅과 관련되는 사실의 분석·해석·판단능력과 광고캠페인의 핵심이 되는 광고 목적 및 캠페인 전략의 기획능력
창조성	특정문제에 대한 상상력·적용능력과 경쟁에 이길 수 있는 고유의 가치를 가지는 건전한 아이디어의 개발능력
매체에 대한 능력	매체 조사의 완전성과 합리성의 근거
판촉력	캠페인 기획력의 일부로서 제품 판매와 관련되는 모든 사람들을 자극, 설득할 수 있는 능력
조사력	판매 및 광고목적을 달성하여 줄 수 있는 캠페인 기획을 수립하는 데 필요한 사실 정보를 수집·분석·평가·해석할 수 있는 조사 자원과 능력
구매시점 판매력	구매시점에서 제공될 수 있는 모든 판매 촉진에 대한 아이디어와 필요한 자재의 제공 능력
제품 홍보력	광고주가 할 때는 반드시 고려하지 않아도 됨
제작력	모든 광고물이나 판촉물의 제작 능력이나 이의 제작을 감사할 수 있는 능력
인력 배정능력	고객에게 배정할 인적자원의 수나 자질 및 태도
기술	광고업무가 수행되는 메커니즘의 평가
접촉 가능성	대행사 요원과의 필요한 빈도만큼의 접촉과 이의 편의성이나 신속성의 평가

제9절 광고예산 편성방법

예산 편성의 가장 기본적인 방법은 제로베이스 예산(ZBB, zero base budgetting)이다. 광고예산 편성도 이 ZBB 기준에 준한다고 할 때 매년 지난해의 광고 예산에 근거하지 않고 '작년의 예산이 어떤 결과를 가져왔기 때문에'라는 가정 없이 새로이 예산을 편성하는 접근법이다. ZBB의 절차는 크게 다음의 3단계로 구성된다.

① 예산 프로그램을 의사결정 영역으로 세분화하여 예산 영역을 결정한다.
② 각 예산 영역의 중요도에 따라 비용을 결정한다.
③ 기업의 지불능력 범위 안에서 예산을 우선순위에 따라 자금이 모두 배정될 때까지 할당한다.

이제 구체적인 광고 예산 편성방법을 두 가지 영역으로 나누어 살펴보기로 한다. 하나는 'top-down 방식(judgment-oriented method)'이고 또 다른 하나는 'build-up 방식(dataoriented method)'이다. 전자가 하향식으로 비교적 덜 논리적인 주먹구구식의 방법이라는 평가를 받지만 이용이 편리한 방법인 반면, 후자는 상향식으로 비교적 논리적인 방법이라는 평가를 받고 있다.

최근의 추세는 top-down 방식보다는 한결 논리적인 build-up 방식을 지향하는 경향이 있다. 현실적으로는 기업의 규모가 크고, 역사가 길며, 첨단산업이면서 경쟁이 치열한 산업일수록 build-up 방식을 더 많이 이용한다는 통계가 있다.

9.1 Top-down 방식

(1) 지불능력기준법(affordable method)

이것은 기업의 지불능력 범위 안에서 광고예산을 편성하는 방법이다. 결국 모든 경비를 필요한 용도에 충당한 후 잔여 자금으로 광고비를 책정하는 방식이기 때문에 광고정책이 체계화되지 않은 기업의 방법이기 쉽다. 매년 광고예산 규모의 변동과 광고예산 편성과정이 무계획적일 가능성이 높다.

(2) 임의적 방법(arbitrary allocation method)

기업의 광고목표, 이용 가능자금, 마케팅 상황 등에 대한 고려 없이 경영층의 판정과 결정으로 광고예산을 편성하는 기법이다. 최고경영자의 의식과 경험이 기업문화의 많은 부분을 차지하는 우리나라의 경영방식에서 흔히 볼 수 있다.

(3) 판매비율법(percentage of sales method)

매출액의 일정비율 혹은 단위당 판매가격의 일정률을 광고비로 책정하는 방식이다. 주로 과거년도의 매출액을 기준으로 했으나 실시년도의 매출액을 기준으로 삼는 것이 보다 바람직할 것이다. 이 방법은 실제로 기업들이 가장 많이 이용하는 방법인데도 가장 많이 비판을 받는 것으로 알려져 있다.

(4) 경쟁사 기준법(competitive parity method)

광고비의 규모를 경쟁사의 광고예산보다 다소 높게 책정하는 방법이다. 경쟁사의 시장점유율을 감안하여 자사의 목표시장점유율을 달성하는 데 필요한 수준이라고 판단되는 수준의 광고비를 배정하게 된다. 시장판도의 변화, 신제품의 출시, 자사의 마케팅 목표 등에 대한 고려가 없으면 무모한 대응이 될 수도 있다. 학자에 따라서는 이 방법이 경쟁환경을 고려한 점을 평가하여 build-up 방식으로 분류하는 경우도 있다.

(5) 투자수익률법(return on investment method)

광고비를 기업의 공장이나 설비에 대한 투자의 개념으로 생각하는 접근법이다. 향후 광고비가 얼마의 수익을 낼 것인가를 근거로 광고액을 배정하는 방식이다. 광고의 효과가 판매로 나타나기까지는 장기적이고 누적적인 과정을 거칠 뿐만 아니라 광고가 꼭 판매달성만이 아닌 고객의 기업 및 제품에 대한 이미지, 인지도, 선호도, 차별적 혜택에 대한 이해 등을 높이는 역할을 한다는 점을 간과한 방식이다.

9.2 Build-up 방식

(1) 목표 과업법(object and task method)

경영관리기법의 하나인 목표에 의한 관리(MBO, management by objectives)에서 창안하여 광고의 과업을 설정하여 이를 수행하기 위한 광고예산을 배정하는 방식이다.

기업과 마케팅의 목표를 달성하는 데 기여하는 광고는 합목적적인 필수 불가결한 기능을 하는 것으로 평가되므로 논리적인 광고예산 편성기법이라 하겠다.

(2) 지출계획 수립법(payout planning method)

기업이 광고비로 얼마나 지출할 것인지에 대한 연도별 계획을 수립하여 그 계획에 의거하여 광고예산을 편성하는 방법이다. 1차년도, 2차년도, 3차년도를 3개년 계획년도로 잡은경우 각 연도별 매출액, 이익 공헌도, 광고 및 촉진 비용, 이익, 누적이익 등을 산출하여 광고 및 촉진비용의 투자가치를 계산해 그 필요성을 가늠한 광고예산을 할당하는 방식이다. 3개년도의 구성항목별 변화 추세를 감안하여 계획수립에 반영하기도 한다.

(3) 모델링과 시뮬레이션 방법(modeling and simulation method)

광고예산 편성기법 중 가장 계량적인 방법으로 광고비와 관련 보수와의 관계를 모형화하여 광고 지출의 효과가 극대화되는 지점을 찾으려는 방법이다. 기업의 과거 자료를 투입한 컴퓨터 프로그램을 이용해 시뮬레이션을 통한 광고효과라는 결과변수의 변화량을 측정하여 최적의 광고비 수준을 밝혀내려는 시도로 보인다.

제10절 광고효과 측정법

광고목표의 달성 정도를 확인하고 향후 광고계획의 수립에 반영할 정보를 수집 수단으로 광고효과를 측정하고 있다. 표 8.10에 제시한 바와 같이 광고효과의 측정시기를 광고를 하기 전과 후로 나누고, 측정의 기준을 커뮤니케이션의 효과와 판매효과로 나눌 수 있다.

표 8.10 광고효과 측정법

기준	시기	
	사전 측정	사후 측정
커뮤니케이션 효과	의견 및 태도 조사 투사기법 실험법	회상 재인 태도측정
판매효과	설문조사 시장실험	매출액

10.1 사전 측정

(1) 의견 및 태도 조사(opinion and attitude test)

향후에 개발하여 목표 청중에게 제시할 광고물을 미리 전문가 집단이나 소비자에게 제시하여 의견을 청취하거나 광고 및 광고에 나타난 제품에 대한 평가를 측정하는 방법이다. 전문가 집단이나 소비자 평가원을 모집하여 구성하는 다양한 방법이 있고 그에 따른 질문의 방식도 다양한 기법이 이용되고 있다.

(2) 투사기법(projective technique)

투사기법이란 예비로 제작한 광고물을 보는 응답자가 조사의 목적을 알아차리지 못하도록 구성한 과업을 제시하여 이를 수행하게 한 후 그것을 기준으로 예비로 제작한 광고물을 평가하는 기법이다. 문장 완성법(sentence completion), 이야기하기(story telling), 단어연상법(word association), 만화 완성법(cartoon completion) 등의 기법이 쓰인다. 예를 들어 문장 완성법의 경우 예비로 제작한 광고물의 광고카피 중 제시된 문장의 빈칸을 응답자들이 채우도록 하여 그 응답자들의 광고물에 대한 태도나 의식을 평가하여 광고물 제작에 반영하게 된다.

(3) 실험법(experimental technique)

주로 실험실 실험(laboratory study)으로써 여러 가지 형태의 도구를 이용하여 예비로 제작한 광고물을 보는 시청자 집단의 심리 및 행동의 변화를 측정하는 기법이다. 호흡, 혈압, 발한, 맥박, 동공의 크기, 눈동자의 움직임 등을 측정하여 어떤 광고물의 몇 번째 장면에 대한 반응이 호의적 혹은 비호의적인지를 판단한다.

(4) 설문조사(questionnaire design)

설문지를 제작하여 광고물에 대한 시청자들의 구매 관련 반응을 측정하는 기법이다. 예비로 작성된 광고물을 보는 응답자가 향후에 시장에서 직접 그 제품을 보게 되는 경우를 가정하여 제품에 대한 구매의지, 구매의도, 구매 등에 대한 대답을 작성하세 한다. 이는광고물 자체는 물론이고 매체에 대한 평가도 진행할 수 있는 방법이다.

(5) 시장 실험(test market)

향후에 출시될 제품의 견본을 미리 시장의 잠재 소비자에게 판매해봄으로써 광고가 판매에 어떠한 작용을 할 것인지 예측해 보는 기법이다. 표본지역의 표본시장을 선정하여 정해진 기간 동안 광고를 실시한 후 그 지역의 표본시장의 소비자를 대상으로 판매를 시행하여 판매 관련 변수를 측정하게 된다.

10.2 사후 측정

(1) 회상(recall test)

회상기법은 크게 세 가지로 나눌 수 있다. 비지원회상(unaided recall), 지원회상(aidedrecall), 순차적 회상(serial recall) 등이디.

비지원회상은 자유회상(free recall)이라고도 하는데 아무런 정보나 단서를 제공해 주지않고 응답자에세 자신이 본 기억을 인출(retrieval)해 내게 하는 방법이다.

지원회상은 단서회상(cued recall)이라고도 하는데 어느 정도의 단서(cue)를 제공하고 응답자의 기억을 인출해 내게 하여 그 기억된 단서의 숫자나 정확도를 평가하는 것이다.

순차적 회상(serial recall)은 엄밀한 의미에서는 지원회상의 한 형태인데 순서적으로 여러 광고가 제시된 후 특정 광고물 차후의 광고가 무엇인가를 질문하는 방법이다. 순차적회상의 마케팅적 의의는 이를테면 광고주가 TV광고에서 자사의 광고가 실제로 어떤 광고앞이나 뒤에 나오게 해야 하는지를 결정하는 데 힌트를 제공한다는 점이다.

(2) 재인(recognition test)

재인은 회상에 비해 가능한 여러 정보와 단서를 응답자에게 보여 주고 이를 바탕으로 어떤 제품 광고였는지 질문하는 방식이다. 그렇기 때문에 회상에 비해 측정의 정확도가 높고 오류가 적어서 실제 많이 이용되는 기법이다.

재인의 측정 방법은 크게 양자택일형(Yes-No recognition test), 강제선택형(forced choice test), 일괄시험형(batch-testing procedure) 등이 있다.

양자택일형 재인은 특정광고를 보았느냐는 질문에 '예, 아니오'로 답하게 하는 방법이다.

강제선택형 재인은 여러 광고물을 예시하고 그것들 중에서 특정 기업의 제품광고가 무엇인지 질문하여 측정한다.

일괄시험형 재인은 맞거나 틀린 여러 광고물을 제시한 후 특정 기업의 제품광고에 등장한 것을 모두 고르게 하는 방법이다.

이러한 세 가지 재인 측정은 응답자의 정답 정도를 통해 광고효과를 가늠해 볼 수 있다.

회상과 재인을 비교해 보면 일반적으로 응답자 입장에서는 회상의 경우 기억을 인출해 내기가 훨씬 더 어렵다. 회상과 재인을 비교해 보기로 하자. '천 원권 지폐의 앞면을 그려보라'라는 주문이 비지원회상을 측정하는 예라면, 천 원권 지폐를 보여주면서 '이것이 무엇이냐'라고 질문하는 것은 재인의 측정에 해당된다. 이 비교에서 재인측정 질문에 응답하기가 훨씬 수월함을 알 수 있을 것이다. 뿐만 아니라 천 원권을 수천 회에 걸쳐 본 응답자나 불과 몇 번 본 응답자 간에는 비지원회상 측정의 결과가 거의 차이가 없다. 이에 두응답자 집단 모두 천 원권 앞면을 부정확하게 그릴 것이다. 그러나 재인의 경우는 많이 다르다. 천원권을 수천 회 보아온 한국인 응답자와 겨우 몇 번 본 외국 여행객 응답자간에는 '이것이 무엇이냐'라는 질문에 대해서 정답 가능성이 확연히 다른 것이다. 따라서 일반적으로는 회상측정보다 재인측정이 더 효과적인 측정으로 이해된다. 재인은 기억 속의 정보를 확인하는 노력만 하면 되지만, 회상은 기억속의 정보를 확인해야할 뿐만 아니라 그 정보를 인출해 내는 과업을 하나 더 수행하기 때문에 회상측정에 대한 응답이 더 힘든 것이다.

10.3 태도 측정

자사의 광고와 경쟁기업광고의 광고를 응답자 집단에게 보여 주어서 응답자의 광고 및 광고된 제품에 대한 의견과 평가를 측정하는 방법이다. 자사의 광고나 제품에 대한 호의적인 태도나 경쟁제품의 광고와의 차이점 등이 제기된다면 새로운 광고 활동에 투입할 정보가 된다.

사례 (1)

최근 광고 중에서는 성적인 소구를 하는 광고가 많이 증가하여 소비자보호 단체와 한국소비자보호원 등에서 이 문제에 대한 진상조사와 해결방안 등을 고찰하기도 하였다.
그런 성적인 광고를 한다는 지적을 받고 있는 국제적인 의류업체인 B사의 광고 내용을 보면 감각적인 수준을 넘어 충격적인 느낌을 주는 것이 많다. 신부와 수녀의 키스 장면, 탯줄을 자르지 않은 갓 태어난 아기, 오열하는 가족들에 둘러싸여 비참한 임종을 맞는 에이즈 환자, 흰색 바탕에 가득차게 나열된 컬러 콘돔, 기업 회장의 반쪽 누드 등이 그것이다.
이 회사의 광고가 처음부터 이처럼 자극적인 것은 아니었다. 천편일률적인 광고에 대해 회의를 느끼고 차별적인 광고전략의 필요성을 느끼게 되면서 사정이 달라지기 시작한 것이다.
그 기업의 이러한 광고는 대부분 보도사진을 이용한 광고인데 이는 연출포스터에 비해 갖가지 비난과 오해를 피할 수는 있지만 사실적이라는 면에서는 더 자극적일 수밖에 없다. 예컨대 탯줄을 달고 있는 피 묻은 갓난애의 사진은 인간의 진실된 모습을 보여 준다는 본래의 의도와 무관하게 시민들의 정서에 맞지 않는다는 이유로 격렬한 비난의 대상이 되었고 실제로 많은 나라에서 옥외광고를 금지 당하기도 했다.
그러나 기업측에서는 이러한 비난에 대해 자사의 광고가 특정 메시지 전달에 효과적이리며 이는 기업의 사회적 책임을 완수하는 차원에서 이루어지는 것이라고 주장했다.
해상의 기름 오염으로 검은 색으로 변한 오리, 참전 용사의 묘지 등은 환경오염과 전쟁의 피해를 고발하는 데 무엇보다도 성공적이었다는 것이다. 논란을 불러일으키는 것 자체가 소비자들의 관심을 반증하는 것이라고 볼 수도 있지만 적지 않은 광고 전문가나 소비자들은 그 기업의 광고가 의도적으로 자극적인 방향으로 기울고 있고 논쟁거리를 만들려고 한다는 주장을 하면서 저속한 방법으로 광고효과를 노리고 있다고 지적한다.

10.4 매출액

실제로 광고효과 중 실무자들이 가장 기대하는 효과는 매출액일지도 모른다. 광고가 매체를 통해 광고청중에게 노출된 후 기업은 여러 가지 판매 관련 총계를 수집하여 분석하게 된다. 판매량의 변화, 구매계층의 변화, 구매시간과 장소의 변화, 환불 및 반품의 변화 등에 광고 담당자는 많은 관심을 가진다.

사례 (2)

국내의 대기업으로 세제를 만드는 A사에서 B제품을 출시하기 직전의 시장상황은 그린마케팅 개념을 도입하고 있을 시기였다. 국민의 환경에 대한 인식전환을 계기로 무공해 내지 저공해 세제를 개발하여 속속 출시하고 있을 때였다. 이러한 바람은 1991년의 페놀 유출사건, 1992년 브라질 리우회의 이후 국민의 환경에 대한 관심고조로 거세지게 되었다. 국제적으로는 21세기를 향한 지구인의 환경 선언이 있었고 국내적으로는 1992년 6월 5일 환경에 대한 국가 선언 채택이 있었으며 기업인들도 새로운 각오를 다지기 위한 기업인 환경선언을 하였다. 이제 기업은 환경문제를 등한시해서는 경쟁에서 뒤질 뿐 아니라 소비자의 외면을 받게 된다는 사실을 인식하게 되었다.

A사가 막대한 로열티를 지불하고 도입한 기술적 세제사업에 적극적으로 매진하여 시장점유를 높여 나갔는데 그에 따른 광고비용의 지출도 엄청난 것이었다. 그 결과 B제품은 괄목할 만한 성공을 거두게 되었는데 실제로 B의 세척력과 공해 정도에 대해 조사해 보면 놀라운 사실을 발견하게 된다.

1992년 5월 한국소비자보호원에서 조사한 바로는 B제품은 기존 경쟁사의 제품보다 세척력과 거품발생도 등에서 많이 열등한 것으로 나왔다. 또한 A사가 경쟁사를 상대로 허위표시 기만광고 등으로 제소한 결과 공정거래위원회에서 오히려 패배한 좋지 않은 사례도 있다.

따라서 우리는 광고의 허와 실에 대해 생각하게 되고 A사는 쌀겨 기름, 팜유, 대두유 등 천연 식물성 기름을 원료로 무공해 세제를 개발하도록 노력해야 할 것이다.

제11절 혁신의 확산

이러한 것과 관련되는 것이 '혁신의 확산'이라는 것이다. 확산이란 시장활동에 의해 고무되어서 고객들이 사회체계 안에서 시간흐름에 따라 새로운 제품 및 서비스를 채용하는것이다. 확산이란 시간흐름에 따라 신제품이나 서비스를 잠재적인 채용자들의 누적 백분율을 의미한다. 에버렛 로저스(Everett Rogers)는 제품수명주기를 설명하는 몇 가지 사회적인 힘을 시험했다. 그 주된 지식은 종종 '준거이론'이라 일컬어지는데, 이는 사람들이 집단의 규범, 집단의 구속력과 같은 것들에 따라 행동하게 하는 것을 의미하고 확산이 눈덩이처럼 커지는 것을 설명하는 데 도움을 준다. 로저스는 실제 확산율은 제품의 상대적 이점의 함수, 라이프스타일, 가치 등과의 양립가능성 함수, 커뮤니케이션 가능성의 함수, 복잡성의 함수, 실행 이전에 작은 규모를 시도될 수 있는가라는 분할가능성의 함수 등이라고한다. 확산은 또한 제품 자체의 새로운 정도의 함수인데 이는 다음과 같은 세 가지로 분류할 수 있다.

- 계속적인 혁신(새로운 놀랄 만한 재료)
- 역동적으로 계속적인 혁신(휴대용 라이터)
- 불연속적인 혁신(전자레인지)

그러나 로저스는 모든 새로운 제품에 있어서 모든 사람들이 신제품을 동시에 채택하지는 않고 그림 8.6에 나타난 것과 같은 보편적인 형태가 있음을 지적하였다.

일반적으로 혁신자(innovator)들은 스스로 생각하고 적절한 새로운 것을 사용해 본다. 조기 수용자(early adoptor)들은 사회에서 어느 정도 지위를 가지고 있는 의견선도자이고 성공적인 제품을 수용하여 그것들을 수용 가능하고 존경할 만한 것으로 만든다. 초기다수(early majority)는 매우 보수적이고 평균보다 약간 높은 지위를 가지고, 사려분별이 높으며 사회적으로 승인된 제품만을 수용한다. 후기다수(late majority)는 교육은 평균

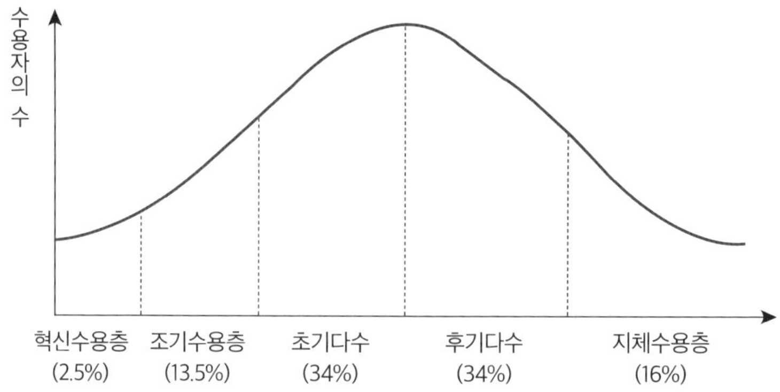

그림 8.6 신제품 수용과정

이하 수준이고 연령은 평균 이상인데 사회적 압력으로 신제품을 수용하게 된다. 지체수용층(nonadoptors)은 지위, 소득 등이 낮고 인생을 후회하며 사는 사람들로 제품을 제일 나중에 수용하는 사람들이다. 이 특별한 연구는 특히 광고와 인적판매에 대해서는 매우 유용한 것이다.

예를 들면 우리가 혁신적 고객을 유형화할 수 있다면 우리는 초기의 광고와 판매노력을 구체적으로 그들에게 집중시킬 수 있다. 우리의 제품을 30%의 혁신수용자들이 수용하기만 하면 초기수용층이 그 제품을 사용할 좋은 기회가 생기고 10~12%가 달성되기만 하면 캠페인은 개방될 수 있다. 왜냐하면 나머지 사람들이 우리 제품을 수용할 좋은 기회가 되기 때문이다.

예로써 의견선도자의 일반적 특징이 그들은 모험심이 있고 사회적으로 완벽하며 세계주의자이며 사회적으로 활동적이며 특권층이다. 그래서 우리는 우리의 특정산업에서 이들 고객들의 구체적인 특징이 무엇인지 자문해 볼 필요가 있다. 그러면 우리는 그들에게 딱 맞는 광고메시지를 만들어 낼 수 있다.

끝으로 우리는 광고가 소비자만을 겨냥하는 것이 아니라는 사실을 인식해야 한다. 광고는 유통경로, 주주, 매체, 종업원, 공급자, 정부 등을 겨냥할 수 있고 그들은 모두가 기업의 상업적 성공에 중요한 영향을 미친다.

제12절 판매촉진

광고라는 용어는 종종 '예산위의 지출'이라고 여겨지는데 이는 측정되는 매체에서의 모든 비인적 커뮤니케이션이라고 정의된다. 이는 TV, 영화, 라디오, 인쇄물 그리고 옥외매체를 포함한다. 판매촉진(sales promotion)은 '예산 아래의 지출'이라는 용어와 동의어로 쓰이는데 쉽게 정의되지는 않는다.

예를 들면 미국 사람들은 광고와 인적판매를 포함하는 모든 형태의 커뮤니케이션을 설명하는 용어로 사용한다. 영국에서는 모든 비대면적인 판매촉진과 관련된 활동을 서술하는 용어로 쓰기도 하고, 점포 내 홍보에 해당하는 말로 구체화시켜 사용하기도 한다.

이러한 정의 중 어느 것도 판매촉진이 실제로 어떻게 일어나는지 정확히 반영하지 못하고 있는데 그것이 마케팅 활동의 이 중요한 부분의 많은 측면에 대해 너무도 많은 혼동이 생기는 것을 설명해 주는 이유가 된다.

실제로 판매촉진은 구체적인 활동으로서 그것은 구체적 시간제한 내에서 정해진 고객에게 어떤 특징을 제공하는 것이다. 다시 말하면 판매촉진으로 질적인 모습을 갖추려면 누군가가 거래의 한 부분이라기보다 특징 있는 무언가를 제공받아야 한다. 더욱이 그 제공은 제품이나 서비스에 들어 있지 않는 이익을 포함해야 하는데 그것은 광고에서 제공되는 무형의 이익에 반하는 것으로 이미지에 호소하는 과정을 통한 가치의 부가이어야 한다.

이렇게 볼 때 마케팅믹스의 모든 다른 요소들, 즉 광고, 인적판매, 구매시점 홍보물, 가격정책, 애프터서비스 등은 구체적 목표를 달성하기 위해 체계화된 활동의 일부로 사용될 수 있다.

12.1 판매촉진의 사용

판매촉진은 본질적으로 고객들이 기업의 경제적 관심과 일치하여 행동하도록 만들려는 문제해결 활동이다. 판매촉진의 전형적 과업은 재고변동의 둔화, 경쟁사 활동에 대한 반격, 반복 구매 격려, 한계구매자 보장, 기한 내 대금 지불 수취, 최초 구매유도 등이다.

이것을 볼 때 판매촉진은 반드시 양(量)의 증가를 수반하지는 않음을 알 수 있다. 예로써 고객들이 최대로 구매하는 시기를 한 지점에서 다른 지점으로 바꾸게 함으로써 생산과 유통절차를 돕도록 사용되기도 한다. 요약하면 판매촉진은 판매원이 판매하도록, 고객이 구매하도록, 고객이 판매하도록, 사용자가 구매하도록, 사용자가 사용하도록 하는 데 영향을 미치고 이러한 것들을 보다 더 많이, 용이하게 그리고 더 빨리하게 하려는 것이다.

최근에 판매촉진활동이 예산 위의 광고로 많은 지출을 할 정도로 증가하였지만 판매촉진만으로는 판매를 대신하거나 장기추세를 변화시키거나 장기의 고객충성도를 만들 수는 없음을 깨닫는 것이 중요하다. 그럼에도 불구하고 판매촉진이 본질적으로 전술적인 방법이기 때문에 다음에 보는 것처럼 중요한 전략적 역할도 가지고 있다.

12.2 여러 가지 판매촉진

판매촉진의 수단은 갈수록 다양하게 증가하고 있는 추세이다. 표 8.12와 같이 풀(pull) 전략으로 소비자를 대상으로 한 판매촉진(consumer sales promotion), 푸쉬(push)전략으로 유통업체를 대상으로 한 판매촉진(trade sales promotion) 그리고 직접 판매원을 대상으로 한 판매촉진(salesman promotion)으로 나눌 수 있다. 표 8.11에서 판매촉진과 다른 여러가지 촉진 수단의 특징을 비교하여 분석해 보았다.

(1) 가격 관련 판매 촉진

가. 가격할인

판매촉진의 여러 유형 중에서 가장 즉각적인 구매 유발효과를 기대할 수 있는 방법이다. 자사의 판매량이 증가함으로써 경쟁사의 파매 감수를 가져오게 되면 시장점유율을 증가시켜 시장지배력을 확보할 수도 있다.

표 8.11 판매촉진과 다른 촉진 수단과 비교

	판매촉진	광고	퍼블리시티	인적판매
기본목적	매출 증대	이미지·선호도· 태도 개선·포지셔닝	신뢰 형성	판매 및 관계 형성
소구방법	이성적	감성적	감성적	이성적
기간	단기	장기	장기	단·장기
이익기여도	높음	보통	낮음	높은

※출처 : 박충환, 오세조, 김동훈(2002), 마케팅 관리, 박영사.

나. 쿠폰(coupon)

주로 종이에 인쇄된 쿠폰을 이용하여 소비자는 이용의 편의, 현금혜택, 선물 등의 보상을 받을 수 있다. 특정한 시기에 쿠폰이나 쿠폰 북(coupon book)을 발행하기도 하고 우편이나 이메일로 쿠폰을 잠재고객에게 발송하기도 한다. 가장 일반적인 형태는 전화번호부에 몇 장씩을 할애하여 여러 기업의 쿠폰을 첨부해 두면 필요한 소비자가 이를 오려서 매장에서 이용하게 된다. 간혹은 매장에서 선반에 부착하거나 판매원이 나누어주는 즉석식 쿠폰도 볼 수 있다. 쿠폰은 일반적으로 초기 고객의 시험구매를 촉진시키는 목적으로 많이 이용된다.

다. 리펀과 리베이트(refund & rebate)

리펀은 제품을 구매한 소비자에게 현장에서 현금으로 되돌려주는 형태이고, 리베이트는 제품 가격의 일부를 주로 구매 후 일정기간 동안 구매증명을 제시하거나 우편으로 발송한 고객에게만 혜택을 주는 것이다.

(2) 비가격 관련 판매촉진

가. 프리미엄(premium)

기업이 주로 새로운 고객을 유인하기 위해 제공하는 선물과 같은 것이다. 탁상용 시계, 화장지, 머그컵, 세제 등을 무료로 제공하면서 할인 쿠폰을 곁들이기도 한다. 이러한 경우에 선물 등에는 자사의 브랜드 네임, 브랜드 마크, 트레이드 네임, 트레이드마크, 로고 등을 표시하여 효과의 극대화를 시도한다.

나. 견본(sample)

신제품을 시장에 출시하는 도입기에 기업은 자사 제품의 존재를 알리기 위해 다량의 견본을 제작해 무료로 나누어 준다. 소비자에게 제품경험의 기회를 제공함으로써 자연스럽게 제품에 대한 인지도를 높이게 된다. 경우에 따라서는 견본을 받기 위한 조금의 수고를 조건으로 제시함으로써 기업과 고객의 관계를 형성하려는 시도도 이루어진다.

다. 콘테스트와 추첨(contest & sweepstakes)

구매고객이 고객카드를 작성하여 제시하게 되면 수집된 고객카드에 대해 판매자가 고객에게 경품이나 선물을 제공하는 것이 콘테스트이다. 반면, 추첨은 특별한 고객카드의 작성을 요구하지 않고 추첨을 통해 고객에게 행운을 전달하는 방법이다. 고객의 관심이 경품이나 선물에 집중된 나머지 행사의 목적인 소비자 방문 증대 및 사용기회 증대라는 목표달성이 뒷전으로 밀리지 않게 세심한 계획이 필요할 것이다.

라. 시연회(demonstration)

실제로 제품의 사용을 고객 앞에서 보여주면서 제품의 특징, 경쟁제품과의 차이점, 제품에 대한 여러 가지 유형의 자신감을 심어준다.

씨어스(Sears) 백화점의 광고판에 연약한 여성 모델이 전기톱으로 정원수를 손질하는 장면을보여 주는 이유는 전기톱 사용에 대한 소비자의 불안감을 해소시키고 자신감을 갖게 하기위한 마케팅 전략이다. 주말에 시외로 드라이브를 가면 길거리에 농민들이 농산물 직판장을 차려두고 있지만 제품의 가격을 눈에 뜨이도록 크게 적어두지 않는다면 가격에 대한 자신감을 불러일으키는 데 실패한 시연회가 될 것이다.

마. 게릴라 마케팅(guerrilla marketing)

이제 미국의 뉴욕은 도시 전체가 하나의 광고판이 되어 버렸다. 거리와 빌딩 모두 다국적 기업의 광고로 뒤덮여 더 이상 광고판을 붙일 곳을 찾기가 어렵다. 그래서 '뉴욕의 맨하탄에 광고가 가능한 공간은 단 1인치도 남지 않았다'라는 말이 생겼다.

이러한 초경쟁적인 시장에서 게릴라(guerrilla) 마케팅이 등장하였다. 게릴라는 본래 조직적인 군대가 아니라 단독 혹은 소규모의 병력으로 이루어진 군대가 적을 기습하고 교란한 후 신속히 탈출하여 반격을 피하는 전투 방법이다. 게릴라 마케팅도 치고 빠지는 방법으로 '소비자를 찾아가서 벌이는 기습 이벤트'이다.

대낮에 뉴욕의 센트럴 파크에 늘씬하고 멋진 외모의 젊은 남녀가 스쿠너에 걸터앉아 데이트하는 장면을 광고에서 연출한 기업이 있다. 당연히 기업의 상표와 제품의 브랜드 네임이 대중에게 노출되고 소비자는 제품에 대해 매력을 느끼게 되었을 것이다.

이러한 게릴라 마케팅의 성공 요건으로는 다음과 같은 점이 있다.

첫째, 눈에 잘 띄어야 한다. 아무리 멋진 모델과 제품전시가 있더라도 퍼포먼스가 대중의 시선을 사로잡지 못하면 효과가 나기 어렵다.

둘째, 시청하는 소비자의 사용 욕구를 자극해야 한다. 그냥 브랜드를 알리는 것보다는 '나도 저렇게 될 수 있다'는 확신을 심어 준다면 효과적인 마케팅이 될 것이다.

셋째, 사회의 일상을 방해하지 말아야 한다. 게릴라 마케팅의 유행으로 거리에 많은 이벤트가 생겨서 시민들이 불편하게 된다면 역효과가 날 수도 있다. 공공장소가 더럽고 시끄러운 장소가 된다는 인식을 심어 주어서는 안 된다. 뉴욕시는 2002년 과도한 게릴라 마케팅을 펼친 마이크로 소프트에 벌금을 부과한 적도 있다. 지나치게 선정적인 방법을 동원하거나 상업성이 과도하게 드러나도 효과는 기대하기 어렵다.

12.3 판매촉진과 퍼블리시티

퍼블리시티(publicity)는 기업의 제품과 서비스에 관한 정보나 단서를 매스 미디어에 제공하면 인쇄매체나 방송매체를 통해 소비자에게 알리는 방식의 촉진 수단이다.

사례

습기제거제 '물먹는 하마'의 경우 사면이 바다로 둘러싸여 있고 사시사철 습도가 높은 일본에서는 성공을 거둔 제품이다. 그러나 우리나라에서는 소비자조사 결과 89%의 주부가 습기로 인한 불편을 느낀 적이 없다고 하는데서 알 수 있듯이 소비자 욕구가 거의 존재하지 않았다. 이러한 시장에 신제품을 도입한다는 것은 위험스러운 일이 었는데 제품속성의 이익을 소비자에게 인식시키는 것이 성패의 관건이었다.

따라서 '주부님! 귀댁의 옷장에서 습기가 이만큼 나왔다면 믿으시겠습니까?'라는 광고문안을 통해 습기로 인한 피해를 인지시켰고 그것도 습기가 가장 많은 계절에 집중적으로 광고함으로써 제품 인지효과를 높였다. 따라서 소비자들의 새로운 욕구를 창출한 셈이다.

성공의 또 다른 원인은 욕구창조와 함께 '물먹는 하마'라는 생소하고 새로운 느낌의 친밀감 있는 제품명을 사용한 점을 들 수 있다. 시장 조사 결과 적은 광고비에 비하면 상당히 큰 74%를 넘는 수준의 제품인지도를 달성하여서 소비자에게 더욱 가까운 제품으로 인식된 것이다.

또한 이 제품이 도입기를 지나 성장기에 있던 1987년에는 새로운 마케팅 전략으로 신문광고에 '퀴즈형쿠폰'을 도입하여 제품의 사용용도를 확산을 가능하게 하는 문제를 싣고 경품을 주어서 소비자가 제품용도에 대해 자연스럽게 재인식할 기회를 주었다. 많고 다양한 판매촉진의 형태가 표 8.12에 제시되었다.

이러한 서로 다른 형태 각각은 상이한 상황에 적절하고 각기 장단점이 있다. 예를 들면 어떤 제품용기를 지급하는 형태의 촉진은 그 용기의 비용 및 그것을 제공함으로 해서 생기는 추가적인 양을 정확히 측정할 수 있게 한다. 그것은 빠르고 유동성이 있다. 또한 고객이 이익을 염두에 두는 경우에는 효과적이다. 필요한 동안 계속될 수 있는 방법이며 설정, 관리 그리고 판매가 간단하다. 반면 고객에게는 누적적인 가치가 없고, 이미지를 형성하지는 못하며, 계속적인 가격할인의 시초를 간주될 수 있다.

점수제를 하는 것은 유동적이고, 폭넓게 활력이 있고, 선물의 재고를 유지하는 데 기업이 관여하지 않으며, 고객들은 쉽게 선물의 가치를 모르며 그들은 관리가 용이하다. 반면 대량구매 시에는 이익을 제공할 수 없고, 예산을 만들기 어려우며 딜러에게 직접적인 영향을 주기 어렵다.

따라서 추구하는 목표에 적합한 제도를 선택하려는 데 많은 주의를 요한다

표 8.11에서 보듯이 판매촉진이 즉흥적으로 실행되고 상황에 따라 변화무상하며 빈번한 전략 수정 등의 특징을 갖는다면 퍼블리시티는 상대적으로 장기적인 안목에서 펼쳐지는 촉진 수단이다.

퍼블리시티는 홍보나 전달과 같은 의미로 사용되기도 하지만 한마디로 퍼블리시티는 광고주가 원칙적으로 광고비를 부담하지 않는 광고이다. 또한 광고는 광고주가 계획하고 관리하지만 퍼블리시티는 기업의 의사와 상관없이 보도되는 경향이 있다. 광고는 확인된

표 8.12 판매촉진의 형태

목표시장	촉진의 형태					
	자금		상품		서비스	
	직접	간접	직접	간접	직접	간접
소비자	가격할인	쿠폰 증표 환금성 있는 물건 제공	프리미엄 구형모델 교환 선물	스탬프 쿠폰 증표 환금성 있는 물건 제공	보증 집단참여 행사 특별진열 및 전시	협동광고 스탬프 쿠폰 서비스표 행사참가 허용
유통업체	로열티 제도 인센티브 전량구매	신용거래 확대 송장연기 쿠폰 환금성 있는 물건 제공	선물 최초거래 시도 구형모델 교환	쿠폰 증표 환금성 있는 물건 제공	보증 집단참여 행사 위험감소 제도 특별전시 호혜적 거래	스탬프 쿠폰 서비스 증표
판매원	상여금 수당	쿠폰 증표 점수제 환금성 있는 물건 제공	선물	쿠폰 증표 점수제 환금성 있는 물건 제공	서비스혜택 집단참여 행사	쿠폰 증표 점수제 (서비스) 행사참가 허용

광고주가 존재하지만 퍼블리시티는 그렇지 않은 경우도 많다.

퍼블리시티의 장점은 광고비를 지불하지 않는 뉴스로 청중이 이해하기 때문에 정보원천의 신뢰도 효과(source credibility effect)가 광고보다 큰 경우가 많다. 비용도 지급하지 않은 뉴스에 대해 소비 대중은 더 큰 신뢰를 보낼 것이기 때문이다.

12.4 판매촉진과 PR(public relations)

기업과 이해관계를 가진 여러 계층의 필요와 욕구를 이해하고 그들과의 관계를 통해 자사의 목표 달성을 위한 수단이 PR이다. PR은 판매촉진이 단기적인 매출증대를 목적으로 하는 것과는 달리 장기적인 이미지 변화를 추구하는 경향이 있다.

표 8.13 PR의 종류

종류	내용
간행물	특정 표적집단을 대상으로 기업이 배포하는 연간기업보고서, 브로셔, 논문집, 시청각자료, 기업의 사보, 잡지 등
특별행사	기자회견, 세미나, 견학, 전시회, 시연회, 기념회, 운동경기 등에 대한 시행 및 지원
뉴스기사	다양한 형태의 기사나 시청각자료를 각 매체 특성에 맞도록 제공하여 뉴스화시킴
연설	최고경영자나 기업 내 전문가에 의한 제품 홍보 연설
공공서비스 활동	지역공동체의 관심사에 대한 지원 또는 기부를 통한 기업 및 제품 이미지를 제고
기업주체성 매체	대중들이 즉각적으로 인식할 수 있는 시각적 매체 (유니폼, 건물외벽, 기업의 보고서 양식, 브로셔 등) 확보

※출처 : Kotler Philip(2000), Marketing Management(Millenium Edition), Prentice Hall.

기업은 이제 MRP(Marketing Public Relation)의 시대를 맞이하여 투자자와의 관계관리인 IR(Investor Relation)을 포함한 소비자, 유통업자, 조성기관 등과의 관계 모두를 관리하는 PR 관리를 주요 업무로 인식하고 있다.

표 8.13에서 보는 것처럼 PR은 퍼블리시티보다는 좀 더 포괄적이어서 산업 전반에 대한 이미지 제고, 기업의 명성과 이미지 제고, 소비자의 의식전환 목표 등을 달성하기 위한 폭넓은 시각의 목표를 갖는다. PR은 광고와 달리 기업이 직접 계획하여 실행하는 촉진활동이기 때문에 퍼블리시티가 갖는 정보원천의 신뢰도 효과를 누릴 수 있다.

12.5 판매촉진의 전략적 역할

판매촉진은 본질적으로 전술적 고안으로 사용되기 때문에 종종 응집력이 부족한 일련의 발작적인 요술처럼 되는 경우가 많다. 그런데도 판매촉진을 구성하는 경영자가 광고는 어느 정도 전반적인 전략이 만들어져야 한다고 믿는다. 그렇기 때문에 광고는 항상 일관된 방법으로 장기적인 상표 프랜차이즈를 구축하는 철학에 근거하는 반면 판매촉진의 근본적 원리는 기업이 전술적 우선권을 유지하도록 돕는 것이 된다.

그렇다고 하더라도 촉진의 효과를 증가시키고 판매자와 구매자 간의 계약이 형성되고, 전술적 목표가 어떤 전반적 계획과 연계되고, 일반적으로 자원활용을 더 잘하게 되는 것과 같은 것들의 이유를 모르고 있다. 이러한 것이 가능한 예는 계속적으로 여러가지의 캠페인을 통해 여러 가지 제조와 고안을 사용하여 일관성 있게 하나의 제품촉진 전략으로 통합시킨 기업들의 예에서 찾을 수 있다. 최근의 몇몇 기업들에서도 촉진의 스타일을 정립하기 위해 계속적으로 적용하게 되면 장기간 동안 제품의 목표 달성을 돕고 유동적이며 잠재적인 힘을 가진 제도가 있었다.

12.6 판매촉진이 산업재에도 적용가능한가

산업재는 항상 다른 조직에 판매되고, 이는 마케팅 개념의 적합성에 기초적인 영향을 미치는 것보다는 마케팅믹스의 어떤 요소에 대한 강조점을 변화시키는 효과를 가진다. 그렇다면 대부분의 소비재 판매촉진 기법은 적절히 적응하게 되면 산업재에 적용될 수 있다. 그렇지만 산업재 시장에서 판매촉진은 비교적 드문데 그것은 부분적으로는 만약 기업이 제품을 촉진한다는 것은 그 제품에 무슨 잘못이 있다고 하는 공학적 원탁으로부터 생긴 신념 때문이다.

그러나 최근 산업재 기업은 성공적인 캠페인을 한 여러 기업에 대해 주목하기 시작했고 판매촉진은 마케팅의 유동적이고 경쟁적인 도구를 이해하는 예가 많아졌다. 3M사는 최근 사진복사기의 잠재고객들에게 일요신문의 광고를 통해 현금할인쿠폰을 세공했다. 어떤 산업재기업은 고속으로 움직이는 산업재로부터 고가의 자본재에 이르는 제품영역을 가진 기업인데 구형모델판매, 경쟁설계, 신용거래, 교육훈련제도 소형경품, 주문보증 등의 특별한 촉진제도를 개발하였다.

12.7 판매촉진 계획의 준비

판매촉진은 모든 마케팅 기능 중에서 가장 잘못 관리되는 것 중의 하나라는 인식이 널리 퍼져 있다. 이것은 주로 판매촉진이 무엇인가에 대한 혼동 때문이며 적절히 지출을 기록하지 못하는 결과를 낳곤 한다. 어떤 기업은 판매촉진에 광고를 포함시키고, 어떤 기업은 판매원 지출에 포함시키며, 또 다른 기업은 일반 마케팅 비용에 넣고, 어떤 기업은 제조비용에 넣기도 한다. 반면에 특별가격할인으로 생기는 수입손실분은 종종 기록되지 않는다. 그러한 잘못이 극히 우려되는 이유는 판매촉진이 마케팅 전략의 매우 중요한 부분이기 때문이다. 또한 유럽공동시장을 가진 나라들의 경쟁 혹은 거래의 압력 때문에 판매촉진은 더욱 폭넓게 퍼지고 수용되고 있다. 이는 이제 기업들이 더 이상 목표설정을 하지 않거나 사건 뒤의 결과를 평가하지 않거나, 어떤 다른 기업의 안내를 따를 수만은 없다는 것을 의미한다. 예를 들면 제품 하나에 3달러의 기여율이 있는 경우에 1달러 할인하는 것은 똑같은 수준의 기여를 유지하려면 50%의 판매증가를 이루어야 한다. 이것을 깨닫지 못하거나 판매촉진을 위한 다른 목표를 설정하면 통제의 손실을 가져오거나 수익의 감소를 낳을 것이다. 기업의 판매촉진 지출을 보다 효과적으로 관리하려면 필수적으로 거쳐야 하는 단계가 있다. 첫째 판매촉진의 목표는 광고, 가격정책, 유통 등의 목표개발과 같은 방식으로 이루어져야 한다. 각각의 촉진목표는 분명히 언급되어야 하는데 이를테면 구매시도, 반복구매, 유통전시, 구매최고점의 이동, 경쟁전쟁 등으로 묘사되어야 한다.

그런 후에 다음의 과정이 시도되어야 한다.

- 적절한 기법선택
- 사전시험
- 촉진실행
- 면밀한 평가

지출은 활동의 형태(특수포장, 판매시점의 특별자료, 가격할인으로 생긴 수입손실분 등)에 따라 분석 및 분류되어야 한다.

어떤 조립식부엌 제조업자는 소비 수요가 극적으로 감소된 후 과다한 판매촉진 프로그램을 시작했다. 그들은 회수율을 유지하려고 했지만, 판매촉진 활동이 너무 무계획적인 형태이어서 그들이 수행한 일의 비용효과를 평가하지 못하게 될까 두려웠다. 그들은 또한 기업이미지와 장기 고객 프랜차이즈에 대해 매우 우려하였다. 그래서 그 기업은 이 부분의 지출에 대한 집중적인 연구를 하여서 그들 커뮤니케이션 예산의 50%가 넘는 것을 알게 되었다. 그 다음에 그들은 목표를 분명히 했고, 마케팅 계획에 적절히 통합된 촉진계획을 만들고 평가방법을 확정하였다.

촉진계획에는 목표, 전략, 시기와 비용에 대한 간략한 언급이 포함되어야 한다. 판매촉진 계획에는 너무 상세한 내용이 없어야만 한다는 것이 중요하다. 판매촉진 계획의 구체적 과정을 예시하면 그림 8.7과 같다. 특히 구체적인 전술을 계획하는 5단계에서는 표 8.14와 같이 판매촉진의 목표에 따라 다양한 수단을 동원할 수 있음을 알아야 한다.

상세한 촉진내용은 마케팅 계획이 시작된 후에 따르게 된다. 예를 들면 다음의 점검표는 결과적으로 순환되어야 할 상세한 것들의 대강을 적고 있다. 그러나 마케팅 계획에는 이 중 하나의 윤곽만 나타나야 한다.

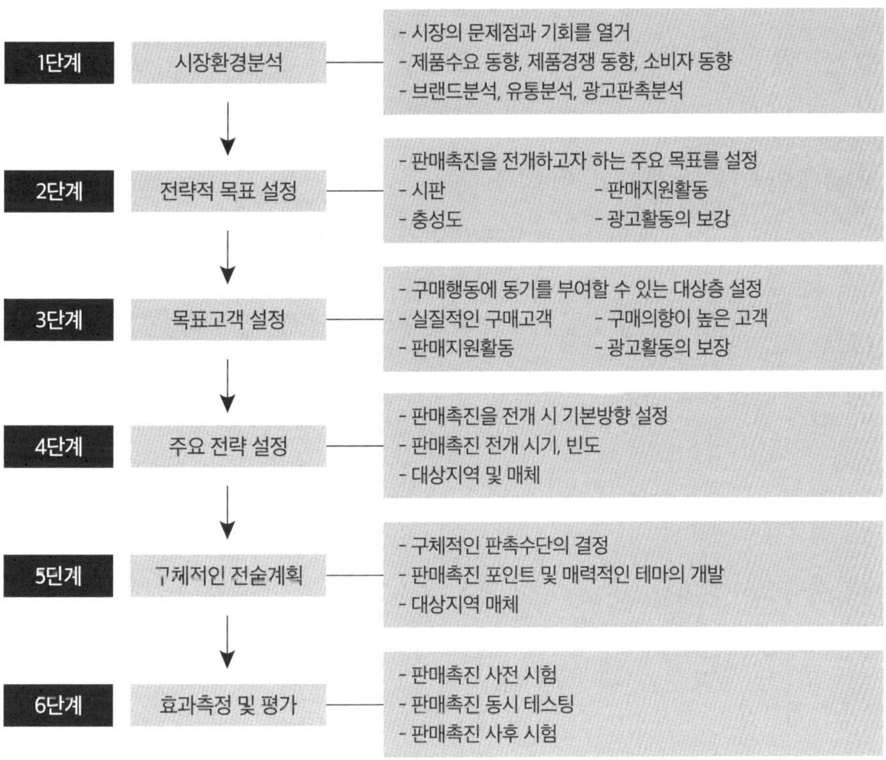

※출처 : 박충환, 오세조, 김동훈(2002), 마케팅 관리, 박영사, 357.

그림 8.7 판매촉진의 계획과정

<촉진명세의 점검표>

(제목)	(내용)
1. 도입부	내용을 간단히 요약, 즉 무엇, 어디, 언제?
2. 목표	신제품 출시를 위한 마케팅 및 촉진목표
3. 배경	시장 자료, 기법을 정당화, 다른 관련 문제
4. 촉진물 제공	제공을 구체화, 특별한 가격정책의 구조, 프리미엄 서술 등 간략하고 정확하여 모호하지 않은 것
5. 적격성	누구? 왜?
6. 시기	언제 촉진물을 획득 가능하나? 전화, 배달 혹은 송장날짜
7. 일자계획	시작일자 이전의 모든 계획의 날자와 책임배정
8. 지원시작일자	이전의 모든 계획의 날자와 책임배정
9. 행정	송장 발송, 경품송장라인, 창고재고, 우선(재)주문 절차, 현금흐름절차
10. 판매계획	목표, 혜택, 간략보고모임, 전화판매
11. 판매안내	전화를 통해 이루어짐
12. 판매보고	필요한 자료수집절차
13. 평가	촉진을 어떻게 평가할 것인가?

<참고사항>

판매원이 수행하는 촉진을 위한 설계는 다음의 사항도 포함한다.

- 안내요점에 대한 요약
- 가격구조/이익마진
- 판촉제공품의 요약
- 주문절차
- 빈칸으로 이루어진 주문서
- 전단복사물

판매원이 필요로 하는 것은 다음과 같다.

- (신)제품의 샘플
- 프리미엄 항목의 명세열거
- 특별한 보고양식
- 현금 및 프리미엄 회수 등

판매촉진의 폭넓은 원칙은 이미 판매관리자가 동의한 것이라고 사정함을 명심하라.

요약

여러 기업들은 하나 혹은 그 이상을 같이 사용할 수 있는 여러 가지의 커뮤니케이션기법을 가지고 있는데 이것을 커뮤니케이션 믹스라고 한다. 주어진 예산범위 안에서 최대의 효과를 거두기 위해 상황에 따라 사용된다.

이 장에서는 광고와 판매촉진에 대해 상세히 고찰하여 마케팅 믹스의 중요한 요소에 대한 상세한 계획을 어떻게 준비해야 할지를 다루어 보았다. 광고는 TV, 신문, 라디오, 인쇄물, 옥외광고 등을 이용한 인기 있는 비인적 커뮤니케이션방법이다. 합리적이고 달성 가능한 목표가 광고계획의 가장 우선적이고 중요한 절차이다.

광고계획의 절차는 목표대상의 선정(누구), 대상고객에게 원하는 반응의 발견(무엇), 어떠한 형태(어떻게), 비용이 절감되는 매체의 선정(어디), 언제 전달할 것인가(언제), 결과 예측(결과), 필요한 자금의 산출(예산), '무엇'과 '언제'를 행할 담당자 결정(스케줄) 등으로 구성된다.

이 장에서는 광고의 정의, 영향력, 기능, 특징, 광고계획 및 목표, 광고정보의 제공, 광고주와 광고대행사, 광고예산 편성방법, 광고효과 특정법 등을 통해 광고 계획을 실행하는 데 고려할 요소들을 살펴보았다.

판매촉진은 구체적인 활동으로서 구체적 시간제한 내에서 정해진 고객에게 어떤 특징을 제공하는 것이다. 판매촉진의 전형적인 과업들은 재고변동의 둔화, 경쟁사 활동에 대한 반격, 반복구매 격려, 한계구매자 보장, 기한 내 대금지불을 받는 것, 처음 구매유도 등이다.

판매촉진은 마케팅 기능 중 가장 잘못 관리되어질 수 있는 부분인데 어떤 기업은 판매촉진을 광고에 포함시키고 어떤 기업은 판매원 지출에 포함시키며, 또 다른 기업은 일반 마케팅 비용에 넣고 또 어떤 기업은 제조비용에 넣기도 한다. 판매촉진의 목표는 광고, 가격정책, 유통 등의 목표개발과 같은 방식으로 이루어져야 한다. 촉진목표는 분명히 언급되어야 하는데 구매 시도, 반복구매, 유통전시, 구매최고점의 이동, 경쟁전쟁 등으로 묘사되어야 한다.

연습문제

1. 특정기업을 예로 들어 그 기업이 커뮤니케이션 믹스(즉 광고, 판매촉진 그리고 인적판매)에 상대적으로 어떤 강조를 하고 있는지 말하라.

2. 그 기업의 주요 고객집단중 하나의 구매과정을 서술하라. 누가 주된 '영향을 미치는 사람'인가? 그들 집단과 그 기업의 커뮤니케이션 전략을 비판적으로 평가하라.

3. 그 기업의 광고목표를 비판적으로 평가하라.

4. 광고의 V효과를 설명하라.

5. 광고대행사-광고주 수명주기를 4단계로 설명하라.

6. 광고예산편성방법의 Top-down 방식과 Build-up 방식을 비교·설명하라.

7. 광고효과 측정방법의 Recall과 Recognition 방법을 비교·설명하라.

8. 특정기업을 예로 들어 다음 물음에 응답하라. 그 기업이 어디에 신제품/서비스를 맞추고 있는가? 혁신적 수용층을 커뮤니케이션 목표로 삼고 있는가? 그 기업은 그들이 누구인지 아는가?

9. 그 기업의 판매촉진계획을 비판적으로 평가하라.

10. 그 기업의 판매촉진 활동을 평가하라.

제9장 인적판매

인적판매는 기업과 고객 간의 커뮤니케이션에 있어서 중요한 전략적 역할을 한다. 성공의 기회를 잡기 위해 경영자는 다음과 같은 질문에 답할 수 있어야 한다.

- 인적판매가 얼마나 중요한가?
- 마케팅 믹스에서 인적판매의 역할이 무엇인가?
- 우리는 얼마나 많은 판매원이 필요한가?
- 우리는 그들이 무엇을 하기를 원하는가?
- 그들을 어떻게 관리하여야 하는가?

제1절 인적판매의 중요성

대부분의 조직들은 이 책 전반에서 서술한 것과 같은 정형의 마케팅 활동을 도입하기 훨씬 전에 판매원을 조직하였다. 이런 사실에도 불구하고 판매원 관리는 전통적으로 마케팅 관리에서 소홀히 다뤄 온 부분이다. 이에는 몇 가지 이유가 있다. 하나는 모든 마케팅과 제품관리자가 인적판매 혹은 판매관리 역할을 경험한 것은 아니기 때문이다. 그 결과 이러한 관리자들은 종종 효율적인 인적판매의 중요성을 과소평가했다. 판매원관리를 간과하는 또 다른 이유는 판매원들 스스로가 그들 자신이 계획의 가장 마지막 실행자로서 가장 힘든 자리에 있다는 생각으로 판매와 마케팅을 구분하여 다른 일이라고 생각하기 때문이다.

판매원이 고객으로 하여금 주문을 하게 설득하는 노력을 하기 전에 상당한 마케팅 계획이 이루어지지 않으면 판매가 성공할 가능성은 훨씬 감소하기 때문에 그런 생각은 잘못된 것이다. 결국 이러한 인적판매는 실제로 고객과 접촉하기 전 마케팅 조사를 통해 바탕이 된 마케팅 계획에 의해 이루어지는 것이다.

마케팅 '이론'과 판매 '실무' 간의 차이는 수익성 있는 판매란 개별고객과 개별제품에 의존하는 것이 아니라 고객들의 집단, 즉 세분시장에 의존하며 제품과 제품 포트폴리오 간의 관계에 의존한다는 사실을 생각할 때 더욱 유효하게 된다. 이러한 맥락에서 고려해야 할 또 다른 요소는 향후의 판매가 어디서 달성될 것인가에 대한 생각을 하는 것이지 단지 현재의 제품, 고객 그리고 문제에 집중하는 것이 아니다.

최근 수년간 선진국의 판매원을 조사해 보면 계획과 직업의식이 매우 결여되어 있음을 알 수 있다. 판매원은 흔히 어떤 제품과 어떤 고객집단에 집중적으로 힘을 쏟아야 할지 생각하지 않는 경우가 많고, 경쟁사의 활동에 대한 지식이 거의 없고, 제품이나 서비스에 대한 설명을 계획하지 않으며, 고객에게 어떤 이익이 있는지 거의 말하지 않는다. 또한 판매를 성사시키려는 데 있어 노력을 거의 하지 않으며, 명확한 목적이 없이 단순히 전화를 사용하여 판매하고자 하는 것으로 보인다. 더욱이 마케팅 관리자는 이러한 인적판매의 중요성과 가치를 인지하지 못하고 있으며 또한 이를 효과적으로 관리하지 않고 있다는 사실이다. 많은 조직들이 마케팅과 판매활동을 위한 별도의 부서와 이사를 두고 있다는 사실이 그러한 의사소통의 실패 가능성을 증가시킨다.

비록 그 중요성은 상황에 따라 다르지만 많은 사업체에서 판매원은 마케팅 믹스의 가장 중요한 요소이다. 예를 들어 산업재 기업에서 다른 의사소통 형태에는 매우 작은 시출을 하면서 한편으로 판매원에게 봉급, 자동차 그리고 관련비용에 대해 엄청난 지출을 하는 것을 볼 수 있다.

인적판매는 특히 서비스 산업에서 매우 폭넓게 이용되고 있다. 예를 들면 보험회사는 매체광고도 이용하지만 대부분의 판매를 인적판매에 의존하고 있다. 보험상품에 대한 고객들의 욕구는 늘 어떠한 상품이 그들의 특정 상황과 형편에 가장 부합하는지 알고 싶은 것이다. 선택 가능한 대안을 설명하는 가장 적절한 상품을 권하는 것이 판매원의 과업이다. 기업들은 광고와 판매촉진보다 더 많은 금액을 판매원에 지출하고자 한다. 이러한 인적 판매는 마케팅 믹스에서 가장 중요하고 비용이 많이 드는 요소인 것이다.

부실한 판매원 관리문제에 대한 해답은 판매원이 마케팅 과정에서 결정적으로 중요한 부분이지만 여타의 요소만큼 주의 깊게 계획하고 고려되어야만 한다는 사실을 인식함으로써 얻을 수 있다. 마케팅 책임자는 적어도 일 년에 얼마 동안은 판매지역으로 나가서 직접 고객들과 대면하여 제품을 판매하도록 하여야 한다. 이를 통해 기업의 마케팅 정책에 대한 고객의 생각과 의견을 직접 들을 수 있다.

제2절 인적판매의 역할

인적판매는 커뮤니케이션 믹스의 매우 유용한 부분으로 간주될 수 있다. 다른 커뮤니케이션 믹스로는 광고, 판매촉진, P.R., D.M., 전시 등이 있다. 앞에서 우리는 기업이 커뮤니케이션과업을 판매원에만 맡길 수 없음을 보았다. 그러나 광고에 대해서도 똑같은 질문을 할 수 있다. 따라서 기업은 커뮤니케이션 믹스에서 인적판매의 역할을 정의해야 한다. 한편 이것은 시장에서의 구매과정에 대한 분명한 이해가 해답이 된다.

커뮤니케이션의 모든 요소의 효율성은 필요한 정보와 주어진 정보 간의 연결을 달성하는 것에 의해 좌우된다. 이러한 연계를 달성하기 위해 마케팅 수행자는 구매과정의 상이한 단계에서 상이한 사람들의 상이한 요구를 인식해야만 한다. 이러한 접근법은 기업의 커뮤니케이션이 구매사슬의 모든 주된 요소를 보장하는 것이 중요하다고 강조하고 있다.

커뮤니케이션 믹스에서 인적판매의 정확한 역할을 결정하기 위해 기업은 각 구매의사결정에서 영향을 미치는 주된 인물을 확인하고 그들이 각각의 구매과정의 상이한 단계에서 어떤 정보를 필요로 할지를 알아내어야만 한다. 대부분의 기관구매 의사결정은 문제인식에서부터 성과평가 그리고 구매되는 제품 혹은 서비스에 대한 피드백에 이르기까지의 많은 단계들로 구성되어 있다. 더욱이 각 단계의 중요성은 구매상황이 최초구매인가 혹은 반복구매인가에 따라 달라진다. 분명한 것은 필요한 정보가 각각의 경우에 따라 다르다는 것이다. 이는 앞의 제4장에서 좀 상세하게 다룬 문제이다.

인적판매는 커뮤니케이션 믹스의 다른 여러 요소에 비해 다음과 같은 이점들이 있다.

1. 쌍방의 커뮤니케이션 형태로서 잠재구매자에게 제품이나 서비스에 대한 판매원에게 질문할 기회를 제공한다.

2. 판매 메시지가 보다 유동적으로 만들어질 수 있어서 개별고객의 욕구에 부합되도록 맞추어질 수 있다.

3. 판매원은 그의 메시지를 인지된 구매자의 욕구에 맞추고 반대하는 욕구에 대처하기 위해 심층의 제품지식을 사용할 수 있다.

4. 가장 중요한 것은 판매원이 주문을 부탁하고 가격, 배달 혹은 특별한 요구에 대해 협상을 할 수 있다는 점이다.

일단 고객으로부터 주문을 받고 재구매의 가능성이 높으면 판매원의 과업은 설득에서 강화로 변하게 된다. 이 단계에서 모든 의사소통은 구매의 근간을 이루는 지혜에 기여를 하게 된다. 판매원은 또한 그 기업의 다른 제품이나 서비스에 대한 고려를 격려하는 기회를 가질 수 있다.

분명히 말하자면 획득 가능한 다양한 형태의 커뮤니케이션에 대해 서로 다른 시장 간에는 상이한 가중치를 두게 된다. 예를 들면, 식품사업에서 광고와 판매촉진은 커뮤니케이션 과정 중의 극히 중요한 요소이다. 그러나 식품 제조업자는 소매구매자와 긴밀한 관계를 유지하는 활동적인 판매원을 관리하고 있어야만 한다. 이 소매점포와의 관계가 체인의 왕성한 촉진활동을 보장해 준다. 하드웨어 도매상은 판매원을 통해 소매점포와 빈번하고 정규적인 대면을 하는 것이 성공의 중요한 요소이다. 고객의 수가 적은 산업에서는 고객과의 관계형성과 유지 과정을 이해하는 것이 필요하다. 이때 개인적 접촉이 가장 중요한 것이다. 반대로 빠르게 이동하는 많은 산업재는 다양한 용도에 쓰이기 위해 분산된 시장으로 팔려 간다. 이러한 지역에서는 인적판매가 아닌 다른 형태의 커뮤니케이션이 중요성을 더하게 된다.

전자산업에서 많은 기업들이 더 많은 이익을 내기 위해 인적판매를 이용한다. 예로 워드프로세서는 제공하는 능력의 범위가 아주 방대하다. 기술적인 세부사항은 소형팸플릿과 다른 촉진물을 통해 공급될 수 있지만 구매의사결정을 하는 경영스텝은 대안을 평가하기가 어려울 것이다. 훌륭한 판매원은 특정 고객의 요구사항을 재빨리 확인하여 상품이 고객의 욕구를 어느 정도 충족시킬 수 있는지 알아 볼 것이다. 고객은 즉시 기업이 자신의 요구사항을 이해하고 있는지, 기업이 믿을 만한지, 그리고 기업이 조직에 장비를 배치하고 사용하도록 설치하는 데 필요한 서비스를 보충해 줄 수 있는지 확인할 수 있다. 그러한 고려는 구매의사결정에서 기술적인 자료표의 비교보다는 훨씬 영향력 있는 것이다.

제3절 판매원의 판매 단계

판매원의 판매 단계는 보통 그림 9.1처럼 7단계로 구성된다. 이들 단계는 고객발견(prospecting), 준비(preparation), 고객에게 접근(approaching the customer), 프레젠테이션(presentation), 반대극복(overcoming objections), 주문획득(closing), 사후관리(follow-up)로 이루어진다.

(1) 고객 발견

판매원의 판매는 고객 발견으로부터 시작한다. 잠재 고객을 발견함으로써 제품 판매를 위한 과정을 수행하게 된다. 잠재 고객의 유형은 크게 세 가지로 나눈다.

① 초기고객(lead) : 향후 고객이 될 개인이나 집단
② 잠재고객(prospect) : 이미 제품에 관심을 가진 개인이나 집단
③ 욕구고객(qualified prospect) : 제품에 대한 욕구가 있고 구매 능력이 있으며, 구매의사결정을 할 권한도 있는 개인이나 집단

이들 중 욕구 고객이 가장 가치 있는 집단인데 고객의 폭을 좁혀서 이들을 선별해 내는 일이 고객 발견의 주된 업무이다.

만약 판매원이 정보가 없는 상태라면 콜드 캔버싱(cold canvassing/cold calling)을 할 수 밖에 없는 것이다. 이는 고객에 대한 사전 정보 없이 일정한 지역 내의 고객을 모두 방문하는 방법으로 시간과 노력의 소모가 크다.

1. 고객발견(prospecting)
2. 준비(preparation)
3. 고객에게 접근(approaching the customer)
4. 프레젠테이션(presentation)
5. 반대극복(overcoming objections)
6. 주문획득(closing)
7. 사후관리(follow-up)

그림 9.1 판매원의 판매단계

이에 비해 연쇄법(chain order), 의견 선도자(opinion leader) 활용법, 2차 자료(secondary data) 활용법, 간접접근법 등을 이용하는 것은 보다 체계적인 고객 발견의 방법이 된다.

(2) 준비

판매원이 준비를 하는 과정은 잠재고객에게 접근하여 질문할 것을 수집하는 과정이다. 말하자면 접근(preapproach) 과정인데 욕구고객에 대해 공부하는 숙제를 풀어야 한다.

잠재 고객을 만나서 상담을 하기 전에 해야 할 숙제로는 잠재 고객의 욕구, 잠재 고객의 불만이나 문제점, 잠재 고객의 경쟁자에 대한 정보 등을 수집해야 한다.

결국 잠재고객을 만나서 도움을 주기 위해서는 하루 중 또는 일주일 중 어느 날, 어느 시간에 방문하는 것이 최적인지를 파악할 필요가 있다.

(3) 고객에게 접근

준비가 끝난 판매원은 욕구 고객에게 최초로 접근하여 고객의 욕구를 이해하고 주의를 끌고 관심을 자극하게 된다. 고객의 관심을 끄는 가장 좋은 방법은 고객의 필요와 욕구를 치밀하고 상세히 파악해 두는 것이다.

질문을 통해 정보를 수집하고 편한 표정과 미소로 친밀한 관계를 만들려고 노력하게 된다. 눈을 마주보며 고객의 이름올 불러 주어야 할 것이다. 전화를 걸 때는 밝은 목소리로 고객의 이름을 부르며 고객의 개인적인 문제에 대해 관심을 표시하는 것도 잊지 말아야 할 것이다.

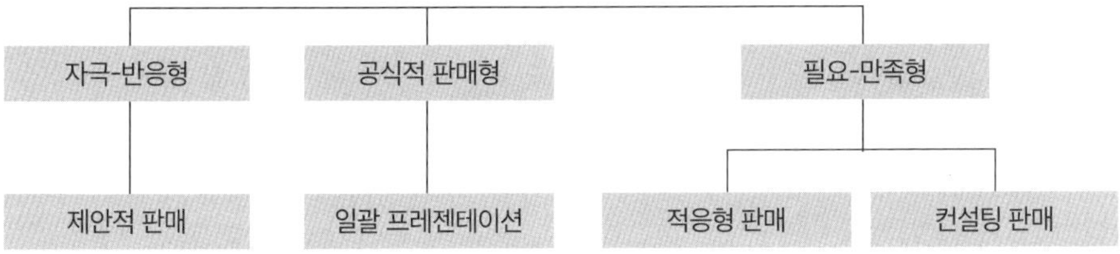

그림 9.2 판매 프레젠테이션의 유형

(4) 프레젠테이션

잠재고객의 관심을 유도하기 위해 프레젠테이션에서는 자극을 줄 수 있는 메시지를 제공해야 한다. 제품의 특별한 속성을 강조하며 고객에게 전달하는 것이 하나의 과업이라면 또 다른 하나의 과업은 고객의 필요를 충족시키기 위해 판매원이나 판매 조직이 무엇을 해야 할지를 알아내는 것이 프레젠테이션 과정에서 해야 할 일이다.

프레젠테이션의 유형으로는 자극-반응형(stimulus-response format), 공식적 판매형(formula selling format) 그리고 필요-만족형(need-satisfaction format) 등이 있다. 이를 그림으로 표시하면 그림 9.2와 같다.

가. 자극-반응형

자극-반응형 프레젠테이션은 판매원이 적당한 자극을 제공하면 고객이 제품을 구매할 것이라는 입장이다. 대표적인 예로는 카탈로그를 제작하여 구매를 유도하거나 식당의 메뉴를 제시하여 주문을 유도하는 제안적 판매(suggestive selling)를 하게 된다.

나. 공식적 판매형

공식적 판매형의 프레젠테이션은 보다 정형화된 방식으로 고객에게 제품 관련 정보를 모조리 체계적으로 엮어서 전달하려는 경향이 있다. 그래야만 판매원이 중요한 제품 정보를 빠뜨리지 않게 되고 프레젠테이션의 어느 순간에는 판매원이 상세한 보충 설명을 하기도 한다.

일괄 프레젠테이션(canned presentation)은 주로 전화 판매원이 암기한 표준화된 판매 메시지를 들려주는 방식을 예로 들 수 있다. 텔레마케팅이 이러한 방식을 이용함으로써 보다 충실한 메시지를 구상하여 꼼꼼히 모든 정보를 전달할 수 있게 된다.

다. 필요-만족형

필요-만족형의 프레젠테이션은 고객의 필요와 욕구를 파악하기 위해 질문을 하고 대답을 듣는 방식이다. 이는 가장 밀도 높은 프레젠테이션 방식이다.

적응형 판매(adaptive selling)는 여러 가지 질문에 대한 다양한 대답도 준비하여 고객의 예상 밖의 질문에도 전문가다운 답변을 하는 방식이다. 컨설팅형 판매(consultantive selling)는 고객이 미처 모르는 제품의 장단점과 문제해결 방식을 판매원이 숙지하여야 하며 그러기 위해서는 보다 많은 판매원의 훈련이 요구된다.

라. 프레젠테이션 형식

프레젠테이션을 실시하는 형식으로는 크게 면대면(face-to-face) 방식이나 전화를 통한 판매 방식의 두 가지가 있다.

면대면 방식에서는 판매원의 외모가 고객에게 중요한 첫인상을 심어 줄 것이다. 판매원은 설명을 위한 충분한 자료를 준비하고 고객의 필요와 욕구에 자신의 제품이 가장 적합하다는 것을 분명하고 독특하게 강조할 줄 알아야 한다.

전화를 통한 판매방식은 흔히 텔레마케팅(telemarketing)이라 불리는데, 이는 먼내면 방식보다 더 적은 비용으로 더 많은 잠재 고객을 만날 수가 있다. 그래서 판매원 판매를 할 자금이 부족한 판매 조직에게는 매력적인 방법이 된다.

(5) 반대극복

판매원의 판매에 대한 반대(objection)는 잠재 고객이 제품의 외관이나 가격에 대해 느끼거나 지금 당장은 그 제품이 필요하지 않은 경우에 일어난다. 유능한 판매원이라면 이러한 반대의 진정한 의미를 간파하여 고객의 그러한 의사 표시를 겸허히 수용하여 궁극적으로는 그를 자신의 고객으로 만들어내는 지혜를 발휘할 것이다.

만약 잠재 고객이 판매원의 제품이 경쟁자 제품에 비해 열악하다고 평가한다면 판매원은 자신의 제품이 왜 고객에게 더욱 적합한가를 설명해야 한다. 자신의 제품의 약점이 있음에도 불구하고 경쟁 제품에 대비한 강점이 이를 상쇄시키고도 남는다는 점을 강조해야 할 것이다.

(6) 주문획득

판매과정에서 제품 구매가 성사되는 완성 과정인 주문 획득(closing)은 판매원이 주도해야 한다. 분명히 주문서에 서명하기를 권하는 클로징이 판매원의 몫인데도 이를 요구하지 않거나 주저한 나머지 주문 획득을 하지 못하는 판매원이 의외로 많다. "자 이제 이 주문서에 서명 날인해 주시겠습니까?"라고 요구하지 않고서 판매가 완성되기를 기대하는 어리석은 판매원이 되어서는 곤란하다.

대표적인 클로징을 세 가지 유형으로 나눌 수 있다. 첫째, 판매원이 냉장고의 모델이나 자동차의 색상 등의 제품의 특별한 부분을 강조하면서 고객에게 구매 결정을 요구하는 초기 클로징(trial closing)이다.

둘째, 판매원이 외상 구매나 배달 혜택 등을 강조하면서 구매를 망설이는 고객을 의사결정하도록 유도하는 가정적 클로징(assumptive closing)이다.

셋째, 판매원이 이자율이 증가하고 있는 현실을 설명하거나 요금이 곧 인상할 것이라는 정보를 귀띔해 주거나 재고가 곧 바닥이 날지도 모른다는 사실을 알려 줌으로써 즉시 의사결정할 필요가 있음을 알려주는 긴박한 클로징(urgency closing)이다. 판매원은 자기가 취급하는 제품이나 서비스뿐만 아니라 시장 여건에 맞게 이들 여러 유형의 클로징 중 하나를 이용하게 된다.

흔히 판매원의 판매 단계 중에서 가장 어렵고 지루한 과정이 클로징이라 하는데 특히 한국의 판매원에게는 맞는 말이다. 한국의 판매 조직이 결과지향적이어서 지금 당장 혹은 한 번의 방문에서 판매가 완성되지 않으면 그 판매 상담을 포기하거나 불가능한 것으로 판단하는 경우가 많다. 클로징은 마라톤과 같이 지루하고 인내심을 요하는 과정이다. 어려운 과정을 통해 완성된 클로징일수록 연쇄판매(chain order)의 가능성이 높을 것이다.

지나치게 결과에 치중하는 판매원의 자세를 버리고 한 단계씩 반대 극복을 해 나가면 언젠가는 클로징에 이른다는 각오를 가질 필요가 있다.

판매 단계 중 여섯 번째의 순서에 클로징을 하는 것으로 되어 있지만, 경우에 따라서는 순서에 구애받지 않고 실행하는 것이 클로징이다. 여러 차례 방문한 경험이 있는 잠재고객에게는 간단한 프레젠테이션에 이어 바로 클로징을 걸어 볼 수도 있는 것이다. 또한 전체 판매 단계 중에서 꼭 한 번만이 아니라 필요하다면 두 번 이상 클로징을 걸어 보는 것도 판매원의 능력에 달려 있다.

(7) 사후관리

클로징으로 판매를 완성한 것이 판매의 끝이 아니다. 유능한 판매원은 사후관리를 통해서 제품이나 서비스를 구매한 고객의 만족을 극대화 시킬 뿐 아니라 추후의 반복 구매를 유도할 수도 있다. 가장 흔한 전화를 통한 사후관리로 주문된 제품의 안전한 배달, 제품의 정상적 기능 작동, 제품이 실내 공간에 적절히 잘 배치되는지 여부 등을 확인할 수 있다. 또한 사후 관리 과정에서 판매원은 고객이 불만족을 느끼기 전에 문제를 발견하고 해결하는 방법을 습득하는 기회를 찾아야 한다.

제4절 판매원의 수

기업은 현재 작업이 정확하게 어떻게 할당되어 있는지를 알아봄으로써 얼마나 많은 판매원이 필요한지 고려하기 시작해야 한다. 이는 현재 판매원이 실제로 하는 모든 것을 기록하는 것으로 시작된다. 여기에는 새로운 거래의 시작, 현재 거래에 대한 서비스, 신제품 홍보, 반복주문 획득, 부채수금 등이 포함된다. 그런 다음에는 이러한 임무를 수행하는 대안을 조사해야 한다. 예를 들어, 반복적인 거래의 경우 전화판매가 인적판매를 대신할 수 있는 가장 효과적인 방법으로 보인다.

그리하여 판매원은 전화접근법에 불필요한 업무로부터 자유로워질 수 있다. 부채가 우편이나 전화로 수금이 가능한가? 제품이 전시장이나 진열대에서 홍보가 될까? 의사결정을 수행하고 의사결정을 정당화할 자료와 이유를 찾는 가운데 보통의 함정에 빠지지 않았는지 확인할 수 있는 방법은 이러한 종류의 질문을 함으로써만 가능하다. 이 단계에서 관리자는 적절하고 계량화된 자료수집과 의사결정을 도와줄 판단과 경험을 사용하는데 집중해야 한다. 기초적으로 모든 판매원 활동은 세 가지 영역, 즉 전화, 여행 그리고 행정적인 기능 수행으로 범주화될 수 있다.

이러한 과업은 판매원의 '업무량'이라는 것을 구성하게 된다. 만약 한 판매원의 합리적인 업무량을 구성하는 것, 즉 월간시간을 결정하게 되면 그의 현재 활동이 몇 시간 걸리는지 측정할 수 있고 따라서 그의 현재 업무량의 정도를 정확히 측정할 수 있다.

이러한 측정은 어떤 독립된 제3의 부서가 수행할 수도 있지만 아마도 판매원 자신이 수행하는 것이 바람직할 것이다. 한 가지 단순한 측정을 위해 그들이 할 일은 여행한 거

표 9.1 판매원의 총 일일활동의 분석

		하루의 몇(%)	하루 중 몇 분
전화 외의 시간	골목운전	15.9	81
	방문운전	16.1	83
	걷기	4.6	24
	휴식	6.3	32
	전화 전 행정업무	1.4	7
	전화 후 행정업무	5.3	27
		계 49.0	계 254
전화시간	사업이야기	11.5	60
	판매	5.9	30
	농담	3.4	17
	전화받기	1.2	6
	신변잡기	1.1	6
	음주	1.7	8
	기다림	7.1	36
		계 31.9	계 163
저녁작업	창고작업	9.8	50
	사색	3.9	20
	계획 전 작업	4.8	25
		계 18.5	총계 95
		총계 100.0	총계 8시간 32분

리, 전화 시작과 끝 시각, 점포의 형태 등을 기록하기만 하면 된다. 그런 후 이런 자료는 점포 형태에 따른 전화통화의 평균시간, 월간 평균 여행거리 그리고 지역의 본질(도시, 근교 혹은 시골)에 따른 평균속도 등을 쉽게 분석하게 해준다. 지도를 이용하여 기존 고객들은 시행착오에 근거하여 판매원의 활동과 여행을 위한 시간가치에 따라 할당될 수 있다.

이런 식으로 판매원에 대한 균등한 업무량이 계산되고 필요하다면 새로운 잠재 판매 점포를 조사하는 여유 수용량을 계산할 수도 있다. 이러한 종류의 분석은 때때로 놀라운 결과를 낳는데, '스타' 판매원이 가장 성과가 낮은 판매원보다 더 적은 업무량을 가진 것으로 나타나기도 한다. 실적이 가장 낮은 판매원은 지역의 본질 때문에 그의 판매량을 달성하는 데 훨씬 더 긴 시간 일을 해야 한다. 물론 업무량을 측정하는 다른 방법도 있다. 어떤 주요 소비재 기업은 작업 연구부서를 이용하여 판매원의 효과를 측정한 경우가 있다. 그 연구의 결과는 표 9.1에 요약되었다.

이 표는 기업이 판매원의 시간이 어떻게 소요되고 그 시간 중의 얼마가 실제 판매에 쓰여질 수 있는지 알게 해준다. 기업이 즉각 할 수 있는 행동은 더 좋은 결과로 판매에 더 많은 시간을 할애하게 할 수 있는 훈련프로그램을 시작하는 것이다. 또 다른 것은 고객과 대면하는 동안 판매성과의 질을 증진시키는 것이다.

이러한 계량적 자료로 무장하게 되면 얼마나 많은 판매원이 필요하고 판매지역이 어떻게 균등하게 할당될 수 있는지 결정하기 쉬워진다.

제5절 판매원의 임무

판매원의 하루를 구성하기 위해 어떠한 방법이 사용되더라도 판매에 쓰일 수 있는 시간은 항상 적다. 이러한 상황에서 기업이 그들의 판매원이 무엇을 해야만 하는지 가능한 한 정확히 아는 것이 결정적으로 중요하다. 판매원 목표는 양적일 수도 있고 질적일 수도 있다.

5.1 계량적 목표

원칙적으로 계량적 목표는 다음의 측정과 관련된 것이다.

- 얼마에 팔 것인가(단위판매량의 가치)
- 무엇을 팔 것인가(판매할 제품라인의 믹스)
- 어디에 팔 것인가(기업이 마케팅 목표로 향하게 하는 시장과 개별 고객)
- 기대되는 이익기여(적절한 부분과 이익을 계산하기 위해 기업이 구성된 부분)
- 판매비용(보상, 비용, 감독 등)

앞의 세 가지 형태의 목표는 앞의 제6장에서 상세히 논의된 마케팅 목표에서 직접 도출되었는데 판매계획의 원칙적인 구성요소를 이루고 있다. 물론 다른 많은 형태의 계량적 목표가 판매원에 대해 만들어질 수 있는데 다음과 같은 것들이다.

- 판매시점 전시 숫자
- 잠재고객에게 쓴 편지 숫자
- 잠재고객에게 건 전화 숫자
- 회수 혹은 회수되지 않은 보고 숫자
- 거래회의 숫자
- 제품안내에 있어서 판매지원의 사용
- 서비스 전화 숫자
- 고객 불평 숫자
- 안전기록
- 정보수집
- 훈련모임
- 경쟁사 활동의 보고
- 일반적 시장상황 보고

판매원은 또한 전문가팀과 고객조직과의 사이에서 조정역할을 수행할 필요가 있을 수도 있다. 광산기계를 판매하는 기업의 경우 접촉을 성사시키고 판매로 이끌 수 있는 접촉을 확인하는 '훌륭한 일반 판매원'을 다수 고용하고 있다. 고객조직과의 협상에 들어가기 전에 기계를 판매하는 기업은 자문과 충고를 받기 위해 고도로 전문화된 엔지니어와 재무적 전문가팀에게 말할 필요를 느낄 것이다. 이 기업에서 언제 전문가의 도움이 필요한지 확인하고 협상에 관여하게 된 사람과 조정하는 것이 판매원의 과업이다. 그러나 대부분의 목표는 무엇을 판매하고 누구에게 판매하는지와 직접 관련된 앞서 논의한 주요 목표에 종속적이다.

5.2 질적인 목표

만약 판매관리자가 '충성도', '열정', '협동' 등과 같은 추상적인 용어를 포함하는 영역에 따라 판매원의 성과를 평가하려고 한다면 그러한 용어는 객관적으로 측정하기 어렵기 때문에 질적인 목표가 잠재적으로 문제의 원칙이 될 수 있다. 성과를 질적으로 측정하려는 가운데 관련자는 종종 평가받는 것 간에 혼동을 불러일으키는 매우 주관적인 해석을 하곤 한다.

그러한 관리자는 판매원의 성과에 실제로 연결시키는 질적인 목표를 설정하고 측정할 수 있다. 예를 들면 어떤 사람이 그의 제품지식을 적용시키는 기술 혹은 그의 작업을 계획할 수 있는 기술 혹은 판매인터뷰를 하는 동안에 반대를 극복할 수 있는 기술을 평가할 수 있다. 이러한 측정은 본질적으로 질적이지만 판매원이 이해하고 수행하는 성과의 표준과 관련 있다.

그러한 표준이 있으면 유능한 현장 판매관리자가 부족한 것을 확인하고, 그러한 부족에 대해 의견일치를 보이고, 기술이나 기법을 가르치고, 직업의식을 갖게 하고, 스스로 연마하는 것을 보여 주고, 현장에서 어떤 훈련이 연마될 수 없는지 결정하고, 성과의 개선 및 과거 훈련의 효과를 평가하기는 그렇게 어렵지 않다.

30명의 현장 판매관리자를 보유한 어떤 소비재 기업은 그들 중의 대부분이 사무실에서 행정적인 업무를 스스로가 만들어서 하고 있다는 것을 발견했다. 그 기업은 사무실을 없애기로 하고 판매관리자들이 대부분의 시간을 현장에서 판매원을 훈련하는 데 소요하라고 지시했다. 이러한 일을 돕기 위해 현장에서의 판매원의 성과를 평가하고 증진시키는 방법을 판매관리자에게 훈련시켰다. 그 결과 판매가 극적으로 증가했고 결과적으로 관리자 자신의 수입이 증가했다. 이로써 그들의 사무실을 잃은 것에 대한 아쉬움을 극복할 수 있었다.

제6절 판매원 관리방법

판매원에 대한 동기부여는 최근 상당히 주목받고 있는 부분이다. 이제는 어떤 사람에게 단지 직책과 사무실을 주고 훌륭한 결과를 기대하는 것은 충분하지 않은 것임은 폭넓게 인식하게 되었다. 효과적인 리더십은 관리자에 의한 결정 못지않게 '부하에 의한 결정'이라는 인식이 있다. 이 논의를 위해 효과적인 판매원관리에 기여하는 몇 가지 중요한 요소를 간단히 정리할 필요가 있다.

한 연구 결과에 따르면 판매원 동기부여의 중요한 요소는 가치 있는 일을 한다는 생각을 갖는 것이라고 한다. 달리 말하면 칭찬과 인정받고 싶은 욕구, 지루하거나 단조로운 것으로부터 탈피, 가치 있는 것으로 인식되는 무엇인가에 소속되고 싶은 욕망 등의 모든것이 성과를 증진시키는 데 기여한다. 미국에서 실시된 잘 알려진 연구는 어떤 기업의 판매성과가 가장 높은 20개 판매단위와 판매성과가 가장 낮은 판매단위 20개와 비교하여그 이유를 조사하였다. 연구결과 앞의 모든 요소가 성공의 주요 구성요소로 밝혀졌다.

그러나 적절한 보상이 항상 동기부여의 가장 중요한 요인이 될 것이다. 물론 상당한 재무적 동기부여가 없으면 사람들이 계속 남아 있지 않겠지만 적절한 보상계획, 즉 기본적 급여와 특별한 노력에 대한 보상 즉, 보너스나 수당 등을 계속 지급하고자 할 때 다음의 목표가 고려 되어야 한다.

• 효과적인 판매원을 유인하고 관리한다.
• 계속 경쟁력을 유지한다.
• 판매원 개인의 성과에 따라 보상한다.
• 보장된 수입과 순서적인 개인별 성장률에 따라 보수를 지급한다.
• 개인적인 판매 이니셔티브를 유발한다.
• 팀워크를 강조한다.
• 필수적인 판매가 아닌 과업의 성과를 강조한다.
• 판매목표를 달성하는 수단으로 관리자가 공정하게 업무를 처리하고 보상수준을 수정하는 것을 보장한다.

판매원 동기부여의 중심개념은 개별 판매원이 만약 다음과 같은 두 가지에 집중하게 되면 더욱 열심히 일할 것이라는 의미이다.

1. 자신의 판매목표를 달성하려는 스스로의 기대
2. 그러한 목표달성으로부터 오는 개인적 이익

이러한 판매원 동기부여 이론은 경로-목표 접근법으로 알려져 있는데 그 이유는 그 이론이 판매원이 특별한 판매목표 때문에 추종하는 특정 경로에 근거하고 그 경로를 따라 성공적으로 일을 하는 것과 관련된 특정 목표에 근거하기 때문이다. 판매원은 다양한 경로 혹은 판매 접근법을 따라 성공할 가능성을 추정하고 자기보다 더 잘하는 사람이 그의 목표 달성을 인정하고 거기에 따라서 그에게 보상을 할 가능성을 추정한다. 다소 비정형적으로 언급했지만 판매관리자의 동기부여 기능은 판매원의 작업목표 달성에 대해 판매원에게 인적 보상을 증가시키고, 경로를 분명하게 함으로써 이러한 보상으로 업무추진을 보다 용이하게 만들고, 그 경로의 블록과 함정을 줄이고 그리고 도중에 인적 만족의 기회를 증가시키는 것으로 구성된다.

판매원 동기부여가 어렵고 고도로 감정적인 주제이며 결국 상식이 지배할 부분이라는 데 반대할 사람은 없다. 어떤 판매 회의에는 자기 기업의 주제가를 부르고 춤추는 여자들이 분위기를 고조시킨 후 마케팅 관리자가 도표 등에 대해 설명하는 경우가 있다. 이런 경우 판매원이 그 회의의 주된 이슈를 기억하기가 어려울 것이다.

판매회의의 또 다른 보통의 모습은 호전적인 언어, 즉 '우리 계획은 적들을 쳐부수는…'등 을 사용하는 것이다. 그러한 용어를 사용하는 것은 보통의 판매원의 일상의 환경과 매우 대조적이다.

물론 판매회의에서 약간의 흥미가 있어야 할 필요는 있지만 대부분의 판매이사와 관리자는 판매원에게 정보를 제공하고 판매과업을 보다 용이하게 수행하게 할 도구를 제공할 가능성이 크다. 커다란 캔 속에서 벌거벗은 숙녀가 뛰어나오는 것과 같은 모습이 다른 어떤 곳에서는 가능할지 모르지만 판매회의에는 부적절한 것이다.

제7절 판매계획의 준비

두 개의 판매계획이 정확히 똑같은 표제들을 포함하지는 않을 것이다. 그러나 어떤 일반적인 안내가 있을 수는 있다. 표 9.2는 개별 판매원의 목표설정의 사례이다. 분명히 이러한 목표는 마케팅 목표를 실제의 판매목표로 나눈 것의 논리적 결과이다.

모든 기업은 전반적 목표를 설정하는데 이는 구체적인 마케팅 목표의 개발을 의미한다.

이 장에서 우리는 전반적 마케팅 활동의 맥락에서 인적판매에 대해 논의하였다.

이 접근법은 다음과 같은 목표의 계층으로 우리를 안내해 준다. 이는 그림 9.3에 나타난것처럼 기업목표-마케팅목표-판매목표 등의 계층이다. 이러한 접근법에 따른 판매원 관리에 대한 이점은 다음과 같다.

1. 기업목표와 실제 판매노력을 포함하는 마케팅 목표를 조정한다.
2. 기업목표와 고객욕구 간의 순환관계를 정립한다.
3. 기업과 마케팅에서 판매의사결정이 의미하는 바를 이해하여 판매효과를 개선한다.

표 9.2 개별 판매원의 목표

과업	표준	표준설정 방법	성과측정 방법	기대 효과
개인적 판매 목표 달성	각 집단 및 제품에 대한 기간별 판매	지역 및 고객의 잠재성 분석, 판매원과 관리자 간의 토의와 합의	목표에 대비하여 판매원 제품판매 비교	일정 기간 동안 목표와 성과 간의 분명한 차이
개별고객에게 정해진 범위와 양을 판매	정해진 시간 동안에 특정 개별고객이나 고객집단에게 판매달성	개별 고객의 잠재적 및 현재 판매기록 분석, 관리자와 판매원 간의 논의와 합의	개별 고객의 기록 조사 및 판매관찰	합의된 목표달성 실패, 개별 고객에게 달성한 판매에 대한 만족
판매 비용을 최소화하기 위한 여행 및 전화계획	개별고객에 대한 적절한 전화횟수 달성, 주어진 시간 동안 고객에게 건 전화횟수	개별 고객의 잠재력 분석, 주문/전화횟수의 비율분석, 판매원과 관리자의 논의 및 합의	개별 고객의 기록 조사, 주문/전화횟수 비율 분석, 전화결과 검토	고객의 수입에 대비한 개별 고객에 대한 높은 전화횟수 비율, 합의된 시간 동안의 합의 총 전화횟수
새로운 고객 확보	장차 전화할 횟수, 기존 고객에게 신제품 판매	결과를 만들어 낼 수 있는 잠재적 및 실제 고객의 총 수 확인, 장래에 대한 기회 확인	전화 결과, 새로운 거래 개시, 기존 고객/잠재 고객의 비율 등 검토	합의된 표준에 따른 잠재 전화횟수에서의 부족분, 기존고객/잠재 고객의 낮은 비율
요구량에 대한 판매접근 시도	각각의 판매 접근 요소의 확인된 목표를 달성할 때 요구되는 필요한 기술의 연마, 판매 자료의 계속적 사용	기업의 표준과 관련하여 관리자와 판매원 간의 논의에서 합의된 표준	각각의 판매 접근 단계에서 체계적인 성과분석을 실시하여 현장 판매를 규칙적으로 관찰	각각의 판매 접근 단계의 목표 확인, 구체적인 기술 분야 및 약점, 자료의 사용 등의 실패

다음의 사례는 판매원이 폭넓은 기업목표 및 마케팅 목표와 별도로 관리될 수는 없음을 설명하고 있다. 스테인레스 강 컨테이너를 생산하는 기업의 판매원이 구매할 수 있는 거의 모든 사람에게 거의 모든 종류의 컨테이너를 판매하는 경우가 있었다.

그 경우 원재료의 구매에 이르기까지 사업전반에 걸쳐 심각한 생산계획과 유통의 문제를 유발하게 되었다. 결국 그 기업의 수익성은 많은 피해를 보게 되었다. 판매원은 결국 특정 종류의 제품과 특정 사용자가 속한 산업에 집중적으로 마케팅 하도록 지시 받게 되었다. 이 의사결정은 결국 전체 기업을 통해 규모의 경제로 이끌게 되었다.

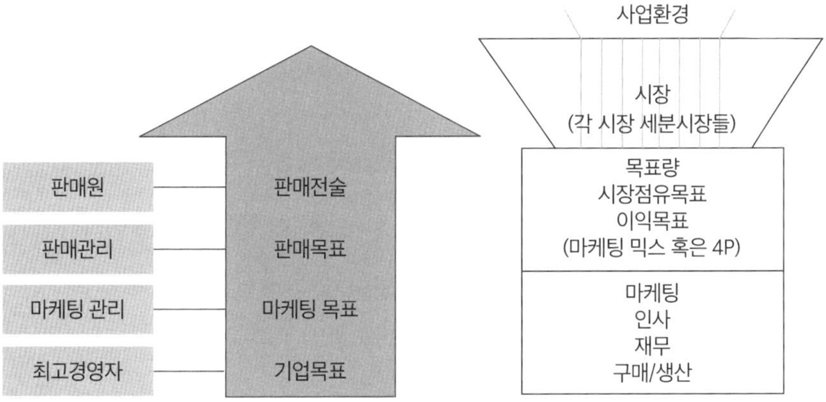

그림 9.3 목표의 계층

요약하면 판매원은 마케팅 믹스의 매우 값비싼 요소인 만큼 다른 어떤 마케팅 관리 못지 않은 주의를 기울여야 할 부분이라 하겠다. 이는 경험과 관련된 직관이 여기서 대략사고의 논리적 구조가 나타난 부분과 결합되면 가능할 것이다. 이에 대해서는 그림 9.4를 참조하면 된다.

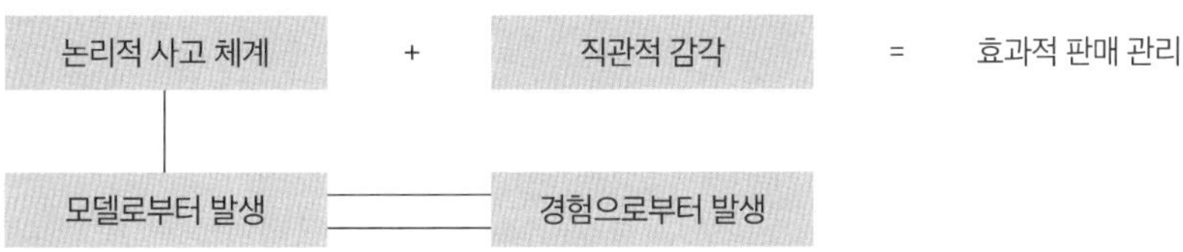

그림 9.4 효과적인 판매관리

요약

인적판매는 기업과 고객 간의 의사소통에서 아주 중요한 전략적 역할을 한다. 그래서 인적판매가 얼마나 중요한가, 마케팅 믹스에서 인적판매의 역할이 무엇인가, 얼마나 많은 판매원이 필요한가, 판매원이 해야 할 일이 무엇인가, 판매원을 어떻게 관리해야 하는가를 알아야 한다.

판매원의 판매 단계는 고객발견, 준비, 고객에게 접근, 프레젠테이션, 반대극복, 주문획득, 사후관리의 7단계를 거치는데 이 중 주문획득 단계가 가장 결정적인 부분이다.

마케팅을 책임지는 경영자가 일 년에 며칠 동안 판매지역으로 나가서 직접 고객들에게 주문하도록 설득해 보는 것은 인적판매의 중요성을 알게 될 뿐만 아니라 고객이 기업의 마케팅 정책을 어떻게 생각하는지 발견하는 좋은 방법이 된다.

또한 이 장에서는 지역 영역, 제품 영역, 고객 유형에 따라 판매원이 어떻게 할당되는지를 살펴보고 판매원의 동기부여를 어떻게 하는지 또 판매계획을 어떻게 준비하는지를 살펴보았다.

연습문제

1. 특정 기업을 예로 들어서 그 기업의 판매원의 주 기능을 말하라. 그들의 일이 어떻게 조정되는가?

2. 판매원의 판매의 7단계를 설명하라.

3. 그 판매원들이 지역적 영역, 제품영역, 고객유형에 따라 어떻게 할당되는가? 다른 어떤 형태의 할당법이 개발될 수 있는가?

4. 그 기업의 판매원에 대한 책임을 지는 사람은 누구인가? 그 기업에서 이 책임 소재와 마케팅 책임과는 어떤 관계가 있는가? 여기에 어떤 문제는 없는가? 만약 문제가 생기면 그들은 어떻게 해결하는가?

5. 현재의 판매원 규모와 형태를 정당화시킬 수 있는 이유는 무엇인가? 판매원의 30%를 줄이라고 한다면 귀하는 어떻게 하겠는가? 판매원 30% 감축이 어떤 결과를 낳겠는가?

6. 그 기업의 판매원이 어떻게 활용되는가? 그것이 최선의 방법인가? 판매원이 다른 형태의 의사소통을 어떻게 보충하는가? 판매원의 활동이 마케팅 노력 전체를 제고하는 다른 방법은 없는가?

7. 그 기업의 판매계획을 비판적으로 평가하라. 그것이 그 기업의 마케팅 계획으로부터 자연적으로 나온 것인가?

제10장 가격정책

가격 책정 계획에서 가장 중요한 것은 마케팅 계획 수립 시 가격 책정 계획이 존재하는 경우가 드물다는 것이다. 그 이유를 발견하는 것은 그리 어렵지 않다. 여러 형태로 이루어지는 촉진은 마케팅 믹스의 부분집합으로 관리되며 측정될 수 있다. 유통도 그러하다. 그러나 제품 그 자체, 가격 변화, 서비스 요소나 의사소통 전략들은 소비자에게 '제공'되는 모든 면인 데 반해, 가격 그 자체는 이러한 제공의 통합적인 부분이기 때문에 다른 것들과는 분리되어 그 자체가 하나의 계획으로 수립된다.

가격결정은 영리·비영리 조직의 성공적인 운영에 있어 중요한 업무이다. 가격은 마케팅 믹스 중에서 이윤을 발생시키는 제일 중요한 구성 요인이다. 많은 마케팅 담당자들은 단기 이윤을 증진시키기 위해 가격을 인상시켜야 하는 압력을 받는다. 예를 들어, 미국의 주식시장은 분기별 수익보고서에 민감하게 반응하며, 마케팅 담당자들은 종종 수익 성장을 유지하기 위해 현금젖소(cash cow)의 가격을 인상한다. 그러나 고수익은 경쟁자를 유인하는 경향이 있으며, 심지어 정부기관의 투자를 유도하기도 한다.

낮은 가격은 시장점유율 확보를 위한 무기로 사용되어질 수 있다. 경쟁적으로 가격을 내리면 새로운 고객을 확보할 수 있고 설비시설의 이용을 크게 증가시킨다. 그러나 저가격은 공헌이익을 압박할 수도 있으며 순수익을 감소시킬지도 모른다. 따라서 마케팅 관리자는 자사의 수익요구에 맞는 판매성장 필요에 적합하게 가격전략을 마련하여야 한다.

특정 제품군이나 소비자군에 대한 목표의 세부적인 면에까지 부합되는 가격 책정 전략은 가격 책정 정책으로 인해 회사의 마케팅 목표를 달성하는 데 도움을 줄 것이 무엇인가를 가리킬 때 제품군이나 소비자군의 목표를 찾는 것은 어렵지 않다. 그러나 우리는 가격책징과 관련된 모든 복잡한 이슈들은 논의될 수 있다는 것이 가장 현명한 방법이기 때문에 가격 책정에 대한 이슈를 마케팅 믹스 중에서 분리된 것으로 여겨 왔다. 가격 책정은 개별 제품/부문의 계획으로 적절하게 통합되는 방식의 구조를 가졌다고 해도 가격 책정 계획을 언급할 때는 분리된 가격 책정 계획을 수립하게 될 것이다.

제1절 가격경쟁과 비가격경쟁

가격을 수단으로 경쟁하는 가격경쟁과 가격 이외의 제품 관련 속성으로 경쟁하는 비가격경쟁이 기업의 경쟁 수단인데 궁극적으로 두 전략을 동시에 수행할 수 있는 기업이 가장 많은 기회를 가질 수 있음을 명심해야 한다. 가격경쟁이 원가 경쟁이라면 비가격경쟁의 승부처는 차별화 경쟁이다.

1.1 가격경쟁(price competition)

가격을 수단으로 하여 경쟁자의 가격에 대응하는 방식이 가격경쟁이다. 가격 경쟁력을 갖기 위해서는 일반적으로는 저가 판매를 시행해야 한다. 모든 생산자가 동일 품목을 동일 가격으로 공급할 때 최저가로 공급하는 생산자가 가장 수익성이 높을 것이다. 가격경쟁을 하는 기업은 필요에 따라 가격을 인상 또는 인하시키거나 그럴 능력을 갖추어야 한다.

흔한 가격 변동으로는 가격 인하가 있는데 제품의 가격을 낮추어서 판매하는 할인(discount), 재고품이나 유형이 지난 제품의 스티커 프라이스(sticker price)를 아예 낮추어붙이는 마크다운(markdown), 구매에 대한 보답으로 제품 가격의 일부를 돌려주는 리베이트(rebate) 등이 있다. 이 중 특히 마크다운은 너무 많은 양의 제품을 구매하였거나 잘못 구매한 경우, 너무 비싸게 구매한 경우, 구색에 맞지 않은 구매를 한 경우, 촉신을 적절히 실시하지 못해 재고가 쌓인 경우 등에 주로 이용되는 할인정책이다.

1.2 비가격경쟁(nonprice competition)

기업이 제품의 가격에 초점을 맞추는 대신 제품의 특징, 서비스, 품질, 촉진, 포장, 그 외 경쟁 제품과 구별되는 요인을 통해 수행하는 경쟁이다. 가격 외의 방법으로 매출을 증대시키려 할 것이고 제품 브랜드에 대한 소비자의 충성도(loyalty)를 쌓아갈 수 있다. 비가격 경쟁요인에 의해 유인된 고객은 쉽게 상표 전환(brand switching)이나 점포 전환

(store switching)을 하지 않기 때문이다. 독일제나 일본제 승용차가 미국 시장에서 성공하는 사례가 비가격 경쟁의 대표적인 예인데, 이처럼 비가격경쟁은 제품 자체의 속성 중 가격 이외의 속성이 소비자의 중요한 판단기준이 되는 경우에 특히 활발히 진행된다.

제2절 적정가격의 발견

신제품과 기존제품의 가격결정은 단순하게 여겨질지도 모른다. 마케팅 관리자가 해야 할일은 가격을 평가하고, 총비용을 거둬들이고 이윤 획득을 위해 필요한 매매차익을 더하여 판매가격을 결정하는 것이다. 그러나 이러한 접근은 몇 가지 중요한 문제점을 유발시킨다.

첫째로, 설정된 가격에 따라 판매가능성은 매우 다양하게 변화한다. 게다가 비용은 규모에 따라 변화하기 때문에 이익 또한 가격에 의해 결정되어진다.

둘째로, 어떤 소비자들은 가격에 민감하여 만족스러운 품질의 제품에 대해 낮은 가격을 지불하고자 한다는 점이다. 또 어떤 구매자들은 우수한 품질의 제품을 원하며 돈을 기꺼이 더 지불하고자 한다. 따라서 제품의 가격은 기업의 표적 구매자에 맞게 설정되어야 한다.

세 번째 문제는 경쟁자들에 대한 문제이다. 경쟁자들이 설정한 가격은 때때로 한 기업이 부과할 수 있는 가격의 가능성을 제한한다. 게다가 어느 기업이 몇몇 아이템들을 판매할 때, 한 제품의 가격이 자사의 제품 생산 라인에 있는 다른 제품들의 판매에 어떠한 영향을 끼치는지도 고려하여야 한다.

2.1 가격 목표 설정

가격결정 과업 중에서 가장 먼저 해야 할 업무는 기업의 전체적인 가격 목표를 선택하고 개별 제품 라인에 대한 목적을 결정하는 것이다. 만약 특허를 받은 상품을 가지고 특정시장에 새로 진입하는 경우라면, 마케팅 관리자는 프리미엄 가격 선략을 따라야 좋은 위치를 차지할 수 있을 것이다. 반면에 늦게 시장에 진입한 기업들은 때때로 시장점유율을 획득하기 위해 저가정책을 사용하기도 한다.

(1) 이익극대화

대부분의 조직들은 주주들을 만족시키고 제품 확장과 개발을 위한 기금을 마련할 수 있는 정도의 이익을 필요로 한다. 이익을 극대화하기 위해서, 마케팅 담당자는 서로 다른 가격으로 판매되어질 수 있는 단위들의 수와 고정비용과 변동비용의 추정치의 합으로 이루어진 자료가 필요하다. 만약 이 자료들이 이용 가능하다면, 최대 이익을 생산할 수 있는 가격과 이익의 조화를 계산해내기 쉬워진다. 불행히도 많은 기업들은 이윤을 극대화시키는 전략을 수행하기 위해 필요한 자사의 수요곡선을 정확히 알지 못하고 있다.

(2) 수익과 시장점유율 극대화

가격결정의 또 다른 목적은 수익과 시장점유를 극대화하는 것이다. 일반적으로 일시적인 수익에 미치는 영향은 간과하고, 수익을 증진시키기 위해 가격을 낮추는 방법을 사용한다. 판매성장을 원하는 몇몇 관리자들은 수익이 적더라도 매출양이 많으면 기꺼이 거래를 실시한다. 수익극대화 혹은 시장점유극대화와 연관하여 저가의 가격을 취하는 방법이 새로운 시장에 진입하거나 기존 시장의 경쟁자들을 관리하는 경우 이용된다. 어떤 소매업자는 상품을 재고로 보유하기 전에, 해당상품이 일정 정도의 시장점유를 확보하고 유지하고 있는 상태이기를 요구한다. 수익극대화와 시장점유극대화 목표를 달성하기 위해 요구되는 저가격 정책은 이익을 감소시킬 수도 있다는 점에서 위험하다. 이 전략들은 단기간 동안 실시되거나, 기업이 다른 거래 선에서 현금젖소를 가질 때 사용될 수 있다.

(3) 품질선도력

가격결정의 또 다른 목표는 시장에서 품질선도자로서의 이미지를 유지하는 것이다. 보다 우수한 제품을 찾는 어떤 소비자들은 가격을 품질의 지표로서 이용한다. 구매자들은 이용가능한 정보가 가격밖에 없는 경우, 이용 가능한 브랜드들의 품질에 중요한 차이점이 존재한다고 믿는 경우, 브랜드들 사이의 가격 격차가 큰 경우들에는 높은 가격의 제품을 선호한다. 만약 소비자들이 품질이 좋다고 믿는다면 마케팅 담당자는 프리미엄 가격을 요구할 수 있다.

2.2 수요 예측

마케팅 담당자가 제품과 서비스에 부과한 가격은 매출 수준과 관련이 있다. 가격조정 과정에서 마케팅 담당자가 배터리를 사용하는 진공청소기 제품의 일반적 수요 곡선을 알고 있다면 이 수요 곡선은 가격변동에 따라 얼마나 많은 단위를 판매하리라 예상할 수 있을지 예측할 수 있다. 오늘날 많은 기업들은 자사의 수요를 예측하여 가격전략의 자료로 활용하고 있다.

2.3 수요의 가격탄력성

소비자의 가격에 대한 민감성을 나타내기 위해 선호되는 방법은 수요의 가격탄력성이라 알려진 비율을 이용하는 것이다. 수요의 가격탄력성은 판매량 변화율을 가격 변화율로 나눔으로써 구해진다. 가격탄력성의 공식은 다음과 같다.

$$\text{수요의 가격 탄력성} = \frac{\text{판매량의 변화율(\%)}}{\text{가격의 변화율(\%)}}$$

수요와 가격 사이의 일반적인 관계는 반비례 관계이다. 판매량의 변화가 가격의 변화보다 상대적으로 많은 경우, 수요는 탄력적이라 할 수 있다. 만약 가격이 1% 낮아지고 수요가 5% 증가한다면 탄력성은 -5이다. 수요가 이 정도로 가격에 민감하다면 거의 대부분의 경우에 가격할인이 이루어진다. 단위당 수익에 있어서의 손해를 판매량을 통해 보충한다. 물론 이는 손익분기점 분석을 통해 확인되어야 한다.

판매량의 변화가 상대적으로 가격 변화보다 적은 경우에 수요는 비탄력적이라 할 수 있다. 따라서 만약 가격이 10% 올라서 판매가 3% 감소하였다면, 가격탄력성은 -0.3이 된다. 가격 탄력성이 0과 -1 사이라면 가격 상승에 따라 이윤이 증가한다.

2.4 비용 예측

수요는 조직이 자사의 재화와 서비스에 부과할 수 있는 최고 가격 상한선을 제시해 준다. 반대로 비용은 최저 가격하한선을 결정한다. 조직은 결국 자사의 전체 비용을 충당할 수있는 가격을 부과하여야 하고, 주주들에게 충분히 몫이 돌아가거나 기업 전체를 위한 자원을 마련할 정도의 이익을 가져야 한다. 그렇기 때문에 정확히 예측된 비용은 가격정책은 물론 생산량과 판매량에 대한 기존 자료가 된다.

제3절 가격책정과 회계사

가격 책정과 관련하여 재미있는 예를 소개하고자 한다. 음식점 주인이 책정한 가격은 10센트였고 원가는 6센트였다. 그러나 주인이 고용한 회계사는 주인이 제시한 가격 책정에 이의를 제기하였다. 회계사의 논리에 따르면 땅콩을 팔기 위해 계산대에 진열한 임대료, 난방비 및 전열비, 장치비용, 감가상각비 등 모든 간접비의 비중을 땅콩가격에 할당하여야한다는 것이었다. 회계사의 논리대로 산출한 한 상자당 비용은 60센트였고, 식당주인이한 상자당 10센트에 팔 경우, 50센트씩 손해를 볼 것이라 경고하였다.

이 책을 읽는 여러분은 아마 주인의 감정을 이해할 것이며 어떤 조직 내에서나 가격책정 이슈에 대해서 회계사와 마케팅 담당자가 직면한나는 것은 확실히 삼재석인 살능을 유발한다는 것에 동의할 것이다.

회계사들은 흔히 조직 내의 마케팅의 본질적인 역할을 이해하지 못하는 경우가 많다. 많은 회계사들은 일반적으로 경영에 대하여 많이 알고 있으나 마케팅에 대해서는 거의모르고 있다. 어떤 것에 대해 거의 모를 경우에는 다소 편견을 가지기 쉽다. 사회적 측면에서 제품을 생산하는 것과 비교했을 때 마케팅은 다소 가치가 없는 행위로 보여진다. TV광고와 같은 마케팅 활동이 전체적인 측면에서 보여지기 어려울 뿐만 아니라, 인간의 행동과 관련된 행위를 고려해야 하는 복잡한 의사결정을 이해한다는 것 또한 쉽지 않다.

그러나 이것에 대한 비난은 오히려 마케팅 실무자들에게 주어야 한다. 의사결정의 재무적 결과와 그러한 의사결정의 제약조건을 이해하는 데 실패한 마케팅 입안자가 불필요한 논쟁에 대한 책임을 져야 할 것이다.

이러한 논쟁 중 표면에 거품처럼 일어나는 것 중 하나가 가격 책정이다. 우리의 주장은, 비록 회계사들이 직면하고 있는 재무적 제약조건과 함축적 의미를 인지하고는 있지만, 여기서는 마케팅 관점에서 가격 책정을 설명하자는 것이다. 한 가지 확실한 점은, 재무적고려를 하는 마케팅 실무자와 마케팅 지향적인 회계사로 구성된 팀은 어떤 시장에서 도난공불락(難攻不落)의 지위를 차지하게 될 것이라는 것이다. '수요는 가격에 의해서만 존재한다.' 따라서 가격 외에도 제품과 관련된 요인들이 있지만, 가격은 제품이 얼마나 팔릴것인가를 결정하는 중요한 결정 요소가 될 것이다. 전반적인 마케팅 믹스의 힌 요소로서, 또 수익성을 결정하는 주요 요인으로서, 가격 책정의 중요성이 주어졌을 때 얼마나 많은 기업들의 가격 책정 정책이 우연에 의해 이루어지는가를 알면 아마 놀랄 것이다.

가격 책정은 두 가지 측면에서 중요성을 가진다. 가격은 이익뿐만 아니라 수요에 영향을 미쳐서 판매량에도 영향을 미치게 된다. 간단하게 말해서 가격은 마케팅 믹스의 다른 요소들에 대해 상호작용 효과를 일으키므로, 가격은 분명하게 정의된 목표를 가지고 있는 마케팅 계획의 한 부분이 된다.

경제의 몇몇 영역에서는 가격 책정이 주로 기업 의사결정자의 통제 외부에 있는 압력에 의해 결정되어질 때도 있지만, 시장에서의 가격은 주로 기업 경영에 의한 의사결정의 결과이다. 그러나 마케팅 실무자들은 시장 점유를 높이기 위해 순판매가를 유지하거나 낮추려고 하는 데 반해 회계사들은 수익을 최대화하기 위해서 제품의 가격을 올리려고 할 때, 의사결정은 어떻게 해야 하는가? 대답은 단순할 것이다. 계산기는 치우고 어떤 제안서가 가장 큰 '수익'을 예측하고 있는지 보라. 그러나 이러한 접근방법의 단순성에 대해 의문점이 존재할 것이다. 이러한 의문점에 대한 사례로 거의 사양 산업이 된 영국의 모터싸이클산업에 대한 보스턴 컨설팅 그룹의 분석을 살펴보자.

기본적인 특성은 각각의 모델에 의한 수익에 중점을 두고 있다. 수명 주기 동안에 각 모델은 그것이 판매되는 모든 시장에서 그 모델을 시장에 내놓기 위해 수반된 비용을 초과하는 수익을 획득해야만 한다. 이러한 주 목표에 대해서 수많은 보조적 정책들은 다음과 같다.

1. 제품은 회계 시스템에 의해서 수익성이 없다고 판명되면 품질을 높이거나 철수해야 한다. 불행하게도 회계 시스템은 새로운 시스템이나 생산량의 변화에서 획득할 수 있는 비용 수준에 기초하는 것이 아니라 현재의 생산 방식과 유통 구조에 기초하고 있을 것이다.
2. 가격은 수익성을 얻기에 필요한 수준에서 책정되어야 하며 가능한 높게 올려야 한다.
3. 효과적인 마케팅 시스템의 비용은 영국 기업들이 활동하고 있고 수익을 내고 있는 시장에서만 받아들여질 수 있다. 새로운 시장이란 판매가 이루어지고 또한 판매 전에 유통 체제가 형성되는 데 엄청난 비용이 들지 않는 범위에서 열려 질 수 있는 시장을 의미한다.
4. 계획이나 목표는 산업 내의 장기적인 지위의 확보보다는 현재의 기업이나 그 기업의 설비에 대해서 수익을 올리는 방향을 지향하고 있다.

이러한 정책들이 영국 산업의 지위를 세계 시장에서 낮추고 점유를 떨어뜨리기도 하였으며 대체 모형에 더 많은 관심을 가지게 하였다. 게다가 이들 정책이 지향하는 단기적 목표인 수익률 또한 내리막길을 걷기 시작했다.

물론 영국의 모터 싸이클 산업은 그 의도나 목적에서 사실상 사라졌고 가격 책정과 수익에 대한 보스턴 컨설팅 그룹의 견해는 적어도 공헌을 하는 요인으로서 심각하게 고려해 보아야 할 것이다. 이러한 견해는 은행의 분기별 보고서에서 다시 언급되었는데 영국의 모터 싸이클 산업의 재난과도 같은 성과는 생산량과 상대적 비용 위치 간의 관계에 대한 전략적 의미를 이해하지 못하는 데에 원인이 있었다.

반대로 전형적인 일본 회사들은 그들의 시장 점유를 높이는 데 노력을 경주하고 있으며 가격 인하가 가져오는 단기적인 압력에도 불구하고 그렇게 함으로써 목표를 달성할 수 있을 것이다. 다른 말로는 단기적인 수익을 희생함으로써 장기적인 보상을 인식하는 경향이 있다.

그러나 이러한 견해에도 몇몇 심각한 의문점이 야기된다. 제조업자와 소매업자 모두 가격의 가치를 낮추는 데 의문을 제기하고 있는데, 특히 수익성이 떨어지고 있는데 가격에 대한 정확한 지식이 없는 주부들은 가치와 가격에 대한 일반적인 이해와 감정을 가지고 있다는 연구 결과가 나오고 있다.

물론 가격 인하는 그림 10.1에서 보는 바와 같이 판매량을 증가시킨다. 목표는 B의 면적을 A의 면적보다 크게 하는 것이다.

부가적으로 증가된 양은 이론적으로 경험 곡선을 통한 가격 인하를 유도한다. 그러나 흔히 발생하는 것으로서 시장에서의 판매는 수익과 비용이 균형이 되기에 충분할 정도로 증가하지는 않는다. 따라서 수익은 떨어진다. 그림 10.2에서처럼 B의 면적은 A의 면적보다 작게 된다. 그림 10.3에서는 이를 다른 방식으로 표현했다.

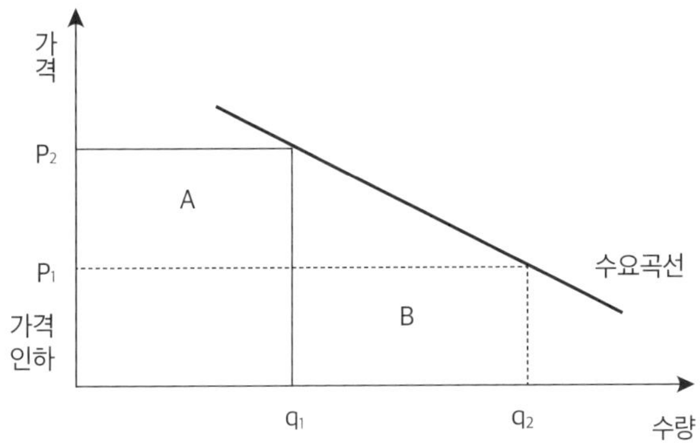

그림 10.1 가격과 판매(1)

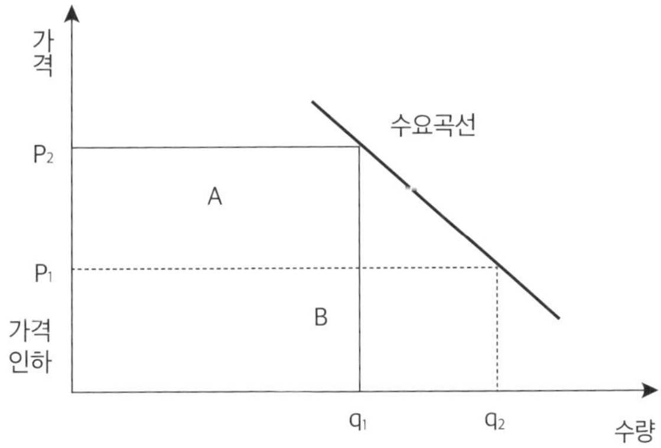

그림 10.2 가격과 판매(2)

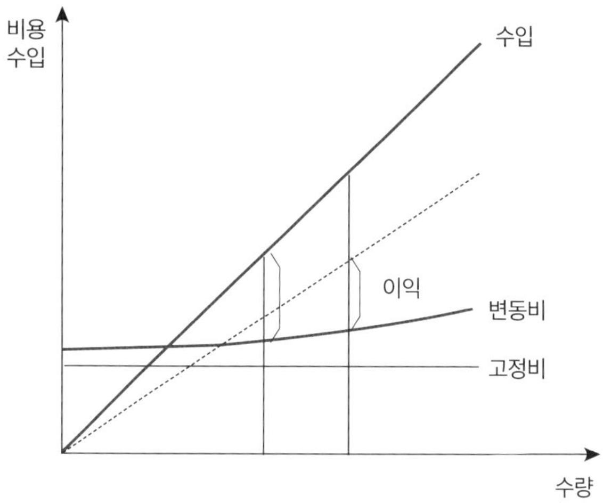

그림 10.3 비용과 수입(1)

이것으로 인해 시간의 문제에 초점을 맞추게 되는데, 왜냐하면 수요곡선의 형태가 수많은 요인들에 의해 시간에 따라 달라지기 때문이다. 단기뿐만 아니라 장기에 있어서도 수익의 감소를 받아들일 만한 장점은 거의 없다.

이전에 제기되었던 문제로 가격 책정의 목적이 수익을 증가시키는 것인가 아니면 시장점유를 증가시키는 것인가에 대한 답을 얻고자 할 때 고려해야 할 요소들을 소개하는 것이 적절할 것이다. 이러한 요소들로는 다음의 것들을 들 수 있다.

- 목표(기업과 마케팅)와 제품 포트폴리오
- 제품 수명 주기
- 시장 내의 제품의 지위
- 경쟁자
- 잠재적 경쟁자
- 비용(자사와 경쟁사)
- 유통 경로

제4절 목표와 제품 포트폴리오

가격 책정에 관한 문제들은 가격 책정 목표를 명시할 때 고려하지 못했던 부분에서 나타난다.

우리는 이제 가격 책정을 포함한 회사의 모든 행위와 행동들이 관련될 수 있는 잘 정의된 목표 계층을 가지는 것이 중요하다는 것을 알게 되었다. 예를 들어, 기업의 목표는 단기적 수익의 발생이 필수적이라고 지적할 수도 있다. (이것은 한 기업 내의 행렬 상에서 동일 기업 내의 다른 사업 단위에 대한 특정 사업 단위의 지위에 의한 것일 수도 있다. 예를 들어 집단의 의사결정은 하나의 사업 단위의 성장에 많이 투자하고 그들의 포트폴리오상에서 다른 '현금 젖소' 단위들 중의 하나로부터 이러한 성장을 위한 자금을 얻도록 할 수도 있다.)

실제에 있어서 중요한 것은 기업의 목표는 제3장에서 상세하게 논의된 바 있는 마케팅 목표에 중요한 영향을 미칠 것이다. 같은 방법으로, 특정 제품에 대한 한 회사의 마케팅 목표는 시장 점유보다는 수익에 단기적으로 중점을 둘 것을 지시할 수도 있을 것이다. 그리고 이것은 분명히 가격 책정 전략에 영향을 미친다. 이러한 것은 포트폴리오에서 다른 제품에 대한 특정 제품의 지위의 함수가 될 것이다. 예를 들어 하나의 제품은 많은 '물음표(무모한 사업)'가 될 수도 있고 그 기업은 투자해야 할 특정 제품이 아닌 다른 제품들을 선택할 수도 있다. 따라서 이러한 현상은 제품 중 수익에 가장 크게 공헌하도록 하려는 바람을 가지게 되고 가격 책정 전략은 이러한 것을 성취하려고 한다. 특정 제품에 대한 마케팅 목표의 설정은 가격 책정을 고려할 때 출발점이라는 것은 의심의 여지가 없다.

제5절 제품수명주기

마케팅 목표를 결정하는 데 있어서 제품수명주기의 중요성은 이미 강조했었다. 예를 들어, 수명 주기 상 성숙 단계에 있는 것으로 추정되는 제품의 마케팅 목표를 시장 점유율 증가로 선정하는 것은 현명하지 못하다. 신제품이나 대체품의 출현으로 기업의 능력을 위협할 정도로 시장 점유가 떨어지지 않는다면, 시장 점유보다 수익 공헌이 아마도 더 적절한 목표가 될 것이다.

반면, 제품에 남아 있는 수명의 양이 크다고 추정될 때는 시장 점유를 유지하기 위하여 가격을 인하하는 것이 현명할 수도 있다. 시장이 포화 상태에 달했을 때 조만간 우리들 손에 오래도록 수익성 있는 '현금 젖소'를 얻게 될 수도 있을 것이다.

가격 책정의 역할은 제품수명주기에 따라서 달라진다는 것을 강조하는 것이 중요하다. 예를 들어 제품수명주기 상에서 높은 성장단계에 있을 때는 수요가 급성장하고, 상대적으로 '새로운' 것이기 때문에 가격은 고객들의 주 고려 사항이 되지 않는다. 이 단계에서는 수익창출의 기회가 높고 이것은 시장점유와 주의 깊게 균형을 맞추어야 한다.

그저 적당히 가격 책정 정책을 수립해서는 안 된다. 어떤 대규모 소매업자의 정책은 제품수명주기 상의 후반부에 시장 진입을 하여 낮은 가격을 책정하고 촉진 활동을 많이 하는 것이었다. 그러나 수명주기 분석 결과 그 기업은 수명주기의 초반에 무의식적으로 제품을 구입하였는데 거기에 맞추어서 가격전략을 적용하고 있다는 것을 알게 되었다. 그들은 불필요하게 수익을 포기하였음을 인식하여 그때부터 가격정책에 관해서 깊이 고려하게 되었으며, 전체 수명주기 동안 제품의 개발에 적절한 가격정책을 고안하였다.

제6절 제품 포지셔닝

'제품 포지셔닝'의 의미는 6장에서 이미 설명한 바 있다. 이 개념은 가격 책정을 이해하는 데 매우 적절하게 적용된다. 예를 들어, 고품질의 배타적인 제품을 포지셔닝하면서 가격을 낮게 책정하는 것은 바람직하지 않다. 가격은 기업이 소비자에게 제공하는 가치에 대한 분명한 신호이며, 따라서 제품 포지셔닝과 밀접하게 연관된다.

다음의 세 가지 단순한 사례가 이러한 것을 충분히 설명해 준다. 어떤 회사가 사전 조사에서 소비자로부터 높은 평가를 얻는 검증을 거친 후에 새로운 원액 주스를 시장에 출시하였으나 판매가 부진하였다. 예상보다 판매가 떨어졌던 것은 그렇게 낮은 가격에 캔 제품이 나올 수 있다는 데 대해 소비자들이 믿지 않았기 때문이라는 연구 결과가 나왔다. 그래서 그 회사는 가격을 2배로 올려 다시 출시함으로써 대성공을 이루었다.

1960년대에 고급차를 생산한 어떤 회사는 차의 가격을 표준비용에 기초하여 책정하였다. 소비자들은 그 차를 구매한 후 즉시 비싼 가격에 되팔았다. 다시 말해서 소비자들에게 있어서 그 차의 가치는 실제 가격보다 더 높았던 것이다.

어떤 교육기관은 그들의 교육과정이 세계에서 최고라고 주장했으며, 그들은 경쟁자보다 낮은 가격을 제시했다. 그러나 그 산업의 경영자는 가격은 품질의 지표이기 때문에 낮은 가격은 비생산적이라고 생각하고 있다는 연구 결과가 나왔다. 사례에서 보듯이 가격책정 의사결정에 있어서 함께 고려해야 할 중요한 사항은 제품 포지셔닝이다.

제7절 경쟁과 잠재적 경쟁

제품 포지셔닝을 했음에도 불구하고 많은 제품은 경쟁자를 가지게 되므로 그러한 것을 주의 깊게 고려해야 한다는 것은 말할 필요도 없다.

물론 '모방제품'으로 언급된 것이 경쟁제품보다 높은 가격을 책정했을 때마다 성공할 수 있다고 기대할 수는 없다. 어떤 상황에서는 가격이 수요의 중요한 결정요인이어서 고가격 책정이 적절한 전략이 아닌 것으로 나타날 수도 있다. 이러한 것은 제품 포지셔닝과 시장세분화의 전반적인 문제를 고려하게 한다. 한 회사가 소비자들에게 제시한 '제공물'이 다른 경쟁사의 '제공물'과 가능한 한 직접적으로 비교되지 않도록 마케팅 믹스의 구성요소를 혼합하려고 노력해야 한다. 두 개의 제공물이 직접적으로 비교되었을 때 낮은 가격을 책정한 제품이 대부분 성공할 것은 분명하다.

그럼에도 불구하고 잠재적 경쟁자를 고려하듯이 모든 형태에 있어서 경쟁 제품은 가격책정 의사결정에서 고려되어야 한다. 몇몇 회사는 그들의 투자비용을 회수하기 위해서 높은 가격에 제품을 출시하였으나 경쟁자들이 유사한 제품을 매우 낮은 가격에 출시하여 경험곡선을 빨리 낮추게 되었고 그러한 과정에서 오히려 최초진입자를 시장으로부터 쫓아내는 가격 '우산' 현상이 발생하게 되었다. 반면에 높은 확산율과 경험률을 가진 제품을 낮은 가격에 출시하는 것은 잠재적 경쟁자가 시장에 진입하여 높은 수익을 올리기 매우 어렵게 만든다.

제8절 원가와 손익분기점

고려해야 할 또 다른 중요한 요소는 원가인데 이것은 자신의 원가뿐만 아니라 경쟁자의원가에 대한 고려도 필요하다. 원가계정에 포함되는 세부항목이 많이 존재하므로 세부적으로 조사할 적절한 방법이 없다. 그러나 두 가지 공통적인 원가의 개념으로 한계비용과 총비용이 있다.

경제학자들은 전통적인 최대화 모형으로서 가격을 한계비용이 한계수익과 같아지는 점—한 단위의 생산과 마케팅 부가비용은 판매로부터 얻는 부가수익과 같아지는 점—에서 책정해야 한다고 보았다. 따라서 이 이론은 논쟁의 여지가 없다. 그러나 이러한 절차를 실제 적용하는 것은 어렵다. 이것은 경제학자들의 모형이 가격은 단지 수요의 결정요소라고 가정했기 때문인데, 실제에 있어서는 늘 그렇지 않기 때문이다.

실제에 있어서 생산(서비스의 제공)비용은 대부분의 가격책정 의사결정, 즉 '비용포함'방법의 기초를 제공한다. 그러나 이전의 사례들이 지적했듯이 '비용 지향적' 가격책정 접근방법이 가지는 어려움은 소비자가 지불하려는 가격에 회사의 원가, 투자 수익을 조정하려고 하지 않는다는 것이다.

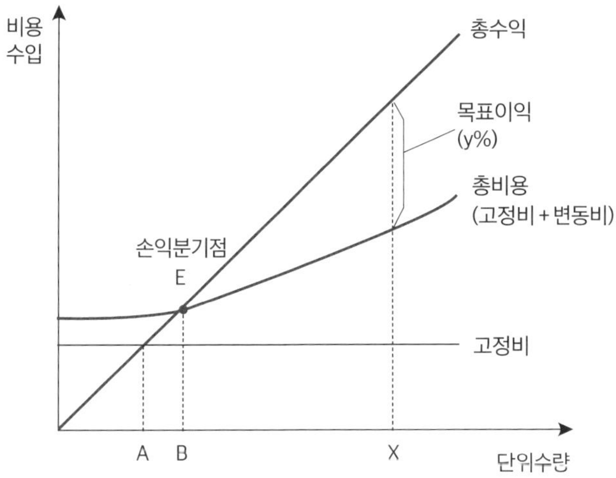

그림 10.4 비용과 수입(2)

'비용 지향적' 접근법의 한 사례는 한 회사가 예상되는 매출량에서 목표 수익 수준을 설정하려는 원가 수익률을 목표로 할 때이다. 실제에 있어서 이러한 접근 방법의 유형은 그림 10.4에서 묘사한 '손익분기' 분석인 단순한 형태를 이용한다.

고정비(fixed cost)는 생산과 판매량에 상관없이 일정하게 발생하는 비용으로써, 공장과 설비의 감가상각비, 임대료, 일반관리비, 보험료, 이자 등이다. 변동비(variable cost)는 생산량의 변화에 따라 증감하는 비용으로 직접노무비, 월급비, 자재비 등이 포함된다.

총비용(total cost)은 일정한 생산량을 유지하는 데 소요되는 고정비와 변동비의 합계이다. 한계비용(marginal cost)은 생산량을 한 단위 증가시킬 때마다 발생하는 총비용의 증가분이다.

손익분기점(BEP, Break-Even Point)은 총비용과 총수익이 일치하는 점이다. 그림 10.4에서 BEP는 E점인데, 이에 해당하는 공식은 다음과 같다.

$$\text{BEP(판매량)} = \frac{\text{총 고정비}}{\text{단위당 판매가격 - 단위당 변동비}}$$

$$\text{BEP(매출액)} = \text{BEP의 판매량} \times \text{단위당 판매가격}$$

이 공식에 의해 BEP(판매량)를 계산하는 예를 들면 다음과 같다. 어떤 제품을 생산하는데 총고정비가 20만 원이 소요되고 단위당 변동비가 6원이다. 이때 제품을 8원에 판매한다면 BEP는 다음과 같이 계산된다.

$$\text{BEP(판매량)} = \frac{200{,}000}{8 - 6} = 100{,}000\text{단위}$$

$$\text{BEP(매출액)} = 100{,}000 \times 8 = 800{,}000\text{원}$$

만약 제품 판매가격을 10원과 12원으로 인상하게 되면 BEP는 50,000단위와 33,333.3단위로 줄게 된다. 즉, 단위당 판매가격의 증가는 적은 판매량으로 손익분기점에 도달할 수 있음을 보여 주고 있다.

그림 10.4에서 고정비용은 직선으로 나타나고 모든 다른 비용은 상승곡선을 그리는 단위당 비용에 기초하여 할당되었다. A점에서 수익은 고정비용만을 커버한다. B점에서 모든 비용이 커버되고 부가적인 매출은 순이익으로 창출될 것이다. X점에서 Y%의 목표수익이 획득된다. 가격책정을 위한 이러한 접근법이 가지는 가장 큰 문제점은 주어진 가격에서 주어진 제품의 양들이 모두 판매될 것이라는 가정이다. 그러나 실제로 판매량은 가격이 주어지는 특정 범위에 제한된다. 또한 이 모형은 손익분기점을 가정하고 있지만 실세로 대부분의 회사에서의 최선은 주어진 생산수준에서 손익분기 영역에 존재한다. 그러나 여러 종류의 비용들 간의 관계를 이해하는 것은 매우 유용하다.

가격책정의 가장 일반적인 방법은 비용포함 접근법을 사용하는 것인데 이것은 목표수익을 보상할 수 있는 가격에 도달하는 것이다.

가격책정 의사결정을 할 때 서로 다른 비용 사항을 고려한다는 것은 특히 포트폴리오상에서 모든 제품에 대한 고정비용을 할당할 때 현명한 일이다. 흔히 할당의 기초에 대해서는 논쟁의 여지가 많고 사려가 깊지 않은 마케팅 실무자는 잘못된 가격책정 의사결정을 하고, 그것에 기초하여 비용을 산정할 수도 있다.

예를 들어 상이한 경제적 시점에서 원가절감을 추구할 때 수익성이 없는 제품은 그 범위로부터 제거된다. 수익성이 없는 제품은 지난 회계년도의 총/순이익과 추정된 미래 판매의 이익추정치에 의해 확인된다. 그러나 전통적인 원가회계는 제일 많이 생산된 제품에 비용을 많이 할당하기 때문에 낮은 이익을 보이게 되고 따라서 흔히 이런 제품들이 희생된다. 그러나 제품제거는 흔히 직접비용의 절감양이 작고 따라서 남아 있는 제품은 높은 비용을 흡수해야 하며 다음 분기의 수익성은 떨어진다. 제품제거는 운영규모를 또한 줄일 뿐만 아니라 제품 믹스를 줄이기 때문에 투자에 대한 인센티브가 떨어지고 기업의 경쟁력을 낮추게 된다. 이러한 접근법은 계속되는 경영진에 의해 여러 차례 반복되고 때로는 회사를 망하게 한다.

이러한 과정은 감량에 대한 계속적인 욕망은 완전한 해방으로 이끌고 결국은 사라진다는 것을 의미한다. 이는 총 평균 비용방식을 비난하는 것은 아니다. 여기서 말하고자 하는 바는 가격책정 의사결정의 기초로서 여러 종류의 원가 시스템을 사용했을 때 좀 더 넓은 시각을 가지라는 것이다.

마지막으로 회계담당자는 경쟁자의 원가를 고려해야 하고 그들의 가격결정 정책의 기초를 이해하려고 노력해야만 한다. 가격결정에 관해 지금까지 언급한 모든 것들은 우리에게 적용했던 것과 같이 경쟁사에 대해서도 적용해야 한다. 그러나 가격 책정에 대한 문제가 무엇이든 간에 기업은 독단적으로 이를 결정하지 말고 회계사와 함께 반드시 논의를 해야 할 것이다.

제9절 유통경로에 대한 가격정책

전통적인 가격 책정 이론은 유통업자가 이익을 얻는 데 도움이 되도록 하지 않는다. 특정 마케팅 경로를 구성하는 중개상은 공급자를 대신하여 생산자와 소비자 간의 교환거래를 수행하는 수많은 기능을 수행하는 대신 그러한 서비스에 대해 중개상들은 보상을 원하게 된다. 즉 이러한 보상은 제품의 공장가격과 소비자가 지불한 가격 간의 이익이다. 그러나 전체적인 유통마진은 여러 중개상들이 공유해야만 하고 소비자로 하여금 경쟁가격을 지불하도록 하게 한다. 그러므로 중개상들은 그들 각각의 운영의 경제에 의해 생존 또는 소멸한다. 마케팅 경로에서 이상적인 보상구조는 투자에 대한 적정 수익률을 각 단계에서 얻을 수 있도록 하는 것이다(그러나 교섭력의 불균형으로 인해 이러한 상황은 흔히 이루어질 수 없다). 유통 중개상에 대해 보상하는 여러 방법들은 대부분 명목가격에 대한 할인의 형태를 취한다.

- 거래 할인(trade discount)
  - 재고유지, 다량구매, 재분배와 같이 중개상에 의해 이루어지는 서비스에 대해 가격에 대한 할인
  - 비용 및 위험을 대신해 주는 중간상에 대한 혜택 제공

- 수량 할인(quantity discount)
  - 많은 양을 주문한 중개상에게 제공되는 할인
  - 대량 구매를 유도하기 위한 것으로 누적적 할인 및 비누적적 할인 제공

- 촉진 할인(promotional discount)
  - 관련된 제품의 촉진활동을 함께 하기 위해 유통업자에게 제공되는 할인
  - 중간상의 촉진 비용을 공급자가 공동 부담

- 현금 할인(cash discount)
  - 현금 지불을 촉진시키기 위해 10일 내에 제공된 지불액의 약 2.5% 현금 할인
  - 자금회전율과 유동성 확보를 위해 제공하는 혜택

- 계절적 할인(seasonal discount)
  - 계절이 아닌 제품을 유통업자가 구매함으로써 재고 및 관리비용을 부담해 주는데 대한 배려

- 장난감과 수영복 등 집중적 구매 시기를 지닌 경우, 그 기간에 구매한 중간상에 혜택 제공

- 공제(allowance)
  - 구매자의 특정 행동에 대한 보상으로 가격을 할인
  - 중고품을 반환하고 신제품을 구매하는 소비자에게 제공하는 거래 공제
  - 제조업자의 광고 및 판매지원 활동에 가담한 중간상에게 일정액 보상

동적인 마케팅 유통구조를 가지고 있는 상황에서 마진을 증가시키기 위한 공급업자의 압력은 늘 존재할 것이다. 이러한 마진의 문제는 전술적 수준에서 뿐만 아니라 전략적 수준에서 고려되어야 한다. 마진 관리의 전 영역은 전체 유통마진을 어떻게 분할해야 하는가를 결정하는 일련의 상충된 의사결정이다. 총 유통마진의 개념은 단순하다. 이것은 제품을 최적시장에 포지션하기 위한 가격수준과 공장에서 나온 제품의 원가 간의 차이이다. 이러한 차이의 비중을 누가 결정하느냐 하는 것은 마진 관리가 어떻게 되느냐를 결정하는 것이다. 이 문제는 그림 10.5로 설명될 수 있다.

기업의 유통요구는 스스로 유통을 실행하거나 이러한 기능을 수행할 수 있는 중개상의 요구를 충족시킴으로써 가능해질 수 있다. 그러므로 이러한 측면에서 기업의 목적은 마케팅 목적을 획득하기 위해 마진을 기꺼이 포기할 수 있는가로 표현될 수 있다.

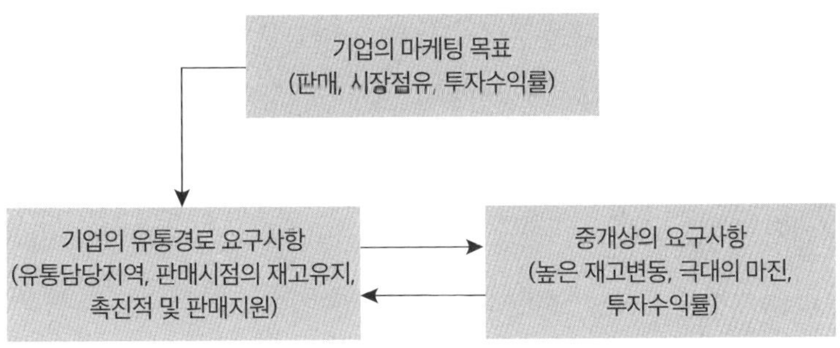

그림 10.5 마케팅 목표와 유통경로

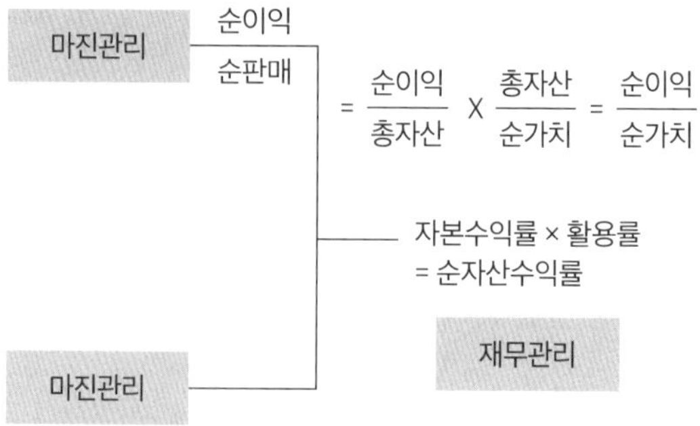

그림 10.6 마진관리

이러한 상충되는 욕구는 수익의 저하를 가져오지는 않는다. 분명히 그림 10.6에서 제시한 것처럼 마진은 수익성을 결정하는 단지 하나의 요인일 뿐이다. 이때의 수익성은 순가치로서의 수익률을 의미한다(자본금, 자본잉여금, 보유이익을 포함한 순가치).

자본 자산의 유용성 증진 및 성장 촉진을 통해 보다 효과적으로 마케팅 목적을 달성할 수 있다면 낮은 마진으로도 성공적인 운영이 가능하다.

앞에서 보았듯이 마진의 문제(기업에 의해 획득된 마진과 유통업자에게 할당된 마진)는 전반적인 마케팅 전략과 재무정책과 회사자본구조를 고려하지 않고는 설명될 수 없다.

제10절 가격책정 계획의 준비

지금까지 우리는 가격책정 의사결정에 관련된 주요 이슈들 중 몇몇을 살펴보았다. 이제 우리는 이들 이슈들을 함께 생각할 수 있을 것이다. 그러나 우선 보스턴 컨설팅 그룹의 결과에 중점을 둔 기본적인 연구들 중의 하나를 요약해 보자.

특정 상황하에서 실제 원가가 누적경험에 따라 감소된다는 사실을 다시 생각해 보자. 그림 10.7은 이러한 효과를 설명하고 있다. 이것의 함축적 의미는 특정 기업이 전체적인 시장과 비교해서 동일하거나 그 이상의 경험을 누적하지 않는다면 결국 그 원가는 비경쟁적이게 된다는 것이다. 그림 10.8에서 이런 견해를 설명하고 있다.

가격책정 정책은 수없이 많을 수 있다. 그러나 이런 것들은 초기고가정책(침투정책,

skimming policy), 초기저가정책(통과정책, penetration policy)으로 단순화 할 수 있다. 초기고가정책의 수용자는 혁신자(innovator) 계층으로 가격민감성이 낮은 수요자들이다. 반면 초기저가정책은 가격민감성이 높은 소비자에게 적절하다. 신제품 출시의 맥락에서 이러한 정책을 고려하는 것이 가장 쉽다. 본질적으로 고가 정책은 높은 초기 가격을 가지고 낮은 비율로 경험곡선을 따라 내려가는 데 반해 저가 정책은 낮은 초기가격을 가지고 높은 제품수용률로 경험곡선이 급격히 따라간다. 두 정책은 그림 10.9의 a와 b에 요약되어 있다.

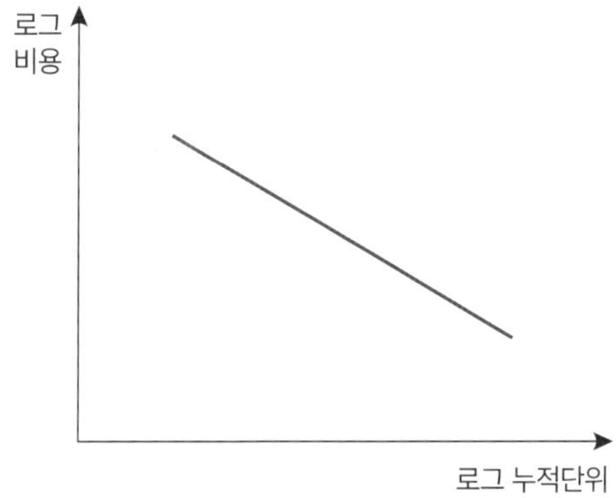

10.7 비용과 경험

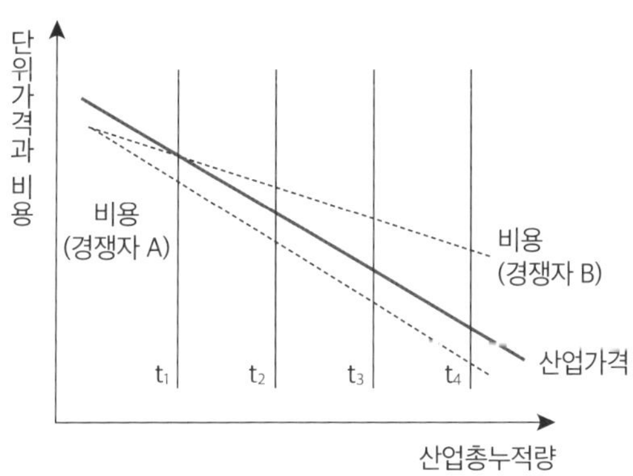

그림 10.8 산업가격과 비용

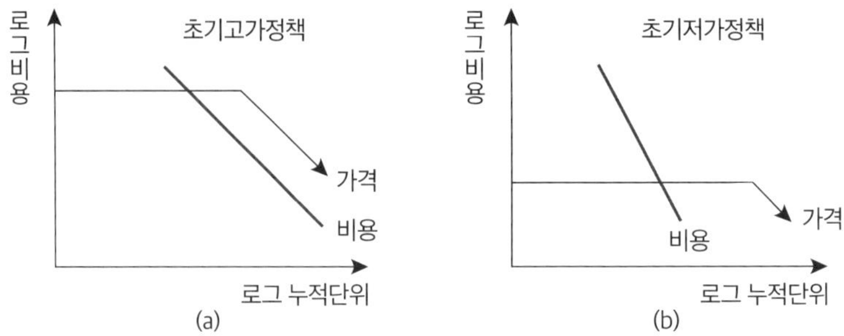

그림 10.9 고가/저가전략

고가정책(침투가격정책)을 선호하는 상황

1. 수요가 가격에 비탄력적일 때
2. 상이한 가격-시장세분이 존재해서 적정 가격의 수준이 높은 고객에게 우선 소구하는 경우
3. 제품의 생산 및 마케팅 비용에 관해서 많이 알려지지 않은 경우

저가정책(통과가격정책)을 선호하는 상황

1. 수요가 가격에 탄력적인 경우
2. 경쟁자가 빨리 시장에 진입하는 경우
3. 가격-시장 세분의 뚜렷한 구분이 없는 경우
4. 많은 양의 판매가 이루어졌을 때 생산 및 마케팅 비용에서 많은 절감이 이루어질 가능성이 있는 경우

이 두 정책 외에도 다음과 같은 정책들이 있다. 손실유도 가격정책(loss leader pricing)은 일정 제품의 가격을 원가 이하로 낮게 책정한 후 소비자의 관심과 구매 동기를 유도하고 구매 경험으로 자사 점포를 더욱 자주 방문하게 하는 전략이다. 낮은 손실유도가격으로제공되는 제품을 찾아 점포를 방문한 소비자는 점차 다른 제품 구매로 관심이 환기되어구매를 확장하게 된다.

미끼 가격정책(bait and switch pricing)은 손실유도 가격정책과 유사한데, 차이점은 손실유도 가격정책이 다만 치약과 커피 등 저가의 제품을 광고하여 고객을 점포 안으로 유인하는 것이 목적이라면 미끼 가격정책은 냉장고나 세탁기 등의 제품 중 가격이 낮은 상표품을 광고하여 점포를 방문한 고객에게는 동종 제품 중 고가의 상표품을 권장하는 정책이다.

홀짝수 가격정책(odd-even pricing)은 소비자가 어떤 숫자를 높거나 낮게 인식한다는 점에 착안한 발상이다. 제품 가격을 1,000원이라 하지 않고 990원이라 한다든지 9, 5, 3 등의 홀수로 끝나는 가격을 책정하는 방법이다. 이는 소비자가 1,000원보다는 990원에 더 호의적으로 반응하는 경향이 있기 때문이고, 어떤 홀수 혹은 짝수의 끝수에 대한 평가가 실제값보다 좋은 경우가 있기 때문이다.

명성 가격정책(prestige pricing)은 보통 수요곡선이 가격 상승에 따른 수요 감소를 가정하는 데 반해 특별한 제품은 그렇지 않거나 그 반대로 가격 상승에 따라 오히려 수요가 증가하는 경우도 있다는 것을 반영한다. 유명 디자이너 의류나 명품 향수 등은 소비자가 가격을 품질이나 자신의 지위로 인식하기 때문에 가격 인상이 수요량에 부정적인 영향을 미치지 않는다는 점을 고려하여 가격을 조정하기도 한다.

그러나 어떤 상황이든 주의가 필요하며, 앞에서 언급한 모든 요인들을 고려해야만 한다. 결론적으로 제품에 주어진 가격은 마케팅 믹스의 다른 요인들과 영향을 주고받는다는 것이 중요하다. 최저 가격이 주문을 창출하고 요구수익률을 얻기 위해 '원가포함' 가격에 제품을 충분히 판매할 수 있다고 가정하는 것은 흔히 있는 실수이다.

실제로 가격책정 정책은 회계사가 가격책정 의사결정에 영향을 미치는 모든 요인들을 고려한 후에 결정되어야 한다. 이러한 것들이 그림 10.10에 요약되었다. (a)는 한 기업의 이상적인 가격범위를 보여 주고 있으며, (b)는 가격책정 의사결정을 하는 데 고려해야 할 요인들을 보여 주고 있다.

가격정책과 관련된 계획에 영향을 미치는 요인들은 다음과 같다.

① 마케팅 목표 : 마케팅의 목표가 기업의 사명에 따라야 하듯이 기업이 자사의 제품

이 기업 명성에 걸맞고 제값을 하는 제품이라고 인식시키는 마케팅 목표를 수립했다면 제품 가격을 명성가격정책을 시행해야 할 것이다.

② 가격 정책의 목표 : 가격 정책의 목표에 맞추어 시기적으로 가격 정책의 계획이 변화할 것이다. 특정 지역의 점유율을 확보하려는 가격 정책의 목표를 가졌다면 경쟁사의 제품보다 낮은 가격으로 공급해야 하는 것이다.

③ 비용 : 궁극적으로 제품의 가격은 비용을 충당하고도 남아야 한다. 일시적으로는 시장의 경쟁의 우위를 점하거나 소비자에게 좋은 이미지를 심어주기 위해 원가 이하로 공급할 수도 있다. 원가 이상의 가격이어야 하지만 가격 정책이 비용을 고려하듯이 낮은 가격은 고객의 폭을 확장시켜 기업에게 수익을 되돌려 주기도 한다.

④ 마케팅 믹스 : 가격은 제품 생산, 촉진, 유통 등의 마케팅 믹스 요인과의 관계로 고려해야 한다. 고가전략은 매출을 줄여서 생산량을 감소시키게 되면 생산 부분에 차질을 빚게 만든다. 소니(Sony)는 TV 제품 가격을 시장 평균 이상으로 책정함으로써 소비자가 느끼는 기업의 명성, 우월한 상표자산가치, 높은 품질 수준 등을 인식시켜 촉진믹스와 유통믹스의 활동을 지원하는 효과를 노린다.

⑤ 경로구성원의 기대 : 유통경로 구성원은 생산자의 제품을 취급함으로써 일정 수익을 달성해야만 한다. 경쟁사 제품을 취급하는 경우의 비용과 이익을 분석하는 경로구성원의 기대에 맞는 가격 정책이 필요하다.

⑥ 소비자의 반응 : 소비자는 제품의 가격을 보고 고품질, 저품질, 적당한 가격, 많이 할인된 가격, 원가수준 가격 등의 인식을 하게 된다. 이러한 소비자의 평가는 가격 때문에 구매 후 만족과 구전에 영향을 미친다는 점을 말해준다. 소비자가 제품 탐색과 구매과정에 들인 여타 노력에 걸맞는 가격이 책정되어야 한다. 내부 준거가격은 소비자의 경험을 통해 해당 제품에 대해 정해 놓은 가격이다. 반면 외부 준거가격은 경쟁제품과의 비교를 통해 제조업자나 중간상이 정한 가격이다. 내부 준거가격과 외부 준거가격을 비교하여 소비자는 제품 가격의 적절성을 나름대로 평가하고 있다.

⑦ 경쟁 : 경쟁자의 가격 수준을 이해하여 경쟁 가격의 상하 수준으로 자사 제품의 가

격을 책정하는 것은 기업의 주요 가격정책이다. 생존을 위해서 따라가는 전략이라면 동등 수준의 가격을 유지하겠지만 시장을 선도하기 위해 고가정책을 펼치거나 또 다른 틈새시장을 겨냥한 저가전략을 나타낼 수 있다.

⑧ 법적 규제 : 정부나 지방자치단체가 법률이나 기타 규제를 통해 가격 폭을 제한하는 예가 있다. 재판매가격에 대한 제한이나 유아용품, 보험, 학원 수강료, 주류 제품 등에 대해 미국이나 우리나라에서는 다양한 규제를 하고 있다.

(a) 기업의 선택범위

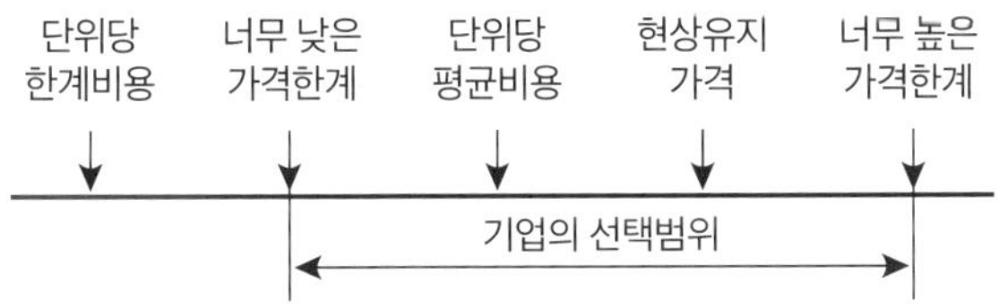

(b) 가격에 영향을 미치는 요인

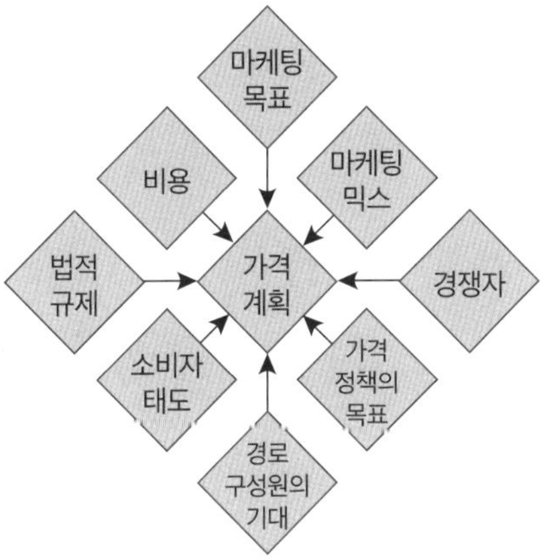

그림 10.10 가격에 영향을 미치는 요소

요약

의사결정의 재무적 결과와 그런 의사결정의 제약조건에서 가장 논쟁이 많이 일어나는 부분이 가격책정이다. 가격은 특정제품이 얼마나 팔릴 것인가를 결정하는 요소가 될 뿐만 아니라 마케팅 믹스의 다른 요소들에 대해 상호작용 효과를 일으키는 중요한 요소이다. 경제의 어떤 영역에서는 가격책정이 주로 외부에 있는 압력에 의해 결정되어질 때도 있지만, 시장에서의 가격은 주로 기업 경영에 의한 의사결정의 결과이다.

특정 제품에 대한 한 회사의 마케팅 목표는 시장 점유보다는 단기적 수익에 중점을 둘 수도 있는데 이는 분명히 가격책정전략에 영향을 미칠 것이다. 이 부분은 제품 포트폴리오에서 살펴볼 수 있다.

제품수명주기 상에서 제품이 높은 성장단계에 있을 때는 수요가 급성장하고 상대적으로 새로운 것이기 때문에 가격은 고객들의 주 고려사항이 되지 않는다. 여기서는 수익창출의 기회를 높이고 시장 점유와 균형을 맞추어야 한다. 또한 가격책정을 고려할 때 중요한 요소 중의 하나인 원가는 그 기업의 원가뿐만 아니라 경쟁자의 원가도 고려해야 한다.

연습문제

1. 특정 기업의 예를 들어서, 그 기업이 최근에 도입한 신제품이나 서비스를 도입했을 때 가격을 어떻게 설정하였는지 말하라. 그 가격결정이 옳았는가? 그 가격결정에 대해 귀하가 도움을 줄 수 있으려면 어떠한 추가적인 정보가 필요한가?

2. 그 기업의 특정 주요 제품의 가격 정책을 서술하라. 그것이 그 기업의 경쟁자의 가격정책과 어떻게 다른가?

3. 손익분기점(BEP)의 판매량과 매출액을 구하는 예를 공식과 함께 설명하라.

4. 가격정책을 다음의 경우에 어떻게 하는지 말하라.
   (1) 높은 인플레이션
   (2) 제품 수명 주기곡선의 각 단계

5. 최근 10년 동안에 그 기업이 속한 산업의 마진의 변화추세를 말하라. 이러한 추세가수용할 만한가? 이러한 추세에 대처하기 위해 그 기업이 어떤 정책을 선택했는가?

6. 거래 마진이 정당화될 수 있는가? 그 거래 마진에 대한 그 기업의 정책은 무엇인가?

제11장 유통경로관리

제1절 유통경로의 성격

1.1 유통경로의 개념

유통경로(marketing channel, channel of distribution)는 생산자로부터 소비자에게로 생산품이 이전되어 가는 사회경제적 노선을 말하며, 이 과정에서 관여하고 종사하는 것은 주로 중간상이다. 유통경로의 어원은 흐르는 물(流水)의 자연적 또는 인공적 노반(路盤)이라는 데 연유하고 있다고 보고 있는데 상품과 서비스의 소유권 이전 및 물리적 이전을 하천(河川)의 흐름에 비유하고 있다.

유통경로는 생산자와 도매업자, 도매업자와 소매업자 그리고 소매업자와 소비자 내지 사용자 등 여러 관계의 결합으로 구성되어 있다. 그리고 유통경로는 한 가지 형태로 고정되어 있는 것이 아니라 다양한 형태로 이루어져 있다. 즉 생산자가 제품을 바로 소비자에게 연결하기도 하고 소매기관만 거치기도 하고 도매·소매기관을 모두 경유하기도 한다. 또한 유통기관도 하나의 단계만 거치는 것이 아니라 여러 단계를 거치게 되는 경우도있다. 개별기업의 입장에서 보면 유통경로는 제품에 따라, 판매지역에 따라 그리고 기업의 마케팅 전략에 따라 다양한 유형으로 나타날 수 있다.

스턴(Louis W. Stern)과 엘 엔서리(Adel I. El-Ansary)는 유통경로를 "어떤 제품이나 서비스가 사용 또는 소비될 수 있도록 하는 과정과 관련된 일체의 상호 의존적인 독립된 조직의 집합"이라고 정의하고 있으며, 코틀러는 "특정 제품이나 서비스가 생산자로부터 소비자에게로 이전되는 데 있어서 소유권을 갖고 있거나 또는 소유권 이전을 보존하는 회사나 개인의 집합"이라고 하고 있다.

즉 유통경로는 구매자의 수요를 충족시키기 위해서 판매자가 보유한 제품과 용역을 공급하는 과정에 필요한 하나의 연결고리로 이해될 수 있다. 대부분의 경우 유통경로는 판매자나 구매자 이외에도 제품의 흐름을 촉진시키는 다양한 보조기구들을 포함한다. 운송, 창고, 보험, 금융 등의 기능을 수행하는 이들 보조기구들을 흔히 물적유통기구 혹은 유통촉진기구라고 한다.

유통경로라고 할 때 그것이 사회경제적 입장에서 보느냐 개별기업의 입장에서 보느냐에 따라 그 사용되는 용어가 달라질 수 있다. 후자의 입장에서는 판매경로, 마케팅 경로 또는 배급경로 등으로 불리어지고, 전자의 경우는 유통경로라고 흔히 불리어지고 있다. 그러나 이런 용어는 편의상 사용될 뿐 확실한 구별 기준에 의해서 사용되는 것은 아니다.

그러나 유통경로 또는 판매경로가 일괄적으로 인식되는 용어상의 문제보다도 유통경로가 특정상품 또는 동일 생산품별로 파악되어야 하는 것이 더 중요한 문제이다. 왜냐하면 상이한 생산물(또는 종류)은 저마다 다른 마케팅 경로를 갖고 있기 때문이다. 예를 들면 소맥, 소맥분, 빵과 같은 관계에 있는 상품은 소맥의 마케팅 경로 소맥분의 마케팅 경로, 빵의 마케팅 경로가 각각 존재하는 것이다. 다시 말하면 원료의 생산자로부터 시작하여 완제품이 최종소비자에 이르기까지 단일의 경로로 생각할 것이 아니라 어떠한 재화가 제조과정에 의하여 그 형태가 변할 때마다 하나의 경로가 끝나고, 또 다른 경로가 시작된다고 보아야 할 것이다. 그리하여 소맥의 배급경로는 농민에서 시작하여 제분업자에서 끝나며, 소맥분의 배급경로는 제분업자에서 시작하여 제빵업자에서 끝난다. 그리하여 농민이 생산한 소맥이 제분업자와 제빵업자를 거쳐 소비자에게 빵이라는 상품이 제공되는 데는 3개의 명백한 제품과 3개의 마케팅 경로를 포함하고 있다.

1.2 유통경로의 유형

유통경로는 생산자로부터 소비자까지의 전 과정을 볼 때 수집과정, 중계과정, 분산과정의 3단계로 되어 있다고 할 수 있다. 그런데 상품에 따라서 이 가운데 하나 또는 두 가지가 생략되거나 혹은 더욱 세분되기도 한다. 또한 생산자에서 소비자까지의 중간과정이 생략되고 생산자가 직접 소비자에게 유통시키는 경우에는 직접유통의 형태가 되어 0단계의 유통경로가 형성된다. 그 외에 한 단계라도 중간에 유통업자를 거치는 경우는 간접 유통이 된다.

유통경로는 동일한 상품 종류의 경로라 해도 중간상의 종류에 따라 달라지며 또한 유통기관이 어떠한 경로를 선택하느냐에 따라 여러 개의 유형으로 나타날 수 있다. 따라서 유통경로의 유형은 수많은 형태로 다양하게 나타날 수 있으나 그중에서 가장 기본적이고 대표적인 유형을 제시해 본다.

(1) 경로상의 단계 수에 따른 유통경로

유통경로상 단계 수에 따른 경로의 길이를 기준으로 유통경로를 유형화하면 그림 11.1(a)와 같이 되며, 그 경로별 특징은 다음과 같다.

① 0단계 경로(Zero-level channel, direct marketing channel) : 직접 유통경로로 제조업자가 직접 소비자에게 판매하는 경우의 경로이다. 여기에는 방문판매, 우편주문, 텔레마케팅 등이 해당된다. 에이본(Avon)사의 방문판매경로가 대표적이다.

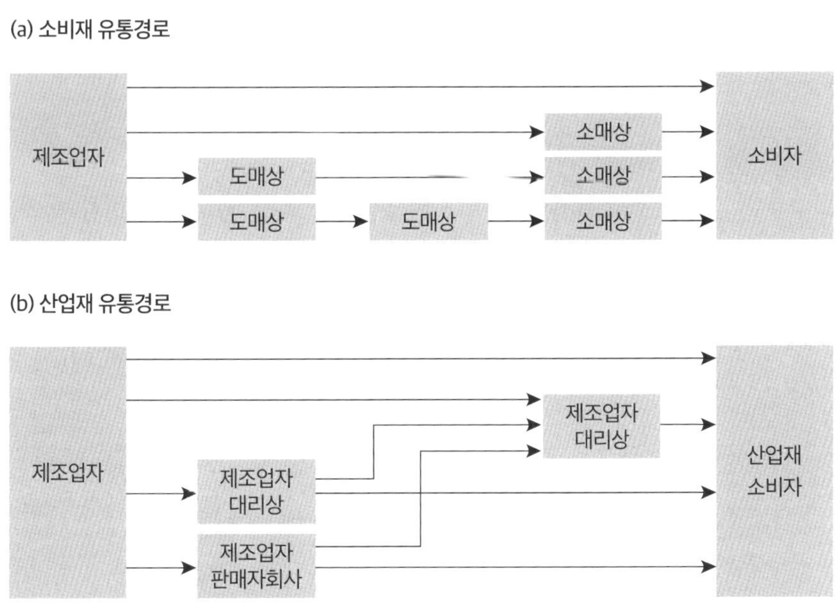

그림 11.1 단순한 마케팅 시스템

② 1단계 경로(one-level channel) : 소매상과 같은 하나의 중간상이 개재하는 유통경로이다. 산업용품의 경우는 판매대리점 또는 거간이 중간상이 된다. 그리고 그림 11.1(b)는 산업용품의 유통에서 일반적으로 사용되는 유통경로의 유형이다. 산업용품의 경우는 제조업자가 산업소비자에게 직접 판매하든지, 제조업자 대리점을 통해서 유통시키든지 또는 산업도매상(industrial distributors)을 통해서 산업소비자에게 간접적으로 판매하는 경우가 대부분이다. 따라서 0단계, 1단계 그리고 2단계 경로의 세 가지가 산업용품의 유통경로 유형이다.

③ 2단계 경로(two-level channel) : 두 개의 유통기관이 거래하는 경로로서 소비용품의 경우는 전형적인 경로로 도매상과 소매상이 개입하게 된다.

④ 3단계 경로(three-level channel) : 세 개의 유통기관이 게재하는 경로로서 도매상과 소매상 사이에 중매상(仲買商, jobber)이 기재하는 경우가 일반적이다. 여기에서 중매상은 도매상으로부터 상품을 구입하여 보통 소규모 소매상에 판매한다.

(2) 구체적인 유통경로 유형

이상에서 본 단계별 유통경로와 비슷한 유형이기는 하지만 오래 전부터 가장 전형적으로 그리고 현실적으로 널리 채택되고 있는 유통경로의 구체적 유형은 그림 11.2에서 보는 바와 같이 5개의 유형이 있다.

①의 유형은 농부가 농산물을 노점이나 방문판매를 하는 경우, 제조업자가 방문판매

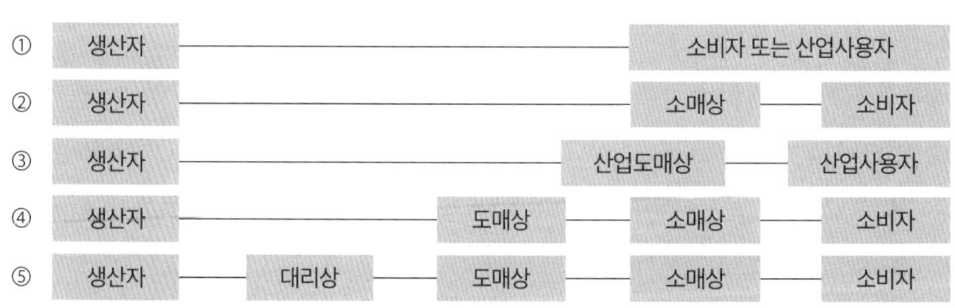

그림 11.2 구체적 마케팅 경로의 유형

원을 통하여 판매하는 경우 또는 통신판매를 하는 경우가 해당된다.

②의 유형은 소비용품의 제조업자로부터 백화점, 슈퍼마켓, 편의점 등 소매점 하나의 단계만 거쳐서 소비자에 이르는 경우의 유형이다.

③의 유형은 산업용품의 유통경로에 한정되는 것이다. 산업용품은 대부분 직접 산업사용자에게 연결되지만 산업용품의 원활한 유통을 위하여 시황에 밝은 산업도매상을 이용하는 경우도 적지 않다.

④의 유형은 가장 전형적 내지 정통적(orthodox) 유통경로이다. 대부분의 상품이 이러한 유통경로를 거치고 있다.

⑤의 유형은 생산자가 상품의 생산량이 너무 소량이어서 직접 생산할 수 없거니 혹은 생산이 계절적이어서 독립된 판매부문을 설치할 수 없는 경우 대개 이 경로를 거친다. 즉 생산품을 경매회사에 위탁하거나 거간 내지 객주에게 위탁하는 경우에 볼 수 있는 유형이다.

(3) 유통기구별 유통경로

유통기구는 일반적으로 생산과 소비를 결합하는 메커니즘 내지 시스템이라 할 수 있다. 그리하여 생산과 소비의 규모를 기준으로, 유통경로의 유형을 유통기구 내지 유통구조와 관련하여 설명할 수 있다. 이러한 유통경로의 유형은 전통적으로 상품유통과정에서의 수집·중계·분산기구와 관련하여 생산규모의 대소(大小)와 소비규모의 대소(大小)를 기준으로 그림 11.3과 같이 네 가지의 경우를 제시할 수 있고, 이 각각의 경우에 따른 경로유형을 그림 11.4와 같이 제시할 수 있다.

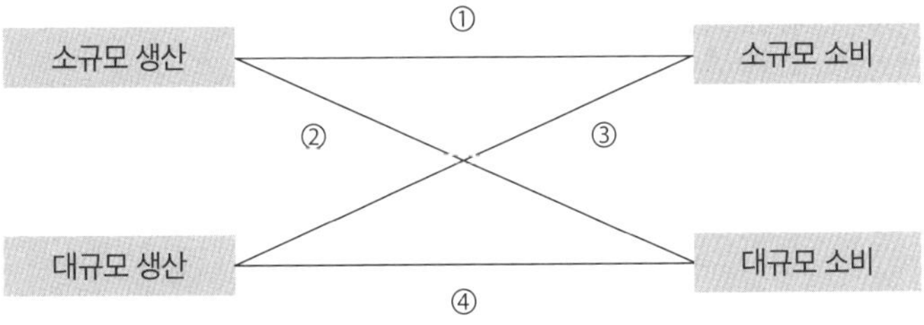

그림 11.3 경로유형

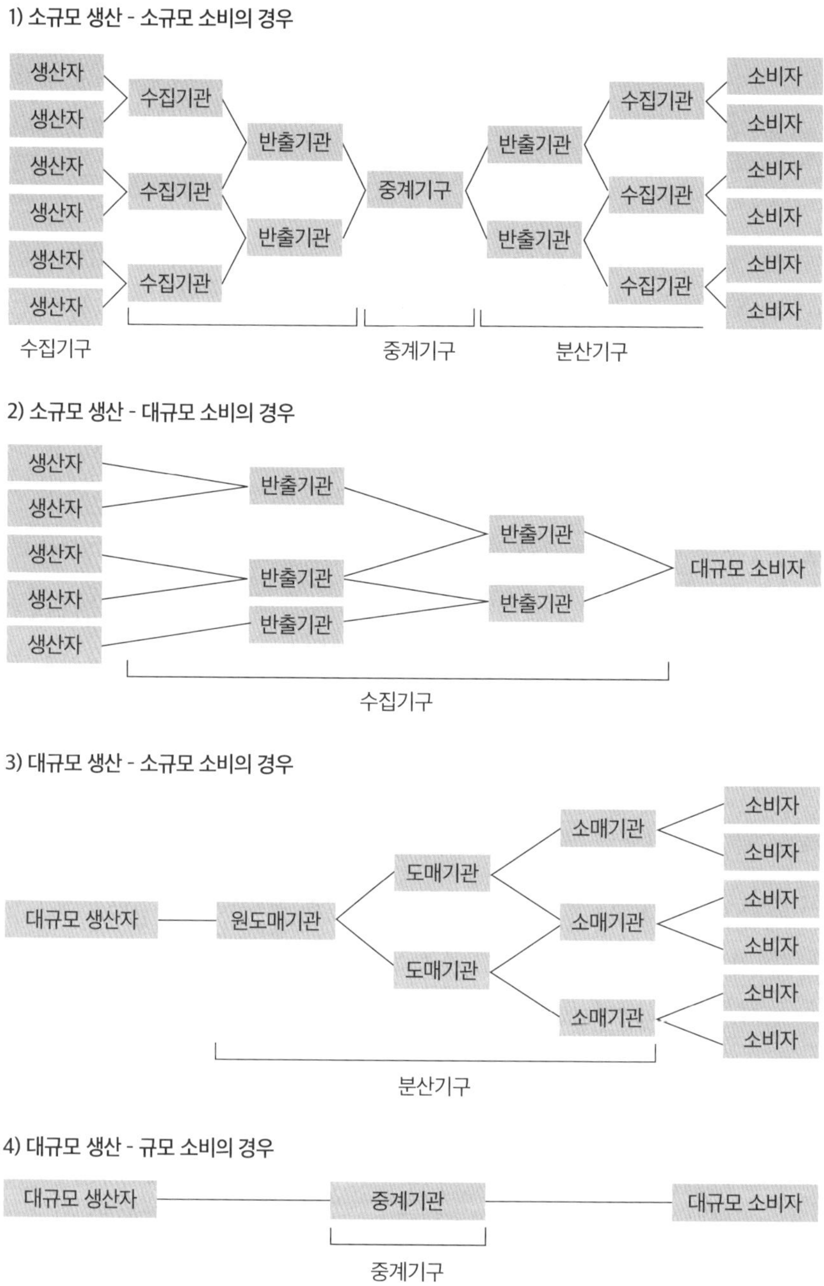

※출처 : 오상락, 마케팅원론, 박영사, 1985, 117.

그림 11.4 유통기구별 유통경로

① 소규모 생산-소규모 소비 : 최종소비용 농산품 및 수산품 그리고 중소기업의 소비용품에서 볼 수 있듯이 수집·중계·분산 등의 모든 과정을 포함하는 복잡한 유통경로를 가진다.

② 소규모 생산-대규모 소비 : 농산품 및 수산품이 공업원료품으로 산업소비자에게 대량으로 유통되는 경우의 경로유형이다. 수집과정만으로 이루어지는 경로이며 중계조직은 조금씩 이용된다.

③ 대규모 생산-소규모 소비 : 일반적인 소비용품(공산소비품)은 대부분 이 경로를 취하며, 이 경우는 수집과정은 거의 필요로 하지 않고 대부분 분산조직을 필요로 한다. 그러나 능률이 좋은 중계조직을 당연히 필요로 하고 있다.

④ 대규모 생산-대규모 소비 : 광산 내지 임산공업 원료품이 유통되는 경로로서 이 경우 산업중개상(industrial brokers)을 거치기는 하나 직접매매에 가깝다. 따라서 중계과정만 거친다.

1.3 유통경로 결정의 영향요인

직접유통·간접유통과 같은 유형을 결정짓는 데 주된 영향을 미치는 요인으로는 다음과 같은 것이 있다.

① 제품특성 : 제품의 기술적 복잡성이 높고 서비스요건이 충족되어야 하며 부패성 내지 유행성이 강하거나 표준화되지 않거나 제품단가가 비싸거나 평균수준 규모가 큰 경우에는 직접유통의 정도가 높다.

② 시장특성 : 시장의 범위가 좁아 구매자 수가 적고 구매자가 집중되어 있고 구매패턴, 즉 구매빈도가 높은 경우에는 직접유통형태를 택한다.

③ 기업의 특성 : 기업규모와 자본력이 크거나 제품계열이 넓고, 또한 신제품을 적극적으로 개발하려는 경우나 경영자의 경험이 풍부한 경우에도 직접 유통의 경향이 높다.

④ 중간상의 특성 : 바람직한 유형의 도·소매상이 없거나 있다고 하더라도 그 이용 가능성이 없는 경우에는 직접유통을 하거나 새로운 유통형태를 개발하게 된다.

⑤ 경쟁적 특성 : 경쟁업자와 경쟁력 차별화를 위해 직접유통을 하기도 한다. 미국의 에이븐(Avon)사의 직접 판매체제(방문판매)는 다른 화장품 회사와의 경쟁적 요인으로 취해진 것이다.

제2절 간접유통과 직접유통

상품이 생산자로부터 소비자에게 유통되는 과정에 하나 이상의 유통기관(중간상)을 거치게 되는 것을 간접유통(indirect marketing)이라 한다. 그리고 생산자와 소비자 사이에 중간상의 개입이 없이 생산자가 직접 소비자에 상품을 유통시키는 전반적인 관리를 하는 경우이것을 직접유통(direct marketing)이라 한다.

엄밀하게 말하면 생산자와 소비자 사이에 하나의 단계라도 중간상이 존재하면 그것은 간접유통이 되는 것이다. 그런데 간접유통과 직접유통은 상대적인 개념으로 현실적으로 적용되고 있다. 즉 생산자-대리상-도매상-소매상-소비자라는 5단계의 경로보다는 생산자-도매상-소매상-소비자라는 4단계의 경로가 더 직접유통이라는 것이다.

유통기구 내지 유통경로는 초기에 직접유통에서 간접유통으로 변해오다가 그 뒤 다시 근대적 의미의 새로운 직접유통으로 발전하여 왔다고 볼 수 있다. 그리하여 오늘날에는 대규모 소매상이 많이 등장하여 생산자에서 도매상을 거치지 않고 바로 소매상을 거쳐서 소비자에게로 유통되는 경로의 형태를 많이 취하고 있다. 특히 이 경우를 현대적 의미의 직접유통 내지 직접마케팅이라고 부르고 있다. 그리고 사회일각에서 중간상의 존재를 사회적 낭비라고 하여 그 무용론을 제기하기도 하는데 이 경우의 중간상은 도매상을 의미한다는 것을 밝혀둔다.

2.1 간접유통의 사회적 타당성

간접유통은 분업의 효익에 입각하여 생산자로부터 소비자까지의 상품유통에 많은 중간상이 유통경로에 개재함으로써 사회적으로 이득이 된다고 생각되어 왔다. 간접유통은 다음과 같은 이유로 그 사회적 존립타당성 내지 필요성이 인정되고 있다.

① 일반적으로 이론적 근거로 제시되고 있는 총거래수 최소의 원칙(principle of minimum transactions)과 집중저장 또는 불확실성 풀의 원리(principle of massed reserve or pooling uncertainty)에 입각하여 우선 중간상의 사회적 존립타당성을 인정할 수 있다.

② 유통기관의 비용은 제조공업과는 달리 고정비가 상대적으로 적고 변동비의 비율이 높으므로 유통기관이 대규모화 하더라도 평균비용이 그다지 저하하지 않으므로 유통기능의 통합에 의하여 중간상이 배제되는 것이 반드시 유리하다고 할 수 없는 것이다.

③ 중간상이 배제되는 경우에는 일종의 독점이 발생하여 유통비용의 하나인 특화에 의한 능률화 등의 이점도 없어지게 되어 직접유통이 불리한 것이다.

④ 중간상이 배제됨으로써 종래 특화에 의하여 유통기능을 수행하면서 유통 과정에 개재하던 많은 중간상이 실업을 당하게 되어 사회적 불안을 조장시킬 수도 있으므로 간접유통이 유리하다는 것이다.

따라서 간접유통의 이점은 다음과 같은 점에서 찾아볼 수 있다.

① 생산자의 판매량이 적고 시장의 전부 또는 일부가 분산되어 있는 경우에는 중간상을 이용함이 보다 경제적이다.

② 간접유통은 유통기능의 특화를 초래하여 전체적인 생산성 향상에 기여한다.

③ 간접유통에서는 유통과정에서 발생하는 위험을 중간상이 부담하므로 생산자의 위험이 분산된다.

2.2 간접유통의 이론적 근거

중간상, 즉 도매상의 사회적 존립근거를 이론적으로 제시한 대표적 학자는 마가레트 홀(Margaret Hall)을 들 수 있다. 그는 중간상, 특히 도매상의 존재가 사회경제적 관점에서 시인되어야 할 논거를 총거래수 최소의 원리와 집중저장 또는 불확실성 풀의 원리로 제시하였다.

(1) 총거래수 최소의 원리

총거래수 최소의 원리는 도매상이 개재하면 생산자가 다수의 소매상과 거래하는 경우에 비하여 총거래수가 감축되고 그에 따라 거래에 요하는 시간과 노력 및 거래비용, 나아가서는 사회비용을 절약시켜 준다는 것이다.

이러한 원리와 거의 같은 내용으로서 볼더스톤(F. Balderston)의 접촉비용론이 있다. 이것은 그림 11.5에서 제시되고 있는데, 그림 중 앞의 것은 도매상이 존재하지 않는 경우이다. m개의 생산자와 n개의 소매상의 총접촉횟수는 (m×n)회가 된다. 여기에서 뒤의 그림과 같이 도매상이 하나가 존재한다면 접촉횟수는 (m + n)회가 된다. 1회의 접촉비용을 a원이라 한다면 도매상이 없는 경우와 있는 경우가 각각 a(m×n)원과 a(m + n)원이 된다.

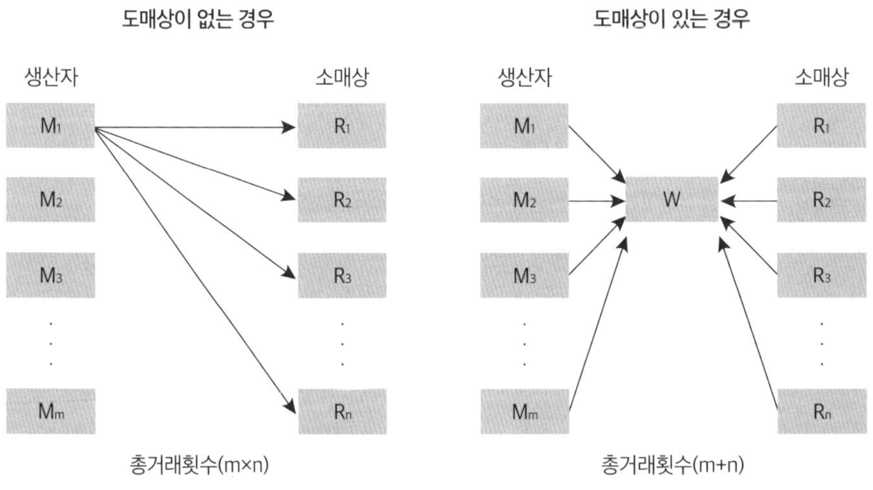

그림 11.5 중간상(도매상) 개재의 근거

여기서 $m > 1$, $n > 1$, $a > 1$이므로 $(m \times n) > (m + n)$이고, $a(m \times n) > a(m + n)$이 된다. 따라서 도매상이 존재함으로써 접촉횟수와 접촉비용이 모두 절감되어 사회적 유통비용이 절감될수 있다는 것이다.

그러나 총거래수 최소의 원리나 접촉비용론은 모두 현실적용에는 문제가 있다. 이 원리는 자체가 소매상의 존립근거일 수도 있으며, 도매상 특유의 존립근거로 하기 위하여 도매상이 소매상에 비하여 소수이며 동시에 보다 대규모라는 전제가 되어야 한다는 것이다. 그리고 모든 생산자와 도매상과 소매상이 모두 거래한다는 것과 1회 거래비용도 모두 동일하다는 것도 문제가 되는 것이다.

(2) 집중저장 또는 불확실성 풀의 원리

이 원리의 주요내용은 도매상이 존재함으로써 소매상의 평균 재고량을 감축시켜 투하재고자본을 절감시켜 주며, 사회에서의 재고총량을 줄이는 것과 아울러 도매상이 재고를 집중저장, 준비함으로써 변화하는 수요에 적절하게 대처할 수 있다는 것이다.

홀(Hall)의 설명에 의하면 만약 연간 특정의 판매액을 올리는 100의 소매상은 계속적인사업을 위해 항상 50만 원의 재고를 가지고 있어야 된다고 할 때, 사회 전체로 보아 총재고액은 5,000만 원이 된다. 그러나 도매상이 존재하는 경우 소매상은 당용 구매를 할 수 있어서 각각 10만 원의 재고만 가지면 되고, 도매상은 1,000만 원의 재고를 가지고 있어야 한다면 사회 전체의 총재고액은 2,000만 원(10만 × 100 + 1,000만)이 되어 3,000만 원의 자본절약이 되므로 중간상(도매상)의 존립이 타당하다는 것이다.

2.3 직접유통의 필요성

간접유통은 상술한 바와 같이 여러 가지 존립타당성 및 이점으로 일반적인 경향으로 되어온 것은 부인할 수 없다. 그러나 상품의 종류나 시장 선도력 등으로 직접유통으로 많이 전향하는 경향이 나타나게 된 것이다. 또한 생산자는 경영에서 마케팅의 비중이 점차 높아짐에 따라 전략적으로 직접유통을 선택하는 경우도 많아지게 되었다.

이와 같이 직접유통으로 촉구하게 된 주된 요인과 직접유통의 이점을 다음과 같이 요약해서 살펴볼 수 있다.

(1) 생산자의 도매상에 대한 불만

생산자는 도매상이 부당한 이윤을 얻고 있다는 등의 불만이 직접유통으로 촉구하는 중요한 요인이 되었다.

그리고 유행성이 강한 상품은 생산자가 시장상황을 직접 파악하기 위하여 소매상과 직접 접촉하려고 하고, 부패성 상품은 그 상품의 특성이 특수한 보관설비가 요구되므로 직접유통을 하게 된다. 또한 도매상이 상인상표(distributor's brand, private brand)를 사용하는 경우에는 제조업자 상표(manufacturer's brand)와 경합관계에 놓이게 되므로 생산자는 도매상을 기피하여 직접유통을 하기도 하는 것이다.

(2) 마케팅 시설의 발달

오늘날에는 영업창고의 발달, 대규모 전시시설의 발달 등 유통 관련 시설의 발달은 직접유통으로 이루게 된 중요한 촉진요인이 된다.

특정 지점의 영업창고는 특정 시장에서 수요량이며, 또한 시장이 지역적으로 분산되어 있는 경우의 생산자에게는 직접유통을 하는 것이 유리할 것이다. 특히 현대적 대규모의 상품전시실은 소매상품을 대상으로 하는 상품전시 및 보관기능 그리고 생산자에 대한 직접주문 등은 도매상 개입의 필요성을 상실하고 있다.

(3) 소매상측의 촉진요인

소매상측에서도 직접유통경로를 채택하게 된 요인이 있다. 백화점, 연쇄점, 슈퍼마켓, 할인점 등 자본력이 크고 보관시설도 충분히 갖춘 대규모 소매상들의 발달은 직접유통을 촉구하게 된 것이다.

그리고 교통의 발달은 농어촌 소비자들의 대도시 왕래를 용이하게 해주므로 상권이 대도시 중심으로 형성되어 대도시의 소매상들이 더욱 대규모화하여 생산자와 직접 거래하는 요인이 되었다. 이상의 요인으로 간접유통의 타당성에도 불구하고 직접유통을 더욱 발전시키게 된 것이다. 이러한 직접유통의 이점을 보면 다음과 같다.

① 생산자의 판매량이 크고, 시장이 집중되어 있는 경우에는 유통비용이 저하되는데 이 경우에 중간상이 과도하게 개입하게 되면 유통비용이 증대되므로 직접유통을 하는 것이 생산자와 소비자 모두에게 유리하다.
② 생산자와 소비자 사이에 거래수가 많을수록 상품유통에 소요되는 시간도 길어지고 비용도 많이 들며, 경우에 따라서는 상품의 효용을 감퇴시킬 수도 있다.
③ 유통경로가 직접적일수록 생산자는 마케팅 활동을 효과적으로 할 수 있다.

지금까지 간접유통과 직접유통에 대하여 설명하였으나 어떤 경우에서도 어느 것 하나가 더 타당하다고 할 수는 없다. 상품의 특성, 시장의 성격 등에 따라서 간접유통이 유리할 수도 있고, 직접유통이 효율적일 수도 있다. 그러나 일반적으로 보다 직접적인 유통일수록, 즉 중간상의 개입이 작을수록 소비자에게 더 유리하다고 할 수는 있는 것이다.

제3절 소매상

3.1 소매의 성의

소매는 최종소비자에게 제품이나 서비스를 판매하는 모든 형태의 활동을 표현하는 말이다. 소매라는 용어는 매우 포괄적으로 쓰이고 있다. 제품과 서비스를 최종소비자에게 제공하는 소매는 개인 혹은 가족 전부를 위한 소비를 발생시킨다. 소매의 판매 목적은 비영리 목적으로 구매하는 최종소비자에게 재화나 서비스를 판매한다고 할 수 있다.

그런데 소매와 관련된 용어를 구체적으로 구분하여 정리하면 크게 세 가지로 적을 수 있다. 그것은 사람, 장소, 물건이라는 세 가지를 중심으로 해서 정리될 수 있다. 첫째 소매상(retailer)은 최종소비자에게 판매하는 활동에 가담하는 사람이다. 그렇기 때문에 소매의 형태는 다양하게 나타나고 있다. 이를테면 컴퓨터 부품을 판매하는 점포를 소유한 사람은 소매상이다. 그러나 제조업자의 직영소매점, 군대의 P.X., 농부의 길거리 점포 등을 운영하는 사람은 소매상이 아니다. 그 점포들은 생산지향적으로 운영되는 점포이지 판매를 중시하는 점포가 아니기 때문이다. 그러므로 소매상은 소매 활동에 관심을 가지고 소비자 지향적인 활동을 하는 사람이어야 한다.

둘째 소매기구(retail establishment)는 소비자가 개인 혹은 가족의 소비를 위해 제품이나 서비스를 구매하는 장소를 말한다. 백화점, 공장 직판장, 학교 서점 등은 소매기구지만 길거리에서 일시적으로 설치되는 가판 형태의 농산물 직판장은 엄밀한 의미에서 소매는 할지라도 소매기구는 아니다.

셋째 소매(retailing)는 제품이나 서비스가 최종소비자에게 판매될 때 소매가 이루어지는 포괄적인 활동을 이르는 말이다. 소매의 기준을 정리하면 다음과 같다.

① 마케팅 조직 및 유통경로의 말단에 위치한 소매상이 수행하는 활동이다. 그러므로 소매상의 기본적인 업무는 최종소비자에게 판매하는 중간상의 역할이다.
② 최종소비자에게 판매하는 활동이 소매이지 재판매를 위한 판매는 소매가 아니다.
③ 소비재를 취급하더라도 산업재로 판매되는 경우는 소매가 아니다.

(1) 소매와 도매의 차이

소매와 도매의 차이는 가끔 모호하고 혼동되는 면이 많다. 때로 사람들은 도매상에서 소비재를 소매로 구매할 수 있는 곳이 있다는 말을 한다. 이 말을 깊이 분석해 보면 그 사람이 도매상처럼 낮은 가격으로 제품을 판매하는 소매상을 알고 있다는 말이다.

소매와 도매를 구분하는 가장 핵심적인 기준은 제품 구매 동기이다. 소매 거래는 소비재가 개인적 혹은 가정용으로 구매되는 경우이지만, 도매 거래는 사업용 혹은 이익을 남기기 위해 구매되는 경우이다. 그렇기 때문에 최종소비자가 도매상으로부터 제품을 구매하는 경우는 매우 드물다. 도매상의 주된 고객은 산업용 구매자, 정부의 대리인, 소매상 그리고 본인 외의 다른 도매상이다.

3.2 소매상의 유형

소매상은 점포믹스전략 및 점포 유무에 따라 구분될 수 있다. 여기서는 영업방식에 따른 소매상의 구분, 즉 점포 소매상과 무점포 소매상의 기준에 따라 특징적인 소매상들에 대해 설명하기로 한다. 영업방식에 따른 구분은 실상 점포 유무에 따른 분류이기도 하며 점포 소매상을 다시 소매믹스전략에 따라 구분하면 구멍가게, 백화점, 할인점, 카테고리 킬러 등으로 나뉠 수 있다. 무점포 소매상은 자동판매기, 통신판매, TV 홈쇼핑 등으로 나뉜다.

(1) 소매상의 분류

소매상을 분류하는 여러 가지 기준과 이러한 기준에 따른 다양한 유형의 소매상을 그림11.6에서 볼 수 있다.

(2) 특징적인 점포 소매상

가. 구멍가게

우리나라의 가장 전통적인 점포 소매상은 구멍가게이다. 보통 30평 미만의 점포 면적으로 영업하며 다양한 생활용품을 주로 취급하고 있다. 영업시간이 길고 점포 내외부에서 제품관련 정보의 수집은 물론 사람들 간의 관계를 형성할 수 있는 장소로서도 의미가 크다. 그러나 판매되는 제품은 구색을 갖추기 어렵고 비교적 고가로 판매되고 있다. 주거 지

(취급상품) 일반상품점/한정품종점/단일품종점
(서비스 수준) 셀프서비스/한정서비스/완전서비스
셀프서비스 : 제공되는 서비스 없다, 가격 위주, 편의품과 식품, 슈퍼/자동판매기, 패스트푸드 점포
한정서비스 : 약간 서비스, 편의품 및 선매품, 방문판매와 다품종점
완전서비스 : 다양한 서비스, 패션 상품과 전문품, 전문품점과 백화점
(영업 방식) 점포/무점포(자동판매기/통신판매/홈쇼핑)
(소유형태) 독립점포/회사연쇄점/임의(자발적)연쇄점/소매상 주도-도매상 주도-제조업자 주도 연쇄점
(입지) 도심상가 지역/부도심상가 지역/주택가 지역/쇼핑센터 지역/고립 지역

그림 11.6 여러 가지 기준에 따른 소매상 유형

역에 위치하기 때문에 소비자들의 방문이 용이하고 단골 거래가 가능하며 외상판매를 허용하는 경향이 있다. 최근에는 고객들의 구매형태가 일괄구매(one-stop-shopping)로 바뀌고 있고 자동차 보급률이 높아져 보다 깊은 제품 구색을 요구하기 때문에 활로를 찾기가 어려운 실정이다. 구멍가게의 경영을 어렵게 하는 가장 큰 요인은 이제 고객들이 가격에 민감해지고 있기 때문에 새로운 형태의 할인점형의 소매점과의 경쟁에서 설 자리를 차지하기가 점점 어렵게 되었다는 것이다.

나. 편의점

편의점은 인구가 밀집된 지역에 소규모의 매장으로 24시간 점포를 개방하여 영업한다는 특징을 갖고 있다. 이러한 편의점이 경쟁력을 갖기 위해서는 입지 지역의 고객특성에 맞는 정보를 제공하고 다양한 구색의 제품을 공급해 줄 수 있는 물류시스템을 구축하는 것이다.

가장 강력한 경쟁 요인은 위치 효용과 시간 효용이다. 고객들이 가장 쉽게 방문할 수 있는 장소를 선점하는 것이 성공의 관건이다. 이러한 각 점포의 입지에 따라 지역 고객의 욕구에 맞는 구색을 계속적으로 제공할 수 있는, 실질적인 의미에서의 24시간 영업이 이루어져야 한다. 계절적인 수요가 발생하는 제품이나 신선도를 요하는 제품의 경우 비수기나 야간에는 공급이 부족한 경향이 있는데 이는 편의점으로서 점포의 이미지를 실추시키는 사례이다.

우리나라에서는 1989년 올림픽 선수촌에 7-Eleven이 최초로 설립되면서 구멍가게를 대체하는 소매점으로 도심권 내의 새로운 수요 창조자로서의 위치를 차지하기 시작하였다. 그러나 한때의 도약도 이제는 발전이 더디게 보인다. 급격한 점포수 확장과 무리한 입점으로 입지 선정에 실패한 경우도 있고, 원가절감 노력이 미흡한 점포들이 고전하고 있기도 하다.

다. 슈퍼마켓

1930년대 미국의 대공황기에 뉴욕에서 소득 감소로 소비가 어려운 계층에게 값싼 제품공급을 위해 등장한 것이 슈퍼마켓이다. 초기에는 자동차와 냉장고 보급이 이루어졌지만 다양한 계열별로 식품류를 저가에 공급하는 소매점이라는 특징을 지닌다. 전형적으로는 수백 평의 점포 면적을 갖추고 주차장을 마련할 뿐만 아니라 마진을 줄여서 고회전율을 지향하는 점포 전략을 경쟁력의 기반으로 삼는다.

우리나라의 경우는 점포 규모도 작고 전국적인 체인 운영도 활성화 되지 못하고 있는 실정이다. 주로 식료품, 세탁용품, 가정용품, 생활용품을 취급하는 소매점으로 다양한 상품을 대량 취급하면서 셀프서비스를 원칙으로 하지만 최근 급격히 증가하고 있는 할인형 점포의 등장으로 슈퍼마켓은 뚜렷한 특징이 드러나지 않는다는 위기를 맞게 되었다.

라. 백화점

대형 소매점의 대명사라고 할 정도로 취급 상품과 점포의 규모, 매출액 등의 측면에 있어서, 최근 할인점의 질주가 뚜렷해지기 전 까지 단연 두각을 나타내던 점포 형태이다. 세계 어느 나라를 가더라도 그 나라의 대표적인 백화점이 있어서 각국의 관광객들이 쇼핑 장소로 애용하고 있다. 그러므로 나라를 대표하는 소매점은 다름아닌 백화점이라고 할 수 있다. 소매점에서 발생할 수 있는 여러 가지 문제를 가장 효율적으로 대처해 나가고 있는 것도 역시 백화점이다.

다양한 형태의 쇼와 오락 프로그램을 통해 볼거리와 행운을 제공하고, 제품의 구색과 수량 확보라는 혜택을 제공하기 위해 대규모의 창고를 갖춘 경우도 흔한 일이다. 1960년대 뉴욕의 메시백화점은 세계 각국에서 찾아오는 고객의 욕구를 충족시키기 위해 외국어를 구사할 수 있는 1,400여 명의 직원들을 고용하였다. 이러한 고객서비스 향상을 위한 백화점의 노력은 비단 어제 오늘만의 일은 아니다.

백화점의 또 다른 특징은 개별 상품, 가정용품, 기구 등을 포함하는 다양한 품목의 상품판매로 없는 것이 없는 점포의 이미지를 띤다는 것이다. 내부 경영 측면에서는 부분별로 조직이 구성되어 수직적 구조의 비용구조를 타파하여 효율적인 경영을 지향한다. 판매량이 대량이고 주로 여성 고객들에게 판매가 이루어지고 있다. 따라서 우리나라의 대부분의 백화점의 목표 고객은 30~40대의 여성 고객이다. 주로 도심의 쇼핑가 혹은 외곽의 쇼핑센터에 위치하고 분점을 내는 경우도 흔하다. 대개는 다양한 유형의 무료 서비스를 실시하고 있다. 서비스 지향적인 경영이라는 이면에는 고가 제품의 공급이라는 한계도 안고 있다.

마. 할인점

할인점의 기원은 미국의 Korvette(1948)와 K-Mart(1957) 등에서 비롯되었다고 할 수 있고우리나라에서는 1993년 서울 도봉구 창동의 E-Mart 매장의 개점이 그 효시인 바, 이는 신세계 계열로 한때 가격 파괴 수준의 할인 정책을 펴기도 했다.

할인점의 특징은 한마디로 EDLP(Everyday Low Price)를 지키기 때문에 바겐세일이나 점포정리세일과 같은 수준의 저가정책과는 다른 개념의 저가정책을 편다.

이러한 저가정책은 품질이 떨어지는 것을 일정 기간 동안 할인 판매하는 것이 아니라 정상적인 품질의 제품을 매일 할인 판매하게 되는 것으로 셀프서비스로 판매하는 것이 대원칙이다. 일반관리비를 줄여서 저가 판매의 근거를 확보하는 셈이다.

할인점이 성장할 수 있었던 것은 값싼 제품을 구매하기 위해 멀리까지 가서 점포를 방문하거나, 오랫동안 줄을 서서 기다리거나 대량 포장품을 구매해야 하는 것 등의 불편을 감수하는 소비 계층이 폭넓게 존재한다는 것 때문이다. 이러한 계층의 욕구를 해결하기위해서는 공동구매를 통한 구매원가 인하, 유통업자 상표의 활용, 실내 장식과 관련된 비용 투자 최소화 등이 필수적인 점포 운영 원칙이다.

또한 점포 입지 면에서도 값싸고 넓은 주차장과 창고관련 시설을 확보하기 위해 도시외곽을 선호하게 되었다. 바코드 스캐너와 POS(Point Of Sales), EDI(Electronic DataInterchange)를 이용하고, 심지어는 위성통신을 이용한 네트워크를 구축하여 수요가 있는 제품은 즉시 공급하고 재고가 많은 제품은 재빨리 반품 받아 회전율과 재고관리에 철저한 물적유통 관리를 하고 있다.

할인점의 제품 구색은 포장이 화려한 제품, 일상생활용품, 의류 등 다양한데 이들은 모두 대량구매를 통해 저가구매로 이루어진다. 실내에서 제품을 높이 적재히여 진열함으로써 재고 제품이 광고 효과를 발휘하도록 하기 때문에 포장이나 외관이 눈에 띄는 제품으로 진열하려는 노력을 한다. 할인점의 제품 가격이 백화점, 수퍼, 개별 독립 점포들보다는 저가이지만 최근의 회원제 창고형 도소매점 보다는 조금 비싼 경우도 있다.

바. 회원제 창고형 도소매점

회원제 창고형 도소매점은 회비를 내는 회원에게만 판매하는 것을 원칙으로 하지만 경우에 따라서는 비회원에게도 판매를 하고 있다. 점포의 구조가 창고처럼 내부 장식이 거의없고 높은 천정과 엉성한 지침대로 만든 선반에 제품을 진열하고 크게는 50%까지도 가격을 할인해 판매하는 점포이다.

미국의 캘리포니아 샌디에이고 교외의 Price Club(1976)이 그 효시인데, 할인점보다 더 파격적인 가격에다 머천다이징 부분에서도 식품부분을 보강하여 새로운 형태의 할인 점포라는 이미지를 만들어 가고 있다. 회원제로 운영되기 때문에 회원으로 가입한 고객은 저가 제품을 구입할 수 있고 회비를 기반으로 하여 운영되기 때문에 단위당 마진폭을 최대한으로 줄일 수 있는 장점이 있는 업태 개념이다.

보통은 제품을 공급받는 팔레트에 적하된 그대로 점포 내에 진열하는 방식으로 작업 비용과 시간을 절약하고, 포장 부담을 하지 않으므로 서비스를 줄이는 것은 모두 저가 판매를 가능하게 하는 중요한 요인이다. 한편으로는 소비자의 대량 구매를 요구하면서 현금 판매원칙을 지키기 때문에 금융 비용을 최소화할 수 있는 이점도 있다.

사. 대중양판점

대중양판점의 개념은 다른 소매점에 비해 뚜렷한 특징으로 묘사하기가 쉽지 않다. 상품구색이 적당한 여러 가지 상품 계열을 취급하면서 주로 중산층을 대상으로 광역상권이나 대상권을 목표로, 도심의 백화점보다는 부도심이나 주거밀집지역에 입지하는 특징을 갖는다.

미국에서는 단일업태로 다품종 대량판매 목적으로 전국적인 체인을 구성하여 식품을 제외한 중저가의 유통업자 브렌드의 생활용품으로 중소도시에 파고드는 전략을 펼쳤다. 그러나 최근에는 할인점, 전문 양판점, 백화점과의 경쟁으로 저가 우위를 지키지 못해 업태 개념이 모호해지면서 전문 백화점이나 전문점으로 탈바꿈하는 경우도 생기고 있다.

일본에서는 다이에나 이토요타도 등의 대중양판점들이 백화점을 추월하여 유통의 선두 그룹을 형성하였다. 대단위의 체인들이 전국적으로 흩어진 일본에서 지가상승으로 계속적인 성장을 하였지만 역시 최근 편의점과 할인점의 등장으로 쇼핑센터나 전문점과의 결합으로 전문화하려는 경향을 보이고 있다. 대형 종합 슈퍼형 소매업태로서 식품 중심으로 의류, 잡화, 생활용품 등을 취급하며 백화점이 고가격 하이패션을 취급하는 것이 특징인데 비해 구매빈도가 높은 일반 생활용품을 취급하는 것이 특징이다.

아. 카테고리 킬러(Category Killer)

카테고리 킬러는 전문양판점으로, 이는 대중양판점에 비해 하나 정도의 제품군에서 모든 제품을 할인점보다도 싼 가격에 공급하는 점포이다. 1970년대 미국에서 생긴 업태로 완구류에서 너무도 유명한 토이저러스(Toys "R" Us)가 있듯이 각 제품군별로 모든 제품을 취급하는 점포들이 생겨났다. 그리하여 가전, 문구 등과 같은 특정 상품군에 대해서 전문적인 구색과 깊이를 갖춘 카테고리 킬러들이 성장하게 되었다.

이제는 카테고리 킬러들도 체인을 구성하게 되어 대부분 100개 이상의 점포를 갖게 되었는데 구색에 관한 한 그 어떤 점포도 경쟁이 되지 않을 것이다. 체인을 구성하게 되면 규모의 경제를 달성하게 되고 원가 절감, 물류비용 감소, 대량 할인 구매 등으로 인기를 누리고 있다.

대부분의 카테고리 킬러는 도시 외곽에 단층으로 입지하여 주변이 복잡하지 않고 주차장도 넓게 확보하고 있으며 점포 내부 공간을 효율적으로 사용하고 장식과 설비를 되도록 줄여서 비용을 감소시켰다. 주고객층이 따로 있다기보다는 다양한 계층의 고객을 대상으로 셀프서비스로 운영하고 있다. 점포 규모의 대형화가 이루어져야만 구색 갖추기가 가능하고 전국적인 체인화를 통해서도 점포 이미지를 일괄구매점, 어디서나 고객과 만날 수 있는 점포라는 이미지를 심어 주고 있다.

자. 하이퍼마켓

하이퍼마켓의 개념은 좀 복잡하지만 실질적으로는 대형슈퍼, 할인점 그리고 창고점의 개념을 합한 것이라 할 수 있다. 보통은 식품과 비식품의 비율을 60 : 40으로 취급하며 대형매장을 지니고 있다. 매장이 넓다는 대형슈퍼의 특징이 있고, 저가 제품 공급이라는 할인점의 특징과 매장 내부 장식이 단순하고 주차장이 넓은 창고점의 특징을 갖추고 있다.

그 효시는 프랑스 까르푸(Carrefour)가 1960년대 시작한 것으로 주로 유럽과 아시아에서 높은 시장점유율을 차지하고 있다. 지가가 싼 교외에 위치하면서도 넓은 상권을 목표로 저마진을 추구하며 저가 공급의 원칙으로 운영된다. 셀프서비스로 운영되고 대규모 주차장, 개인용 손수레, 차량 수리점, 수하물 보관소 등의 부대시설로 하나의 독립된 전형적인 시장의 모습을 연상하게 하는 소매점이다. 영업시간이 백화점이나 슈퍼보다 긴 오전 10시부터 오후 10시까지로 정해진 경우가 많은데 이는 먼 거리를 이동하여 주간 근로자가 퇴근하여 쇼핑할 수 있도록 배려한 마케팅 전략이다.

(3) 특징적인 무점포 소매상

무점포 소매 방식(non-store retailing)은 크게 보면 직접마케팅(direct marketing), 직접판매(direct selling) 그리고 자동판매기(automatic vending)로 구분할 수 있다. 직접마케팅은 우편, 전화, 전자 등의 방식으로 이루어지는 판매로 우편판매(DM, Direct Mail), 카탈로그판매(catalog marketing), CATV홈쇼핑(television market), 전자쇼핑(electronic shopping) 등 다양한 방식으로 확산 일로에 있다.

직접판매는 판매원을 이용한 방문 판매 방식으로 최근에는 다단계 판매방식이 유행하고 있으며 자동판매기는 자동판매기를 통한 판매방식이다. 다음에서 이 중 몇 가지를 정리하기로 한다.

가. 자동판매기

기계를 이용하여 24시간 판매가 가능한 소매 방식이다. 일상생활용품 중의 편의품을 주로 취급하지만 갈수록 취급 품목이 확대되고 있다. 커피와 음료, 담배, 인스턴트식품, 휴지 등과 같은 일회용품이 주로 판매되고 있지만 은행의 현금지급기는 현금을 제공하기도 하고 비디오 게임 기계는 오락과 같은 서비스를 제공하고 있다.

적은 인력으로 기계를 관리할 수 있지만 파손될 가능성이 높아서 수리와 보수에 드는 비용이 부담이 되기도 한다. 주로 공장, 사무실, 공공장소, 대학 등과 같은 장소에 설치되지만 이제는 사람의 통행이 잦은 곳이면 어디든 설치되는 경향이 있다.

나. 통신 판매

소비자가 통신 수단을 이용하여 제품이나 서비스를 주문하고 판매자는 직접 배달 혹은 우편으로 제품을 전달하는 판매 방식이다. 통신 판매업자는 제품 광고를 위해 통신판매책자를 만들어 발송하는 카탈로그 광고 방식을 택하는 것이 보통이다.

통신판매는 19세기 후반 미국에서 시작되어 현재는 10% 정도의 소매매출 비중을 차지하고 있다. 국내에서는 백화점이 카드 고객을 대상으로 주문엽서에 의한 통신판매를 하기시작하였는데 그 후로는 개별 통신판매업자들이 신용카드회사와 연계하는 경우가 많다. 즉 통신판매업체가 신용카드나 백화점 카드의 통판사업 벤더로 참여하여 결제날에 받아보는 카탈로그에 제품을 광고하고 있다.

통신판매의 첫 번째 특징은 가격이 저렴한 제품을 공급한다는 점이다. 할인매장보다 싸게 제품을 공급하고 있으며 이는 카탈로그, PC통신, 인터넷 등의 방식을 이용함으로써 경비를 절감할 수 있기 때문이다. 특히 PC통신과 인터넷의 월드 와이드 웹(World WideWeb)을 통한 전자상거래는 최근 무서운 속도로 확산되고 있다. 시간과 공간을 초월하여 가상현실 속에서 화면의 제품을 보고 주문하고 신용카드로 결제하는 방식은 기존의 통신판매와는 다른 차원의 제공자와 고객의 관계를 만들어 가고 있다. 그러나 이러한 상거래방식은 동양적인 문화권에 속하는 우리나라의 소비자들의 경우에는 쉽게 수용하기 어려운 면도 있다. 직접 제품을 눈으로 보거나 손으로 만져서 확인하지 않고는 쉽게 신뢰하지 못하는 태도와 함께 시간을 줄여 주는 쇼핑의 혜택을 높이 평가하지 못하기 때문이다.

통신판매의 두 번째 특징은 소비자에게 최신의 정보를 제공할 수 있다는 점이다. 소비자 데이터베이스를 갖추고 있기 때문에 제품 관련 정보를 24시간 홍보할 수 있고 소비자는 제품에 대한 다양한 평가를 할 수가 있다. 통신판매 회사는 독자적인 데이터 베이스를 마련해야 하는데 그렇지 못한 경우에는 신용카드 회사 등과 연계해야 한다. 그러한 경우

비용이 가중될 뿐만 아니라 신용카드사로 기억될 가능성이 있다.

통신판매의 세 번째 특징은 의사소통과 정보교환의 쌍방향성이 존재한다는 점이다. 종이를 매개로 한 통신판매 외에도 PC통신과 인터넷의 등장은 게시판을 통해 수시로 고객들의 의견을 수렴할 수 있고 전자 우편을 통한 제품 안내도 이루어지고 있는 현실이다. 그래서 통신판매의 꽃 중의 꽃은 텔레마케팅(telemarketing)이라는 얘기도 생길 정도인데 일례로 동양카드사는 1990년대 초 한 달에 500여 통의 전화로 핑ISI라는 골프용품을 4,800만원어치를 판매한 적이 있다. 이는 그 당시 통화료로 계산하여 40원 짜리 전화 한 통화당 9만 6,000원의 매출을 기록한 셈인데 이는 아멕스 카드 회원 중 골프용품 소유자만 골라 그 중 구입 시기, 숫자, 금액을 조사한 자료를 토대로 가장 가능성이 높은 고객만을 엄선하여 개인 마케팅(personal marketing)을 펼쳤기 때문이다.

우리나라의 통신판매가 이용하는 매체는 주로 카탈로그와 신문 등의 종이를 매개로 하는 수단인 것으로 드러나고 있다. 1995년도 우리나라의 통신판매 시장을 총 4,000억으로 추산하였을 때 카탈로그가 50%, 신문이 30%, 전화와 전단이 각 7.5%, 잡지가 3.25%이고 그 나머지 2% 내외가 전자상거래를 통한 것으로 조사되었다. 통신판매의 세계적인 추세가 종이를 매개로 하는 수단에서 전자상거래 방식으로 바뀌고 있는 점을 감안하면 우리나라는 아직도 느린 속도로 전환되고 있으며 실질적으로 전자상거래가 소비자들의 쇼핑수단으로 믿음을 주지 못하는 부분을 개선해야 할 점으로 지적할 수 있다.

다. 방문판매

방문판매는 우리나라에서 조선시대의 방물장수가 효시라고 할 수 있다. 봇짐장수와 등짐장수로 구분되는 보부상은 임방을 구성하여 전국 각지의 장시를 돌며 지역간의 상거래를 수행하던 소식이나. 조신 후기로 들어가면서는 상무사(商務社)를 조직하여 보다 체계적인 운영이 가능해지게 되었다. 보부상조직은 조선 태조 때부터 정부의 관심과 배려로 전국적인 규모를 갖추게 되었는데 화(和)와 쟁(爭)의 문화 속에서 입법권과 사법권을 지닌 조직으로 점차 성장하게 되었다.

1995년 방문판매에 관한 법률 개정으로 그 시행령에서 방문 판매의 허용 범위와 금지

조항 등을 두어 방문판매와 관련된 상거래 질서를 구축하고 빈번히 발생하고 있는 불공정거래 및 소비자 피해 구제의 지침으로 삼고 있다. 시행령에서는 다단계판매는 합법이고 피라미드 판매는 불법으로 규정하고 있으나 둘을 구분하기는 쉽지 않은 일이다. 흔히 다단계판매 조직을 표방하는 판매 회사도 그 판매 방식이나 종업원의 행위가 피라미드 조직의 범주에 속하는 것이라면 그것은 불법적이고 피라미드 조직이라고 해야 할 것이다.

피라미드 조직은 제품 거래가 없이 금전적인 제공과 수혜라는 관계 속에서 구성되는 특징을 갖고 있다. 피라미드 조직에 새로운 조직원이 가입하게 되면 그는 피라미드의 제일 상위에 있는 자와 자신의 바로 윗사람에게 가입비의 절반씩을 제공하게 된다. 자신의 하부 조직원이 새로 들어오게 되면 가입비의 절반을 받게 되고 이러한 연속적인 과정 속에서 피라미드는 정원을 채우게 된다. 그러면 이제 최상위자는 떨어져 나가고 그 다음 상위자가 자신의 피라미드를 분리시켜서 계속적으로 피라미드를 쌓아 나가게 된다. 이러한 과정이 지속되면 처음에 1,000원을 내고 가입한 사람은 나올 때는 1만 6,000원을 가질 수 있다. 이러한 피라미드는 결국 성장에 한계가 있는 것이고 금전적인 피해 사례가 속출하게 된다. 이러한 피라미드의 시스템을 모방하여 제품 거래를 근거로 구성한 기업이 피라미드 회사이다.

다단계 판매방식은 판매원으로 가입할 때 부담이 없고 장기적으로 소득을 올릴 수 있는 판매활동을 지향하고 있다. 따라서 양질의 제품을 낮은 마진으로 판매함으로써 판매량을 증가시켜서 기업을 유지하려는 속성을 띤다. 판매원을 충분히 교육시키고 강매를 지양하고 다른 하위 판매원의 영입을 강요하지도 않으며 일정 금액 이상의 제품을 판매하지도 않는다.

라. TV 홈쇼핑

통신판매가 카탈로그, 신문, 전자 매체 등을 이용한 판매라면 TV 홈쇼핑은 CATV라는 방송매체를 통해 제품을 소개하고 광고하는 방송을 보내고, 전화로 주문을 접수하는 방식이다. 공급자의 광고비를 줄여주고 다양한 판매기회를 확대시켜 줄 뿐만 아니라 소비자들에게는 충동구매를 일으킬 수도 있는 거래 방식이기도 하다.

우리나라에서는 1995년 10월 1일 홈쇼핑 방송이 개시되어 같은 해 이미 CATV 가입자가 50만 명을 넘어섰다. 운영 첫해의 매출액 규모가 약 70억 원 정도였고 2024년 총 시장규모가 19조 원을 넘어서는 업태로 발전하였다. 정보후진국에서 정보선진국으로 진행하는 과도기에 있는 우리나라는 전자공동체(electronic community)라는 새로운 공동체가 출현할 정도로 정보화의 속도가 빠를 것으로 기대하기 때문에 향후 TV 홈쇼핑은 크게 성장할 것으로 기대된다.

다만 가입자 수가 한정되어 있는 관계로 좋은 제품이 방송되더라도 비가입자에게 알려지는 파급효과가 적어서 제품을 홍보할 수 있는 힘이 약한 실정이다. 우리나라에서는 아직도 TV 홈쇼핑으로 거래되는 제품 품질과 제조업자에 대한 신뢰도가 낮기 때문에 시장확산의 어려움을 겪을 것으로 보인다.

3.3 소매업의 변천과정

(1) 소매 수레바퀴설

소매 수레바퀴설(The Wheel of Retailing)은 맥네어(Malcolm P. McNair)가 주장한 이론으로 다양한 소매 형태의 등장 과정을 설명하는 것이다.

소매 시장의 세 가지 국면을 그림 11.7에서처럼 가정하고 있다. 첫째, 제1국면은 저마진 시장이다. 이 시장에서는 저가 제품, 낮은 마진, 값싼 설비로 소매가 이루어진다. 그러므로 판매는 당연히 낮은 마진을 추구하는 저가로 이루어진다. 그렇지만 경쟁이 심해지면 저가 경쟁이라는 소구는 더 이상 매력적이지 못한 상태가 되고 만다. 그렇게 되면 제2국면으로 넘어가게 된다.

둘째, 제2국면은 중가 제품, 중간 정도의 마진, 중간 수준의 비용으로 소매가 이루어지는 단계이다. 제1국면에서 가격 소구의 경쟁력을 상실한 이후 이제는 소매상들 간에 서비스 경쟁이라는 새로운 국면으로 들어가게 된다. 이제 영업의 질을 조금 높여서 제품구색 소구라는 또 다른 경쟁 양상을 띠게 된다. 그러나 시간이 지나서 경쟁기업들이 모두 구색 갖추기를 달성하고 나면 이것도 더 이상 경쟁력을 갖지 못하게 되어 제3국면으로 넘어가게 된다.

셋째, 제3국면은 고가 제품, 높은 마진, 높은 비용의 설비로 소매가 이루어지는 단계이다. 제2국면에서 구색 경쟁으로도 매력을 찾지 못한 소매는 서비스 소구를 강화하는 것으로 경쟁력을 확보하려고 할 것이다. 그러므로 이제는 서비스가 앞선 소매점이 시장을 지배하는 새로운 경쟁 양상을 띠게 되는 것이다.

이처럼 소매수레바퀴설은 소매에서 특정 소구 방법이 경쟁력을 잃으면 새로운 소구 방식이 소매 시장을 지배하게 되는 과정이 끝없이 이어지며 순환한다는 이론이다. 하나의 혁신적인 소매 방식이 성숙기를 맞이하면 또 다른 소매형태가 이어가고 이러한 순환은 계속된다. 이러한 '가격소구 → 상품구색소구 → 서비스소구'라는 순환을 거치는 동안 비용과 마진증가가 동시에 진행된다는 점을 주목해야 한다. 그 과정에서 점포의 모습도 '구형점포 간의 경쟁 → 구형/신형점포 상호간의 경쟁 → 신형점포 간의 경쟁'으로 이어진다.

소매수레바퀴설을 구체적인 예로 설명하면 다음과 같다. 맨 먼저 백화점 간의 경쟁이 '가격 → 구색 → 서비스 부분'으로 진행되다가 서비스 경쟁이 더 이상 경쟁력을 가질 수 없는 포화상태가 되면 슈퍼마켓이라는 새로운 소매업태가 등장하게 된다. 슈퍼마켓 등장 초기에는 백화점과 슈퍼마켓이 경쟁한다. 차츰 슈퍼마켓이 우월하게 되어 슈퍼마켓은 이제 백화점과 차별화 되어 슈퍼마켓 간의 '가격 → 구색 → 서비스 부분'의 경쟁으로 진행된다. 슈퍼마켓의 서비스 소구가 경쟁력을 잃을 때쯤에는 할인점이 등장한다. 할인점 등장 후 초기에는 슈퍼마켓과 할인점이 경쟁하지만 이내 할인점이 우월하게 된다. 그러면 슈퍼마켓과 할인점은 차별화되고 할인점 간의 '가격 → 구색 → 서비스 부분'의 경쟁으로 이어진다.

(2) 소매수명주기

소매상의 진화과정을 마치 제품의 진화과정과 같은 방식으로 설명하려는 접근법이 소매수명주기(Retail Life Cycle)이다. 소매상도 처음에 새로운 업태로 시장에 출현하는 도입기를 시작으로 성장기, 성숙기, 포화기, 쇠퇴기의 과정을 거친다는 원리를 적용해 보는 것이다. 각 소매 유형마다 도입시기가 다르고 소비자의 선호가 다르기 때문에 성장곡선을

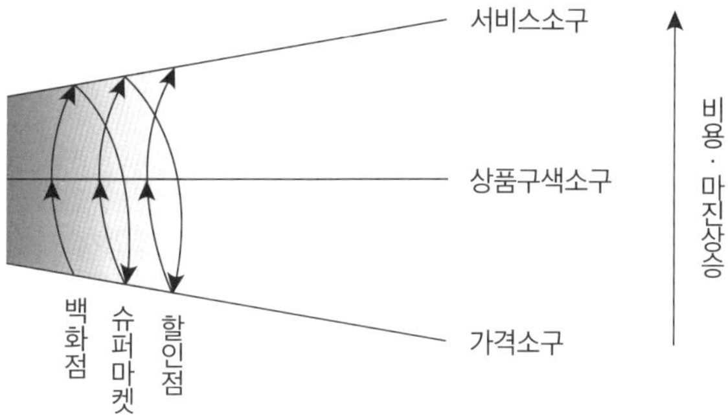

그림 11.7 소매 수레바퀴

다르게 그릴 것으로 기대된다. 미국에서는 백화점은 19세기 말, 슈퍼마켓은 1930년대에 성장과정을 거친 것으로 분석된다. 이들 업태들도 성숙기에 접어들면 경쟁이 심화되고 다양한 업태들의 출현으로 서비스와 가격 경쟁을 겪게 되기 때문에 경우에 따라서는 쇠퇴기로 들어서는 업태도 발생하게 된다.

소매업태들이 이처럼 수명주기를 겪는다는 주장은 어떠한 유망 업태라도 시장의 경쟁이 달라지고 소비자의 선호나 기호가 변하면 새로운 업태에 비해 경쟁력을 상실할 수 있다는 것으로 이해해야 할 것이다. 우리나라의 구멍가게와 재래시장이 언제나 단골고객을 대상으로 손쉬운 영업을 할 수 있을 것이라는 기대는 이제 더 이상 상상하기 어려운 실정이 된 것도 이와 같은 예견이 없었기 때문이다.

소매수명주기의 각각의 단계가 어떠한 특징을 갖는지 표 11.1에서 살펴보기로 하자.도입기는 기존의 소매믹스전략과 다른 새로운 믹스전략을 추구하는 시기이기 때문에시장에서의 적응을 위한 기초적이고 필수적인 준비를 하는 시기이다. 새로운 소매 업태의출현을 시장과 고객들에게 알려야 하고 새로운 소매믹스의 차별적 유용성을 인식시키는노력이 필요한 시기이다. 최소한 하나 이상의 소매 믹스변화를 추구하여 고객들에게 그변화를 이해시켜야 하지만 이것이 소매상에게는 커다란 위험 부담으로 작용한다.성장기에는 판매와 수익의 급격한 증가로 시장에서의 확고한 위치를 차지하는 것이 성공적인 확장의 관건이 될 것이다. 점포수의 확장, 지리적인 점포 확대, 동일 업태의 새로운 점포의 등장 등으로 새로운 비용도 크게 발생하게 된다.

표 11.1 소매수명주기 특징

과업	업무영역	수명주기 단계			
		도입기	성장기	성숙기	쇠퇴기
시장특징	경쟁자 수	거의 없음	보통	많은 직접 경쟁자/보통의 간접 경쟁자	보통의 직접 경쟁자/많은 간접 경쟁자
	판매성장률	매우 빠름	빠름	보통	느림/감소
	수익수준	보통 이하	고수익	보통	매우 낮음
	단계의 지속	3~5년	5~6년	미정	미정
소매전략	투자/성장/위험 의사결정	투자 최소/고위험 부담	성장유지를 위한 높은 투자	매우 통제된 성장	필수적 지출 외 자본 지출 최소화
	주요경영 관심사항	조정과 실험으로 개념 정립	시장위치 선점	성숙기 유지 및 소매업태 개념 수정	탈출전략
	경영-통제 기법의 사용	최소	보통	확대	보통
	가장 성공적인 경영자	기업가적 경영자	중앙집권적 경영자	프로 경영자	

※출처 : William R. Davidson, Albert D. Bates and Steqhen J. Bass, "The Retail Life Cycle," Havard Business Review, Vol. 54, 1976, 92.

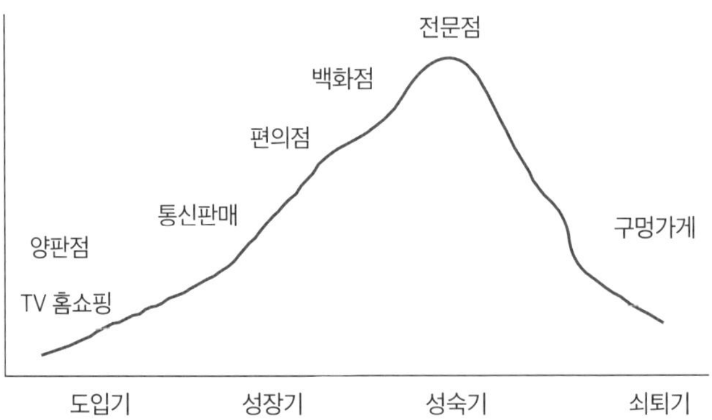

그림 11. 8 우리나라 소매업태들의 소매수명주기상의 위치

성숙기는 전체적인 판매성장률이 둔화되는 시기인데 이는 판매가 늘어나더라도 도입기나 성장기보다는 그 증가 폭이 적을 것이라는 특징을 말한다. 이는 또한 구매를 유도하기위한 비용의 증가로 수익률의 감소를 경험하게 되는 시기이기도 하다. 이제는 많은 수의 동일 업태 경쟁자들 때문에 시장이 더 이상 커지기 어려운 포화 상태를 맞은 때이므로 새로운 업태의 경쟁자가 출현할 것이고 더 이상 기존 소매경영전략이 적합하지 않을지모른다. 이제는 쇠퇴기로 가지 않고 오래 이 상태를 유지하는데 노력을 경주해야 할 것이다.

마지막 단계인 쇠퇴기는 그 소매 업태 전반의 매출과 수익이 감소하여 많은 수의 점포가 기존 업태를 포기하게 되고 새로운 업태의 점포가 고객에게 매력적인 점포 형태로 자리 잡아 가게 된다. 이러한 쇠퇴기는 거의 모든 점포에게는 어쩔 수 없이 받아들여야만 하는 숙명이지만 가끔씩은 재포지셔닝(repositioning)을 통해 종말을 연기할 수 있는 경우도 있다. 이제 우리나라의 소매업태들을 소매주기상의 위치에 그림으로 그려 보면 그림 11.8과 같이 나타낼 수 있겠다.

(3) 진공지대론

진공지대론(Vacuum Zone Theory)은 기존의 소매업태가 다른 유형의 소매로 변화할 때 그 빈자리, 즉 진공지대를 새로운 형태의 소매 업태가 자리 메움하게 된다는 주장이다. 지리적으로 동일한 지역의 시장에 소비자 집단이 존재함을 가정하여 설명하고 있다. 그림 11.9에서처럼 순서적으로 A, B, C라는 서비스 수준이 다른 소매형태가 존재할 때 A점은저서비스/저가격의 소매 형태, C점은 고서비스/고가격의 소매 형태를 유지하고 있다. 이때 소비자가 가장 선호하는 지역은 A와 C의 중간지점인 B지역이다. 그것은 적당한 수준의 가격으로 보통 수준의 서비스를 기대하는 고객을 생각하면 될 것이다.

이때 A점의 소매 형태는 소비자가 보다 선호하는 형태, 즉 B유형의 점포로 바꾸기 위해상향전략(upward stretching)을 펼치게 되고, C점의 소매 업태는 하향전략(downward stretching)을 펼치게 된다. 그래서 궁극적으로 A, B, C간의 최소한의 차이만을 남기는 정도로 가까운 형태로 변하고 원래의 A와 C의 점포 유형은 진공지대로 남게 된다. 이러한 진공지대는 새로운 진입자가 등장할 가능성을 제공해 준다.

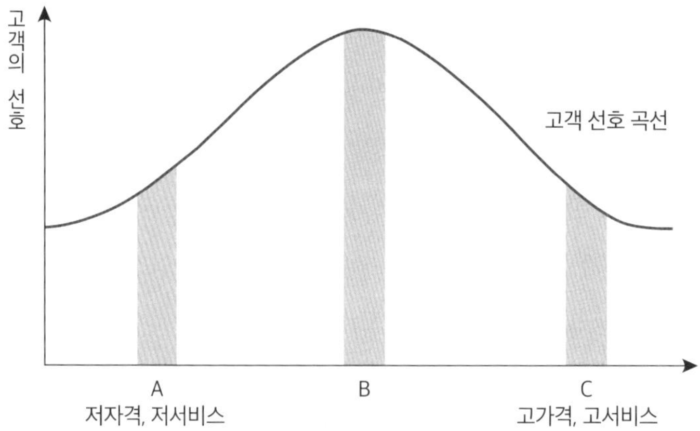

그림 11.9 진공지대론

(4) 소매변증법 이론

소매변증법 이론(Retail Dialectical Process Theory)은 소매업태의 진화과정을 변증법 이론으로 설명하려는 시도이다. 변증법의 설명 방식은 최초의 어떤 주장이 나타났을 때 이를 본래적인 주장으로 보아서 정(正 : thesis)이라 한다. 정의 주장에 반하는 새로운 주장이 시간이 흘러 다른 시각을 가진 사람에 의해 제기되는 경우 이는 반(反 : antithesis)이라 한다. 정과 반은 대립과 논쟁의 과정을 거치면서 서로의 주장의 정당성을 지지하지만, 어느새둘의 조화를 주장하는 타협점과도 같은 새로운 시각이 등장하는 데 이를 합(合 : synthesis)이라 한다.

이러한 논리적 전개를 소매업태의 진화 과정에 도입하면 표 11.2와 같다. 정(正)의 소매업태를 완전서비스를 제공하는 초기 백화점의 모습이라고 한다면 이는 도심 중앙에 위치하고 완전서비스를 제공하기 때문에 높은 비용 구조를 가지게 된다.

이러한 비용 부담을 덜기 위한 반(反)의 소매로 초기 할인점은 도심 밖에 위치하게 되고 서비스를 줄이고 조직을 간편화하게 되었다. 이러한 할인점의 등장에 맞서기 위한 새로운 개념의 백화점이 합(合)의 소매인데 도심 밖에 위치하면서 백화점 본래의 기능을 거의 수행하는 모습을 띠게 되었다. 그렇지만 이러한 소매변증법 이론으로 미래의 소매 업태의 생성과 변화를 예측하기는 어려운 일이다. 다만 최근 미국의 소매업의 진화과정에서 전문점 → 할인점 → 카테고리 킬러로 진행되는 과정을 설명하는 수단은 될 수 있다.

표 6.5 시장세분화의 근거

(正) 완전서비스점(백화점, 1860년대 시작된 원형) - 중앙영업지구에 입지 - 많은 비상품적 서비스 제공(배달/신용거래) - 복잡한 조직구조(계층적 구조) - 높은 이폭/저회전 - 비식품 중심 상품계열
(反) 셀프서비스점(1950년대 시작된 초기 할인점) - 중앙영업지구에서 도심 밖으로 입지 전환 - 약간의 비상품적 서비스 제공 - 단순한 조직구조(Flat 경영) - 낮은 이폭/고회전 - 식품 중심 상품계열
(合) 할인백화점(1960년대 체인 소유) - 중앙영업지구에 입지하지 않음 - 많은 비상품적 서비스 제공 - 복잡한 조직구조 - 높은 이폭/저회전 - 비식품 중심 상품계열

(5) 소매아코디언 이론

소매아코디언 이론(Retail Accodian Theory)은 제품 구색의 변화과정을 설명하는 방법으로 소매점이 취급하는 제품구색의 수가 변화하는 모양을 아코디언에 비유하고 있다. 우리가 어릴 때 골목길에서 행상이 연주하던 아코디언을 기억할 것이다. 오므렸다 폈다 하며 연주하면 건반의 모양이 넓어졌다 좁아졌다 하는 것이 제품구색의 숫자 변화를 연상하게 한다는 뜻이다.

제품구색의 폭이 종합상품계열 → 한정상품계열 → 종합상품계열의 순으로 달라진다는 주장인데 구체적인 예로는 소매점의 등장 순서가 일반잡화점 → 백화점 → 통신판매점 → 전문점 → 슈퍼마켓 / 창고형소매점으로 나타나는 것을 예로 들 수 있다. 이런 맥락에서 General-Specific-General Process이라고도 한다.

(6) 자연도태설

다윈이 제시한 자연도태설(Natural Selection)을 근거로 소매업태의 변화과정을 설명하려는 이론이다. 환경적응적 소매점은 존속하게 되지만 환경적응에 실패하는 소매기업은 도태하게 된다는 주장이다. 이는 적응행동이론(adaptive theory)으로 소비자 구매행동, 과학기술, 법적 환경 등의 소매 환경에 효율적으로 적응 가능한 소매 업태의 번창을 예고하고 있는데 1940~1950년대 미국 도심 백화점이 퇴조하고 외곽 백화점의 등장 원인을 설명해 준다.

자연도태설은 향후 소매산업이 무한경쟁의 무대로 이어질 것이라고 가정한다면 보다 과학적인 시장 대응을 권고하는 기본 지침서로 보인다.

제4절 도매상

4.1 도매상의 정의

유통경로에서 구조적으로 가장 복잡한 부분이 도매상(wholesaler)이다. 무엇이 도매인지 정의하기도 어려울 만큼 다양한 형태의 도매상이 존재하고 있다. 도매상의 이름은 중개상, 상인, 배급업자, 중간상 등 다양하고 제조업자대리인, 판매대리상, 브로커, 위탁상인 등도 모두 도매상의 범주에 들기 때문에 도매상과 관련되는 용어의 복잡성은 도매상을 설명하는 데 한층 어려움을 가중시킨다.

또한 도매상은 도매 기능만을 하는 것이 아니라 소매기능도 같이 수행하기 때문에 주된 기능이 무엇인가를 기준으로 도매 혹은 소매로 분류하기도 한다. 도매(wholesaling)는 소매상, 다른 상인들, 산업사용자, 기관사용자, 상업사용자 등에게 판매하지만 궁극적인 소비자에게는 판매하지 않는 사람이나 기관을 의미한다. 그러므로 소비자에게 판매하지 않는 판매는 도매로 보면 될 것이다.

따라서 소비자에게 판매하지 않는 거의 모든 기관은 도매상이며 그들의 거래는 도매업이라 한다. 여기서는 도매상의 복잡한 실무적인 구조나 내용을 이해하기보다는 특징적인 도매상들의 일반적인 도매 기능과 도매의 역할을 살펴보기로 한다. 도매를 통해 거래되는 약 50% 정도의 제품은 독립적으로 소유되고 운영되는 도매상인데 여기서는 주로 자사의 창고를 가지고 자기 명의로 운영하는 상인도매상(merchant wholesaler)을 중심으로 설명하게 될 것이다.

4.2 도매상의 기능

도매기능은 생산과 소비를 조정하는 다양한 경제적 기능을 의미하는데 유통경로에서 여러 가지 이질적인 수요를 다양한 수준에 맞게 구색을 갖추는 작업을 수행하는 것이다. 제품과 서비스가 생산되어 소비되기까지의 과정을 연결해 주는 역할을 하는 셈이다. 그러니까 유통의 중간적인 매개체의 역할을 수행하는 대표적인 경로구성원이라 할 수 있다. 구체적으로 도매상은 경로의 소유권 이전, 물적 소유, 촉진, 재무적 기능, 위험 부담, 주문 등의 활동을 수행하면서 경로의 윤활유와 같은 자리를 차지하게 된다.

부정적인 입장에서 보면 도매상은 기생충과 같은 불필요한 존재라고도 한다. 사실 우리나라의 경우도 대표적으로 농수축산물의 유통경로를 보면 여러 가지 이름의 도매상이 모두 불필요할 뿐만 아니라 유통구조 전체를 개혁하는 일이 시급하기만 하다. 산지에서 생산물의 가격이 폭락하더라도 수집상을 시작으로 가격이 상승하기 시작하여 최종 분배자인 소매상에 이르게 되면 평상시 가격과 별 차이 없이 공급되고 있는 것이 우리나라 유통의 현실이다.

오죽하면 '돼지파동이 나도 돼지 도매상은 망하지 않는다. 양파파동이 나도 도매상은 오히려 더 남는다'라는 말이 우리 유통현장에서는 경전처럼 암송되고 있다. 이런 경우라면 차라리 중간상이 필요 없는 유통구조가 더 낫지 않을까 싶다. 그럼에도 불구하고 원칙적으로 도매상의 존립이 의미가 있다는 두 가지의 주장이 앞서 살펴 본 총거래수 최소의 원칙(priniciple of minimum total transaction)과 집중지장의 원칙(principle of massed reserve)이다.

이제 구체적으로 도매상의 기능을 제조업자를 위한 기능과 소매상을 위한 기능으로 나누면 그림 11.10과 같이 나타낼 수 있는데 이를 하나씩 살펴보기로 한다.

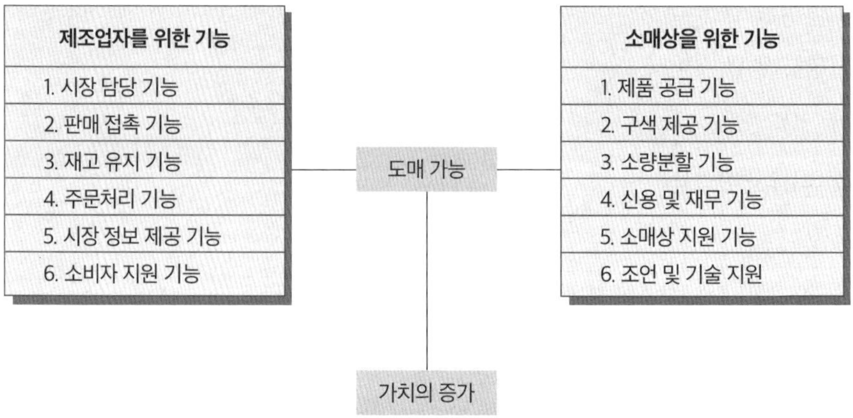

그림 11.10 도매상이 수행하는 기능

(1) 제조업자를 위한 도매상의 기능

가. 시장 담당 기능

제조업자는 수많은 소매상을 대상으로 거래를 수행하고 있으며 그들의 분포는 가히 전국적인 지역을 차지하고 있다. 이들 넓은 지역의 소매상과 일일이 거래 관계를 형성하고 유지하기 위해서는 제조업자의 비용이 엄청나게 소요될 것이다. 따라서 이러한 광범위한 지역의 다양한 업태의 소매상에 대응하여 제조업자를 대신해 합리적인 비용으로 거래 관계를 수행하는 것은 제조업자에게 커다란 도움이 될 것이다.

나. 판매접촉 기능

전국적인 소매상을 담당하는 판매원을 선발, 교육, 관리하는 비용은 제조업자의 비용부담을 가중시킬 것이다. 도매상이 특정지역이나 전체 시장의 판매를 대행해 준다면 제조업자는 아주 적은 수의 도매상과의 판매접촉만을 수행하면 되기 때문에 상당한 비용절감 효과를 얻을 수 있다.

다. 재고유지 기능

제조업자를 대신해서 도매상이 재고를 갖게 되기 때문에 제조업자는 재고관리를 보다 효율적으로 수행할 수 있게 된다. 재고는 곧 비용으로 연결되기 때문에 재고 부담을 덜어준다면 이는 도매상이 제조업자의 비용을 줄여 주는 것이므로 제조업자의 재고 관련 위험까지도 경감시켜 줄 것이다.

라. 주문처리 기능

도매상이 없다면 소매상들이 자주 제품을 주문하게 되어 제조업자를 번거롭게 할 것이다. 도매상이 소매상의 주문을 대신하게 된다면 주문량의 크기도 대량주문이 될 것이고 이에 따라 주문처리 업무도 보다 체계적이고 일상화된 업무가 될 것이다.

마. 시장 정보 기능

도매상은 제조업자보다 시장과 가까운 쪽에 있기 때문에 경제, 경쟁자 그리고 소비자의 특징과 그 변화에 대한 보다 정확하고 최신성 있는 정보를 확보할 기회가 많을 것이다. 시장 판단과 제품 계획에 유용한 정보를 제조업자에게 제공하는 도매상은 여러모로 시장 경쟁력을 제고시켜 줄 것이다.

바. 소비자 지원 기능

소비자들은 제품을 구매하는 것뿐만 아니라 여러 가지의 부수적인 서비스를 기대하거나 필요로 하고 있다. 제품을 반품하거나 제품 수리를 의뢰하는 것도 제조업자들이 처리해야 할 업무 중 중요한 것인데 이를 도매상이 대신해 주게 된다. 소비자와 보다 가까운 도매상이 이러한 서비스를 소비자에게 제공하는 것은 비용을 절감하는 효율적인 방식이다.

(2) 소매상을 위한 도매상의 기능

가. 제품공급 기능

도매상이 소매상에게 가장 큰 역할을 수행해 주는 부분은 아무래도 제품과 서비스의 제공이라는 측면이다. 도매상이 완제품, 부품, 반제품을 제공하는 것은 제조업자가 소매상에게 기능을 수행하는 것보다 더욱 효율적일 수 있다. 의사소통이 보다 가깝고 정확할 수 있는 거래당사자인 도매상의 제품 공급이 소매상의 요구에 더욱 부합할 수 있다.

나. 구색제공 기능

도매상이 제품을 공급해 주기 때문에 자연스럽게 소매상이 필요로 하는 구색을 제공하는 셈이다. 제조업자의 경우보다는 보다 편리할 수 있는데 여러 제조업자가 개입해서 구색을 완성하기보다는 도매상이 각각의 소매상에게 적합한 구색을 일시에 제공한다면 대단히 효율적일 것이다.

다. 소량분할 기능

소매상은 대량 구매가 불필요한 경우가 많다. 주된 품목은 대량으로 주문하더라도 소량주문 품목이 없을 수가 없기 때문에 제조업자가 각각의 소매상에게 소량의 주문을 받는다는 것은 지극히 시간 소모적이고 노동집약적인 업무가 되기 때문에 도매상이 대량으로 구매한 제품을 소량으로 나누어서 필요한 양만큼씩 공급하게 된다.

라. 신용 및 재무 기능

도매상은 재무적인 측면에서도 소매상을 지원하고 있다. 제품을 구매하는 소매상에게는 오랜 관계 속에서 신뢰를 바탕으로 신용거래를 허용해 주기도 하고 아직 구매하지 않은 제품을 재고로 창고에 보관함으로써 언젠가는 소매상이 구매하게 될 때까지의 재고비용을 대신 부담해 주는 역할을 하기도 한다.

마. 소매상 지원 기능

소매상들은 배달, 수리, 품질보증 등과 같은 서비스를 필요로 하는데 제조업자를 대신하여 도매상이 보다 효율적으로 이러한 기능을 수행하게 된다. 도매상의 이러한 기능은 소매상의 판매 노력을 상당히 경감시켜 주는 효과가 있다.

바. 조언 및 기술 지원 기능

제품에 대한 기술적인 문제, 판매 현장에서의 문제에 대처하는 방법 그리고 판매원 교육과 관리와 관련되는 문제 등에 대해 도매상이 소매상에게 조언해 줄 수 있다. 대부분의 경우 도매상은 제품의 특징과 시장의 여건을 누구보다도 잘 아는 상황이기 때문이다.

4.3 도매상의 종류

각각의 목표시장이 필요로 하는 서비스의 유형이 다르기 때문에 도매상의 종류도 다양한 모습으로 나타나고 있다. 이러한 다양한 유형의 도매상은 제조업자나 소매상이 시장에서 전략을 수행하는 경우에 선택대안의 수를 증가시켜 주기 때문에 시장의 구조를 복잡하게 하는 경향이 있다. 시장에서 경로구성원의 기능 위양에 대한 여러 가지 방법을 제공함으로써 도매상의 각 유형은 제각기 특징적인 경로구성원의 역할을 수행하고 있는 것이다.

도매상의 유형은 그림 11.11에서 나타난 것처럼 크게는 상인도매상(merchant wholesaler), 대리도매상(agent wholesaler) 그리고 제조업자의 판매 지점과 사무소(manufacturer's sales branches and offices) 등의 세 가지 유형으로 나뉠 수 있다.

그림 11.11 도매상의 유형

(1) 상인도매상

상인도매상은 제품에 대한 소유권을 가지고 자기의 책임하에 거래하는 도매상이다. 상인도매상이 모든 도매기능을 수행하는 완전기능도매상(full function wholesaler)과 여러 가지의 도매기능 중 몇 가지만을 수행하는 한정기능도매상(limited-function wholesaler)으로나눌 수 있다.

가. 완전기능도매상

완전기능도매상은 제품의 소유권을 획득하고 자기 책임하에 거래를 수행한다. 도매상이 할 수 있는 모든 기능과 서비스를 제공하고 자사의 창고를 이용하여 저장하면서 보관과 출하시기를 조절하기도 하며 신용을 제공하거나 주문에 대한 배달 서비스까지를 수행하는 것이 보통이다. 취급하는 제품라인의 형태에 따라 일반상품도매상(general line wholesaler), 한정상품도매상(limited line wholesaler) 그리고 전문품도매상(specialty wholesaler)으로 나뉜다.

① 일반상품도매상 : 서로 간에 관련성이 없는 다양한 제품을 취급하는 도매상이다. 보통은 전문적인 제품이 아닌 일반적인 잡화에 해당하는 전기제품, 전자제품, 농기계, 가구제품, 주방용품 등 다양한 품목을 거래한다.

② 한정상품도매상 : 서로간에 관련성이 있는 제품들을 몇 가지 동시에 취급하는 도매상이다. 이를테면 음료수, 설탕, 조미료, 향료, 소금 등의 구색으로 단지 몇 가지의 제품라인을 취급하지만 그 규모에 있어서는 일반상품도매상에 버금갈 수도 있다.

③ 전문품도매상 : 불과 몇 가지의 전문품 라인만을 취급하는 도매상이다. 한두 가지의 품목라인만을 취급하기 때문에 그 제품라인 안에서는 거의 모든 상표의 제품을 갖추는 구색의 깊이에 철저한 경향이 있다. 폭이 좁고 깊이가 깊은 구색에서 전문적인 시장 정보와 수준 높은 대고객 서비스의 제공이 가능하다.

나. 한정기능도매상

완전기능도매상이 모든 도매기능을 제공하는 데 비해 한정기능도매상은 특징적인 몇 가지의 도매기능을 특화하여 수행하는 도매상이다. 도매상의 고유기능의 일부를 제공하지않는 이유는 제조업자가 이러한 도매업을 수행함으로써 전방을 통합적으로 관리하는 입장에서 유통부분에 대한 통제력을 높일 수 있고, 소매상은 제조업자와 직접 거래하는 이점을 가질 수 있으며, 소비자도 협동조합을 결성하여 제조업자와 직접 의사소통할 수 있기 때문이다. 그 종류로는 현금 무배달도매상(cash-and-carry wholesaler), 직송도매상(dropshipper, desk jobber), 트럭도매상(truck wholesaler, truck jobber), 진열장도매상(rack jobber) 그리고 우편주문도매상(mail-order wholesaler) 등이 있다.

① 현금 무배달도매상 : 현금으로 거래하며 수송 서비스를 제공해 주지 않는 도매상이다. 소매상에게 신용을 제공하지 않기 때문에 거래 대상 소매상이 제한적이기는 하지만 재무적인 위험을 질 염려가 없다는 장점이 있다. 그러나 거래대상이 현금거래가 가능해야 하고 수송수단을 갖춘 소매상으로 그 폭이 좁기 때문에 경기가 좋을 때에는 사업을 확장할 수 있는 기회를 잃게 될 수 있다.

② 직송도매상 : 제품에 대한 소유권을 갖고 제조업자로부터 제품을 취득하여 소매상에게 바로 직송하는 도매상이다. 스스로가 제품을 창고에 보관하지는 않기 때문에 일반관리비와 인건비를 줄일 수 있다. 보관이 어렵거나 비싼 제품인 경우에는 물리적인 소유를 함으로써 생길 수 있는 위험을 부담하지 않게 된다. 직송도매상이 제품을 구매하여 소유권을 취득한 이후에도 실제로는 제조업자가 어느 정도의 기간 동안은 소유하다가 소매상과의 계약이 체결되고 나서 제품을 소매상에게 직송하는 경우도 있다. 이들의 취급 품목은 주로 석탄, 목재, 곡물, 중장비 등이다.

③ 트럭도매상 : 트럭에 제품을 싣고 전국을 돌며 이동판매를 하는 현금판매원칙의 도매상이다. 과일이나 야채 등과 같은 부패성이 있는 제품이나 식료품을 공급하는 데

주로 정해진 경로를 따라서 정해진 소매상을 찾아서 이동하는 형태이다.

④ 진열장도매상 : 이는 주로 식료와 잡화류를 취급하는 도매상이며 재고수준에 대한 조언, 저장 방법에 대한 아이디어 제공 그리고 선반 진열 업무 등을 도매상을 대신하여 직접 수행하고 있다. 도매상이 진열해 준 제품이라도 판매가 된 제품에 대해서만 값을 치르고 팔리지 않은 제품은 반품도 할 수 있다. 진열장도매상은 결과적으로 배달, 재고관리, 재고유지, 선반진열, 금융 등의 서비스를 제공하는 셈이다.

⑤ 우편주문도매상 : 우편을 통해 카탈로그와 제품주문서 등을 발송하여 주문을 접수하여 제품을 배달해 주는 도매상이다. 유행하는 제품이나 부패성이 있는 제품은 피하고 주로 가구, 의류, 악세사리, 보석류, 기호 및 건강식품, 기계류 등을 취급한다. 저비용으로 점포를 운영할 수 있고 전국적인 마케팅을 할 수도 있지만 목표시장을 잘못 잡은 경우에는 카탈로그 제작과 발송이 부담이 될 수도 있다.

(2) 대리도매상

대리도매상은 제품에 대한 소유권을 확보하지는 않고 수수료나 요금을 받고 제한된 수준의 마케팅 기능만을 수행하는 도매상이다. 주로 제품 판매가격의 2~6%의 수수료를 받거나 계약된 일정액의 요금을 받는데 그야말로 제조업자를 대리하여 시장상황에 대처하거나 판매지역을 확보하는 것과 같은 기능을 수행한다. 대리도매상의 종류로는 제조업자 대리인(manufacturer's agent), 브로커(거간 : broker), 위탁상인(객주 : commission house, commission agent) 그리고 판매대리인(selling agent) 등이 있다.

① 제조업자 대리인 : 장기적인 계약을 통해 제조업자의 제품을 특정 지역에서 판매대행하는 도매상이다. 제조업자의 제품의 일부만을 취급하며 거의 모든 판매 관련 사항을 계약을 통해 정하게 된다. 주로 몇 개의 비경쟁적인 제품을 생산하는 제조업자를 대신하고 비용은 제조업자와 공동으로 부담하게 된다. 새로운 시장에 대한 경

험이 없는 제조업자가 신시장에 진출하는 경우에 제조업자 대리점을 이용하는 것은 좋은 대안이 될 수 있다.

② 브로커(거간) : 브로커는 주로 거래를 알선하는 기능을 수행하는데 소유권을 취득하지는 않고 제3자로 구매자와 판매자를 찾아서 거래를 성사시켜 거래 양당사자로부터 수수료를 받는 도매상이다. 소유권을 가지지 않기 때문에 위험을 부담하지 않으며 금융기능도 수행하지 않는다. 시장의 상황이나 정보를 미리 파악하고 있다가 적절한 시기에 매매를 성사시키고 수시로 판매자에게 정보를 제공하게 된다. 판매와 구매 양자의 업무에 경험 있는 전문적인 도매상이다. 흔히 브로커와 위탁상인은 비슷한 기능을 하는 도매상으로 취급하지만 실상은 전자가 제3자 명의로 거래에 임하는데 후자는 자기 명의의 거래를 하는 점과 전자가 거래 양당사자로부터 수수료를 받지만 후자는 판매자로부터만 받는다는 점 등에서 분명히 차이가 난다.

③ 위탁상인(객주) : 제조업자가 위탁한 제품을 자기 명의로 자기 책임하에 위험을 일부 부담하면서 직접 보관하며 판매를 진행시키는 도매상이다. 판매가 끝나면 수수료, 수송비 그리고 기타 비용을 제하고 남은 판매대금을 위탁자에게 지급한다. 브로커 보다는 비교적 많은 기능을 수행하는데 판매, 보관, 등급화, 재포장, 금융기능 등을 주된 업무로 하고 판매자가 제시한 판매조건에 따라야 하기 때문에 브로커보다는 덜 자유롭다. 브로커가 거래 양당사자를 대신한다면 위탁상인은 주로 판매자만을 대표하게 된다. 우리나라에서는 옛부터 객주라는 도매상이 독특한 특징을 지니고 있었다. 객주집은 흔히 여러 개의 방을 대여해 주고 상인들이 며칠씩을 지내면서 마땅한 거래 제품을 기다리는 장소였다. 위탁받은 제품을 보관하기도 하며 금전적인 어려움이 있는 구매자에게는 구매대금을 빌려 주기도 하고 원거리까지 제품 수송을 대행해 주기도 하였다. 소설 "객주"를 통해 위탁상인의 본질을 정확하게 읽을수 있다. 위탁상인은 보통 숙박업을 겸하면서 시장의 형성과 확장, 새로운 거래 조건의 개발 그리고 포괄적인 시장 정보의 제공 등의 기능을 수행하였다.

④ 판매대리인 : 기업의 마케팅 부서와 같은 기능을 수행하는 도매상이다. 비경쟁적인 제품을 생산하는 몇 개의 제조업자를 대신하여 비교적 넓은 지역을 대상으로 판매를 수행한다. 가격, 촉진, 포장 등에 대해 제조업자의 통제를 받게 되지만 자체적으로 시장 조사를 수행하여 제조업자와 경쟁상태, 소비자 욕구의 변화, 제품의 개선 방향 등에 대해 논의하기도 한다.

제조업자의 대리인과 유사하지만 몇 가지 측면에서 차이점을 발견할 수 있다. 첫째, 판매대리인은 전량까지도 취급하지만 제조업자의 대리인은 일부 제품만을 취급한다. 둘째, 판매대리인은 제조업자 대리인보다 활동범위가 넓고 비교적 자율적인 의사결정이 가능하다. 셋째, 판매대리인은 모든 지역에서 판매를 하지만 제조업자의 대리인은 제조업자의 시장지배력이 약한 지역에서만 활동한다. 넷째, 판매대리인이 신용을 제공하는 반면 제조업자의 대리인은 그렇지 못하다.

(3) 제조업자의 지점 및 사무소

제조업자가 운영하는 도매상으로 제조업자의 지점과 판매사무소가 있다. 판매지점에는 창고시설을 갖추고 본사의 지휘를 받아서 제품 재고를 보유하면서 판매원을 두고 있다. 판매지점이 존재하는 것은 제품의 판매 단위당 가격이 고가이거나 취급이 어렵고 보증과 수리업무가 중요한 제품인 경우이다. 판매지점은 주로 인구 밀접지역이나 시장 집중지역에서 제조업자의 자금규모가 크고 창고의 여유가 있는 경우에 운영이 유리하다. 지점은주로 목재, 자동차 정비, 부품산업에서 활용되는 도매상이다.

제조업자의 판매사무소는 창고시설이 없어서 재고를 보유하지 않고 공장이나 창고로부터 직송을 받아 제품을 판매한다. 주로 일상 생활용품, 잡화류, 건조상품 등을 취급하고 있다.

제5절 경로전략의 구축

5.1 경로 커버리지

(1) 개방적 유통(intensive distribution)

제품, 상표, 서비스가 가능한 한 많은 소매점에서 취급되는 유통을 의미한다. 이 전략은 집중적 유통이라고도 하는데 흔히 산업 소비자나 가정주부 소비자가 최소한의 노력으로 빈번히 구매하기를 원하는 경우에 이용된다. 이를대면 담배, 비누, 신문, 껌, 사탕, 휘발유, 사무용품 등의 일상적인 생활용품의 마케팅 방법이다.

(2) 선택적 유통(selective distribution)

선택적 유통은 개방적 유통과 전속적 유통의 중간 유형에 해당된다. 이 유통 전략은 소비자가 제품이나 서비스를 탐색하는 데 깊이 있게 무한히 노력하지는 않지만 어느 정도의 노력을 기울이는 경우에 적절한 전략이다. 생산자는 자사 제품을 선택적으로 유통시키기 위해 자격을 갖춘 소매상들 중에서 특정 지역 안에서 몇 개의 점포만을 선택하거나 특정유형의 소매업태(백화점이나 전문점) 중에서 선택하게 된다. 특정 상표명의 텔레비전(삼성 파브 텔레비전), 침대(시몬스 침대), 화장품(랑콤 화장품) 그리고 의류(손석화 부티끄)등은 선택적 유통을 취하고 있는 좋은 예이다. '파로돈닥스'라는 치약은 약국에서 판매함으로써 일반 소매점의 치약보다는 치료약 개념과 고가제품 개념을 더 잘 전달할 수 있을것이다.

(3) 전속적 유통(exclusive distribution)

주어진 지역 안에서 단지 하나의 점포에서만 특정의 제품, 상표, 서비스가 제공되도록 하는 유통 전략이다. 이 유통 전략을 이용하는 이유는 크게 두 가지인데, 첫째, 고객이 제품이나 서비스를 탐색하는 데 많은 노력을 기꺼이 하는 경우이다. 이는 입지 편의성이 고객에게 중요한 경로 서비스가 아니라는 뜻이다. 예를 들면 네브라스카의 축산왕과 같은 부자는 신형 롤스로이스를 사기 위해 덴버까지 가는 것을 마다하지 않을 것이다.

둘째, 전속적 유통은 상표 내 경쟁(intrabrand competition)을 제거해 주기 때문에 공급자와 판매상은 상표간 경쟁(interbrand competition)에만 대비하면서 긴밀한 유대를 형성할수 있다. 신형 자동차, 산업용 에어컨 장비, 몇 가지 특정 의류, 고가 기구, 건축 및 농업용기계 등은 흔히 전속적으로 유통된다.

5.2 전통적 유통경로

전통적 유통경로(conventional marketing channel)는 별개의 독립적인 기관들로 구성되어있기 때문에 각 조직들은 스스로의 업무만을 수행할 뿐 다른 기관들의 마케팅 활동에 관심이 없고 알려고도 하지 않는다. 전통적 유통경로는 시간이 지나면서 저절로 생겨나는 것으로 이는 제조업자, 중간상, 소매상 그리고 최종소비자 간에 자연스런 관계가 만들어지는 것이다.

제조업자는 우연히 알게 된 중간상이 제품을 달라고 요구하니까 주는 것이고 중간상은 제품을 누군가에는 공급해야 하는데 소재점을 돌면서 재고가 없으면 몇 개 받아두라고권유하고 그렇게 해서 서로간에 안면이 생기게 될 것이다. 그렇다고 해서 서로간에 어떠한 협정이나 약속이 있는 것도 아니어서 제퓸이 떨어질만 하면 도매상이 나타나서 새고를 채워주고 제조업자도 가끔 들르는 도매상에게 제품을 넘겨 주는 그런 관계가 바로 전통적 유통경로이다.

전통적 유통경로가 형성되기 전 단계의 유통경로가 일회적 거래 경로(single transactional channel)이다. 이 단계의 유통경로는 경로구성원이 과거 경험이나 구두의 약속도 없이 우연한 기회에 지나치던 도매상이 소매상에게 제품을 한번 공급해 주는 정도의 가장 초기적인 단계의 유통이다.

유통경로의 구성원들은 각각 합리적인 방법으로 경로의 목표를 지향하는 방향으로 나름대로의 역할과 기능에 맞추어서 제품이나 시장과 관련된 결속력(commitment)을 가지

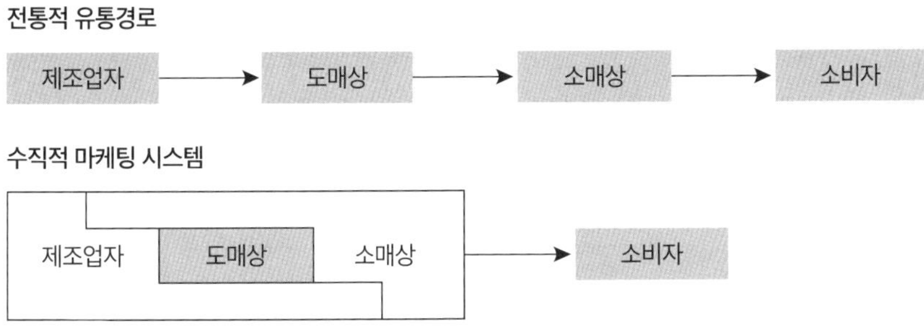

그림 11.12 경로구성원의 결속력

게 된다. 결속력을 가지게 되면 궁극적으로 유통경로의 말단인 시장 부분에서 경쟁하기가 더욱 용이해 진다. 그럼에도 불구하고 많은 경영자들은 이 점을 간과하여 경로의 다른 구성원과의 결속을 하지 않는 경우가 바로 전통적 유통경로이다. 그러나 대신에 경로구성원들은 서로 간에 간섭을 하지 않으므로 자율성(autonomy)을 제한 없이 누릴 수 있다는 장점이 있다. 그 결과 이러한 전통적 유통경로는 시장의 급격한 환경 변화나 구성원 자신의 전략 변경이라는 측면에서 상당한 유연성(flexibility)을 가질 수 있다. 각 유통경로의 결속력을 그림으로 표시하면 그림 11.12와 같이 나타낼 수 있다.

이러한 유통경로는 가격이라는 시장 메커니즘과 관련된 시장경제의 논리에 따라 운영된다. 취급하는 제품의 유형이나 다양성, 촉진의 수준 그리고 소매점포의 위치 등은 제조업자와 중간상이 판매자와 구매자로 상호작용하는 메커니즘에 의해서 결정된다.

따라서 경로구성원간의 활동의 조정은 기초적으로는 상세하게 짜여진 계획에 의한 것이 아니고 거래당사자간의 협상과 조율로 이루어지게 된다. 전통적 유통경로의 본질이 그러하다 보니 경로구성원 간에는 충성도가 부족하고 공동의 목표가 거의 없다. 그러한 경로에서의 의사결정은 흔히 과거의 관례에 의한 것이다. 어떻게 보면 경로구성원간의 이러한 느슨한 관계는 기업들이 이 경로에 가담하거나 탈퇴하는 것을 편리하게 해준다. 이런 까닭에 전통적 유통경로는 불안정적일 수밖에 없다.

전통적 유통경로는 수직적 마케팅 시스템의 효율성과 효과를 달성하지 못하지만 시장의 변화하는 환경과 욕구에 대처하는 능력이 최고의 강점이 된다. 또한 표준화가 이루어지지 않은 제품이나 서비스 분야의 산업에서는 이러한 유통경로가 효과적이다. 이를테면

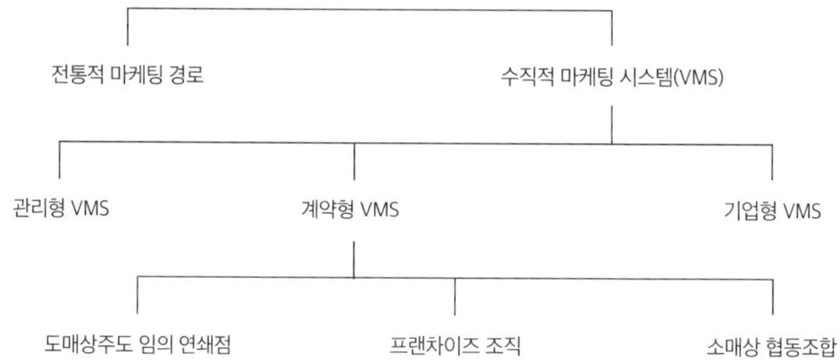

그림 11.13 수직적 마케팅 시스템의 유형

기성복, 주방용품, 가공식품, 사무용품, 가구, 보험, 건강 관련 제품, 중고 자동차 등은 전통적 유통경로를 통해 많이 공급된다.

전통적 유통경로의 구성원은 가끔 시스템으로 통합되지 않을 때 가질 수 있는 혜택을 모르는 공급자나 고객들로부터 이용당하기도 한다. 뿐만 아니라 경로 전체의 강력한 힘이나 조정이 필요한 경우에는 어려움에 처하기도 한다. 이러한 약점에도 불구하고 전통적 유통경로는 자본주의 사회에서 가장 흔한 유통경로의 형태이다.

5.3 수직적 마케팅 시스템

유통경로의 환경 변화와 상황에 보다 효과적으로 적응하기 위해 경로를 관리하는 몇 가지방식이 나타났다. 이름하여 수직적 마케팅 시스템(VMS, Vertical Marketing Systems)인데 통합의 정도가 낮은 형태부터 관리형 VMS, 계약형 VMS, 기업형 VMS 등이 있다. 통합의 수준이 강력해질수록 시스템을 유지하는 데 더 많은 투자와 관료제가 필요하게 되고 결과적으로 구성원들의 자율성과 유연성이 떨어지게 된다. 수직적 마케팅 시스템의 유형을 구체적으로 살펴보면 그림 11.13과 같다.

(1) 관리형 수직적 마케팅 시스템

관리형의 수직적 마케팅 시스템에서는 경로의 리더가 개발한 프로그램을 통하여 마케팅 활동이 조정되게 된다. 수직적 마케팅 시스템 중에서 경로구성원 간의 통합의 수준은 가장 낮고 자율성은 최대한으로 보장되는 통합의 방식이다.

미국의 식품회사 플레밍(Fleming)은 도매와 소매 경로에게 마케팅 업무를 지원함으로써 그들의 협조를 구하고 있다. 우리나라의 제일제당도 소매지원시스템(RSS, Retail Support System)을 통해 거래하는 소매상들에게 상품 계획, 구색갖추기, 판촉, 입지 등의 정보를 제공함으로써 유기적인 관계를 구축하고 있다.

관리형의 수직적 마케팅 시스템에서는 구성원들이 자신의 개별적인 목표를 추구할 뿐 그들간의 공식적인 조직은 없다. 다만 비공식적으로 그들이 공유하는 목표를 달성하기 위해 노력하게 된다. 그들은 각각 자신의 소유권을 가지고 있지만 궁극적으로는 그들 경로의 마케팅 과업을 분담하려고 할 것이다. 전통적 유통경로처럼 경로구성원 간의 전체 경로에 대한 결속력의 수준은 높지 않다. 전통적 시스템과 다른 것은 경로구성원들이 최소한 시스템 지향성을 가지고 있다는 점이다. 과거에는 관리형의 VMS에서는 제조업자가 경로리더가 되는 것이 일반적이었으나 이제는 Sears, Montgomery Ward 그리고 McDonalds와 같은 대형 소매상들도 경로리더가 되어 경로의 관리자가 되곤 한다.

관리형 수직적 마케팅 시스템을 개발하는 데 주도권을 잡기 위해서는 상품 계획과 관련된 훌륭한 아이디어로 기회를 얻을 수 있다. 따라서 공급자와 소매상은 제품라인을 관리하기 위한 머천다이징 계획을 정형화하게 된다. 머천다이징 프로그램은 표 11.3에 나타난 것과 같은 항목들에 대해 개별 소매상과 상품에 맞게 계획하는 것이다.

이러한 머천다이징 프로그램을 효과적으로 개발하기 위해서는 공급자와 소매상 등이 높은 차원의 협동심을 발휘해야 한다. 소매상의 정확한 현재 상태를 분석하고 관련된 최신의 시장 정보를 바탕으로 작성된 머천다이징 계획표가 가장 효율적인 지침서의 역할을 할 수 있다. 거래당사자가 공동으로 계획 작성, 분명하고 효과적인 상호 의사소통 그리고 상호 마케팅 흐름에 대한 긴밀한 조성 등이 요구된다.

전통적 유통경로와 관리형의 수직적 마케팅 시스템을 비교 분석한 결과는 표 11.4와 같다. 공식적으로 기구를 결성하거나 계약을 맺지 않는다는 점은 두 경로가 유사하지만 전통적인 유통경로는 단기목표 지향적이며 판매 지향적인 특징이 있다. 반면 관리형의 VMS는 거래당사자 간의 관계로 인식하는 경향이 있어서 계획에 근거한 장기목표를 지향하고 있다.

관리적 VMS의 공급자가 머천다이징 프로그램을 작성할 때 얻을 수 있는 혜택으로는 다음과 같은 것들이 있다.

① 매일 매일 계산하여 산출하지 않아도 최대 매출액과 잠재적인 이익을 추정할 수 있다.
② 생산과 유통 활동에 대한 보다 경제적인 일정을 수행할 수 있을 정도로 촉진과 판매활동을 중단 없이 계속할 수 있다.
③ 판매 예측 능력을 제고함으로써 생산과 유통 계획에 유리하다.
④ 전체적으로 조정, 계획, 통제된 마케팅 안목을 가지므로 보다 고객지향적인 과업을 수행할 수 있다.
⑤ 소매상의 필요 재고량을 정확하게 예측함으로써 재고관리와 통제의 효율성을 기할 수 있다.

한편, 공급자와 거래 관계를 갖고 있는 도매상이나 소매상의 입장에서 머천다이징 활동계획에 가담함으로써 얻을 수 있는 주된 혜택은 다음과 같다.

① 상품 공급을 적절히 적시에 수행할 수 있다.
② 공급자들이 차별적으로 배려해 줄 수 있다.
③ 구색 갖추기 계획이 가능하고 상품 계획 조정에 대해 지원할 수 있다.
④ 필요한 재고 투자 부분을 분명히 알 수 있다.
⑤ 상품 계획과 관련된 가격 등의 비밀을 지킬 수 있다.
⑥ 주문과 같은 업무를 공급자에게 떠넘길 수 있다.

(2) 계약형 수직적 마케팅 시스템

유통경로구성원들은 그들의 활동을 보다 높은 수준에서 조정하기 위해 계약적인 합의를 통해 관계를 공식화하기를 원할 수 있다. 궁극적으로 상거래는 모두 어떤 형태로든

표 11.3 머천다이징 관련 활동

1. 머천다이징 목표
① 판매계획
② 초기 마진 비율 계획
③ 할인과 재고 부족 등에 따른 매출감소 전망
④ 총마진 계획
⑤ 비용의 비율 계획
⑥ 이익률 계획

2. 재고계획
① 재고회진율 계획
② 기본 구색 및 재고 구색 갖추기 계획
③ 재고 고갈 없는 비상품목 목록작성
④ 촉진품과 일반품의 혼합 계획

3. 제품 진열 계획
① 점포 내 구조 예시
② 공간활용 계획
③ 제품 전시 계획
④ 구매시점 전시, 소비자 관련 자료, 가격표시 등의 촉진 자료

4. 인적판매 계획
① 판매원의 설명용 교재
② 판매원 교육 프로그램
③ 판매원 사기진작을 위한 콘테스트 등의 계획

5. 광고 및 판매촉진 계획
① 광고 및 판매촉진 예산
② 매체 계획
③ 주된 광고 및 촉진의 문안의 주제
④ 특별한 판매 행사

6. 임무 및 임무기한
① 머천다이징 계획과 관련된 공급자의 임무
② 머천다이징 계획과 관련된 소매상의 임무

표 11.4 전통적 유통경로와 관리형 VMS의 공급자-소매상 관계 비교

특징	전통적 유통경로	관리형 VMS
거래의 본질	개별주문에 근거한 협상	장기간의 공동 계획
고려되는 정보	공급자의 판매관 관련 자료제시	소매상의 상품 계획 자료
공급자측 가담자	공급자의 지역 판매원	지역 및 본사 고위관리자
소매상측 가담자	구매자	고위관리자나 최고경영자
소매상의 목표	판매 달성과 마진	전반적인 수익성
공급자의 목표	매회 대량 주문	수익성 있는 관계 유지
성과평가의 본질	판매량과 단기 성과 기준	프로그램에 표시된 구체적인 성과 기준

계약에 의한 것이지만 마케팅 시스템에서 계약이란 경로구성원이 수행하는 기능을 구체적으로 계약하는 것이다.

대표적인 계약형 VMS는 도매상 주도의 임의 연쇄점(wholesaler-sponsored voluntary chain), 소매상 협동조합 그리고 프랜차이즈 시스템(franchise system) 등이 있다.

가. 도매상 주도의 임의 연쇄점

도매상 주도의 임의 연쇄점은 독립적인 소매상들이 도매상을 중심으로 수직통합한 유동경로이다. 소매상은 독립적으로 운영할 때 보다 촉진의 혜택과 대량 구매의 이점을 누리기 위해 체인에 가담하게 된다. 가장 잘 알려진 도매상 주도의 임의 연쇄점은 IGA(Independent Grocers Alliance)이다.

IGA는 Fleming이라는 대형 식품회사 연쇄점을 조직한 것으로 가맹 소매상들에게 머천다이징, 공동광고, 중간상 상표, 공동구매 등과 같은 혜택을 제공함으로써 전체 연쇄점이 타 식품 관련 대형 체인에 대항할 수 있도록 경쟁력을 제고시켜 준다. 우리나라에도 선경유통이라는 도매상은 소매상인 에스마트와 계약하여 도매상 주도의 임의 연쇄점을 운영하고 있다. 슈퍼마켓인 에스마트를 위해 선경유통은 대량구매, 점포운영방식 안내, 물

적유통 등의 마케팅 활동을 대행하고 있다.

일반적으로 도매상 주도의 임의 연쇄점이 소매상 협동조합보다 더 경쟁력이 있는데, 이는 주도하는 도매상이 경로 내에서 리더십을 발휘하기 위해 전문성이나 시장지배력을 행사하기 때문이다. 소매상 협동조합의 힘은 조합원인 소매상들 전체에게 분산되기 때문에 마케팅 경로의 기능을 조정하고 통합하기가 어려워진다.

나. 소매상 협동조합

소매상 협동조합은 소매상들이 공동으로 결합하여 공동 소유의 협동조합을 결성하여 운영하는 시스템이다. 도매상 주도의 임의 연쇄점처럼 자발적인 모임이지만 도매상 대신에 소매상 스스로가 주체가 되어 체인을 결성한 것이 특색이다. 소매상들은 민주적으로 결합하여 자체적으로 도매 기능을 가진 협동조합을 운영하게 된다. 그들은 촉진과 구매에서 규모의 경제를 누릴 수 있다. 역사적으로 미국의 소매상들은 식품 산업에서 경쟁력의 우위를 점하고 있으며 총 도매 매출의 35%를 소매상 협동조합이 차지하고 있다. 우리나라에는 소매상 협동조합으로 전국 중소상인 연쇄점협회와 한국 슈퍼마켓 협동조합 등이 있다.

소유권의 차이를 제외하면 도매상 주도의 임의 연쇄점이나 소매상 협동조합은 유사하게 운영되는 점이 많다. 소매상 회원들은 협회로부터 자신들이 실질적으로 필요로 하는 것 만큼의 제품을 구매할 것이고 광고, 소매점 경영 방식, 간판 등에 있어서 연쇄점의 일체성을 따르는 표준화된 기준을 채택할 것을 잘 인식하고 있다. 회원들은 공동광고를 위한 기금을 마련하기도 하며 공동의 명의로 점포를 운영하기도 한다. 이러한 표준화 덕택에 전체 체인은 시장에 대해 영향력을 가지고 규모의 경제도 달성할 수 있다.

다. 프랜차이즈 시스템

본부, 즉 프랜차이저(franchisor)와 가맹점, 즉 프랜차이지(franchisee)가 계약에 의해 일정기간 동안 특정 지역에서 프랜차이지가 독점적으로 프랜차이저의 상표, 상호, 사업방식, 제품, 서비스 그리고 기타 계약에 명시된 혜택을 이용하면서 프랜차이지는 프랜차이저에게 다양한 명목의 비용을 지불하는 체인이다.

프랜차이즈 시스템은 미국 경제에 지대한 영향을 미치고 있는 유통 체계이다. 미국에서 프랜차이즈 시스템에 의한 매출은 2005년 1조 달러 규모에 이르렀으며 앞으로 전체 소매의 절반을 차지할 것으로 전망되는 매우 유망한 산업이다. 프랜차이즈 시스템은 우리나라에서도 전체 소매유통의 10%를 점유할 뿐 아니라, 연평균 10% 이상의 고도성장을 지속해 오고 있다. 프랜차이즈 시장 또한 2024년 기준으로 약 100조 원의 매출을 기록하는 등 앞으로 계속적인 발전이 예상되는 분야이다.

(3) 기업형 수직적 마케팅 시스템

기업형의 VMS는 경로구성원들이 특정 제품의 유통을 위해 각기 다른 수준에서 경로를 구성하고 있을 때 그 경로구성원들이 모두 하나의 조직에 의해 소유되고 관리되는 유통경로이다. 기업형 전방통합(corporate forward integration)은 제조업자가 도매상이나 소매상을 소유하거나 도매상이 소매상을 설립하는 것을 말한다. 여기서 '전방'의 개념은 제품이 생산되어 소비자에게 전달되는 과정을 그려 볼 때 제조업자 쪽에서 보아 소비자 쪽으로 가는 방향을 이르는 말이다. 그 반대의 개념이 '후방'이고 후방으로 통합되는 경우를 기업형 후방통합(corporate backward integration)이라고 한다.

예로써 합판 제조회사인 에반스(Evans)는 목재 소매상들에게 보다 공격적인 촉진을 전개하기 위해 목재 도매상을 매입한 적이 있다. Evans는 수직적 통합을 위해 매입을 한 경우이지만 전자회사인 탠디(Tandy)는 목표시장에 보다 가깝게 다가가기 위해 판매 자회사인 Radio Shack라는 점포를 설립한 바 있다.

수직적 통합은 공급자와 유통업자에게 최소한 세 가지의 경로 통합의 이유를 제공하고 있다. 첫째, 경로구성원들은 물적 유통과 소유권 이전에 가담하는 조직을 얻게 됨으로써 더 큰 효과와 효율성을 달성할 수 있다. 둘째, 전방의 시장을 향하여 통합을 이룸으로써 유통 활동에 대한 통제가 가능해진다는 점이다. 셋째, 전방통합으로 공급자는 관여하기 어려웠던 유통경로에 접근할 수 있게 된다.

전방에 대한 수직적 통합은 부분적으로 이루어지기도 하는데, 이는 제조업자가 자신의 도매기능을 스스로 수행하고 소매 기능은 독립된 소매상에게 맡기는 것으로 독특한 모습이다. 또한 어떤 시장에서는 제조업자가 설립한 도매상이 도매 기능을 수행하고(일

사례

1994년 11월 9일 대한상공회의소가 주최한 조찬간담회에서 부총리는 "최근 세계 각국에서 일어나고 있는 가격파괴 현상이 우리나라에서도 확산될 수 있도록 정부가 최대한 지원하겠다"라고 했다. 이에 유통업계에서는 두 갈래의 반응이 나왔다. 하나는 가격파괴의 선두그룹에 속하는 업체들이 물가안정을 위해 상품가격의 하락이 필수적이라고 보는 입장에서 환영하는 것이고, 다른 한편으로는 기존질서의 파괴가 몰고 올 회오리바람을 걱정하는 관계자들의 시각에서 보는 걱정이 있다. 1993년 11월 12일 신세계 백화점이 서울 도봉구 창동에 할인점 E-마트의 문을 열면서 가격파괴 시대가 시작되었다.
이를 시작으로 또 다른 곳에 E-마트 2호점이 생겨났고 창고형 도소매점인 프라이스 클럽까지 개점하면서 백화점과 재래시장, 슈퍼마켓 정도가 주류였던 우리나라의 유통업계에 커다란 변화가 일게 되었다.
프라이스 클럽의 경우는 상품가격이 일반 소매점보다 평균 30% 이상이 싸다. 상품의 일괄대량구매, 현금결제 등으로 제조업자들로부터 15% 정도 싼 가격으로 상품을 구매하고 판매관리비와 이윤을 줄여 15% 정도 가격을 낮출 수 있다.
그러므로 가격파괴는 근본적으로 제조업자가 싼 가격으로 제품을 공급해 주지 않으면 이루어질 수 없다. 어떤 제조업자는 자사의 대리점이나 다른 형태의 유통업체의 반발로 가격파괴를 실행하는 점포에 제품을 공급하지 못하는 경우도 있다. 따라서 소비자의 입장에서는 구색을 갖추지 못한 가격파괴점을 만나게 된다. 이에 대한 정부의 대책이 주목된다.
그림 11.14는 이 책에서 기술된 처리과정과 유통 사이의 상호관계를 보여 주고 있다.
여기에서 우리는 제품, 가격결정, 촉진결정이 유통으로부터 세분되는 것을 볼 수 있다. 조직적으로 유통을 책임질 마케팅 정책의 수립이 이치에 맞다. 왜냐하면 높은 수준의 고객 서비스와 높은 수준의 재고관리비용 사이의 선택은 최적의 위치에 있기 때문이다.
즉 유통경로의 노사관계, 임금협상, 기술측면 등은 전문가의 주의를 필요로 하고 이런 이슈는 마케팅 관리자의 관심을 다른 마케팅 범위로 전환시킬 수 있는 중대한 위험을 가지고 있다. 로지스틱스 담당이사를 두는 것이 이런 문제에 대한 하나의 해결방안이다. 그의 역할은 통합된 방법에서 전체 유통시스템을 고찰하는 것이다.

부만 전방통합된 경우이고) 다른 시장에서는 독립 도매상이 도매 기능을 수행하기도 하는데 이러한 부분적인 전방통합 형태를 이중적 유통(dual distribution)이라 한다. 세계에서 가장 큰 맥주 회사인 앤호이저 부시(Anheuser-Busch)는 약 960개의 독립 도매상들을 통해 식당, 술집, 슈퍼, 편의점, 소매상 등에 맥주를 공급한다. 또 다른 한편으로는 자사 소유의 10개 도매상을 통해 공급하기도 한다. 따라서 이 회사는 이중적 유통을 실시하고 있다고 하겠다.

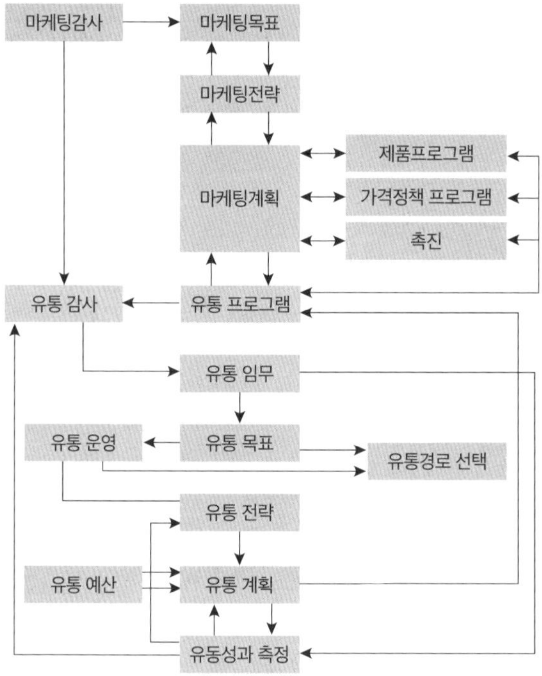

그림 11.14 마케팅과 유통

기업형 후방통합(corporate backward integration)은 소매상이나 도매상이 자신의 유통경로에서 공급자인 제조업자를 소유하는 경우에 해당하는 유통 시스템이다. 대형 유통 체인들은 가끔 자신의 제품 공급업자인 협력업체 혹은 하청업체를 소유하고 있는 경우가 많은데 이는 후방통합의 좋은 예이다.

전방통합처럼 후방통합도 부분적인 통합과 완전한 통합이 있다. 예로써 시어즈(Sears)는 청바지, 여성 의류, 가정용품, 등산 장비 등을 공급해 주는 켈우드(Kellwood)의 대주주이다. 그런데 시어즈는 리바이스와 텍사스 어페럴(Texas Apparel)로부터도 청바지를 구매하므로 부분적으로 후방통합을 하고 있는 셈이다.

수직적 후방통합은 여러 가지 이유 때문에 수용되고 있다. 첫째, 자사의 공장이나 도매상을 운영함으로써 경로구성원은 일정한 품질의 제품을 계속적으로 공급받을 수 있나는 보장이 된다. 둘째 물적 흐름, 정보 교환, 거래 흐름이 수직적 마케팅 경로에서 보다 효과적이고 효율적으로 수행된다. 셋째, 중간상이 종종 경쟁적인 맥락에서 제품을 공급받을 수 있다. 예를 들어 IBM은 컴퓨터칩을 대량으로 생산하는 인텔(Intel)의 소유권을 일부 획득함으로써 ① 인텔의 제품을 계속적으로 공급 받을 수 있고 ② 경쟁자들이 컴퓨터 시장에 진입하는 것을 더욱 어렵게 할 수 있다는 보장을 받게 되는 셈이다.

제6절 총괄적 유통관리

통합유통관리는 제품을 사용자에게 전달하는 2개 이상의 기능이 관리계획, 실행, 통제를위해 밀접한 관계가 있는 시스템이나 하위 시스템으로 통합되고 고찰되는 기업의 유통임무 시도이다. 그러나 조직문제 해결이 무엇이든 간에 모든 이슈는 서로 관련성이 있고 문제의 출발이 어디인지 알 필요가 있다.

6.1 유통환경의 분석

유통환경 분석은 내부환경과 외부환경의 분석으로 나뉜다. 유통의 내부환경분석은 그림 11.15에서, 외부환경분석은 그림 11.16에서 중요한 요소와 프로세스를 설명하고 있다. 유통관리의 목적은 다양하지만 아래의 항목은 마케팅 목적의 기본으로 생각된다.

① 유통형태에 의한 진출경로
② 재고범위와 관리수준
③ 유통업자의 판매와 판매촉진활동
④ 다른 상세한 고객 개발 프로그램, 즉 유통업자에 대한 보상방법 통합 유통관리 접근을 시도할 때 계획을 결정할 필요가 있는 수많은 의사결정방법과 트레이드-오프 관계가 존재하는 것을 기억할 필요가 있다. 이것은 그림 11.17에 요약되어 있다.

물론 이러한 모든 의사결정은 한 가지 계획에 위치하거나 한 명이나 한 부서에 의해 만들어질 필요는 없고 기업 전체의 계획과정에서 수립될 필요가 있다. 결과적으로 다음의 항목은 마케팅 관리에서 무시되는 영역을 강화하기 위해 유통계획에서 반복된 시도를 예시한다.

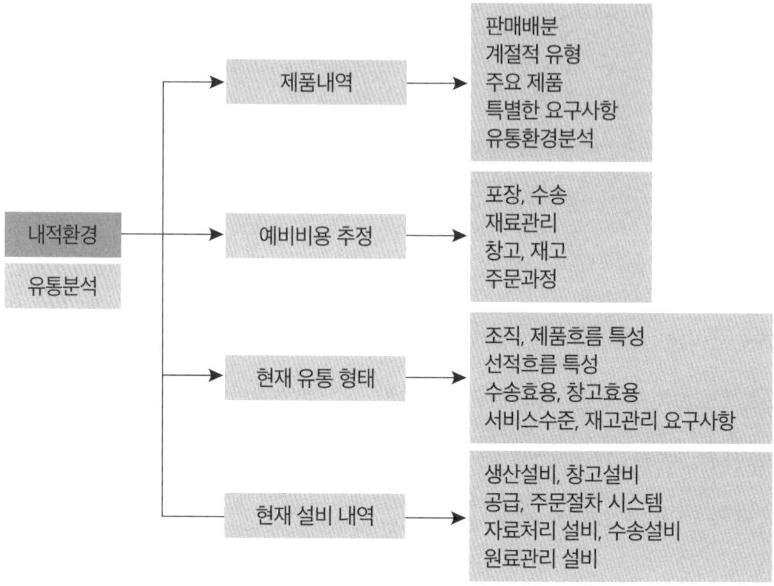

그림 11.15 유통의 내부환경분석

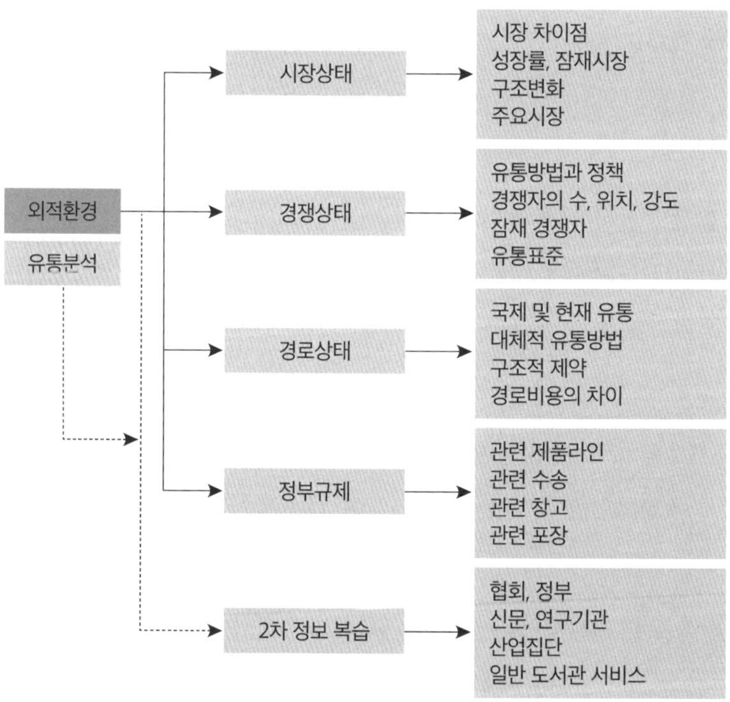

그림 11.16 유통의 외부환경분석

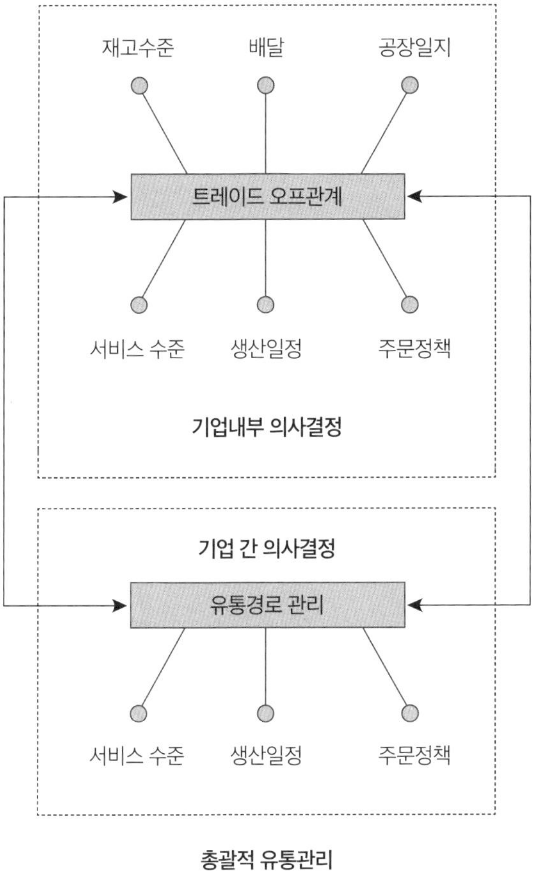

그림 11.17 통합유통관리

6.2 유통계획 접근법

① 마케팅 목적의 결정

② 모든 수준에서 유통조건 변화의 평가

③ 전체 마케팅 전략 내에서 유통임무의 결정

④ 형태, 사용된 결과의 수와 수준에 따라 유통정책의 결정

⑤ 유통조직의 성과표준의 결정

⑥ 성과정보의 수집

⑦ 기대 성과와 실제 성과의 비교

⑧ 필요점의 조정

요약

이 장에서는 유통관리가 많은 마케팅 관리자의 관심을 끌고 있는 이유와 유통계획에 필요한 요소들을 살펴보았다. 제품의 유통은 어떻게 조직되는가와 어떤 형태의 마케팅 유통경로를 통하여 제품이 고객에게 도달되는가 그리고 고객은 제품을 구입하기 위해 어떤 마케팅 유통경로를 활용하는가 또한 고객은 우리 제품에 어느 정도의 이용가치성을 요구하는가 또 이런 고객의 요구를 어떻게 충족시켜줄 것인가를 알아보았다.

소매상의 정의, 종류, 소매업의 발전과정에 대한 이론적 배경을 소개하였다. 도매상의 기능을 제시하였고, 다양한 형태의 도매상의 특징을 정리하였다.

많은 기업에서 제품이 고객에게 도달할 때까지 복수의 중개상을 선택한다. 중개상은 가장 폭넓은 시장범위를 달성하는 수단을 제공한다. 종종 공급자와 유통업자의 목적 사이에 심각한 갈등이 존재할 수 있는데 그럼에도 불구하고 공급업자는 총괄적인 관점에서 각 마케팅 유통경로의 원가와 이익을 고려하면서 중개상의 사업형태와 참여하고 있는 시장에 최적으로 결합할 수 있는 조합을 결정해야 한다. 그러므로 마케팅 유통의사결정은 중개상의 선택과 모든 대안의 물류활동을 자세히 고려해야 하는 중요한 의사결정과정이 된다.

연습문제

1. 특정 기업을 예로 들어 그 기업에서 현재 유통경로의 이점과 약점은 무엇인지 설명하라.

2. 유통경로가 최적의 선택이 아닌 기업의 사례를 들어 설명하라.

3. 그 기업이 새로 시장에 진출했다면 당신은 어떤 형태의 유통경로를 사용하겠는가? 귀하의 계획이 기존의 계획과 어떻게 다른가? 무엇이 유통경로의 변화를 방해하고 있는가?

4. 소매업의 변천과정에 관한 이론들을 설명하라.

5. 도매상의 종류와 그 특징을 설명하라.

6. 수직적 마케팅 시스템(VMS)의 종류와 그 특징을 설명하라.

7. 총괄적 유통관리에 대해 설명하라.

제12장 마케팅 믹스 개발

전술은 전략을 실행하는 방법을 의미하는데 일반적으로 두 가지 유형의 방법이 있다.

전술의 첫 번째 방법은 쉽게 통제 가능한 마케팅 변수와 관련되며 두 번째 방법은 시장환경의 조정과 관련된다.

제1절 통제 가능한 변수

통제 가능한 마케팅 전술은 제품, 가격, 촉진, 유통(이들을 주요 마케팅 믹스 요인이라 고한다)으로 개념화할 수 있다. 통제가능 마케팅 변수를 '4P'라 한다.

1.1 제품

제품으로 할 수 있는 기본적인 일은 세 가지가 있다. 하나는 제품을 시장에 도입하는 것이고, 둘째는 제품을 시장에 맞게 수정하거나 변화시키는 것이고, 마지막은 시장에서 퇴출시키는 것이다. 각 대안들은 다른 상황에서 최상의 선택이 될 수 있다.

신시장 침투전략을 위해 제품을 시장에 도입할 수 있다. 신제품을 도입한다면 제품 퇴출 전략 또한 필요한 전략이 된다. 이것은 퇴출된 제품을 마케팅할 때 유용했던 자원을 제품을 마케팅하는 데에도 사용할 수 있기 때문이다.

제품수명주기의 형태를 변경시키기 위해 제품을 수정하거나 변경할 수 있다. 이 방법을 효과적으로 사용하면 많은 혜택이 있다. 제품을 잘 수정하고 변경해 가면 소비자의 제품에 대한 호의와 높은 인지도를 유지할 수 있게 한다. 따라서 신제품을 출시하여 소비자를 친숙하게 만드는 촉진비용은 필요 없을 수도 있다.

마케팅 전략을 실행하기 위해서 또 다른 행동이 취해져야 한다. 이러한 행동은 제품품질, 상표 이름 붙이기, 포장과 관련한 의사결정이다.

어떤 연구에서는 제품품질이 이미지와 가격뿐 아니라 수익성에도 영향을 미친다고 밝혔다. 그러나 이것은 소비자가 항상 최상의 품질을 찾는다는 것을 의미하는 것은 아니다.

소비자는 특정한 제품이나 서비스보다는 자신들이 얻을 수 있는 최상의 품질을 원한다.

몇몇 마케터는 이러한 사실을 간과하는 실수를 저지른다. 그들은 제품의 생산비를 줄이기 위해 품질 수준을 낮추고 이로써 수익을 증가시킬 수 있다고 생각한다. 그러나 이것은 잘못된 생각이다. 소비자들은 자신이 지불한 가격으로 최대의 효용을 얻기를 원하고 이를 제공하는 마케터에게서 제품을 구매한다.

또한 주의깊게 상황을 분석해야 한다. 불경기나 경기위축시 소비자들은 저렴한 가격의 제품을 원한다. 물론 항상 그런 것은 아니다. 1929년 미국에서 불경기에 담배 소비자들은 "우리에게 필요한 것은 질 좋은 5센트짜리 담배이다"라고 주장하였다. 그러나 고급담배를 판매하는 많은 기업들은 불경기 중간에 그렇게 시작한 결과 5센트 담배를 제조업자들이 실패를 경험하고 있을 때 수백만 달러 규모의 기업으로 성장하였다.

브랜드 제품은 무상표 제품보다 훨씬 더 잘 판매되는데, 치키타(Chiquita) 바나나, 썬키스트(Subkist) 오렌지와 돌(Dole) 파인애플을 그 예로 생각할 수 있다. 또한 TomAhtoe는 TomAhtoe라는 상표명 덕에 무상표 토마토보다 파운드당 30% 이상 비싸게 판매되고 있다.

제품에 브랜드를 붙이는 중요한 이유는 더 높은 이익을 얻을 수 있기 때문이다. 또한 브랜드는 제품의 이미지를 제고시키고 제품을 드러나게 한다. 일단 제품명이 소비자의 마음 속에 자리 잡으면, 제품명은 제품의 기능적 요소만큼 중요할 수 있다. 일반적으로, 가능한 네 가지 상표 이름을 붙이는 브랜딩(branding)전략이 있다.

첫째, 전혀 새로운 제품카테고리에 있는 제품이나 서비스에 새로운 상표명을 사용할 수 있다.

둘째, 기존 제품카테고리에 새로운 상표명을 도입할 수 있다.

셋째, 기존 제품의 라인뿐만 아니라 신제품에 새로운 상표명을 사용하는 라인 확장전술을 사용할 수 있다.

넷째, 자사가 시장에 출시되지 않았던 제품카테고리에 소비자가 친숙한 상표명을 사용하는 프랜차이즈 확장 전술을 적용시킬 수 있다.

홀마크(Hall mark)의 새로운 감사카드나 새로운 맛의 아이스크림의 출시는 라인확장의 예이며, P&G의 아이보리 샴푸나 린스는 프랜차이즈 확장의 예이다.

이들 각각의 확장 전술에는 장단점이 있다. 상표라인 확장 전술은 상표의 우월성, 상표명과 상표 인지도를 기업의 가치 있는 자산으로 만들어 수익성을 확보하려고 해야 한다. 또한 이것은 동일한 표식으로 구상표와 신상표를 함께 촉진시켜 시너지 효과를 낼 수 있다.

브랜드 확장에 단점도 있는데, 저렴한 캐딜락은 적은 돈으로 권위 있는 자동차를 소유하기를 원하는 소비자들을 상대로 단기적으로 판매를 증가시킬 수 있지만 장기적으로는 큰 수익을 달성할 수 없다. 캐딜락이 고가라는 사실과 뚜렷한 상표 이미지가 드러나지 않게 되기 때문에 이 전략은 장기적으로 캐딜락의 부유한 소비자 시장을 잃을 수 있다. 캐딜락 인사카드나 캐딜락 가솔린과 같이 극단적으로 거의 모든 분야에 캐딜락의 상표명을 사용하는 것은 신제품에 아무런 이익도 주지 않을 뿐만 아니라 기존제품을 파괴하는 결과를 가져온다.

포장은 제품을 보호하고, 제품을 촉진시키고, 진열된 여러 제품 중에서 두드러지도록 하게 만든다. 최근 5,000개 이상의 품목이 식료품 코너에 진열되어 있다. 신제품 더미에 대해 많은 전문가들은 조금만 포장을 달리해도 상표를 두드러지게 하거나 인지도를 상당히 증가시킨다고 지적했다.

1.2 가격

신제품 도입 시 침투가격전술(penetration pricing), 경쟁가격전술(meet-the-competition pricing), 지가전술(price skimming) 등의 세 가지 기본적 가격 전술이 제시된다.

침투가격전술은 시장에 저가격으로 진입함으로써 가능한 한 높은 시장점유를 달성하려는 전략이다. 차별적 경쟁우위로써 저가격이 강조된다. 일단 제품이 시장에서 우위를 점하게 된 후, 가격을 경쟁자보다 높은 수준으로 올릴 수 있다.

1970년 초반에 닛산(Nissan)은 Datsun이라는 상표명의 스포츠카를 미국시장에 출시했을 때 경쟁 스포츠카보다 낮은 가격으로 판매를 했다. 처음에 시장에서 좋은 반응을 얻어 그차는 유명한 브랜드가 되었고 가격은 차츰 올라가기 시작했다. 결국 현재 스포츠카 분야에서 높은 가격 수준을 유지하고 있다.

경쟁가격전술은 경쟁자와 동일한 가격수준으로 제품이나 서비스를 시장에 출시하는 것이다. 이 전략을 사용할 경우에는 제품을 경쟁자와 차별화하기 위해 다른 전략을 함께 취해야 한다. 이 전략을 사용하는 어떤 마케터들은 경쟁자보다 높은 품질 또는 보다 나은 서비스를 제공한다. 또 다른 마케터들은 전체 가치를 증가시키기 위해 몇몇의 다른 제품들을 묶어 같이 판매한다. 예를 들면, TV, 스테레오 그리고 CD플레이어를 포함한 엔터테인먼트 시스템을 제공할 수 있는데, 이때 엔터테인먼트 시스템의 가격은 개별 제품의 총합보다 싼 가격으로 제공된다. 이러한 묶음가격전략은 차별적 우위를 제공한다. 만약 차별적 경쟁우위가 없다면 소비자는 경쟁사의 제품이나 서비스로 전환하기 때문이다.

고가전술은 신제품을 상대적으로 높은 가격으로 시장에 출시하는 것이다. 이 전술은 제품이나 서비스가 최초로 시장에 도입될 때 빈번히 사용되는데, 초기시장에는 부품비와 인건비가 높고 경쟁이 거의 없기 때문이다. 컴퓨터가 처음 시장에 나왔을 때 바로 이 가격을 매겼다.

후에 경쟁자가 시장에 진입하면 경쟁자의 낮은 가격에 대응하거나 경쟁자가 시장에 진입하기 더욱 힘들게 하기 위해 가격을 낮추게 된다. 게다가 이제 이 전술은 경쟁자에 대응하기 위해 초기의 축적된 이익을 활용하는 또 다른 전략과 함께 사용된다. 고가전술을 사용하는 기업은 경쟁자가 시장에 진입할 때 보다 많은 촉진비용을 사용하며 유통경로를 더욱 확대하게 된다.

그러나 가격은 경쟁 때문에 올라갈 수도 있다. 한 예로 마케팅의 귀재인 조 코스만은 플라스틱 호스로 된 잔디에 물주는 장치를 시장에 출시했다. 그 장비는 여러 개의 구멍을 가진 단일 플라스틱 튜브로 만든 것이었다. 이 제품은 아주 혁신적이지만 생산과 모방이

쉬웠고 특허로 보호되지 않았다.

이 제품은 첫 시즌에 시장을 모두 석권했지만 코스만은 경쟁자가 저가격으로 다음 해에 진입할 것을 예상하여 소비자 판매가격을 올리고 소매상에겐 도매가격을 낮추어 공급하도록 하였다. 소매상에게 많은 마진을 제공하였기 때문에 코스만은 경쟁자를 물리치고 높은 소매가로 두 번째 시즌 내내 높은 시장점유를 유지할 수 있었다.

(1) 기타 가격 전술들

기업은 그 외의 가격 전술들을 고려할 수 있다. 하나는 기본 가격전술 대 촉진 가격전술이다. 여기에는 중요한 의사결정이 따르는데 제품을 촉진시키기 위해 저가격을 도입할 것인지 또는 표준가격을 유지할 것인지이다. 이때 고객들이 두 가지 가격전략을 혼돈하지 않도록 해야 한다. 만약 고객들이 촉진가격을 표준가격으로 생각한다면 심각한 문제가 되는데, 왜냐하면 촉진기간이 끝나고 나면 표준가격으로 판매하기 어렵기 때문이다.

또한 다양한 심리적 가격전략이 사용될 수 있다. 심리학자들은 3.99달러가 4달러보다, 6.98달러가 7달러나 6달러보다 더 빈번히 사용된다는 것을 알고 있다.

이외에도 중요한 심리적 고려사항이 있다. 상대적으로 저가격에서, 잠재고객이나 예상고객은 10% 차이를 크게 지각할 수 있기 때문에 가격을 10% 정도 할인하는 것은 판매에 큰 차이를 가져올 수 있다. 그러나 고가제품의 구매 시, 10% 정도의 차이는 소비자에게 전혀 영향을 미치지 않는다. 예를 들어 1달러를 90센트로 낮추는 것은 차이가 있다. 그러나 30달러 제품을 3달러 할인해 준다는 것은 큰 차이를 느끼지 못한다. 그러나 3달러는 10센트의 30배이다. 고가격 제품에서는 10% 정도 가격할인은 잠재 고객에게는 크게 지각되지 않는다.

가격인하는 고객관점에서 고려되어야 한다. 이 방법을 사용하기 위해서는 먼저 인하가격이 제품의 실제 가치로 지각될 수 있다는 사실을 고려해야 한다. 인하된 가격을 제시하기 전에 가격을 왜 할인하는지를 설명해야 한다. 그러면 가격인하가 판매를 증가시키고 후에 표준가격으로 쉽게 되돌릴 수 있다.

또한 할인가격전술을 고려할 수 있다. 대부분의 구매자들은 구매량이 많을수록 가격이 낮아질 것이라고 기대한다. 소비자의 이러한 기대는 너무 확고해서 대량 구매 시 만약 할인이 되지 않는다면 고객에게 타당한 이유를 제시해야 한다.

마지막으로 이미지에 대한 가격의 심리적 영향을 고려해야 한다. 고가격은 고급 이미지를 저가격은 저급 이미지를 의미한다. 품질에도 동일한 효과를 가진다. 구매자가 제품들을 선택할 수 있는 상황이라면 대부분의 소비자들은 고가의 제품을 선택하는데, 그 이유는 고가품이 높은 품질의 제품일 가능성이 높다고 믿기 때문이다.

1.3 유통

장소 의사결정은 유통경로와 관련이 있다. 유통경로와 관련된 전술에는 다음과 같은 기본적인 여섯 가지 경로대안들이 있다.

1. 직접 혹은 간접경로
2. 단일경로 혹은 복합경로
3. 경로 길이
4. 중간상 유형
5. 각 유통 단계별 중간상의 수
6. 중간상 선택

직접경로는 제품을 소비자에게 직접 판매하는 것을 의미한다. 예를 들면, 부패하기 쉬운 제품은 여러 단계의 경로를 통해 유통될 경우 손상되기 쉬우며, 전문품은 제조업자가 최고로 잘 만들었다는 것을 설명하고 시연해야 한다.

때때로 한정된 자원을 가진 소기업은 직접경로를 피할 수밖에 없는데, 다수의 고객들이널리 흩어져 있을 때는 특히 그렇다. 그러나 흩어져있는 고객들이나 기업 구매자에게 접근하는 것은 어떤 혜택을 줄 수도 있고 대기업들도 그들에게 유통시키기도 한다.

간접경로의 사용은 소매상, 도매상, 산업 공급업자, 제조업자 대리상들을 포함한다. 이러한 중간상을 통해 판매될 때 수익은 적지만, 중간상을 통해 판매하지 않을 때보다 더많은 고객에게 접근할 수 있는 이점에 의해 상쇄될 수 있다. 따라서 전체수익은 직접 제품을 판매할 때보다 훨씬 더 커질 수 있다.

복수경로의 선택은 동시에 하나 이상의 경로를 사용하는 것을 의미한다. 추가적으로 경로는 할인판매를 위해 더 많은 매장을 포함하며, 판매할 수 있는 더 많은 기회를 제공함에도 불구하고 복수경로가 항상 선택되지 않는 이유가 무엇일까? 몇 가지 이유가 있는데, 첫째, 추가적 경로를 통해 유통시키면 더 많은 비용이 든다. 한정된 자원을 가진 소기업들은 처음에는 단일경로를 사용하다가 자본이 있을 때 더 많은 경로를 사용한다. 또한 어디로 유통시킬 것인가에 관한 문제도 마찬가지이다. 기업들은 처음에는 제품을 지역적으로 유통시키지만 자본 확보가 가능해지면 나중에는 전국적으로 유통시킬 수도 있다.

복수경로를 사용하지 않는 두 번째 이유는 경로간 경쟁이다. 소매 직판점에 제품을 판매한다고 생각해 보라. 이 직판점은 다른 경로에 같은 제품을 판매하는 것을 좋아하지 않는데, 할인점에 제조업자가 같은 제품을 공급하는 데 대해서 특히 그렇다. 이는 우편 판매점의 입장에서도 마찬가지일 것이다. 마찬가지로 카탈로그 소매상은 제조업자가 같은 제품을 우편판매점에 판매하는 것을 좋아하지 않는다. 이는 우편판매원의 입장에서도 마찬가지일 것이다. 아무튼 복수경로의 사용을 결정한다면 그중의 어떤 경로는 제품을 공격적으로 판매하지 않는다라는 사실을 인식해야 한다. 어떤 경로의 유통업자는 제품을 보이코트하고 제품의 취급을 거부하기도 한다. 한때 업존(Upjohn)이 가축의 질병 치료약을 수의사들에게만 공급할 것을 거부하자 수의사들이 그 약품을 분배한 적이 있었다. 결국, 업존은 수의사들에게만 공급할 특별한 제품을 생산하기에 이르렀다.

경로길이는 경로상의 중간상의 수를 의미한다. 제조업자는 소매상에게만 제품을 판매할 필요는 없다. 제조업자는 도매상에게 판매를 하고 도매상은 소매상에게 판매를 한다. 이때 경로는 훨씬 길어진다. 판매 대리상인을 고용하거나 도매상에게 제품을 판매하는 중간상에게 제품을 판매할 수도 있다. 경로길이를 결정하는 데 고려할 사항은 제조업자의 강점, 평균 주문량, 고객의 지리적 집중도, 판매의 계절성, 제조업자로부터 시장에 이르는 지리적 거리, 제품의 부패성 등이다.

또한 이용할 중간상의 유형도 고려될 수 있다. 보다 넓은 지역으로 유통시킬 경우 도매상을 이용할 수 있다. 그러나 도매상의 이용이 필요 없을 때는 소매상이 선호된다. 한정된 자원을 가진 소기업은 자사의 판매원을 이용할 경우 더 많은 수익을 달성할 수 있음에도 불구하고, 제조업자 대리점을 통한 판매를 결정한다. 판매원을 고용하고 훈련시키고 관리하는 것은 많은 비용과 자원이 들기 때문이다. 다수의 소기업들은 자본과 자원이 부족하다. 제조업자 대리점은 소기업이 직접 제품을 판매할 경우보다 제품을 판매할 수 있는 판로와 노하우를 더 많이 가지고 있다.

다음 단계는 각 유통단계에 필요한 유통업자의 수를 결정해야 한다. 단위당 가격이 낮은 제품, 빈번히 구매되는 제품, 기술이 복잡한 제품, 필수 서비스와 재고투자비용이 높은 제품, 제품차별화가 심한 제품, 총시장 잠재력이 높은 제품, 지리적 집중도가 높은 제품, 제조업자의 현재 시장점유가 높은 제품, 경쟁이 심한 제품, 낮은 이용가능성으로 인해 고객이 생산과정에 상당한 영향을 주는 제품의 경우는 각 단계에 더 많은 유통업자들이 필요하다. 이러한 요인들이 없을 때는 각 단계에 적은 유통업자로도 원활한 업무 수행이 가능할 것이다.

특정 중간상의 선정은 과거 판매경험에만 의존하는 것은 아니다. 중간상이 세분시장을 얼마나 잘 알고, 이해하는지, 자사와 중간상이 정책, 전략, 이미지 측면에서 얼마나 잘 맞는지, 자사와 중간상이 제품의 판매에 있어 각자의 역할을 이해하고 있는지도 고려해야 한다. 게다가 유통전술은 제품의 물적 유통에 관한 의사결정을 요한다. 유통전술로는 어떠한물적 유통서비스가 필요하고, 그것들이 어떻게 제공되고, 어떤 자원이 필요한지에 대한의사결정이다. 창고, 운송을 위한 포장, 운송수단, 유통지점들이 주된 고려 요인이다. 이러한 것들은 대안들 간에 취사선택을 해야 할 문제이다.

1.4 촉진

대다수의 마케터 관리자들은 촉진을 인적판매, 판매촉진, 광고와 퍼블리시티로 구분한다. 인적판매는 자사의 판매원을 이용할 것인지 또는 대리점을 이용할 것인지에 관한 의사결정이 요구된다. 제품을 유통하기 전에 이에 대한 의사결정이 필요하다.

촉진의사결정은 특히 기업의 성장초기에 중요한데, 이때 기업은 한정된 자원을 자사 판매원을 관리하는 데 투자해야 한다.

기업은 다른 마케팅 믹스 요소에 비해 촉진수단들을 강조하기도 한다. 기업들은 마케팅계획을 수행하기 위해 한정된 자원을 가지고 있다는 사실을 명심해야 한다. 판매를 높이기 위해 다른 방법에 비해 인적판매를 강조해야 한다. 다른 촉진 수단에 비해 인적판매의 장점은 다음과 같다.

- 보다 많은 융통성(자사 판매원은 고객의 욕구, 행동, 동기에 적합한 판매를 할 수 있다)
- 고객으로부터 즉각적인 반응을 확인(소구방법이 적합한지 혹 수정할 필요가 있는지를 알 수 있다)
- 판매에 대한 영수증 즉시 발행 가능
- 판매요청 시기에 추가서비스를 제공 가능
- 판매시간을 조절 가능

인적판매전술 개발과 관련된 의사결정은 판매원의 고용, 보상, 훈련, 배타적 혹은 비배타적인 판매지역을 할당하는 것이며, 특히 중요한 사항은 최대의 성과를 달성하도록 판매원을 동기 부여시키는 것이다.

(1) 판매촉진

판매촉진은 촉진전술 중 가장 중요한 과업 중의 하나이다. 기업들은 판매촉진에 해마다 상상을 초월하는 금액을 사용한다. 이것은 판매를 진작시키는 데 아주 효과적일 수 있다. 점포 앞의 디스플레이만으로도 제품판매의 600%를 증가시킨다.

판매촉진은 샘플제공, 쿠폰, 거래 할인, 가격할인, 프리미엄, 컨테스트와 추첨, 현금환불, 보너스팩, 단골고객 보상, 구매시점 디스플레이, 전시쇼 참여하기 등이 있다.

각각의 방법들은 비용이 모두 다르다. 따라서 어떤 방법이 상이한 상황에서 최상의 효과를 내는가를 결정하기 위해 시험하는 것이 필수적이다. 어떤 기업이라도 동시에 모든 방법을 사용할 만큼 충분한 자본을 가진 기업은 없다. 따라서 기업들은 판매촉진믹스 중에서 가장 큰 수익을 내는 방법에 자원을 집중해야 한다.

판매촉진은 판매를 증가시키는 데 필수적인 추가 자극이 필요할 때, 특히 신제품 도입 시와 치열한 경쟁이 있을 때 유용하다.

(2) 광고와 퍼블리시티

기업들은 흔히 광고와 퍼블리시티를 이용한다. 그 이유는 무엇인가? 왜냐하면 아무리 좋은 제품이나 서비스라도 잠재구매자나 예상고객이 제품이나 서비스를 결코 알지 못해 그 제품이나 서비스를 구매할 수 없다면 판매가 일어나지 않기 때문이다. 따라서 기업의 주요한 목적은 경쟁제품과 비교하여 가장 호의적으로 제품이나 서비스를 시장에 제공하고 보여 주는 것이다.

어떤 마케터들은 광고와 퍼블리시티는 무조건 효과가 나타나며 모든 마케팅 상황에서 이용해야 한다고 생각한다. 그러나 이것은 단순히 생각할 일이 아니다. 일단 이 방법들은 아주 비용이 많이 든다. 모든 기업들이 많은 판매촉진전술을 사용할 만큼 충분한 자원을 가지고 있지 않은 것처럼 모든 기업이 동시에 모든 지역에 광고를 할 만큼 충분한 자원을 가지고 있지 못하다. 어떤 경우에 광고는 한정적으로 효과적이다. 어떤 경우에는 전혀 효과가 없을 때도 있다.

한 예로, 미국의 경우 TV와 라디오의 담배광고는 1971년 1월 2일부로 방영이 금지되었다. 많은 담배회사들은 판매가 급격하게 하락하였다고 주장했다. 그러나 실제로 그 다음 몇 년 동안 담배판매는 TV나 라디오 광고 없이도 증가했다. 그것은 TV와 라디오가 아닌 다른 유형의 광고가 더 효과적이라는 놀라운 사실을 보여준 것이다. 몇몇 TV나 라디오 광고는 판매를 감소시켰다. 서로 다른 기업들에 의한 과도한 광고는 서로의 촉진의 가치를 감소시키는 결과를 가져왔다.

퍼블리시티는 때로는 무료 광고를 의미하는데, 촉진이 제3자에 의해 행해지기 때문에 더 큰 신뢰성을 얻을 수 있는 이점을 가진다. 그러나 퍼블리시티는 비용이 든다. 간단한 출판이라도 준비하고 우편 발송하는 비용이 든다.

몇 년 전 미국의 허바드가 쓴 공상 과학소설인 『Battlefield Earth』의 퍼블리시티에 75만달러를 사용했다. 따라서 광고 이외에 퍼블리시티 캠페인을 고려하는 것은 의미가 있지만은 사실상 무료가 아니라는 사실을 명심해야 한다.

광고와 퍼블리시티의 최종 결론은 다음과 같다. 광고는 결코 소비자가 원치 않거나 가치가 낮다고 믿는 제품이나 서비스를 소비자가 구매하도록 강요하지 않는다. 물론 각종정부단체와 비정부 규제단체는 잘못된 광고나 부정확한 광고를 금지한다. 그러나 한편으론 제품이나 서비스는 광고나 퍼블리시티의 주장과 일치해야 한다. 그렇지 않으면 소비자가 다시 그 제품이나 서비스를 구매하지 않을 것이다. 너무 심한 선전으로 소비사의 기대값을 올리는 것은 제품이나 서비스가 기술적으로 광고상의 모든 주장과 일치하더라도 제품을 반품시키거나 무시하도록 만들 수 있다.

광고와 퍼블리시티의 이용이 성공적인가의 여부를 결정하는 다섯 가지 중요한 문제는 다음과 같다.

1. 어디에 비용을 쓸 것인가?
2. 얼마나 많은 비용을 쓸 것인가?
3. 언제 비용을 쓸 것인가?
4. 무엇을 주장할 것인가?
5. 효과를 어떻게 측정할 것인가?

이러한 질문에 대한 답은 기업의 광고와 퍼블리시티의 전반적 목표, 표적 시장 그리고 광고목표를 달성하기 위한 어떤 대안들에 달려 있다.

기업들이 고려하는 대안적 목표는 제품이나 서비스에 대한 초기수요를 자극하는 것이고, 잘 모르는 제품의 혜택이나 속성 또는 새로운 속성을 소개하는 것이고, 기존 제품이나 서비스 속성의 중요성을 변화시키거나, 제품이나 서비스의 지각을 변화시키거나 경쟁제품의 지각을 변화시키기는 것이다.

광고에서 매체는 TV, 라디오, 인쇄 또는 기업의 메시지를 전달하는 모든 것을 지칭한다 전달 수단은 특정 TV채널, 신문, 잡지를 의미한다. 모든 경우에 기업은 선정된 매체와 전달 수단에 대한 광고비용뿐만 아니라 그에 따른 혜택을 평가해야 한다. 그 혜택은 특정 기간 동안 판매나 시장 점유의 증가로 측정될 수 있다.

퍼블리시티나 광고 목적은 3개월 내에 50만 개 이상의 제품을 판매하거나 6개월 내에 시장점유의 1% 정도 달성하는 것이다. 이러한 방법으로 기업은 비용과 혜택을 조정하거나 광고와 퍼블리시티 캠페인 효과가 기업의 기대와 부합하는지를 결정하는 것이다. 기업 마케팅 계획의 혜택과 목표를 기술하는 데 유사성을 주목하기 바란다.

제2절 시장환경의 조성

몇 년 동안 마케팅 전술로서의 환경의 이용은 많이 간과되었다. 물론, 수요, 사회, 문화적 요인, 기술상태 그리고 정책과 법률 등이 영향을 준다는 사실은 인식되었다. 그러나 기업들은 제품, 가격, 촉진, 유통변수를 조정하기가 훨씬 쉽다고 인식하고 있다. 이에 반해 환경변수는 통제가 불가능한 것으로 여겨졌다.

최근 마케팅 기능과 한계에 영향을 미칠 수 있는 조직의 변화 가능성에 대한 관심이 고조되고 있다.

따라서 환경적 마케팅 전술이 강조되어야 한다. 기만광고라는 이유로 경쟁기업과의 법적 분쟁에 관여하고 있는 기업이나 보다 더 호의적인 기업 환경을 확실히 하고 경쟁을 줄이기 위해 국회 앞에서 특정 정치적 활동에 대한 로비를 하고 있는 기업을 생각해 보면 환경 요인의 영향력을 짐작할 수 있다. 표 12.1은 이러한 전술을 독립적, 협력적, 전략적 분야로 나누어 설명하고 있다.

표 12.1 환경적 경영전략의 틀

환경 관리 전술	정의	사례
	독립 전략	
경쟁적 공격	핵심조직은 경쟁적 이점을 확보하기 위해 핵심역량을 찾거나 경쟁우위에 대한 자원의 내적 효율성을 개선시킴	제품 차별화/공격적 가격전략/비교광고
경쟁 강화	경쟁자와의 관계를 개선시키기 위한 독립적 행동	경쟁자가 원재료를 찾는 일을 지원, 전체산업을 촉진시키는 광고캠패인/가격/우산
공공관계	환경을 보호하는 사람들의 마음에 호의적인 이미지를 형성하고 유지하는 것	기업 광고 캠페인
자발적 행동	다양한 이익집단, 사건, 사회적 문제에 대한 자발적 관리 및 몰입	성에 대한 편견을 막기 위한 노력/3M의 에너지 보호 프로그램
의존성 개발	외부집단이 핵심조직에게 의존적인 관계 창출 및 조정	공급업자의 전환비용 증가시킴/중요한 방위 산업 용품 생산 규제자에게 중요한 정보 제공
법적 행동	기업이 불공정 거래나 기만광고 등에 대한 경쟁자와의 법적인 경쟁에 관여	경쟁자에 대항하여 불공정 거래 위반 제소
정치적 행동	호의적인 기업 환경을 만들고 경쟁을 줄이기 위해 선출된 정치가에게 영향력을 미치는 노력	기업 입법 프로그램/이슈광고 직접 로비 활동
수요관리	비정기적 수요를 해결하려는 노력	전화회사의 주말요금할인/ 비수기시 항공요금의 인하
역마케팅	일시적인 거래냐 지속적인 거래냐에 따라 특정 고객군이나 일반고객으로 구분하려는 노력	주유소의 운영시간 단축
	협력적 기법	
암묵적 협력	관례화되고 조정된 행동	가격 선도력
계약	상품, 서비스, 정보, 패턴 등을 교환하기 위해 조직간 협의와 협정	계약적/수직적/수평적 마케팅 시스템
상호 선술	조직의 존재안정성에 대한 위협을 변화시키는 수단으로써 조직이 정치구조를 만들거나 새로운 인재를 리더십으로 흡수하는 과정	소비자 단체/여성들/은행가

연합	일정기간 동안 이슈에 관한 공동 행동 및 둘 이상의 집단 연합	산업 관계자
	전략적 행동실무	
영역 선택	제한적 경쟁으로 산업이나 시장에 진입 또는 풍부한 공급업자와 고객과의 협정, 고성장시장에 진입	IBM사의 개인용 컴퓨터시장에 진입, 밀러사의 소량 음주자시장에 진입
다각화	다른 산업유형에 투자, 다른 제품유형의 제조, 수직적 통합 또는 단일 제품의 의존도를 낮추기 위한 지리적 확장	메리엇사의 다른 형태의 레스토랑에 투자, GE사의 넓은 제품 믹스
인수와 합병	둘 이상의 기업이 단일 기업으로 합침. 지속적인 기업의 소유권 달성	팬아메리칸사와 배셔널 항공사간의 인수, 필립 모리스사의 밀러맥주 합병

요약

마케팅 전술 중에서 통제 가능한 제품, 가격, 유통, 촉진 전술이 소개되었고 시장환경에 적응하는 환경적 마케팅 전술은 보다 통제가 어려운 부분으로 깊은 관심이 요구되는 전술이다.

제품전술로는 신제품의 개발과 시장출시뿐만 아니라 고객에게 어필할 수 있는 브랜드의 개발과 관리가 주요 의사결정 사항이다.

가격전술로는 침투가격전술, 경쟁가격전술, 저가전술 등과 다양한 할인가격전술이 필요하다. 유통전술로는 유통경로의 유형과 경로의 길이를 결정하는 문제로서 중간상의 형태, 중간상의 수 등에 대한 의사결정이 중요하다. 직접유통 혹은 간접유통 형태 중 선택의 문제가 기업의 경쟁력을 좌우할 수 있다.

촉진전술로는 판매촉진, 광고, 퍼블리시티(publicity) 등의 방법과 이의 실행에 따르는 예산에 대한 고려가 중요하다.

환경적 요인으로는 사회, 문화, 기술, 정책과 법률 등의 환경요인 인식으로 경쟁기업이나 시장 환경 변화에 대처하는 전술을 도출하였다.

연습문제

1. 마케팅 전술개발시 제품전술의 세 가지 방법을 설명하라.

2. 신제품 도입시 취할 수 있는 가격전술을 설명하시오.

3. 유통전술에 있어 직접경로와 간접경로 간의 차이를 설명하고, 특정기업이 복수경로 전술을 사용하는 이유를 서술하라.

4. 촉진전술에 있어 각 요소를 설명하라.

제4부

마케팅 전략 실행을 위한 조사와 계획 수립

▶ 마케팅 조사와 정보 분석을 바탕으로 실행 계획을 수립하고 관리한다

제13장 마케팅 조사와 마케팅 정보시스템

이 장에서는 실제로 기업 내 하나의 시스템으로 인식되는 마케팅 계획의 가장 어려운 측면에 대해 살펴본다. 이러한 측면은 대부분의 책들에서 간과되고 있는 부분이기도 하다.

그러나 모든 구조와 틀이 어떻게 제시되어야 하는가에 대한 구체적인 논의 없이는, 마케팅 계획을 제대로 이해하거나 논의하는 것이 어렵다.

① 상황의 검토

② 가정

③ 목적

④ 전략

⑤ 프로그램

⑥ 측정

⑦ 재검토

게다가 대부분의 책에서 전혀 언급하지 않고 있는 마케팅 계획상의 중요한 문제들이 존재한다. 이 문제들을 정리하면 다음과 같다.

① 마케팅 계획은 언제, 어느 정도, 누가, 어떻게 해야 하는가?

② 대기업과 소기업의 마케팅 계획은 차이가 있는가?

③ 마케팅 계획에는 차이가 있는가?

④ 국제기업과 국내기업의 마케팅 계획에는 차이가 있는가?

⑤ 마케팅 계획에서 최고경영자의 역할은 무엇인가?

⑥ 마케팅 계획에서 계획부의 역할은 무엇인가?

⑦ 마케팅 계획은 하향식이어야 하는가, 상향식이어야 하는가?

⑧ 마케팅 계획에서 운영계획(1년 단위)과 전략적 계획(장기적) 간의 관계는 무엇인가?

이러한 문제들을 먼저 이해해야만, 다른 연구나 논의의 내용들도 의미를 가질 수 있다. 따라서 이 장의 목적은, 지금까지 개별적으로 논의해 왔던 다양한 내용을 하나의 통합된 형태로 연결하여 이해할 수 있도록 돕는 데 있다.

무엇보다도, 전체적인 틀이 먼저 제시되어야 하며, 특히 마케팅 정보와 마케팅의 조직적 측면과 관련한 빈틈을 메우는 작업이 필요하다. 여러 실증적 연구들은, 마케팅 계획 시스템을 실제로 수행할 때 어떤 제약 조건이 존재하는지를 인식하는 것이 중요하다는 점을 보여주고 있다. 이 장에서는 그 중에서도 핵심적인 두 가지 제약 조건인, 마케팅 정보의 활용과 기업의 조직 형태에 대해 중점적으로 다룰 것이다. 그리고 이 장에 이어지는 다음 장에서는, 마케팅 계획이 하나의 시스템으로서 어떻게 실제 운영되는지, 그리고 그 과정에서 최고경영자와 기획부서가 어떤 역할을 수행해야 하는지를 함께 논의하게 될 것이다.

마지막 장에서는, 앞서 논의된 내용을 바탕으로 마케팅 계획 시스템의 설계와 실제 수행 방법에 대해 종합적으로 살펴본다.

제1절 마케팅 정보와 예측

기업은 정보 없이는 어떤 일도 수행할 수 없다는 점은 명백하다. 어떤 계획이든지, 다음과 같은 질문에 답할 수 있는 정보에 근거할 때에만 비로소 유용하다. 예를 들면, '우리의 고객은 누구인가?,' '우리의 시장 점유율은 얼마인가?' 등이다. 이 책에서는, 기업의 수익성은 고객의 욕구와 기업의 능력을 서로 일치시키려는 지속적인 시도에서 비롯된다고 본다. 따라서 기업이 이러한 일치 과정을 효과적으로 수행하기 위해서는, 고객과 기업 사이에 오가는 정보의 흐름을 파악하는 것이 필수적이다. 바로 이러한 역할을 수행하는 것을 우리는 마케팅 조사라 한다.

1.1 시장 조사와 마케팅 조사의 차이점

간단히 말하면, 시장 조사는 '시장' 자체에 관한 구체적인 조사이고, 마케팅 조사는 '마케팅 프로세스 전반'에 대한 조사라고 할 수 있다. 이 책에서는 AMA(American Marketing Association)가 정의한 마케팅 조사 개념에 중점을 둔다.

AMA는 마케팅 조사를 '재화나 서비스의 마케팅과 관련된 문제에 대해 자료를 체계적으로 수집하고, 기록하며, 분석하는 과정'이라고 정의하고 있다. 이 정의 속에는 중요한 의미가 담겨 있다. 바로 마케팅 조사는 반드시 체계적인 방식으로 이루어져야 한다는 점이다. 왜냐하면, 마케팅 조사는 기업의 의사결정에 활용될 정보를 기업 내부와 외부의 다양한 원천으로부터 수집하고, 그 정보를 효과적으로 생성하고 활용하기 위해서는 사람과 기계, 그리고 절차들 사이의 구조화된 상호작용이 필요하기 때문이다.

일반적으로 말, 숫자, 그림, 소리와 같은 '자료'는 그 자체로는 아직 유용한 것이 아니며, 정보로 가공되어야 비로소 활용될 수 있다. 즉, 마케팅 문제 해결에 기여하지 못하는 정보는 의미가 없다는 것이다. 사실 오늘날 경영자들이 직면한 큰 문제 중 하나는 자료나 정보의 과잉이다.

이와 관련하여, 이 책에서 말하는 '정보'란 경영상의 불확실성을 '위험'으로 전환시켜, 그 의미를 실질적으로 활용 가능하게 만든 것을 의미한다. 여기서 불확실성이란, 어떤 결과가 발생할 가능성이 모두 같아서 예측할 수 없는 상태를 말한다. 반면, 위험은 그러한 결과에 확률이 부여되어 계량화된 상태를 의미한다. 즉, 위험은 불확실성을 수치로 바꾼 것이다. 예를 들어, 마케팅 관리자가 "신제품이 출시 첫해에 시장점유율 30%를 달성할 가능성이 90%이다"라는 정보를 갖고 있다면, 이는 의사결정을 내리는 데 큰 도움이 된다. 즉, 불확실한 상황보다는 계량화된 '위험'에 기반한 판단이 더 유용하다는 의미다.

따라서 불확실성을 위험으로 전환하고, 그 위험을 최소화하는 것은 마케팅 관리자에게 있어 매우 중요한 과업이며, 이 과정을 가능하게 해주는 핵심 도구가 바로 마케팅 조사이다.

1.2 마케팅 조사를 위해 얼마나 많은 비용을 사용할 것인가

마케팅 관리자들이 활용할 수 있는 다양한 조사 방법들을 살펴보기에 앞서, 먼저 마케팅 예산과 관련된 문제를 생각해 볼 필요가 있다. 마케팅 정보도 생산되고 유통되는 데 일정한 수명의 한계가 존재한다. 즉, 정보는 소멸성을 지닌 자원이다. 다른 자원들과 마찬가지로, 정보도 사용가치를 가진다. 다시 말해, 마케팅 관리자들이 어떤 문제에 대해 덜 알고 있을수록, 또한 잘못된 의사결정으로 인한 위험이 클수록, 그 정보의 가치는 더욱 커진다.

또한 정보는 그것을 수집하는 데 들어가는 비용보다 더 큰 효익을 가져다주어야 한다. 하지만 이때 문제가 되는 것은, 비용은 상대적으로 쉽게 산정할 수 있는 반면, 효익은 수치화하기 어렵다는 점이다. 여기서 말하는 효익이란 마케팅 정보를 활용함으로써 정보를 사용하지 않았을 경우 발생할 수 있는 마케팅 실패를 피하고 얻어지는 추가적인 이익을 의미한다. 그러나 마케팅 정보를 얻기 위해 어느 정도의 비용을 들여야 하는가를 결정하는 것은 결코 쉬운 일이 아니다.

한편, 전혀 정보 없이 이루어지는 의사결정은 무모한 행동이며, 반대로 완전한 정보를 얻으려면 막대한 비용이 필요하다. 따라서 실무에서는 사용 가능한 정보 수집 비용을 추정하는 한 가지 방법으로, 확률과 기대가치를 이용하는 접근법을 활용한다. 예를 들어, 어떤 신제품을 개발하는 데 드는 비용이 100만 원이고, 그 제품이 실패할 확률이 10%라고 가정해 보자. 이 경우, 기대되는 최대 손실액은 10만 원이다(1,000,000 × 0.1 = 100,000). 이러한 계산을 바탕으로, 이 실패를 방지하는 데 도움을 줄 수 있는 정보를 얻기 위해 지불 가능한 최대 비용은 10만 원이라고 판단할 수 있다.

하지만 현실에서는 완전한 정보란 거의 존재하지 않으며, 설령 존재하더라도 그것이 반드시 유용하다고 보장할 수 없다. 따라서 일반적으로는 정보의 불완전성을 고려하여 할인된 비용으로 산정하는 것이 보통이다. 이러한 접근방식은, 마케팅 조사의 경제적 가치를 평가하는 데에도 직접적으로 적용될 수 있다.

1.3 마케팅 조사의 형태

마케팅 조사자가 활용할 수 있는 기법들이 점점 더 정교해지고 있으며, 특히 다변량 기법(multivariate techniques)이 활발하게 사용됨에 따라, 마케팅 조사는 마케팅 관리의 하나의 전문 기능으로 인식되고 있다. 그럼에도 불구하고, 마케팅 부서가 있는 기업이든 없는 기업이든 관계없이, 모든 기업은 마케팅 조사를 단순한 기법 중 하나로서 유용하게 활용할 수 있는 수단으로 인식하고, 이 조사가 실제로 어디에서, 어떻게 활용될 수 있는지를 이해할 필요가 있다. 마케팅 조사가 어떻게 진행되는지에 대한 전체적인 흐름은 그림 13.1에서 제시하고 있다.

문제의 정의란, 현재 기업이 직면한 과제가 무엇이며, 이를 해결하기 위해 어떤 정보가 필요한지를 규정하는 단계이다. 이 단계는 마케팅 조사의 방향을 제시하는 매우 중요한 출발점이 된다.

단계	개입 수준 경영자	 조사자
1. 문제의 정의	높다	낮거나 보통
2. 조사의 목표 및 필요한 정보의 구체화	높다	보통 혹은 높다
3. 자료원 결정	보통	낮다
4. 자료수집양식의 설계	낮다	높다
5. 표본설계	낮다	높다
6. 자료수집	없음	높다
7. 자료분석	낮다	높다
8. 조사결과의 제출 및 설명	보통 혹은 높다	높다

그림 13.1 마케팅 조사의 진행 순서

조사의 목표와 정보를 구체화하는 단계는, 문제 해결을 위해 어떤 조사가 필요한지, 어떤 내용을 조사할 것인지 정리하는 과정이다. 예를 들어, 소비자의 구매 행동을 조사할지, 아니면 경쟁사의 마케팅 전략을 조사할지를 결정하는 절차가 여기에 포함된다.

자료원의 결정은 정보를 얻기 위한 방법을 선택하는 과정이다. 대표적인 방법으로는 설문조사(survey), 실험(experiments), 관찰조사(observational research), 그리고 2차 자료(secondary data) 수집이 있다. 여기서 2차 자료란 이미 다른 기업, 연구소, 정부 기관 등이 작성한 보고서나 간행물 등을 의미한다. 반면 설문조사, 실험, 관찰조사 등은 새로운 정보를 수집하는 1차 자료(primary data) 수집 방법이다. 설문조사를 선택한 경우, 개별 면접(personal interview) 또는 표적집단 면접(focus group interview) 중에서 적절한 방법을 선택해야 한다. 표적집단 면접은 보통 6~10명의 응답자를 대상으로 특정 주제에 대해 자유롭게 토론하게 하여, 제품이나 서비스에 대한 창의적이고 기발한 아이디어를 수집할 수 있는 방법이다. 이는 개별 면접보다 더 다양한 의견과 반응을 이끌어낼 수 있는 장점이 있다.

자료 수집 양식의 설계는 설문지를 작성하고 구성하는 과정이다. 설문지의 모든 문항은 조사 목적에 부합해야 하며, 꼭 필요한 내용만 포함되어야 한다. 또한 설문지를 폐쇄응답형(closed-end question)으로 할지, 자유응답형(open-end question)으로 할지를 결정해야 한다. 폐쇄응답형은 응답자가 제시된 선택지 중 하나를 고르게 하는 형식이며, 이 중에는 양자택일형(dichotomous question)과 선다형(multiple choice question)이 있다.

한편, 표 13.1에서 볼 수 있듯이, 잘못 설계된 설문지는 응답자가 문항을 오해하게 만들거나, 부정확한 답변을 유도하여 전체 마케팅 조사의 효율성을 떨어뜨릴 수 있으므로 특별히 주의해야 한다.

표본 설계는 모집단을 규정하고 모집단으로부터 표본을 추출하는 방법을 정하는 단계이다. 무작위성이 높은 확률표본추출법을 택할지 임의성이 높은 비확률표본추출법을 택할지 결정한다. 자료수집은 대인면접, 전화, 우편 등의 방법 중의 하나를 채택하는 단계이고 각 방법의 특징은 표 13.2와 같다.

자료 분석은 수집된 자료를 기초화하여 통계적으로 분석하여 그 유의성을 밝히는

표 13.1 잘못된 설문지의 예

어떤 맥주회사에서 마케팅 조사자가 휴가 중이라, 제품 관리자가 직접 다음과 같은 질문지를 작성했다고 가정해 보자. 이 질문들을 읽는 독자들은 과연 어떤 인상을 받을까?

1. 귀하의 월급은 대략 얼마입니까?
2. 귀하는 맥주를 많이 마시는 편입니까, 아니면 적게 마시는 편입니까?
3. 귀하는 작년 4월에는 맥주를 얼마나 마셨습니까? 그렇다면 올해 4월에는 얼마나 마셨습니까?
4. 귀하는 맥주를 마시면 취기가 심해지는 편입니까? 예( ), 아니오( )
5. 귀하가 지난주 월요일에 시청한 TV 프로그램은 무엇입니까?
6. 귀하는 맥주 외에 즐겨 마시는 음료는 무엇입니까?
7. 귀하는 외제 맥주를 마시는 것이 정당하다고 생각하십니까?

논평

1. 사람들은 자신의 월급을 공개하기를 꺼려하는 경향이 있으므로, 이러한 질문은 부적절하다. 지나치게 개인적인 내용을 공개적으로 묻는 것은 바람직하지 않다.
2. '많이'와 '조금'의 기준이 무엇인지 불분명하다. 또한, 스스로를 '많이 마시는 사람'이라고 인정하려는 응답자가 과연 있을지도 의문이다.
3. 작년 4월의 음주량을 정확히 기억할 수 있는 사람이 과연 얼마나 되겠는가? 이 질문은 현실적으로 응답하기 어렵다.
4. '만취'라는 표현은 상대적인 개념이며, 정도의 차이가 있기 때문에 단순히 예/아니오로 답하기에 적절하지 않다. 또한 이 질문은 전체 질문지에서 배치 순서상에도 어색하다.
5. 지난주 월요일에 본 TV 프로그램을 기억하는 사람은 드물 것이다. 특정 프로그램 이름을 제시하면서 선택하게 하는 방식이 더 나을 수 있다.
6. '다른 음료'라는 표현은 지나치게 포괄적이다. 어떤 종류의 음료를 의미하는지 구체적으로 제시해야 한다
7. 외제 맥주를 마시는 것이 '정당하냐'는 질문은 응답자가 솔직하게 답하기 어려운 성격의 것이다. 질문 자체에 주관적인 판단이 개입되어 있다.

※출처 : 여운승(1995), 마케팅관리, 민영사, 173.

단계이다. 조사결과의 제출 및 설명의 단계는 마케팅 조사를 마무리하는 절차로 구두 혹은 보고서를 경영자에게 조사결과를 보고하는 것이다.

마케팅 조사에서 주목할 점은 다음과 같다.

첫째, 마케팅 조사는 외적인 조사와 내적인 조사로 나눌 수 있다. 외적인 조사활동은

표 13. 2 자료수집방법의 특징

기준	대인면접	전화	우편
의사소통의 융통성	높다(대면접촉이므로)	보통	없다
비용	높다(교통비 때문에)	비교적 낮다	가장 낮다
소요시간	비교적 빠르다(표본이 작으면)	가장 빠르다	가장 느리다
표본(응답자)통계	가장 높다	비교적 높다	가장 낮다
응답의 조작 가능성	• 난처한 질문에 대해 왜곡된 응답의 가능성이 가장 높다. • 오해하기 쉬운 질문도 명확하게 전달할 수 있다. • 면답조사자가 응답자료를 조작할 가능성이 있다.	• 난처한 질문에 대해 비교적 솔직한 응답을 얻을 수 있다. • 오해하기 쉬운 질문도 비교적 명확하게 전달할 수 있다. • 면답조사자를 철저하게 통제할 수 있다(녹음을 통해서).	• 난처한 질문에 가장 솔직한 응답을 얻을 수 있다. • 오해하기 쉬운 질문을 명확하게 전달하기가 힘들다.

기업 외부의 경쟁 환경에서 이루어지며, 내적인 조사활동은 기업 내부에서 마케팅 믹스의 변화나 매출 추세 등을 조사하여 유용한 정보를 만들어내는 활동이다. 따라서 외적인 조사는 내적인 조사를 보조하는 역할을 한다.

둘째, 마케팅 조사는 반응적인 조사와 비반응적인 조사로 구분된다. 비반응적 조사는 관찰된 현상에 근거하는 방법이고, 반응적 조시는 시장에서의 선행 평가 형태와 관련된다. 가장 널리 사용되는 반응적 조사 방법은 설문조사이며, 이 방법은 상당히 융통성 있게 활용된다. 설문조사는 대면 면접, 전화, 우편 등 다양한 방식으로 진행할 수 있는데, 각 방식마다 장단점과 비용 구조가 다르다. 예를 들어, 개인 면접은 응답의 질을 높일 수 있지만 시간과 비용이 많이 든다는 단점이 있다. 전화 설문은 빠르고 비교적 비용이 적게 들지만, 얻을 수 있는 정보의 양이 제한적이다. 우편 설문은 많이 쓰이지만, 표본의 대표성 문제 등 편향(bias)을 피하기 위해 주의가 필요하다.

하지만 무엇보다 중요한 것은 설문지의 설계이다. 많은 연구자들이 과도한 질문이나 모호한 설문의 위험성을 인식하고 있지만, 이를 완전히 제거하기는 쉽지 않다. 설문지 문항의 순서도 응답에 영향을 미쳐 왜곡을 초래할 수 있다. 이러한 위험을 줄이기 위해 예비 조사가 활용되기도 한다. 예비조사는 소규모 표본을 대상으로 먼저 설문을 시행해 보는 것이다. 때로는 대규모 설문보다도 소규모 조사에서 얻은 정보가 더 유용할 수 있다. 예를 들어, 정량적인 결론보다는 정성적인 정보나 지식을 얻고자 하는 상세한 연구에서는 소규모 조사가 효과적이다. 대표적인 예가 심층 인터뷰인데, 이는 연구자가 관심 있는 표본 집단과 덜 구조화된 토론을 하면서 구성원들의 감정이나 생각을 이끌어 내는 방법이다. 심층 인터뷰는 개인별로 진행할 수도 있고, 특정 제품이나 시장에 대한 정보를 얻기 위해 활용되기도 한다.

한편, 실험은 신제품의 성과나 마케팅믹스 변화의 효과에 관한 정보를 제공하는 반응적 조사 중 하나이다. 예를 들어, 다양한 제품 형태나 촉진 수준이 시장에 어떤 영향을 주는지를 파악하는 것이다. 때로는 시장실험이 광고 분야에서 실험실 환경에서 진행되기도 한다. 특정 고객 표본에게 광고를 노출시키고 그 반응을 조사하는 방식이다. 이 과정에서 접안 카메라, 심박동 기록기, 테키스토코프(tachistoscopes) 등과 같은 도구가 마케팅 자극에 대한 신체적 반응을 측정하는 데 사용된다.

이와 달리 비반응적 조사는 직접 응답자의 대답을 필요로 하지 않는다. 가장 널리 쓰이는 비반응적 조사 방법은 소매 감사와 소비자 패널이다. 소매 감사는 구매업자를 일정한 주기로 방문하여 재고수준을 파악하는 조사로, 이전 재고 정보와 비교해 매출 실적을 계산할 수 있다. 즉, '기초 재고 + 배달량 - 기말 재고 = 매출'이다.

소비자 패널은 일정 기간 동안 제품을 구매하고 사용하는 소비자 표본 집단으로, 구매뿐 아니라 소비 패턴에 관한 정보도 제공할 수 있다.

마지막으로, 모든 마케팅 조사 방법 중에서 가장 중요한 것은 이미 존재하는 자료, 즉 문헌조사를 활용하는 것이다. 문헌조사는 마케팅 조사의 출발점으로, 정부 통계, OECD, EEC, 신문, 저널 등에서 얻은 2차 자료가 이에 해당한다. 보통 2~3일 정도의 문헌 조사를 통해도 기업에 유용한 정보를 얻을 수 있다.

1.4 마케팅 정보시스템

마케팅 의사결정에 있어서 정보의 중요성을 인식한다면, 정보를 조직에 유포하는 데 드는 비용은 건전한 투자라 할 수 있다. 이러한 역할을 수행하는 것이 마케팅 정보시스템(MIS, Marketing Information System)이다. 그러나 대부분의 연구에서는 이것을 일상적으로 조직화된 경영 영역의 하나로 보고 업무를 수행해 왔다. 이로 인해 의사결정에 필수적인 정보를 제대로 파악하지 못하는 경우가 종종 발생해 왔다.

경영정보의 필요성은 성공적인 MIS 구축에 있으나, 이는 거의 완벽하게 이루어지지 않고 있다. 따라서 경영자들은 주요 성공 인자를 파악하지 못하고 있으며, 기업들은 무엇이 중요한지를 분별하기 어려울 정도로 일반적인 자료와 정보만을 보유하고 있다. 이는 일종의 감언이설에 불과하다. 결과적으로 이러한 시스템의 산출물은 거의 활용되지 못하고 있으며, 경영진은 여전히 직관에 의존해 의사결정을 내리고 있는 것이다. MIS 구축에 도움을 주는 모델은 그림 13.2에 제시되어 있다.

MIS의 구축에는 네 가지 단계가 있다. 첫째는 현재 존재하는 모든 자료와 정보의 목록을 작성하는 것이다. 둘째는 이 목록 중에서 의사결정에 필요한 정보만을 선별하여 목록화하는 것이다. 셋째는 이 두 단계를 가장 논리적인 방법으로 결합하는 것이다. 이는 필요한 정보의 형태가 기존에 존재하지 않을 수 있기 때문이다. 예를 들어 매출 자료를 생성하려 할 때에는 제품 라인, 제품 라인의 요약, 거래 범주, 지역, 시간, 비교, 구매 패턴 등의 요소들을 조합하여야 한다.

정보수집	정보처리	정보출력	정보효용
내부	평가 추상화	정기적 보고	일회용 전술적
외부	색인화 저장	수시 보고	전략적

그림 13. 2 MIS 체계

이러한 다양한 조합은 매트릭스 형태로 정리할 수 있으며, 각각의 조합은 특정한 정보 요구에 맞는 자료를 제공할 수 있다. 예를 들어, 일상적인 제품 라인 보고의 목적은 특정 지역에서 개별 제품 라인의 실적을 파악하는 것이다. 이와 관련하여, 거래 범주별로 월간 제품 라인 규모를 나타내는 보고서는 다음과 같은 목적을 가진다.

① 거래 범주에 따라 개별 제품 라인이 얼마나 널리 퍼지고 침투했는지를 파악하기 위해 (-이는 기업이 시장을 세분화하여 특정 시장에 브랜드를 도입할 때 중요한 정보가 된다)
② 신제품의 점포 침투를 평가하기 위해
③ 점포에서의 매출 손실을 평가하기 위해
④ 소비자와 점포의 표적화를 용이하게 하기 위해
⑤ 촉진 활동의 평가를 쉽게 하기 위해
⑥ 실제 매출과 잠재 매출 간의 비교를 용이하게 하기 위해

마지막으로, MIS 구축에서 가장 어려운 과제 중 하나는 시스템을 어떻게 조직화할 것인가 하는 문제이다. 이상적인 MIS를 만들기 위해서는 먼저 그 구축에 필요한 비용을 평가해야 한다. 이는 통합된 MIS를 처음부터 한꺼번에 구축하려는 유혹이 크기 때문이다.

하지만 실제 경험에 비추어 볼 때, 전체 시스템을 하나의 장기적인 계획의 일부로 간주하는 것이 바람직하다. 단계적인 접근 방식을 통해, 각 단계는 고유한 정보 요구를 충족하는 하위 시스템의 형태로 구축되며, 궁극적으로는 이용자의 욕구와 경험에 부합하는 통합되고 정교한 시스템으로 발전하게 된다.

또한, 분산된 자료의 수집과 저장은 분명히 장점이 있지만, 문제는 관리 비용에 있다. 관리자는 이 비용을 단순한 부담이 아니라, 미래의 시장 개발을 위해 꼭 필요한 추가 투자로 인식해야 한다.

1.5 MIS의 조직적인 측면

MIS는 기업의 정보시스템의 한 부분이기 때문에 핵심 정보 부서 내에 자리 잡고 있어야 하며 마케팅 기능의 바람직한 통합은 기업에 기반을 두어야 한다. 그러나 중요한 문제는 조직 내의 주요 정보가 어디에 자리 잡고 있느냐가 아니라 현존하는 마케팅 조직의 설치에 대한 제약조건이 주어지면 이에 대하여 정보의 흐름을 수직적·수평적으로 원활히 흐르게 하는 것이 중요하다. 그래서 기업의 핵심 정보 부서나 마케팅 부서에서는 정보의 흐름을 원활하게 하기 위한 시스템적인 조직화 과정과 정보를 이용하는 경영을 교육시키는 것이 중요하다. 체계화된 절차를 통한 모든 수준의 경영에서 정보의 투입이 있을 수 있다. 또한 정보의 항목이나 정보의 요구사항도 이에 속하게 된다. 정보 부서에서는 조직내에서 이 정보가 유용한가를 체크하고 분석한다. 그래서 MIS는 마케팅 부서 내의 한 집단이나 전체 기업시스템의 일부에 의해 관리된다.

1.6 예측

예측은 경영에 있어 가장 중요한 문제의 하나이다. 대부분의 관리자들은 예측에 대해 전문성이 결여되어 있고 문제에 대한 자기의 의견을 표현하는 정도이다. 또한 마케팅 관리자도 예측에 관하여 거의 관심을 두지 않고 있다.

이 책의 성격상 예측에 대한 자세히 설명은 하지 않겠지만 기본적인 문제를 짚고 넘어가자.

1.7 예측이 어려운 이유

최근에는 모든 유형의 기업에서 마케팅 과업의 규모와 복잡성이 크게 증가하였다. 급변하는 환경 속에서 고객 욕구의 다양성은 제품 수명 주기를 더욱 짧게 만들고 있으며, 이로 인해 경영은 점점 더 어려워지고 있다.

유통의 형태도 대부분의 시장에서 극적으로 변화하고 있고, 경쟁의 강도는 운영의 지역적 분산과 기업의 국제화를 더욱 촉진하고 있다. 또한, 경영을 교육하는 사람들의 전문성 향상으로 인해 기업은 더욱 많은 전문가를 보유하게 되었다.

경영자가 활동해야 하는 사회문화적, 법률적, 정치적 환경 역시 더욱 급격히 변화하고 있다. 따라서 활용해야 할 자료와 정보의 양이 증가하고 있으며, 이를 처리하는 네트워크는 더욱 정교화되어야 한다. 마케팅 관리에서 정량적 기법들의 유용성은 마케팅 관리자에게 이러한 기법의 습득을 요구하고 있다. 더욱이, 마케팅에는 사회적, 문화적, 심리적 요소와 같은 행동적 측면도 포함되어 있어 그 복잡성이 더해진다. 이러한 모든 요소들은 수익성 있는 시장을 개발하는 데 어려움을 초래하며, 이에 따라 예측의 난이도도 함께 높아지고 있다. 그럼에도 불구하고 잘못된 예측의 결과는 기업에 치명적인 타격을 줄 수 있기 때문에 예측의 중요성은 더욱 강조되고 있다.

이 장에서는 기업에서 활용할 수 있는 다양한 예측 기법을 모두 소개하지는 않는다. 다만, 예측의 주요 영역에 대해 간단히 살펴보고자 한다.

우선, 예측은 그림 13.3에서 볼 수 있듯이 거시적인 측면과 미시적인 측면으로 구분된다. 예측 기법을 선택할 때는 네 가지 요소가 중요하다. 첫째는 예측의 정확성 정도이다. 예측에 기반한 의사결정의 위험이 클수록 더 높은 정확성이 요구되며, 이에 따라 비용도 증가한다. 둘째는 정보를 어떻게 수집하느냐의 문제이다. 셋째는 시간이라는 요소이다. 예를 들어, 다음 분기의 매출액을 예측하고자 할 때 외삽적 접근이 적절한지, 아니면 정량적 접근이 적절한지를 결정해야 한다. 넷째는 제품 수명 주기상의 위치로, 이것 역시 중요한 예측 기법 선택 요소이다. 예를 들어 시계열 분석이 유용한 예측 기법으로 활용될 수 있으나, 제품이 수명 주기의 도입 단계에 있을 경우에는 성숙 단계보다 사용할 수 있는 자료와 정보가 적다.

그렇다면 미시적인 예측과 거시적인 예측은 어떤 차이가 있을까? 거시적 예측은 전체 시장에 대한 예측이며, 미시적 예측은 보다 세부적인 단위에 대한 예측을 의미한다. 제2장에서 언급한 마케팅 계획 과정에서 외삽법에 거의 의존하지 않는 예산과 계획은 장기적으로 볼 때 유용하지 않다. 이는 제품과 시장과 관련된 주요 전략적 이슈들이 이러한 과정을 통해 거의 반영되지 않기 때문이다. 제4장에서 언급한 시장 세분화에 대해 다시 한 번 상기해보자. 과거 매출 추세에 대한 외삽법만을 사용하는 예산 시스템은 내재된 위험이 크며, 이는 마케팅 전략에서 중요한 시사점을 놓치고 있다는 지적이 있다. 이러한 시스템은 시장 구조가 변화할 때 특히 문제를 일으킨다. 따라서 거시적인 예측은 마케팅 목표와 전략을 수립하기에 앞서 수행되어야 하며, 이후 특정 시장에 대한 세부적인 예측인 미시적 예측이 뒤따라야 한다.

또한 그림 13.3에서는 예측을 정량적인 기법과 정성적인 기법으로 나누고 있다. 하나의 측면만을 가지고 예측을 수행할 경우 위험이 따르기 때문에, 이 두 가지를 결합하여 사용하는 것이 바람직하다. 즉, 직관적 접근과 계량적 접근을 결합해야 한다는 의미이다.

예를 들어, 2050년의 세계 인구를 외삽법으로 예측해보는 경우를 생각해보자. 외삽법의 문제점은 과거 추세의 변화 가능성을 반영하지 못한다는 데 있다. 따라서 세계 인구에 영향을 줄 수 있는 일련의 사건들을 검토하고, 이에 확률을 부여하는 방식의 접근이 더 유용할 수 있다.

가장 중요한 점은 미래를 예측하는 데 유용한 자료와 정보가 무엇인지를 파악하는 것이다. 이를 위해서는 정량적 방법이 도움이 되며, 전문가의 의견, 시장조사, 유추법 등과 같은 정성적 방법은 불연속적인 시간 변화 등을 예측하는 데 유용하다.

즉, 유용한 예측 기법을 적절히 활용함으로써 목표 시장의 욕구와 이를 충족시킬 수 있는 기업의 역량을 일치시키는 것이 경영의 출발점이 된다. 이러한 인식이 결여되면 어떤 형태의 예측도 무의미하다.

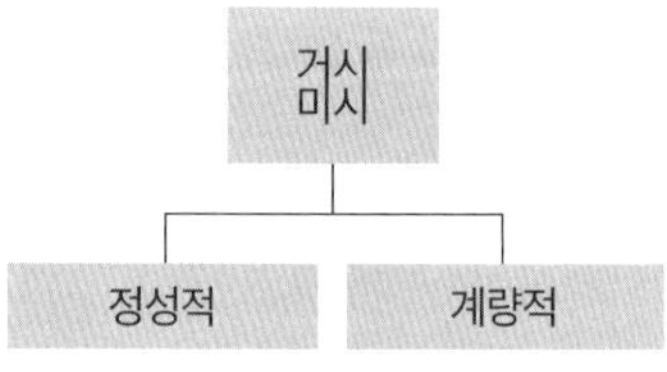

그림 13.3 예측

제2절 마케팅 계획을 위한 조직화

이 절의 목적은 복잡한 조직 형태를 논의하려는 것이 아니라, 환경 변화라는 관점에서 마케팅 계획 과정이 얼마나 어려운지를 다루고자 하는 것이다. 우선 사업이라는 것은 서로 다른 환경에서는 서로 다른 마케팅 수단을 강구해야 한다는 점을 인식할 필요가 있다. 이 책에서는 특정한 조직 형태를 제시하려는 것이 아니라, 조직과 관련된 문제를 지적하고 효과적인 마케팅 계획을 수행하는 방법을 제시하고자 한다.

첫째, 기업의 규모가 커지면 조직의 진화도 함께 일어난다. 그림 13.4는 시간이 흐름에 따라 기업이 성장하는 과정을 보여주고 있다. 기업이 처음 시작할 때, 기업의 소유자는 경쟁 기업들보다 소비자와 제품에 대해 더 많은 정보를 가지려 한다. 이러한 조직 형태는 그림 13.5에 나타나 있다. 즉 한 개인을 중심으로 의사소통 채널이 열려 있는 구조다.

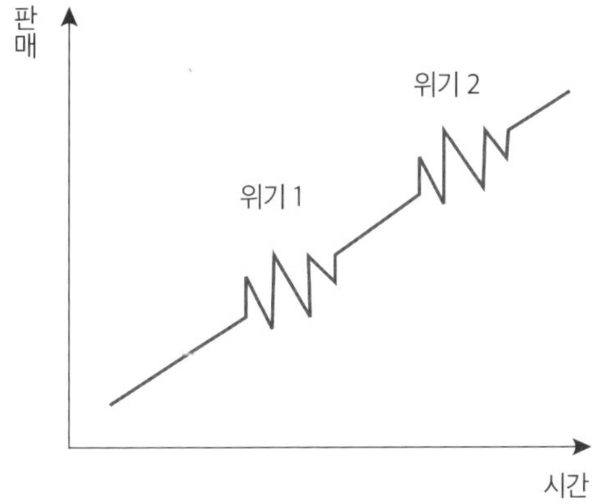

그림 13.4 시간에 따른 조직변화

그러나 신제품과 신시장이 추가되면서 기업이 성장하고 복잡성이 증가하면, 이러한 단순한 형태의 조직은 점차 붕괴되기 시작한다. 이를 해결하기 위한 방법은 두 가지가 있다. 첫 번째는 기업을 매각하고 새롭게 시작하는 것이고, 두 번째는 그림 13.6에서처럼 특정 부서에 책임자를 두어 해당 기능을 수행하게 하는 것이다. 이러한 방법은 일시적으로

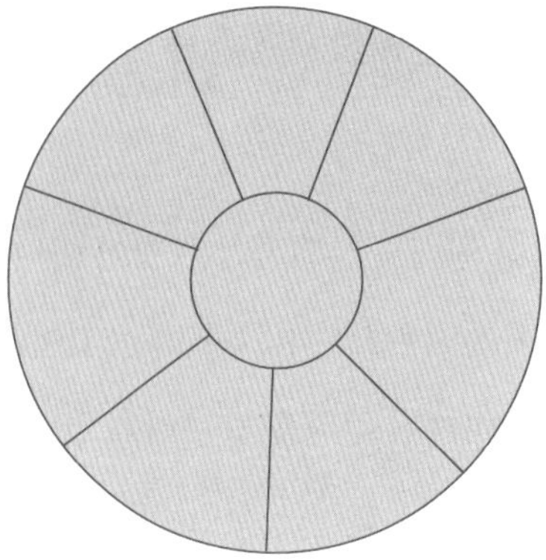

그림 13.5 개인을 중심으로 한 조직형태

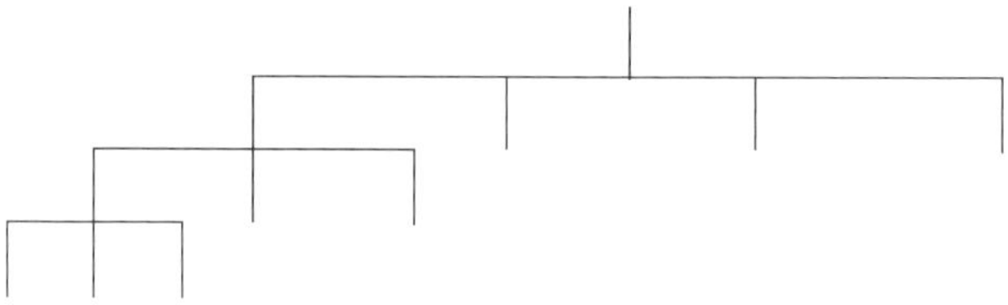

그림 13.6 특정부서에 책임자를 두는 조직형태

문제를 완화시킬 수 있지만, 기업이 더 성장하고 사업이 다양해지면 또 다른 위기가 찾아온다. 이는 기능 부서의 의사결정이 다른 부서에 부정적인 영향을 줄 때 발생한다.

이러한 방법으로 일시적인 치유는 가능하지만 기업이 더욱 성장하고 다양해지면 두번째의 위기가 온다. 이것은 기능부서의 의사결정이 다른 부서에 악영향을 줄 때 발생한다. 최근의 연구는 이러한 위기가 일어날 때 고성장 시장에서 기업들이 생존과 번영을 하고 있으나 많은 수익을 포기하여야 하고 경영의 위기가 온다는 사실을 보여 주고 있다. 반면 저성장 시장에서 시너지(synergy)라는 말은 이론적 개념이 아니라 시장에 더욱 접근하려하는 시도를 의미하고 있다. 여기에서 마케팅 계획을 수립하려는 중요한 시도가 일어난다.

성장과 관련한 두 번째 분류에서는 조직의 분권화와 집권화가 있다. 분권화는 그림 13.7에 나타나 있다. 검은색으로 칠한 삼각형 부분은 기업의 가장 높은 전략적 경영을 나타낸다. 시장 조사와 홍보는 보다 낮은 수준에서 반복된다. 또한 낮은 수준의 자회사에서도 전략적 경영을 하는 부분이 있다. 이곳에서는 보다 상위에 있는 본부와 관련 없이 신제

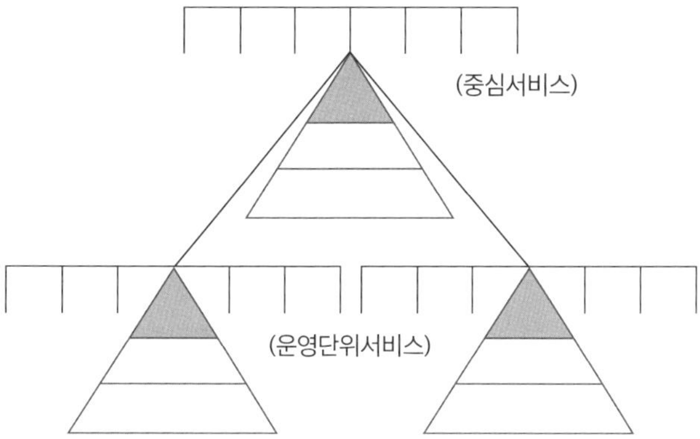

그림 13.7 분권조직

품을 출시할 수 있다.

이러한 분권화된 조직에서는 시너지 효과를 창출하려는 노력이 없으면, 중복된 노력과 전략 간의 차별성이 나타난다. 예를 들어 어떤 통신회사는 1,500개의 제품을 생산하고 있으며, 그중 하나의 제품은 무려 1,300개의 차이점을 가지고 있다고 한다. 이런 기업에서는 분권화된 조직 구조가 적합하다고 볼 수 있다. 이와 같은 상황에서는 규모의 경제를 달성하는 것이 어렵기 때문에 전사적인 관점에서 손실이 발생할 수 있다.

이 문제를 마케팅 조사, 광고, 가격, 유통 등 다양한 사업 영역에 적용해 보면, 문제를 발견했을 때 본부의 관리자는 각 회사가 동일한 문제를 각각 따로 조사하고 있다는 점을 지적하게 된다. 이는 많은 비용을 수반하게 된다.

이러한 조직 구조에서는 강력한 조정 기능을 수행할 수 있는 계획 시스템이 필수적으로 요구된다. 그렇지 않으면 기업의 한 부분을 위해 막대한 자원을 낭비할 수 있다. 하지만 만약 이 시스템이 각 부문의 시너지를 이끌어낼 수 있다면, 그 보상은 매우 클 수 있다. 결국 조직 구조의 형태에 따라 마케팅 활동의 방식 또한 달라진다는 의미다.

집권화된 조직 구조는 그림 13.8에 제시되어 있다. 이 구조에서는 자회사들이 전략적 수준의 경영을 수행하지 않는다. 이와 같은 조직 형태는 표준화된 전략을 초래하며, 특히 제품 관리에 중심을 둔다. 예를 들어 신제품을 출시할 때 가능한 한 많은 시장에 동시에 진입하려 한다. 이는 하나의 영역에서 수행된 마케팅 조사가 다른 영역에서도 효과를 낼 수 있기 때문이다.

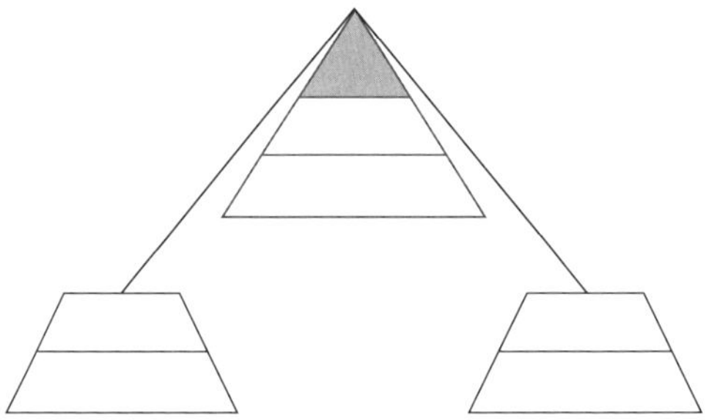

그림 13.8 집권 조직

물론 이러한 집권화된 구조에도 문제는 존재한다. 충분한 주의가 기울여지지 않으면, 자회사는 개별 시장의 욕구에 둔감해질 수 있으며, 경쟁자의 움직임에 신속히 대응할 수 있는 유연성을 잃을 수 있다. 이러한 조직에서는 앞서 언급한 분권화된 조직 형태와는 다른 방식으로 마케팅이 수행된다. 집권화된 조직에서는 본부의 역할에 있어 재무적 조작과 사업 관리를 구분해야 한다. 전사적인 관점과 개별 사업 단위의 관점 간에는 차이가 있으며, 이로 인해 조직 내 다양한 수준의 관리자들 사이에서 수행되는 계획이 어떤 종류의 것인지에 대한 혼선이 발생할 수 있다. 이러한 혼선은 최고경영자가 자신이 관리하고 있는 사업의 실체를 명확히 파악하지 못할 때 더욱 심화된다.

지금까지 중앙집권적인 조직과 분권화된 조직 형태를 살펴보았다. 이러한 조직 형태에서는 부서 차원의 계획이 시장 탐색에 초점을 두며, 본부 관리자에게 맡겨진 영역 내에서의 효율성을 높이는 네 초섬이 맞춰진다. 그러나 이러한 방식에는 문제와 기회가 공존하며, 전사적인 관점에서 기업 경계를 정의하는 본부 관리자의 역할이 매우 중요하다. 즉, 신제품과 시장에 대해 어느 부서에서 어떤 활동을 수행할 것인지를 명확히 해야 한다는 것이다.

이러한 조직 내에서 관리자는 주어진 제약 내에서 본부 관리자에 따라 일정 수준의 수익을 창출해야 하며, 기업은 무엇을 수행해야 하고, 반드시 해야 하는 것은 무엇인지를 파악하기 위해 공식적인 아이디어 체계 및 구조화를 필요로 한다. 이러한 조직에서 가장 중요한 점은 기업의 기술이나 평판을 효과적으로 활용하고, 통제 불가능한 자원의 낭비를 방지하며, 사업의 성장을 계획하고 통제할 수 있어야 한다는 것이다. 이러한 활동을 수행하는 데는 중앙집권적인 조직 형태가 보다 적합해 보이지만, 어떤 조직이든 고유한 단점을 안고 있다.

마지막으로 조직의 재무적 결합 형태에 대해 간단히 짚고 넘어가자. 이 구조에서 경영의 주된 관심사는 다양한 사업에 주주의 자본을 투자하는 데 있다. 이 경우, 기업 간의 판매 및 구매 활동은 사업을 구축하기보다는 자본의 평가로 기능할 수 있다. 이와 같은 조직에서는 앞서 살펴본 조직들과는 또 다른 형태의 지식과 기술이 요구된다.

마케팅 계획 시스템을 설명하기에 앞서, 마케팅을 위한 조직화에 관해 두 가지 사항을 짚고 넘어가야 한다. 첫째, 마케팅부와 판매부가 별개의 부서로 존재하는 경우, 마케팅 계획은 두 부서 간의 협동 및 조정을 포함하는 활동과는 다르다. 그림 13.9는 이러한 두 가지 가능한 상황을 도식적으로 보여주고 있다.

첫 번째 조직 형태에서 마케팅은 스태프 활동이며, 판매 조직이 실질적인 힘을 가진다. 강력한 최고경영자가 두 활동 간의 조정 역할을 수행하지만, 실제로 최고경영자는 생산, 유통, 인사, 재무 등 다양한 문제로 인해 바쁘기 때문에 판매와 마케팅에 많은 시간을 투자하기 어렵다. 이에 따라 판매부는 현재의 제품, 문제, 고객과 관련된 업무를 담당하며, 마케팅 관리자는 미래에 초점을 맞춘 활동을 수행하게 된다.

또한 판매부서는 개별 제품, 문제, 고객에 주된 관심을 두는 반면, 마케팅부서는 제품군이나 고객 집단과 관련된 업무를 수행한다(예: 포트폴리오 관리, 시장 세분화).

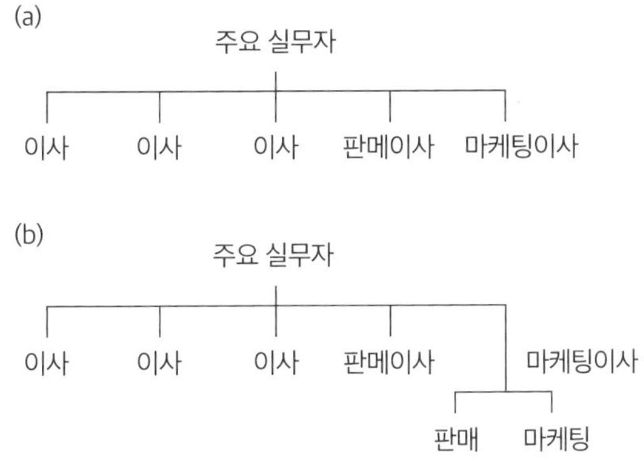

그림 13.9 마케팅을 위한 조직

물론 두 부서의 업무는 밀접히 연결되어 있지만, 본질적으로 차이가 있다. 좀 더 관심 깊게 들여다보면, 마케팅은 계획을 수립하고 판매부서는 이를 실행에 옮긴다고 볼 수 있다.

두 번째 조직 형태는 계획과 실행 간의 합리적인 결합이 가능한 구조이다. 마케팅 조직 형태에 관한 두 번째이자 마지막 부분은 모든 기업이 반드시 고려해야 할 문제들을 제시한다.

① 기능(광고, 마케팅 조사, 가격책정 등)

② 제품

③ 시장

④ 지역적 입지

⑤ 유통채널

대부분의 기업은 제품과 시장의 문제에 대해서는 공감하고 있으며, 이에 따라 '제품 관리자' 혹은 '시장 관리자'가 존재한다. 어느 쪽이 더 중요한가에 대한 정답은 없다. 각각의 접근법은 고유의 장단점을 가지고 있다.

시스템 지향적인 제품 관리자는 강한 제품 중심적 사고를 가지는 반면, 시장에 대한 이해는 다소 피상적일 수 있다. 실제로 많은 기업이 여유 있게 생산한 제품을 시장에 내놓는 경향이 있어, 다양한 시장의 미묘한 변화에 둔감할 수 있다. 특히 소비재 기업들의 경우, 초기에는 유동성이 적은 제품 또는 브랜드 관리 시스템을 통해 핵심 고객에 대한 주도권을 확보하는 데 집중했지만, 현재는 개별 제품보다는 주요 고객 또는 시장 집단을 중심으로 마케팅 활동을 수행하는 경우가 많다.

반면 시장 지향적인 시스템은 불필요한 제품 차별화를 유발하고, 전반적인 제품 개발을 저해할 수 있다. 따라서 바람직한 조직 형태는 제품 중심과 시장 중심의 양 측면을 모두 고려하는 혼합 구조이다. 이를 다음 예를 통해 살펴볼 수 있다.

접착제 제조업체인 실란트(Sealant)는 두 가지 범주의 접착제를 생산하며, 다양한 시장에 제품을 공급하고 있다. 그러나 주요 고객은 네 개 산업군에 집중되어 있다. 즉, 가스 및 정유 산업, 자동차 산업, 전기 산업, OEM이다.

그렇다면 이 회사는 마케팅 기능을 어떻게 조직화해야 할까?

그림 13.10은 '매트릭스 조직'이라 불리는 구조를 보여주며, 그림 13.11은 이를 실란트의 사례에 적용한 모습이다. 실란트는 제품 관리 부서와 시장 관리 부서를 모두 운영하고 있다.

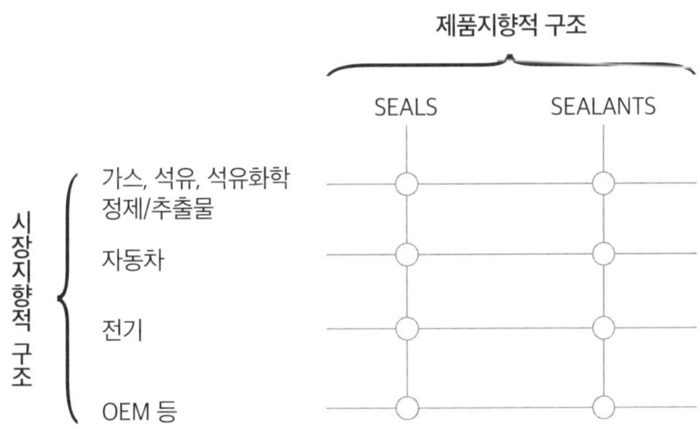

그림 13.10 매트릭스 조직

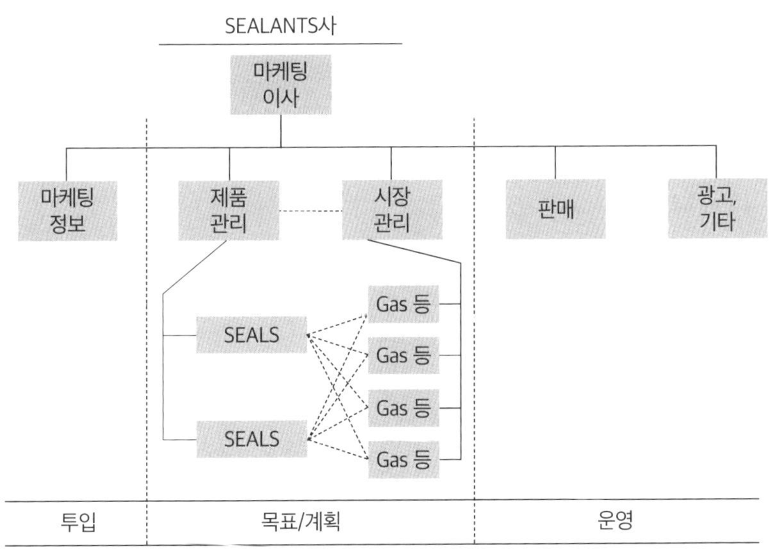

그림 13.11 매트릭스 조직의 예

제품 관리자의 주요 역할은 제품의 측면을 적절히 관리하는 것이며, 시장 관리자는 시장의 욕구에 주의를 기울이는 역할을 한다. 두 기능 간에는 분명한 의사소통이 필요하며, 이를 위해 이 조직에서는 누가 주요 의사결정을 내릴 것인지에 대한 권한 위임이 이뤄져야 한다. 그러나 이러한 권한이 위임되더라도 원활한 의사소통이 어려운 경우가 많기 때문에, 이에 대해 더 많은 관심과 노력이 필요하다.

요약하자면, 어느 조직 형태도 장점만을 가진 것은 아니다. 결국 시장의 욕구가 최종적인 결정 요소가 된다. 하지만 다음과 같은 요소들은 항상 고려되어야 한다.

① 마케팅(힘의 핵심)

② 중간영역(즉 현재/미래, 판매부/관리부 등)

③ 권한과 책임의 명확성

④ 원활한 의사소통

⑤ 협력과 조정

⑥ 유연성

⑦ 인간적인 요소

기업 내에서 마케팅 계획의 효과성을 결정하는 중요한 요소 중 하나는 바로 마케팅을 위한 조직화이다. 이 절의 목적은 마케팅 계획 시스템을 본격적으로 설명하기에 앞서, 조직화 과정에서 반드시 인식해야 할 명확한 사실들과 그에 따르는 함정을 지적하는 데 있었다. 이제 원래의 논의로 돌아가 보자.

요약

마케팅 계획에서 중요한 문제는 다음과 같다. 계획은 언제, 어느 정도, 누가, 어떻게 수행해야 하는가? 대기업과 소기업의 마케팅 계획에는 어떤 차이가 있는가? 분산된 기업과 중앙집중화된 기업의 마케팅 계획은 어떻게 다른가? 국제기업과 국내기업 간에도 마케팅 계획의 차이가 존재하는가? 마케팅 계획에서 최고경영자의 역할은 무엇이며, 계획부의 역할은 또 무엇인가? 마케팅 계획은 하향식이어야 하는가, 아니면 상향식이어야 하는가? 그리고 1년 단위의 운영 계획과 장기적인 전략 계획은 어떤 관계를 맺고 있는가?

한편, 시장 조사는 시장에 관한 특정한 조사이고, 마케팅 조사는 마케팅 프로세스 전반에 관련된 조사로서, 재화나 서비스의 마케팅과 관련된 문제에 대한 자료를 체계적으로 수집, 기록, 분석하는 것을 말한다. 위험을 최소화하는 것은 마케팅 관리자에게 있어 매우 중요한 과업이므로, 이 과정에서 마케팅 조사가 담당하는 역할은 매우 크다. 특히 최근에는 마케팅 과업의 규모와 복잡성이 크게 증가하고 있으며, 예측의 어려움도 함께 증가하여 경영 활동을 더욱 어렵게 만들고 있다.

연습문제

1. 특정 기업을 예로 들어서 그 기업의 예측의 시간주기를 말하라. 그 주기가 올바른가? 모든 관련 경영자가 기여를 할 기회를 가지는가? 만약 그렇지 않다면 그들이 관여하게 되는 방법을 설명하라.

2. 예측과 판매 간의 중대한 차이가 있는가? 만약 있다면 그것을 설명하라.

3. 그 기업이 보다 정확한 예측을 하려면 추가적으로 필요한 정보는 무엇인가? 그러한 정보를 어떻게 얻을 수 있는가? 과거에는 그 정보를 왜 획득하지 않았는가?

4. 그 기업의 운영에 중요한 영향을 미친 것으로 보이는 마케팅 조사를 지적하라.

5. 중대한 의사결정이 이루어지기 전에 귀하가 생각하기에 마케팅 조사가 필요했던 것은 어떤 것인가?

6. 그 기업이 마케팅 조사를 이용하는 방법에서 중대한 문제는 무엇인가? 또한 마케팅 조사의 진행과정을 약술하라.

7. 그 기업을 위해 새로운 마케팅 정보시스템을 구축하려 한다면 무엇을 포함해야 하는지 말하라. 그 새로운 시스템과 기존의 시스템의 차이는 무엇이며 새로운 시스템이어떻게 조직되고 작동되는지 설명하라.

제14장 마케팅 계획 시스템의 결정과 실행

효과적인 마케팅 계획을 위해 필요한 내용을 정리하면 다음과 같다.

① 자동으로 조정되는 마케팅 계획 시스템은 마케팅과 창의성의 에너지를 분산시키는 역할을 할 수 있다. 따라서 시스템이 지나치게 관료화되어 조직이 경직되는 것을 내부적으로 막을 수 있는 메커니즘이 필요하다.

② 마케팅 계획이 마케팅의 기능적 수준에만 머물고, 사업 경영 전반을 통합하는 기능 조직이 따로 존재하지 않을 경우, 그 계획은 대체로 효과적이지 못하다.

③ 운용과 전략 마케팅 계획의 책임을 분리하면, 기업 전체의 장기적인 목표와 단기적인 운영 사업이 분리된다. 일반적으로 기업은 장기적으로 덜 효과적이기 때문에, 운용 수준에서 단기적인 결과에만 집중하게 되는 경향이 있다.

④ 최고 경영자가 마케팅 계획의 실제 역할을 이해하지 못하거나 관심을 기울이지 않는다면, 그 시스템은 비효과적으로 작동할 수밖에 없다.

⑤ 마케팅 계획 시스템을 성공적으로 도입하려면 충분한 준비 기간이 필요하다. 마케팅 계획이 얼마나 복잡해질 수 있는지는 그림 14.1에 잘 나타나 있다.

이와 같은 일반화된 모형은 다양한 해외 시장에서 여러 그룹이 어떻게 운영되는지를 보여주며, 시장 생산의 복잡성과 기능별 계획이 어떻게 가능한지를 설명한다. 예를 들어, 지역에서 요구하는 수준이 본사에서 요구하는 것과 다를 수 있다. 하지만 전체 기업 계획은 개별 사업 단위에서부터 만들어질 수 있다. 또한, 마케팅 자체의 계획은 마케팅 조사, 광고, 판매, 유통, 촉진 등 다양한 기능별 계획으로 더욱 세분화할 수 있다. 반면, 다른 고객 집단의 경우에는 분리된 계획들을 조정하는 것이 필요하다.

필요한 계획 수준에 대해 생각해보면, 첫째, 조직의 공식적인 발표와는 별개로,

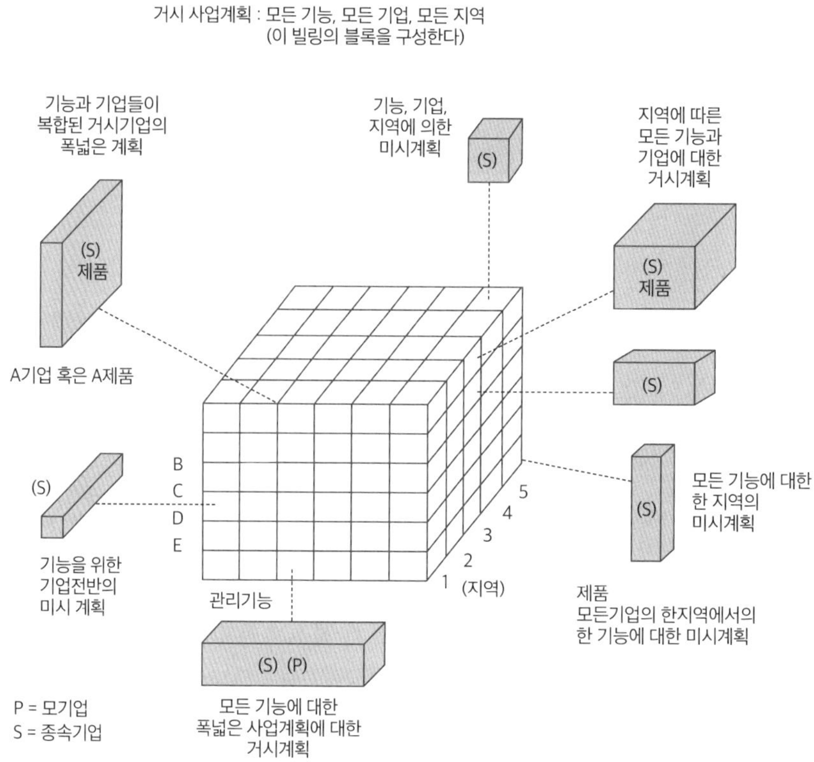

그림 14.1 복잡한 마케팅 계획

체계적으로 공식적인 마케팅 계획 시스템을 도입하지 않으면 기업 전체를 벗어난 행동을 통제하기 어렵다. 둘째, 불필요하거나 지나치게 많은 계획은 연결고리에서 다른 수준에서 요구되는 실질적인 계획이 부족하거나, 분별력 없는 결과를 초래할 수 있다. 셋째, 기업의 규모와 다양성이 커질수록 마케팅 계획 과정의 공식화 정도도 함께 증가한다. 이는 표 14.1의 매트릭스에서 확인할 수 있다.

공식화의 정도는 운영의 다양성과 규모에 따라 증가하지만, 완전한 마케팅 계획 시스템을 위해 반드시 공식화가 필요한 것은 아니다. 공식화의 정도는 상황에 따라 달라질 수 있다. 회사의 과제는 필요한 마케팅 계획 시스템의 수준과 공식화의 정도를 기능적으로 결정하는 것이다. 그리고 운영의 규모, 다양성, 상황적 복잡성 등을 함께 고려해야 한다.

기업의 성공에서 가장 중요한 것은 목표를 설정하는 과정이다. 이와 관련하여 계획 시스템의 설계가 중요한 논점이 되었고, 특히 누가, 어떻게 해야 하는지가 문제로 떠올랐다.

표 14.1 공식화의 정도

		기업규모		
		대	중	소
시장 및 제품다양화	높다	높은 공식화	높거나 중간 정도의 공식화	중간 정도의 공식화
	중간	높거나 중간 정도의 공식화	중간 정도의 공식화	낮은 공식화
	낮다	중간 정도의 공식화	낮은 공식화	높은 공식화

예를 들어, 누가 상황을 검토하고, 가정을 설명하며, 마케팅 목표를 설정하고, 전략과 계획을 실행하며, 원가 프로그램을 어떤 수준에서 운영할 것인지 등이 모두 중요한 이슈다.

이처럼 복잡한 문제는 기본적으로 두 가지 차원과 관련되어 있다. 바로 회사의 규모와 산업의 다양성이다. 물론 이 외에도 여러 가지 문제가 있을 수 있다. 예를 들어, 회사가 자회사를 통해 운영할지, 대리인을 통해 운영할지 등도 고민해야 할 부분이다. 그러나 이러한 문제들 역시 결국 규모와 다양성이라는 두 가지 중요한 차원을 중심으로 고려해야 한다.

제1절 운영의 규모

마케팅 계획의 유형을 결정하는 두 가지 차원 중 하나는 운영의 규모다

규모가 작은 기업은 제품이나 시장 종류가 많지 않다. 이런 기업의 최고경영자는 성공과 실패의 주요 원인을 잘 알고 있다. 기술과 시장에 대한 지식도 많다. 이런 기업에서는 판매 예측과 예산 관리가 중앙 통제의 핵심이다. 최고경영자는 예산과 판매 예측 수치를 정확히 알고 있으며, 기업의 강점과 약점도 잘 파악하고 있다. 마케팅 전략도 쉽게 설명할 수 있다. 이런 전략에 대한 이해와 친밀감은 매년 경영진이 직접 만나 대화하면서 유지된다. 경영자는 논리적으로 생각하고, 기업 운영을 어떻게 통제할지 이해해야 한다. 또, 산업의 상황과 최고경영자, 중간관리자 사이의 관계도 잘 파악해야 한다.

작은 기업에서는 소유주나 경영자가 매일 현장에서 직접 관리에 참여한다. 그렇기 때문에 큰 기업처럼 직원들의 보고에 의존하지 않는다. 그래서 마케팅 환경 분석, SWOT 분석, 가정 설정, 마케팅 목표와 전략을 문서로 공식적으로 남길 필요가 별로 없다. 이런 일들은 경영자가 회의에서 비공식적으로 하거나, 직원들과 직접 이야기하면서 이루어진다. 그래서 이런 논의 결과가 곧 예측과 예산의 기초가 된다. 가격, 광고, 판매 관련 자료도 매우 간단하다. 하지만 이런 자료를 관리하는 사람은 기업의 목적을 달성하기 위해 어떤 활동이 필요한지 산업 전체의 관점에서 이해해야 한다.

이런 작은 기업들은 구조적인 절차를 따르기도 하지만, 마케팅 계획의 여러 단계가 비공식적으로 이루어진다. 반면, 많은 소규모 기업들은 마케팅 개념을 완전히 이해하지 못하고, 최고경영자가 전략을 명확히 설명하지 않으며, 여러 가지 운영 문제에 시달린다.

이런 운영 문제는 기업의 규모가 커질수록 더 심각해진다. 경영자 수와 관리 단계가 많아지면, 최고경영자가 직접 대화하거나 비공식적으로 기업의 상황을 파악하기가 점점 어려워진다. 공식적인 절차나 구조가 없으면, 일상적인 압박만으로는 효과적으로 관리하기 어렵다. 강력한 예산 통제 시스템도 거래가 잘 될 때만 효과가 있고, 상황이 나빠지면 큰 도움이 되지 않는다.

일반적으로 기업의 규모가 커질수록 표준화되고 공식화된 절차가 더 많이 필요해진다. 마케팅 계획의 여러 단계에서 이런 현상이 두드러진다.

제2절 운영의 다양성

경영 통제의 관점에서 보면, 업무를 세분화하지 않은 기업이 가장 단순하다. 여기서 단순하다는 것은 제품 종류가 적거나, 한 가지 소비자 집단만 상대한다는 뜻이다. 예를 들어, 수압 호스는 여러 시장에서 팔릴 수 있지만, 한 시장에서 다양한 제품을 파는 경우도 있다. 이런 경우 모두 '다양화되지 않은' 기업으로 본다.

이런 기업은 규모가 커지고 경영이 복잡해질수록, 공식적인 마케팅 계획 시스템이 필요해진다. 기업의 규모와 경영의 복잡성은 밀접하게 연결되어 있고, 겉으로 보이는 다양성만으로는 판단할 수 없다. 예를 들어, 한 석유 기업이 여러 나라에서 다양한 자회사를 운영한다고 해도, 각 시장의 구조와 성장률, 점유율이 다르기 때문에 본사 경영자가 전체를 통제하기가 매우 어렵고 복잡하다. 제품이나 시장이 비슷하다면, 최고경영자가 성공과 실패의 핵심을 쥐고 있는 셈이고, 결국 경영자의 깊은 지식이 중요한 차이가 된다.

제품이나 시장이 비슷하면 광고, 대외 관계, 상품, 가격, 상표, 제품 개발 등에서 전 세계적으로 동일한 정책을 적용할 수 있다. 하지만 다양한 제품과 시장을 가진 기업은 이런 정책이 통하지 않는다.

기업의 전체적인 계획에는 여러 다른 사업 단위가 포함된다. 그래서 계획을 너무 포괄적으로 세우면, 오히려 각 사업 단위와 본사 사이의 소통이 어려워질 수 있다. 실세로 기업 집단은 여러 나라에 다양한 사업 단위를 두고 있고, 어떤 단위는 다양하고, 어떤 단위는 단순하다. 마케팅의 실제 업무는 조직의 하위 단계에서 담당하고, 관리 이익도 하위에서 책임진다. 수요 예측과 예산 시스템은 단기적인 것이고, 만약 체계적인 마케팅 계획 절차가 없다면, 고위 경영진이 장기적인 마케팅 목표를 세울 근거가 부족해진다.

다양화된 다국적 기업도 통제의 여러 수준을 동일한 원칙으로 적용할 수 있다. 통제의 가장 높은 수준에서는 투자 포트폴리오 결정을 합리적인 기준에 따라 내린다. 최근 연구에 따르면, 대부분의 성공적인 기업은 표준화된 마케팅 계획 절차가 이런 과정에 도움이 된다는 점이 밝혀졌다. 이런 기업에는 감독의 고리가 있고, SWOT 분석은 조직 내에서 전달과 프로그램에 다음과 같은 전제를 둔다. 즉, 조직의 하위 단계일수록 더 상세한 절차가 필요하다. 환경이 다양해도 각 단계의 세부사항은 다르지만, 결국 전체 과정의 결과물은 일관된 형태를 갖는다. 전체 시스템의 기준은 명령 체계의 가장 높은 수준에서 비공식적으로 요구된다. 마케팅 목표와 전략은 여러 경영 이익 책임 수준의 기업 계획에 자주 통합되고, 기업 계획은 명령 체계의 가상 높은 수준끼지 재무 정보와 주요 운영 활동의 요약으로 구성된다. 이는 기업 본부에서 운영 마케팅 계획을 직접 통합하는 경우가 드물기 때문에 중요하다. 일반적인 경영 이익 책임의 가장 낮은 수준에서 종종 기업 계획이 통합되고, 자본재 기업의 경우 기술, 제조, 기술 서비스 등이 상업적 성공의 핵심 요소가 된다. 단기 운용 계획과 장기 전략 계획을 구분하려는 시도가 있으며, 이 둘은 같은 과정에서 나온 결과물이다. 기업 본부는 특히 과정, 전망, 운영 활동의 주요 영역에 관심이 많고, 경영 이익의 최하위 수준에서는 현재의 이익 수준이 주된 관심사다.

정리하면, 소규모 기업일수록 마케팅 계획이 비공식적이고 사람 중심의 절차가 많다. 반면, 기업의 규모가 커질수록 공식적이고 체계적인 절차가 필요하다.

어떤 시스템에서 정말 중요한 것은, 성공과 실패를 결정하는 핵심 통제가 얼마나 가능한지다. 이 주제는 그동안 많은 논쟁이 있었고, 국제 조직의 마케팅 목표와 전략을 본사가 모두 책임진다는 것은 현실적으로 어렵고, 오히려 주의를 분산시킬 수 있다. 특히 다국적 기업의 경우, 먼 나라에서 운영되는 조직의 마케팅 전략과 목표를 본사가 직접 정하기는 어렵다. 이 문제의 핵심은 각 지역 시장의 변화에 유연하게 대응하는 현지 조직의 자율성과, 본사가 설계한 집중적 통제 시스템 사이에서 균형을 찾는 것이다. 위에서 아래로, 아래에서 위로 연결된 시스템 구조를 가진 기업은, 현장 단위의 자율성과 중앙 통제의 균형을 이룰 수 있다. 본사의 주요 역할은 전 세계를 무대로 기업의 강점을 강화하고, 수요가 낮은 지역의 결정이 다른 지역에 문제를 일으키지 않도록 하며, 불필요하게 중복되는 일이 없도록 하는 것이다. 그림 14.2는 마케팅 계획이 가져올 수 있는 네 가지 주요 결과를 보여준다. 시스템 1, 3, 4는 개인이 형식적 체제에 종속되거나, 아무 시스템 없이 각자 원하는 대로 행동하거나, 시스템이나 창의성이 전혀 없는 경우다.

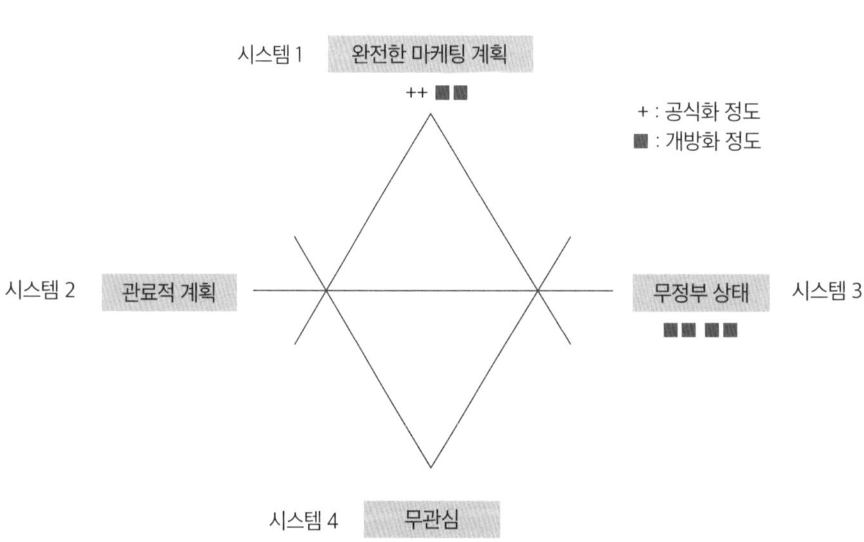

그림 14.2 마케팅 계획의 결과

즉, 전체 시스템 안에서 개인이 경영에 참여할 수 있도록 허용하는 시스템 2가 더 성공적이다. 시스템 2는 마케팅 계획에서 효과적이다. 하지만 공식화의 정도는 기업의 크기와 다양성에 따라 달라진다.

폐쇄적이고 공식화된 시스템에서는 창의성이 잘 발휘되지 않는다. 오늘날 기업 환경이 경쟁적이고, 거칠며, 마찰이 많다는 데는 모두 동의한다. 기업가 정신과 창의적인 마케팅 프로그램이 영원히 지속될 수는 없다. 하지만 시스템을 통해 혁신적인 아이디어를 얻을 수 있다.

실제로 공식화가 높은 시스템을 가진 국제 기업들은 진부하고 반복적인 계획만 생산하고, 해마다 거의 변화가 없으며, 전략적으로 중요한 결정 시점에도 실패하는 경우가 많다. 이런 암묵적인 낭비는 계획 주기의 초기 단계에서 중요한 경영자의 중재가 부족했기 때문이다.

따라서 각 시점의 계획을 계속해서 변화시킬 방법을 찾아야 하며, 내부적으로는 절대 고정되어서는 안 된다. 이런 유연성이나 개방성이 없으면 조직 내부는 금방 경직되고 쇠퇴한다.

이런 가치는 감독이나 상황을 검토하는 단계에서, 계획 주기의 초기에 반드시 반영되어야 한다. 효과적인 마케팅 계획을 가진 기업은, 시스템이 공식적이든 비공식적이든, 상위 관리자의 결정적인 중재가 최고경영자에서부터 아래로 이어져 결국 감독 단계까지 전달된다. 실제로 감독자의 개인적 의견, 제시된 마케팅 목표와 전략, 전략 계획 기간의 전체 예산 등이 함께 논의된다. 이런 만남에서 관리자들은 자신의 의견을 정당화하려 하고, 단순히 제안만 하는 것보다 더 적극적이고 창의적으로 행동해야 한다고 강조하기 쉽다. 주요 실무자가 이 단계에 투자하는 시간은 전체 과정을 복습하게 하여, 곱셈 효과를 낳는다. 이때 연결되는 예산에 대해서만 논의해야 한다는 점을 명심해야 한다.

최근 마케팅 계획의 접근법에는 변화가 일어나고 있다. 지금까지는 산업용품 시장에서 마케팅 계획을 세울 때, 시장의 유형, 기업의 규모, 해외 매출에 대한 의존도, 그리고 시장 제품의 수출 방식 등에 따라 접근법이 근본적으로 다르다고 생각해 왔다. 특히 마케팅 계획을 세우는 과정에서 본사의 역할이 큰 어려움의 원인이 된다는 점이 자주 논의되어 왔다.

하지만 최근 여러 기업을 대상으로 한 연구에서는 다른 의견이 제시되고 있다. 가장 큰 발견은 마케팅 계획 이론이 다양한 기업에 보편적으로 적용되고 있다는 점이다. 즉, 과거에는 기업의 성격에 따라 접근법이 달라야 한다고 믿었지만, 실제로는 같은 구조가 거의 모든 환경에서 사용되어 왔고, 이런 방식이 모든 기업에 비슷한 이익을 가져다주었다.

단, 계획 업무는 소기업이나 세분화되지 않은 기업에서는 덜 복잡하다. 이런 기업들은 대기업이나 세분화된 기업에 비해 공식적인 절차가 덜 필요하다. 반면, 대기업이나 복잡한 구조를 가진 기업은 공식화된 절차가 더 많이 필요하다.

다국적 기업의 최고경영자는 생산과 시장의 세계적인 상황을 평가할 수 있다. 이를 바탕으로 투자, 사업 확장, 세분화, 그리고 세계 시장을 기반으로 한 분산 투자 등 다양한 전략을 세울 수 있다. 보조경영자는 전체 목표를 달성하기 위해 연결고리 역할을 하며, 적절한 전략을 발전시킨다.

이런 전략의 성공은 아래에서부터 올라오는 정보의 흐름, 그리고 가치 있는 정보와 기술, 경험이 위에서 아래로 확산되는 시스템 덕분이다. 이런 시스템을 활용하는 기업은 마케팅 믹스의 각 요소별로 다음과 같은 이익을 얻을 수 있다.

마케팅 정보: 정보가 잘 전달되고, 지식이 공유되며, 노력이 최적화된다.

상품: 제품 전체에 걸쳐 통제가 이루어진다. 경험을 바탕으로 특정 시장에 집중하면 효과가 극대화된다.

가격: 가격 정책은 지역 경영자가 효과적으로 거래할 수 있을 만큼 유연하다. 동시에, 상호작용에서 발생하는 손실을 줄여준다.

유통: 물류 시스템을 효율적으로 운영해 실질적인 이익을 얻을 수 있다.

촉진: 중복된 노력을 줄이고, 여러 방식으로 나타나는 기업 이미지를 개선할 수 있다.

한 부문에서의 노력이 다른 부문에서 시너지 효과를 낼 수도 있다. 난기적인 관리가 아니라, 각 지역에 대한 전략적 사고를 실제 관리에 반영하는 시스템을 갖추면 지식과 정보를 더 효과적으로 활용할 수 있다.

제3절 마케팅 계획과정의 요약

이 장의 목적은 앞에서 다룬 내용을 정리하고 요약해서, 마케팅 계획 과정을 쉽게 이해할 수 있도록 돕는 데 있다. 마케팅 계획을 세울 때는 다양한 요소를 검토해야 한다. 마케팅 동기, 그림, 사례, 잘 정리된 자료, 방대한 양의 정보, 반복되는 분야 등 여러 가지가 있다. 마케팅 계획은 깊이 생각해서 작성해야 하며, 기업은 항상 마케팅 계획의 필수 요소를 찾아야 한다. 또, 상품이나 서비스에 있어서 다양한 선택지를 제공할 수 있는 기술을 갖추는 것이 중요하다.

마케팅 계획의 목적이 모든 것의 우선이라는 점을 기억해야 한다. 아래의 각 항목은 마케팅 계획 시스템의 핵심을 정리한 것이며, 각 기업에 맞는 시스템 설계의 기초가 된다.

3.1 마케팅 환경분석

마케팅 계획 과정은 먼저 기업 전체의 활동과 기업을 둘러싼 환경을 조사하는 것에서 시작한다. 이 마케팅 조사는 기업이 관심을 갖고 있는 시장과 관련된 문제를 파악하는 데 꼭 필요한 데이터베이스 역할을 한다. SWOT 분석(기업의 강점과 약점, 기회와 위협요소)은 현재 진행 중인 계획 활동을 쉽게 할 수 있게 마케팅 조사의 기본 틀을 제공한다.

기업은 각 마케팅 담당자가 맡은 분야에 대해 구체적인 질문 목록을 만들어야 한다. 그러면 마케팅 조사 담당자는 기업의 판매 자료와 마케팅 정보 시스템을 활용해 조사를 진행한다. 만약 기업에 전문적인 마케팅 조사 담당자가 있다면, 시장과 제품에 대한 전반적인 전망을 제시할 수 있고, 이 과정에서 큰 도움이 된다.

이런 준비는 마케팅 조사가 필요한 기업의 수준에 따라 조사 항목을 그 기업 상황에 맞게 조정할 수 있게 해준다. 이렇게 하면 각 조사 항목이 각 단계에 맞게 의미 있고 적절하게 설정된다. 간단한 설명도 필요하다.

마케팅 조사는 마케팅 계획에서 최종적으로 정리된 자료보다, 사전에 데이터를 준비하는 과정이 더 중요하다. 그래서 마케팅 담당자는 제안 사항을 구두로 보고할 때, 전년도 '제품/시장 연감' 같은 자료를 참고해서 마케팅 계획을 시작해야 한다. 즉, 마케팅 조사는 특정 시점에 한 번만 하는 것이 아니라, 연속적이고 역동적으로 이루어져야 한다. 이렇게 모은 정보는 연중 내내 의사결정 과정에서 유용하게 쓰인다.

마케팅 조사에서는 '좋지 않은 경제적 조건'처럼 모호한 표현으로 문제를 숨겨서는 안 된다. 시장이 정체되거나 하락하더라도, 성장할 수 있는 부분은 반드시 존재한다. 이런 성장 포인트를 찾아내서, 기업이 마케팅 노력을 집중할지 아니면 포기할지를 결정해야 한다.

기업의 제품 수명주기와 포트폴리오 매트릭스는 마케팅 조사에서 꼭 필요한 부분이다. 도표와 그에 대응하는 설명은 일치해야 한다.

마케팅 조사는 한 관리자가 다른 부서로 이동할 때도 유용하게 쓰일 수 있다. 예를 들어, 수입 담당자가 백화점 경영을 맡게 되면, 이 자료를 통해 빠르게 새로운 업무를 이해할 수 있다.

3.2 SWOT 분석

실제로 마케팅 계획에서 가장 중요한 것은 마케팅 조사 자체가 아니라, SWOT 분석이다. 앞에서 설명한 조사의 개요는 핵심 내용 중 일부에 불과하다. SWOT 분석은 경쟁 기업과 비교해서 내부의 강점과 약점, 그리고 외부의 기회와 위협 요소를 모두 포함해야 한다. 또한, 기업 활동 중 잘된 점과 부족한 점의 이유도 구체적으로 기술해야 한다.

SWOT 분석은 읽기 쉽고, 간결하게 작성되어야 하며, 꼭 필요한 데이터만 담겨 있어야 한다. 또, 창의적인 분석이 강조되어야 한다. 이런 분석을 통해 마케팅 담당자는 자신이 맡은 주요 제품의 수명주기를 파악할 수 있고, 앞으로의 제품 수명주기를 예측하기 위해 마케팅 조사 정보를 활용할 수 있다. 또한, 마케팅 조사 정보를 활용해 제품 포트폴리오 매트릭스 상에서 앞으로 원하는 제품의 위치를 보여줄 수 있다. 예를 들어, 향후 5년 동안 매트릭스에 새로운 제품을 추가할 계획이라면, 이 목표도 포함해야 한다.

SWOT 분석은 표 14.2에서처럼, 외부 환경 분석을 통해 기회(Opportunity)와 위협

(Threats)을 찾고, 내부 환경 분석을 통해 강점(Strength)과 약점(Weakness)을 파악해 전략적 대안을 세우는 방법이다. 진정한 마케팅 담당자라면, 경쟁 기업과 차별화할 수 있는 전략을 제시할 수 있어야 한다. 바로 이런 SWOT 분석이 차별화 전략을 세우는 데 큰 도움이 된다.

표 14.2 SWOT 분석시 고려할 요인

강점 (내부 환경)	약점
• 탁월한 능력 • 적절한 재무적 자원 • 좋은 경쟁적 기술수준 • 구매자들이 자사에 대하여 가지고 있는 호의적인 생각 • 인정받고 있는 시장선도자 • 잘 수행되고 있는 기능별 전략 • 규모의 경제 활용 • 비밀기술 • 원가상의 유리점 • 경쟁상의 유리점 • 제품혁신능력 • 입증된 경영능력	• 불분명한 전략적 방향 • 쇠퇴해 가고 있는 경쟁적 지위 • 낙후된 시설 • 평균 이하의 수익성 • 관리적 깊이와 재질의 결여 • 주요 기술이나 능력의 결여 • 빈약한 전략수행 • 미해결중인 내부운영상의 문제 • R&D 투자에서의 열등 • 너무 좁은 제품계열 • 경쟁상 불리점 • 평균 이하의 마케팅 기술 • 전략변경에 필요한 자금동원력의 부족 • 기타
기회 (외부 환경)	**위협**
• 새로운 시장과 세분시장에의 진입 • 제품계열의 추가 • 관련제품으로의 다각화 • 보완제품의 추가 • 수직적 통합 • 보다 좋은 전략적 집단으로의 이행력 • 경쟁사 간의 화목 • 빠른 시장 성장 • 기타	• 새로운 경쟁사의 진입가능성 • 대체제품의 판매량 증가 • 느린 시장성장 • 역행하는 정부의 방침 • 증대되는 경쟁적 압력 • 경기후퇴와 경기변동에의 가변성 • 증대되는 고객이나 공급자의 교섭력 • 역으로 바뀌고 있는 인구통계 • 기타

※출처 : Abell, Derek F.(1980), Defining The Business-The Starting Point of Strategies Planning, Prentice-Hall.

성공적인 SWOT 분석은 앞으로 기업이 경쟁에서 우위를 차지할 수 있는 중요한 요소들을 구체적으로 찾아내고, 이를 명확하게 짚어주는 데 큰 도움이 된다. 하지만 SWOT 분석을 너무 자주 하게 되면, 실제로 중요한 내용과는 상관없는 여러 가지 사항까지 그냥 나열하게 되는 경우가 많다. 이렇게 되면, 핵심 주제를 구분하기가 어려워진다.

잘 정리된 SWOT 분석을 듣거나 읽으면, 기업의 사업 내용을 명확하게 이해할 수 있고, 중요한 문제점이나 강점에 대한 솔직한 평가도 얻을 수 있다. 제대로 된 SWOT 분석이라면, 분석 과정에서 자연스럽게 논리적으로 연결된 목표가 도출된다. SWOT 분석에서 언급한 내용들은 기업, 그룹, 또는 부서가 성공하기 위해 반드시 결정해야 할 핵심 사항들을 짚어준다. 결국 우리는 이 핵심 사항들을 실제로 실행하면 된다.

실제로 SWOT 분석은 시장 상황에 대한 기업의 시각을 더 구체적이고 명확하게 만들어 준다. 또한, 현재 기업이 진행하고 있는 마케팅 활동을 한눈에 정리해 주고, 앞으로 어떤 마케팅 활동이 필요한지 방향을 제시해 준다. 만약 이런 분석을 더 적극적으로 활용한다면, 해당 기업은 경쟁자들에게는 위협이 되고, 다른 기업들에게는 추종하고 싶은 대상이 될 수도 있다.

결국 SWOT 분석은 마케팅 조사에서 나온 중요한 쟁점들을 요약해서 정의하는 것이다. 이 분석은 기업 내부의 여러 사람들과 토론을 통해 나온 결과이기 때문에, 한 개인의 생각이 아니라 조직 전체의 의견이 반영된 것이다. 그리고 SWOT 분석은 이래와 같은 중요한 질문에 답을 주는 역할을 한다.

- 우리의 고객은 무엇을 원하는가?
- 고객들은 어떻게 구매하는가?
- 우리의 경쟁자는 어떠한 전략을 펼치고 있는가?

SWOT 분석에서는 '강점'과 '약점' 같은 내부 요소는 기업마다 다르기 때문에, 해당 기업만의 특징이 잘 드러나게 된다. 예를 들어, 자사만 가지고 있는 기술이나, 자사가 부족한 점 등은 경쟁사와 차별화된다. 반면에 '기회'와 '위협' 같은 외부 요소는 대부분의 기업이 비슷하게 겪는다. 예를 들어, 세금 부담 같은 위협은 자사뿐 아니라 경쟁사도 똑같이 겪는다. 그래서 기업은 경쟁사보다 먼저 이런 위협이 자사에게 어떤 영향을 줄지 미리 생각하고, 대비책을 세워야 한다.

SWOT 분석을 할 때는, 각 쟁점이 기업에게 어떤 의미가 있는지 계속 생각해야 한다. '이게 자사에게 어떤 영향을 줄까?'라는 질문을 스스로 던지면서 정리하면, 쟁점의 진짜 의미와 앞으로 해야 할 일이 더 잘 보인다.

마케팅 계획의 마지막 단계에서 예산을 확정할 때는, 처음 SWOT 분석에서 나온 쟁점들과 논리적으로 연결되어 있어야 한다. 하지만 실제로는 예산이 처음부터 미리 정해져 있거나, 마지막에 급하게 맞추는 경우가 많아서, SWOT 분석과 예산이 따로 노는 일이 자주 생긴다. 이런 경우 SWOT 분석이 그냥 형식적인 절차로 끝나버릴 수 있다.

또한, 처음부터 토론에 참여하지 않은 사람이 나중에 SWOT 분석을 실행하려고 하면, 실제로 실행에 옮기기가 어렵다. SWOT 분석이 제대로 안 되는 경우는 다음과 같은 경우이다.

① 각 항목이나 쟁점을 너무 짧게 써서, 핵심 내용이 빠진 경우
② SWOT 분석을 정리하는 사람이 전체적인 큰 그림은 놓치고, 너무 세부적인 문제만 신경 쓴 경우

이런 실수만 피하면, 누구나 이해하기 쉽고 실질적으로 도움이 되는 SWOT 분석을 만들 수 있다.

3.3 가정

마케팅 계획을 세울 때는 반드시 몇 가지 '가정'을 전제로 하게 된다.

예를 들어, "경기 상황이 크게 변하지 않는다", "원자재 가격이 일정하게 유지된다" 같

은 조건이다. 이렇게 계획의 근거가 되는 중요한 가정들을 반드시 정리해서 기록해야 한다. 만약 어떤 가정이 없어도 계획이 문제없이 실행된다면, 그 가정은 굳이 쓸 필요가 없다. 하지만 실제로는 대부분의 마케팅 계획이 몇 가지 가정 위에 세워진다.

3.4 마케팅 목표

마케팅 목표 역시 마케팅 계획에서 반드시 제시되어야 한다. 마케팅 목표는 오로지 제품과 시장에 관한 것이어야 하며, 광고나 기타 활동 자체가 목표가 되어서는 안 된다. 마케팅 목표를 세울 때는 제품의 수명주기(예를 들어 신제품, 성장기, 성숙기, 쇠퇴기)와 포트폴리오(여러 제품군의 조합)를 반드시 반영해야 한다. 계획서에 들어가는 표나 그래프 등도 이 내용을 정확히 나타내야 한다.

예를 들어 5개년 계획이라면, 5년 동안의 전체적인 수입과 지출을 반영한 마케팅 목표가 포함되어야 한다. 이런 계획은 장기적인 기업 계획을 필요로 한다. 1년짜리 마케팅 계획은, 앞서 세운 마케팅 목표에 더해 5년간의 세부 목표 중 해당 연도의 목표를 구체적으로 담아야 한다. 그리고 나서 1년간의 마케팅 계획은 다음 회계연도에 해당하는 내용만 포함하게 된다. 이상적으로는 1년 계획과 5년 계획이 분리되어야 하지만, 반드시 그래야 하는 것은 아니다.

계획 과정의 초기에 마케팅 담당자는 최종적인 합의에 이르기 전에 자신이 생각하는 주요 목표에 대해 토론해야 한다. 이렇게 하면 더 넓은 기업 목표에 대해 더 잘 이해할 수 있다.

목표를 설정하는 것은 마케팅 계획에서 꼭 필요한 과정이다. 목표를 세우면 우리가 처한 상황이 더 명확해지고, 그에 맞는 전략을 고민할 수 있다.

마케팅 목표는 SWOT 분석에서 도출된 것이어야 하며, SWOT 분석에서 나온 중요한 쟁점과 완전히 일치해야 한다. 마케팅 목표는 실행과정에서 감시하고 평가할 수 있도록 수치로 표현할 수 있어야 하고, 측정 가능해야 한다. '향상, 증가, 확장' 같은 막연한 용어는 피해야 한다. 기업 조직에서 내려온 마케팅 목표는 위계가 있기 때문에, 여러 목표 중에서 우선순위를 정해야 한다.

많은 경우 소위 ‘마케팅 목표’라고 부르는 것이 사실상 ‘마케팅 전략’인 경우가 있다. 마케팅 목표는 기업이 달성하고자 하는 바이고, 마케팅 전략은 그 목표를 어떻게 달성할지에 대한 방법이다.

가끔 마케팅 전략과 세부적인 마케팅 행동이 혼동되는 경우도 있다. 마케팅 행동은 단기적인 활동이고, 이런 활동들이 모여서 특정 마케팅 전략을 이루게 된다.

3.5 마케팅 전략

마케팅 전략도 마케팅 계획에서 반드시 제시되어야 한다. 전략이란, 정해진 목표를 어떤 방법으로 달성할 것인가에 대한 구체적인 방안이다.

- 제품정책(제품의 기능, 디자인, 규격, 포장 등을 포함)
- 가격정책(세분화된 시장에서 제품군에 부여될)
- 유통정책(유통경로와 고객 서비스 수준)
- 촉진정책(관련 문제에 대해 고객과 의사소통하는 일 : 광고, 인적판매, 판매촉진 등)

3.6 프로그램

마케팅 계획에서는 프로그램 단계가 있다. 제품과 세부 시장에 대한 구체적인 하위 목표는 더욱 상세한 전략과 실제 행동 계획으로 뒷받침되어야 한다. 예를 들어, 무엇을, 어디서, 언제, 얼마의 비용으로 실행할 것인지 구체적으로 정해야 한다. 이 과정에는 예산과 판매 예측도 포함된다. 물론 통합된 예산도 들이기야 한다. 예산과 판매 예측을 준비할 때는 반드시 마케팅 목표를 반영해야 한다. 즉, 마케팅 목표와 전략, 프로그램들은 일치된 예산과 판매 예측을 담고 있어야 한다.

예측(목표 대신에)은 단순히 과거의 경험을 바탕으로 추정해서 얻을 수도 있다. 하지만 현재와 미래의 환경을 ‘제로-베이스’ 관점, 즉 처음부터 새롭게 생각하는 관점에서 접근하는 것이 실현 가능한 목표를 세우는 데 더 도움이 된다. 과거의 데이터만 가지고 추정하면, 미래에 갑자기 나타날 수 있는 큰 변화를 놓칠 수 있기 때문이다.

예측(그리고 이에 따른 예산)은 자기실현적 예언이 될 수도 있다. 예를 들어, 판매원이 자기가 좋아하는 제품을 자주 팔려고 하는 고객에게만 집중하는 경우를 생각해 보자. 만약 우리가 예측을 근거로 결과 수치를 계획하면, 실제 시장 상황을 제대로 반영하지 못할 수 있다.

우리 기업만의 차별적인 강점을 살린 실현 가능한 마케팅 전략과 목표를 찾으려면, 시장에 대한 깊은 이해와 통찰이 필요하다. 각각의 예산 항목은 원래 SWOT 분석에서 나온 쟁점을 다시 한 번 확인할 수 있게 해야 한다. 마케팅 계획의 실행 과정을 평가할 때에는 기업 내부의 예산뿐 아니라 외부 시장 상황도 함께 고려해야 한다.

제4절 마케팅 계획

문서로 작성된 마케팅 계획서는 마케팅 계획 과정의 결과물이다. 마케팅 계획서는 자원을 효율적으로 활용하기 위해 제안된 기업의 마케팅 활동을 담고 있는, 효과적인 경영 제안서다.

문서화된 마케팅 계획서는 우리가 활동하고 있는 시장 환경을 직관적으로 보여주고, 이를 체계적으로 정리해 준다.

마케팅 계획서는 어떤 생각과 행동을 해야 할지 안내해 준다. 마케팅 계획을 발표할 때는 스스로에게 이런 질문을 던져야 한다. "나는 이 계획에 내 전 재산을 투자할 수 있는가?" 만약 대답이 'NO'라면, 그 이후의 업무는 계획을 더 명확하게 다듬는 데 집중해야 한다.

마케팅 계획에서 '내적 일관성'을 유지하는 좋은 방법은 다음과 같은 형식을 따르는 것이다.

- SWOT에서 문제 도출 → 목표 설정 → 전략 수립 → 구체적인 행동과 시기 결정

4.1 마케팅 계획에서 고위 실무자의 역할

최근 연구에 따르면, 마케팅 고위 실무자들이 다음과 같은 문제에 대해 명확히 인식하지 못하는 경우가 많다.

- 계획의 목적과 방법
- 조직 내에서 계획 책임의 적절한 할당
- 계획부서의 적절한 구조와 인사
- 효율적인 계획부서에서 필요한 재능과 기술

일반적으로 마케팅 고위 실무자의 역할은 다음과 같다.

- 조직의 구성이나 틀을 파악해야 한다.
- 전략적 분석을 통해 담고 있는 중요한 요인을 확인해야 한다.
- 단기적/장기적 결과 간의 균형을 유지해야 한다.
- 계획과정에서 그의 수행능력을 나타낼 수 있어야 한다.
- 관료주의를 극복하는 기업가적 역동성을 제공하여야 한다.
- 이러한 역동성을 실제 계획단계에 수립해야 한다(동기부여).

계획의 관점에서 고위 실무자의 중요한 역할은 개인적으로 조정 역할을 하여 계획의 순환고리를 열어주는 것이다. 그 목적은 조직 내에서 기업가적 역동성에 촉매 역할을 하는 데 있다. 관료주의 때문에 조직이 경직될 수 있기 때문이다. 마케팅 계획이 실패하는 원인을 생각할 때, 고위 실무자는 마케팅 계획의 기법과 접근법에 정통해야 하고, 실제로 실행 능력이 있어야 하며, 마케팅 계획의 전 과정에 걸쳐 적극적으로 참여해야 한다.

4.2 마케팅 계획에서 계획부서의 역할

계획부서는 다음과 같은 중요한 질문에 답할 수 있어야 한다.

- 계획 구조와 시스템을 제대로 제시하고 있는가?
- 정보의 형태로 빠른 데이터 전송이 가능한가?
- 실행 부서에서 나온 정보를 얻는 데 촉매 역할을 하고 있는가?
- 조직 내 부서 간에 계획의 연결고리를 형성하고 있는가? (예: 연구개발부와 마케팅 부서 간의 연결)
- 실무자가 세운 전략에 반대되는 계획을 평가하고 있는가?
- 합의된 계획안을 검토하고 있는가?

계획 입안자는 계획이 실제로 달성되는지 조정하는 역할을 한다. 그는 목표와 전략을 직접 세우는 사람이 아니라, 전체 과정을 조정하고 지원하는 사람이다. 계획 입안자는 다음 세 가지 기본적인 책임이 있다.

1. 지도력 차원
2. 지지적 차원
3. 행정적 차원

먼저, 지도력 차원에서 계획 입안자는 최고경영자를 대신해 계획 과정이 원칙대로 진행되도록 감독해야 한다. 이 기능은 입안자가 감독 능력과 자발성을 동시에 갖췄을 때만 제대로 이루어진다. 입안자는 지도자 역할보다는 조언자 역할을 할 때 더 효과적일 수 있다.

지지적 역할에서는, 계획 입안자가 내부 조언자 역할을 하게 된다. 이때 입안자는

- 계획 원칙을 활용해 다른 관리 부서에 조언을 한다.
- 자신이 맡은 사업과 관련된 경제, 산업, 시장, 투자 대안 등에 대한 배경 정보를 모두 모아야 한다.
- 경제, 산업, 소비시장 예측을 지도하고 지원해야 한다.
- 진행 상황을 점검하는 시스템을 설치하고, 결과 자료를 해석하는 데 도움을 줘야 한다.
- 자기 부서의 계획을 준비하고, 다른 부서의 진행 상황을 검토하는 내부 자문 역할도 해야 한다.

행정적 역할에서는 계획 절차가 제대로 이행되는지, 의사소통이 정확하고 빠르게 이루어지는지 확인해야 한다. 이 역할에는 한계도 있다. 입안자는 조정과 의사소통 기능을 할 수 있지만, 다른 부서 관리자들이 자발적으로 참여하지 않으면, 권한 있는 사람이 원칙에 맞게 행동해야 한다.

결국, 마케팅 계획 시스템이 실패한 상황에서 계획 부서의 적절한 역할을 이해하는 것이 성공적인 계획의 중요한 요소임이 분명하다.

4.3 마케팅 계획 주기

마케팅 계획 절차는 내년도 계획을 세우기 위해, 시장 조사와 데이터 분석에 충분한 시간을 확보할 수 있도록 해당 연도 초기에 시작되어야 한다. 전략적 계획은 원칙적으로 조기에 개발되어 승인과 변경이 가능해야 한다.

계획의 순환 과정을 결정할 때 중요한 것은, 판매와 시장 데이터로부터 추정한 것이 실제로 실행 가능한지 여부다. 일반적으로 성공적인 마케팅 계획은, 차기 회계연도 시작 6~9개월 전에 공식적으로 시작된다.

기업의 회계연도 내에만 계획을 세워야 하는 것은 아니다. 필요하다면 각기 독립적인 마케팅 계획 스케줄을 세울 수도 있다. 그리고 재무 관리자가 필요로 하는 그 당시의 결과들을 종합해서 조직하면 된다.

4.4 계획의 기간

사실 1년 또는 5년짜리 계획 기간은 매우 일반적인 것은 아니다. 신제품 출시나 대규모 투자, 고객과 원자재의 지속적 공급, 기존 공장과 건물의 규모와 효용성 등은 왜 장기 계획이 필요한지를 잘 설명해 준다.

하지만 많은 기업들은 자신들의 환경에 맞는 장기 계획의 목적이 무엇인지 충분히 고민하지 않는다. 5년 계획이 어떤 기업에서는 너무 길 수도 있다. 예를 들어, 유행을 많이 타는 제품을 만드는 기업의 경우에는 장기 계획이 별 의미가 없을 수 있다. 반면, 대기업의 계열사에서는 7년, 10년, 15년짜리 전략적 계획을 세우기도 한다. 예를 들어, 유리 제조업체가 12년짜리 마케팅 계획을 세우는 것은 의미가 있지만, 모든 계열사에 똑같은 기간의 계획을 적용하는 것은 무리일 수 있다. 이런 부적절한 장·단기 계획은 전략적 계획의 신뢰도를 떨어뜨리고, 운영과 관리에 부담을 줄 수 있다.

결론적으로 미래에 대한 계획에는 자연스러운 기간이 있다. 이런 자연스러운 기간을 무시하고, 관찰과 측정이 어려운 시점에 초점을 맞추면 안 된다. 이 기간은 기업의 규모에 따라 다르다. 소기업은 단기간에 유연하게 대응할 수 있지만, 대기업은 방향을 바꾸는 데 시간이 오래 걸린다. 결국, 기업은 미래를 내다보고, 모든 관리자가 소통할 수 있도록 공식화된 시스템을 사용해야 한다.

4.5 마케팅 계획 과정은 어떻게 작용하는가

마케팅 계획 활동이 기업에서 차지하는 위치도 중요하다. 마케팅 계획은 가능한 한 시장 상황에 가깝게, 그리고 고위 관리자까지 모두 참여해서 세워져야 한다. 각 담당자는 자신이 맡은 영역에 대해 조사와 SWOT 분석을 해야 한다. 이런 과정을 효율적으로 하려면 환경 분석의 계층 구조를 따라야 한다. 그 원칙은 그림 14.3에 나와 있다.

이 그림은 조직 내에서 각기 다른 수준의 조사 원칙을 설명한다. 마케팅 조사 틀은 보편적으로 적용할 수 있지만, 같은 그룹 내에서도 기업마다 세부 내용은 다를 수 있다.

예를 들어, 어떤 기업은 많은 노력 없이도 필요한 정보를 토대로 간결하고 정확한 주제를 설정할 수 있다. 산업용 윤활제 제조기업을 사례로 들면, 시장 환경을 평가하기 위해 자본투자 계획, 외국인 투자 유치, 경제 성장률, 보건·안전 규제, 인플레이션율, 관세 보호법 등 다양한 자료가 필요하다. 또한 윤활제 시장이 미치는 영향력에 대한 평가도 요구된다. '시장'이라는 주제에서는 주요 제품군과 세분 시장이 표준산업분류체계에 따라 정의되며, 각 자회사는 자신들의 핵심 영역을 다시 세분화한다.

경쟁과 내부 조사의 경우, 각 운영 단위는 자신들의 주요 활동을 바탕으로 강점과 약점을 분석한다. 즉, 위협과 기회도 함께 분석한다. 이런 과정을 돕기 위해 체크리스트에는 내부 승인과 안전·건강 규정에 따른 원제조업자의 국제 승인도 포함된다. 일부 자료는 주요 산업, 경쟁 제품의 가격, 시장 점유율 분석도 제공한다.

각 운영 수준은 각자의 계산 능력을 바탕으로 완전한 감사를 하며, 각 관리자는 그림 14.3에서 감사의 위계를 설명하고 있다. 이렇게 해서 정보가 모인다. 크고 세분화된 그룹에서는 전체적인 구성이 필요하지만, 일정한 형태는 단지 활동 단위에만 필요하다. 본사 수준에서 조정하는 이점은 상품과 시장 세분화의 세계적 잠재력을 측정하는 데 있다. 이런 정보 수집 체계가 없으면 전체적인 전략을 세우기 어렵다.

세계 여러 산업 분야에서는 정보와 자료가 단순히 이용되거나 요구되는 형태로만 존재하는 것이 아니라, 실제로는 본부와 각 사업 단위(운영 단위) 사이의 신뢰, 훈련, 자원, 그리고 상호 이해에 더 크게 의존한다. 이처럼 본부와 단위집단 사이에서 평가할 수 없는 가치가 얼마나 빨리 정보의 계층 구조(정보 위계)로 연결되는지는 놀라울 정도다. 대리점이나 유통업체(분배자)도 마찬가지다. 즉, 정보에 대해 빠르게 주고받는 응답이 이루어지면, 각자가 자신의 사업을 더 가치 있게 느끼게 된다.

세분화되지 않은 소규모 기업에서는 최고경영자가 모든 운영 단위의 세부 목표까지 직접 정하기 어렵다. 그래서 이런 기업에서는 전략적 지침이 계획 과정에서 만들어져야 한다. 이를 실현하는 한 가지 방법은 전략계획표(전략을 표로 정리한 문서)를 활용하는 것이다. 또 다른 방법은 계획을 시작할 때 주요 실무자들이 직접 보고하는 형태로 진행하는 것이다. 이처럼 감사(점검) 과정에서처럼, 이런 안내서들은 처음에는 큰 틀로 시작해서 점차 세분화되는 과정을 거친다. 즉, 기업이 전체적으로 방향을 잡은 뒤, 점점 더 구체적으로 각 운영 단위로 내려가는 방식이다.

대기업에서는 마케팅 부문의 최고경영자가 특히 주목해야 할 점들이 있다. 예를 들어, 전자 부품 시장에서 마이크로프로세서가 미치는 영향, 리더십과 혁신 전략, 일본과 유럽 제품에 비해 우리 기업이 약한 부분 등이 있다. 기업의 운영적 수준에서는 목표 시장이나 제품 개발 등에서 더 명확한 기회와 가능성이 존재한다.

최고경영자의 가장 중요한 책임은 기업의 전략 방향을 결정하는 것이다. 특히 여러 산업이 섞여 있는 복합 기업에서는, 장기적인 이익을 위해 제품 개발이나 시장 확장 등에 얼마나 투자할지, 어떤 사업을 우선순위로 둘지 결정하는 것이 매우 중요하다. 만약 이런 결정을 운영 관리자들에게 맡겨두면, 그들은 현재의 생산과 시장에만 집중하는 경향이 있다. 또, 기업이 여러 지역에 걸쳐 있을 때, 운영 관리자들이 전체를 평가하는 데 한계가 있을 수 있다.

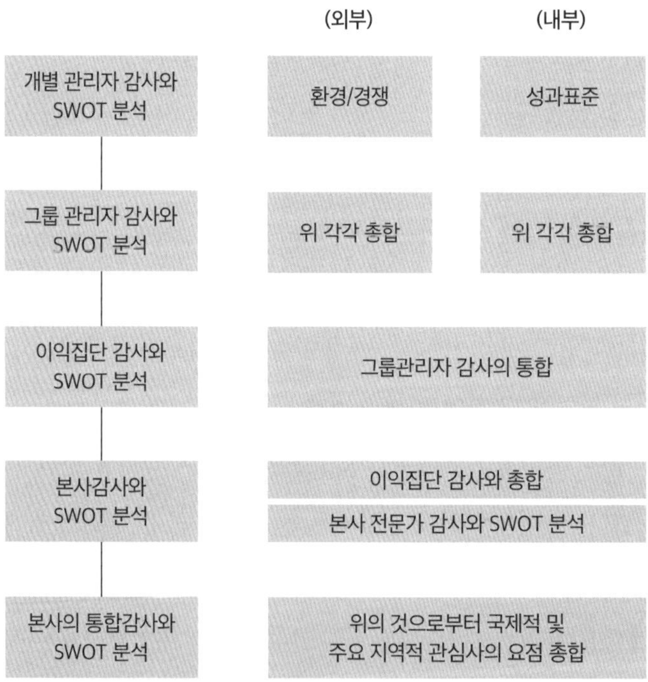

그림 14.3 환경분석의 계층

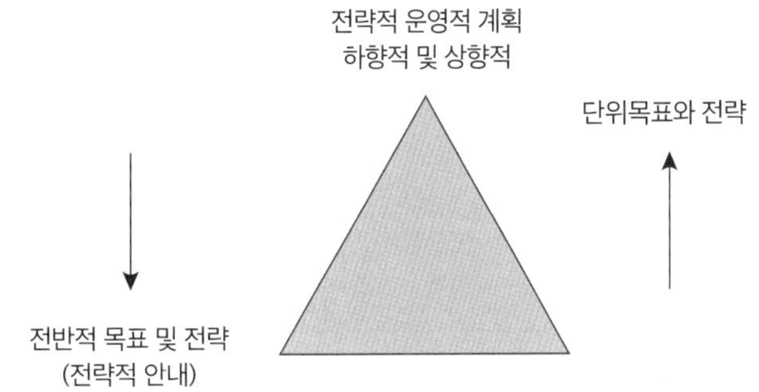

그림 14.4 전략적 계획과 운영적 계획

그래서 최고경영자는 전체 전략을 세우고, 운영관리자는 그 전략에 맞는 목적을 정하며, 하위 관리자는 각 단위의 구체적인 목표를 세운다. 이들은 서로 긴밀하게 연결되어 상호 의존적인 관계를 갖게 된다. 만약 이런 과정을 관리하는 명확한 절차가 없는 큰 기업이라면, 조직의 통제가 약해질 수 있고, 환경 변화에 쉽게 영향을 받을 수 있다.

하향식(위에서 아래로) 또는 상향식(아래에서 위로) 계획 과정 사이의 상호 의존성은 그림 14.4에 잘 설명되어 있다. 이 그림은 감사(점검)의 관점에서 목표 설정과 전략 수립이 어떻게 계층적으로 이루어지는지 보여준다.

지금까지 마케팅 계획에 필요한 내용을 자세히 설명했으므로, 그림 14.4는 중소기업이 외국에 수출하는 경우든, 다국적 기업이든, 어떤 형태의 기업이든 상관없이 적용할 수 있는 마케팅 계획 과정의 원칙을 보여준다. 기본적으로 이 과정은 감사 단계, SWOT 분석(강점, 약점, 기회, 위협), 목표 설정, 전략 수립, 프로그램(실행 계획) 수립의 단계로 이루어진다.

이러한 전체적인 기업의 전략과 계획 수립 과정을 또 다른 방식으로 설명할 수도 있다. 즉, 기업 전체의 전략이 가장 위에 있고, 그 아래에 종속적인 목표, 기업 목표, 그리고 단위 목표가 차례로 이어지는 계층 구조를 이룬다고 볼 수 있다. 이 구조에서는 각 상위 단계가 하위 단계에서 여러 개의 부분으로 나뉘게 된다. 다시 말해, 하나의 기업 목표가 여러 개의 단위 목표로 세분화될 수 있다.

이때, 위에서 아래로 내려가는 흐름에서는 전반적인 목표와 전략이 전략적 안내의 형태로 하위 단계에 전달된다. 반대로, 아래에서 위로 올라가는 흐름에서는 각 단위의 목표와 전략이 상위 단계로 보고되고 반영된다.

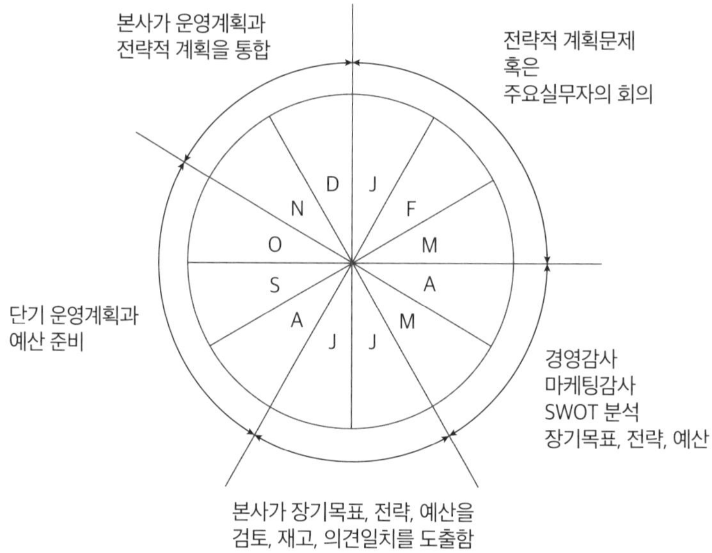

그림 14.5 계획과정 간의 상호의존성

그림 14.5에서는 전체 기업의 전략과 계획 수립 과정을 또 다른 시각에서 보여준다. 이 그림에서는 시간이라는 변수가 추가되어, 전략적 계획에 대한 기록, 장기적인 전체 기업의 계획, 그리고 단기적인 운영 계획이 각각 명확하게 구분되어 나타난다.

이런 시각으로 보면, 마케팅 계획은 단순히 반복적이고 형식적인 절차가 아니라, 비평적이고 창의적인 과정으로 바뀔 수 있다. 즉, 일상적이고 반복적이며 형식적으로만 보이던 마케팅 계획 수립 과정이, 실제로는 기업 전체의 계획 수립이라는 더 큰 맥락 안에서 중요한 역할을 한다는 것을 알 수 있다.

결국, 마케팅 계획 수립 과정이 어떻게 기업 전체의 전략과 계획 수립의 큰 그림에 잘 어울리는지 이해하는 데 도움이 되는 설명이라고 할 수 있다.

결론적으로, 마케팅 계획 시스템은 아무리 잘 만들어도 완벽할 수 없다. 따라서 마케팅 계획 시스템을 설계하고 제공하는 모든 사람과 그 과정에 대해 항상 비판적인 시각을 가져야 한다.

결국, 마케팅 계획 수립의 성공은 끊임없이 배우려는 자세와, 조직 구성원들이 실제 상황과 기업 시스템에 적응하는 능력에서 비롯된다. 또한, 최종적인 분석이나 이론만으로는 알 수 없는 마케팅 계획의 본질에 대해 깊이 생각하고 이해하는 태도에서 성공이 나온다. 진정한 성공은 실무 경험에서 나오며, 경험은 때로 실수에서 비롯된다.

이 책에서 제시한 다양한 모델들을 활용할 때, 우리가 가진 상식과 편견 없는 논리적 사고를 결합한다면 실수를 줄일 수 있다. 하지만 한 가지는 분명하다. 여러 모델들이 완벽하게 효율적이지는 않더라도, 이 책을 주의 깊게 읽고 그 모델들을 현명하게 활용한다면, 마케팅 계획은 오늘날 기업에서 가장 강력한 도구 중 하나가 될 수 있다.

요약

어떤 시스템에서든 가장 중요한 것은, 성공과 실패를 좌우하는 통제력이 실제로 얼마나 확보될 수 있는가이다. 시장 환경이 변할 때 이에 신속하게 대응할 수 있는 유연성과 체계적으로 설계된 시스템이 제공하는 통제력 사이에서 올바른 균형을 찾는 것이 핵심이다. 위에서 아래로, 아래에서 위로 상호 연결된 구조를 가진 기업은, 현장(운영의 가장 낮은 단위)에서의 자율성과 본사의 중앙집중적 통제 사이에서 균형을 이룰 수 있다. 전략을 세우는 과정과 목표 설정에서, 현장 관리자부터 최고경영자까지 모든 계층이 서로 의존하고 협력하는 것이 성공의 중요한 열쇠다. 마케팅 계획 시스템은 결코 완벽할 수 없으므로, 마케팅 계획 수립의 성공은 시스템을 만드는 모든 사람들이 끊임없이 배우려는 자세와 모든 상황에 맞게 기업 시스템을 유연하게 적응시키려는 노력에 달려 있다.

연습문제

1. 특정 기업을 예로 들어 그 기업에서 환경분석단계의 원리, SWOT, 목표, 전략, 프로그램 등이 어떻게 적용될 수 있는가? 만약 할 수 없다면 어떻게 그것들을 조정할 수있을지를 나타내 보아라.

2. 만약 할 수 있다면(1번 문항 참조하여) 여기에서 나타낸 원리와 어떻게 다른가?

3. 그 기업에 대한 단순한 시스템을 디자인하거나 기존의 시스템에서 향상시킬 수 있는 방식에 대하여 기술하여 보라.

제15장 마케팅 계획서 작성

제1절 제품으로서 마케팅 계획서

마케팅 계획은 하나의 제품이다. 이것은 제품만큼이나 전문적이어야 한다. 옛말에 "겉표지를 보고 책을 평하지 말라"라는 속담이 있다. 이것은 사실이지만, 꼭 그런 것만은 아니다. 전문적으로 보이는 계획은 정확한 정보를 지닌 아주 창의적인 계획보다 성공할 가능성이 높다. 즉 겉보기도 중요하다는 뜻이다. 마케팅 계획은 내용만큼이나 보기에도 좋아야 한다. 그렇게 된다면 심리적인 우위를 점하게 되는 것이다. 이제 독자들은 그 계획이 정확할 뿐 아니라 계획을 수립한 사람이 내용을 알고 설명하고 있다고 전제하고 읽기 시작할 것이다.

반면에 마케팅 계획이 전문적인 것으로 보이지 않는다면, 독자는 내용을 상당히 오해할것이다. 다음에서 마케팅 계획을 전문적인 것으로 보이도록 만들기 위해 해야 할 몇 가지사항을 설명하고자 한다.

첫째, 마게팅 계획은 한 사람에 의해서 작성되어야 한다. 타이핑은 깔끔해야 하고 활자 오류나 명백히 수정할 부분이 없어야 한다. 그러나 이것은 컴퓨터화 된 시대에는 아무런 문제도 되지 않는다.

여러 부분의 계획을 활자화하고 교정하는 데 표준화된 방법을 이용해야 한다. 특히 교수, 상사 또 다른 어떤 이가 요구하지 않았다면 어떤 방법을 쓰더라노 상관없다. 표준화는 각주나 참고문헌 등을 이용하는 하나의 방법이다. 여러 유형의 메뉴얼을 이용할 수 있다. 그중에서 하나를 선택하여 끝까지 고수해야 한다.

때때로 여러 사람들이 하나의 마케팅 계획을 작성할 때 계획의 여러 부분을 각각의 참가자에게 할당한다. 비록 이렇게 수행된 각 부분이 잘못된 부분이 없다 할지라도 한 사람이 계획의 양식, 활자 그리고 외형을 일관되게 하기 위해 전체 계획을 짜맞추는 일을 해야 한다. 만일 한 사람이 이 일을 수행하지 않았을 경우, 서로 맞지 않는 부분들을 발견하게 될 것이다.

이것은 계획의 여러 부분들 간에 일관되지 않는 다른 진술(statement)과 용어에 의해 한부분을 망치게 되는 결과를 가져오게 되는 경우가 허다하다.

만일 여러 사람들에 의해 활자화나 인쇄가 행해진다면, 각기 다른 글자 유형, 글자 명암, 여백, 글자 크기 및 용지로 인해 마케팅 계획은 일관되지 않게 보일 수 있다. 이것이 조잡해 보이는 제품을 만드는 길이므로 이와 같은 일이 일어나지 않도록 해야 한다.

또한 마케팅 계획의 한 부분으로서 삽화와 도표가 포함되어야 한다. 그러나 단순히 마케팅 계획을 늘어놓고 보다 거창하게 보이게 하기 위해 삽화나 다른 불필요한 정보들을 포함시켜서는 안 된다. 프레젠테이션(presentation)을 산만하게 만드는 정보는 부록에 추가할 수 있다. 연구를 하는 데 사용되었던 조사 방법이 그 예가 될 수 있다. 그러나 부록에 있는 정보조차도 필수적이며 관련성이 있어야 하며 단순히 문서의 용량을 늘리는 목적으로 이용되어서는 안 된다.

마케팅 계획에는 최소한의 분량은 없다. 많은 벤처 자본가들은 보다 간략한 계획, 즉 50페이지 혹은 그 이하 분량을 선호한다. 그들은 너무나도 많은 마케팅 계획서와 사업 계획서를 살펴보기 때문에 계획에 핵심적인 사실이 포함되어 있고 꼭 필요할 때만 추가적인 정보의 제공을 원한다. 그러나 강의실에서 마케팅 기획서를 준비하거나, 누군가가 마케팅 계획서를 준비하는 데 비용을 대는 경우 혹은 대기업의 구성원으로서 마케팅 계획서를 준비하는 경우라면 그렇게 해서는 안 된다. 또한 모든 정보가 처음부터 이용 가능하도록해야 한다. 그렇게 하려면 적어도 50페이지 혹은 그 이상의 분량이 될 것이다.

항상 독자들이 무엇을 알기를 원하는가를 고려해서 전체 내용을 알릴 수 있는 계획서를 작성하도록 해야 한다. 필수적인 정보를 위해 더 많은 페이지가 필요하다면 긴 계획서를 작성해야 한다. 반대로 독자들에게 필요하다고 생각되는 모든 정보를 다뤘다면 거기서 멈추고 길게 늘어놓지 않아도 된다.

고려해야 할 마지막 요건은 제본이다. 몇몇의 훌륭한 계획서는 깔끔하게 활자화되고 정확하고 완전한 정보들로 채워져 있음에도 값싼 제본으로 말미암아 전문성이 없어 보일 수도 있다. 제본을 잘 하는 것은 그리 어렵고 고비용을 유발하지도 않는다. 그러나 많은 이들이 계획서를 위해 최고의 제본을 하지 않는다.

만약 하드 커버 제본을 할 수 없다면, 나선형 제본을 고려하라. 신속하게 나선형 제본을 하는 기계적 수단은 많은 프린터에서도 가능하다. 다시 한번 강조하지만 중요한 점은 마케팅 계획을 가능한 전문적인 것으로 보이게 만드는 것이다. 마케팅 계획은 그 자체가 좋아야 하겠지만 보기에도 좋게 보여야 한다.

제2절 정식 프레젠테이션

대부분의 경우 단순히 마케팅 계획을 준비하는 것만으로 충분하지 않다. 누군가에게 마케팅 계획을 정식으로 프레젠테이션을 해야 하는데 그 대상은 마케팅 계획에 대한 자금 지원에 관심이 있는 개인이나 마케팅 계획의 수행을 승인해야 하는 기업의 최고 경영진이 될 수 있다. 수업시간에 학생들에게 마케팅 계획의 정식 프레젠테이션을 강의하는 경우도 있다.

모든 경우에 있어 우선적으로 고려해야 할 사항은 프레젠테이션의 목적이다. 대개 마케팅 계획의 목적은 경영진이나 투자가들로 하여금 프로젝트 추진 자금을 할당하도록 설득하는 것이다. 마케팅 계획이 성공할 것이고 그들에게 수익을 만들어 줄 것이라고 확신하지 못한다면 어떤 누구도 그 계획에 투자하려 하지 않는다는 것을 명심해야 한다.

이러한 사람들이 알기를 원하는 것은 무엇인가? 그들은 얼마나 많은 수익이 생겨날 수 있는지, 그들에게서 얼마나 많은 비용이 필요한지, 그 비용은 언제 회수되고 회수하는 데는 얼마나 시간이 걸리는지, 그 비용으로 정확하게 무엇을 할 것인지 그리고 왜 그 프로젝트가 성공할 것인지를 알기를 원한다. 따라서 앞서 각 장에서 설명한 것처럼 비록 마케팅 계획의 개요를 이용할 수 있지만, 프레젠테이션의 효과를 최대화하기 위해 다소 수정할 필요도 있다.

다음에서는 정식 프레젠테이션을 위한 한 가지 개요에 대해 설명한다.

가. 서론

서론에서는 기회의 확장을 지원하기 위해 기회와 그 기회의 존재 이유, 예상 수익과 예상비용 그리고 투자수익률과 같은 몇 가지 간략한 정보를 포함한 실행상의 요약적인 정보를 다루게 된다.

나. 마케팅 계획이 성공할 이유

여기에서는 상황분석과 환경분석 그리고 이러한 분석을 증명해 주기 위해 수행되는 연구조사 등이 포함되고, 프로젝트의 목표와 목적뿐만 아니라 문제, 기회 및 위협이 포함된다. 마지막으로 차별적 경쟁우위를 언급하게 된다. 여기서의 핵심적 메시지는 다른 사람들이 실패하더라도 본 프로젝트는 왜 성공하게 될 것인가에 대한 이유이다.

다. 전략과 전술

이 부분에서는 전략뿐만 아니라 전략 수행에 이용되는 전술도 다루게 된다.

라. 예측과 재무적 정보

이 부분에서는 예측, 프로젝트 개발 일정표, 손익계산서, 재무비율과 자료가 언급된다. 또한 프로젝트에 필요한 것과 언제 그것이 필요한지에 대한 상세한 내용이 기술된다. 때때로 프레젠테이션의 한정된 시간 때문에, 이 영역을 줄이고 단지 중요한 요점만을 제시할지도 모른다. 그러나 중요한 재무 정보는 항상 이용 가능하게 하여, 필요하다면 질의응답 시간에 추가자료를 제공해 줄 수 있어야 한다.

마. 결론

정식 프레젠테이션 마지막 부분에서는 기회와 그 프로젝트가 왜 성공하는지에 대한 이유, 필요한 자금, 예상 투자 수익률 등을 다시 한번 언급한다.

2.1 프레젠테이션을 위한 준비단계

프레젠테이션을 위한 준비의 첫 단계는 몇 가지 중요한 질문에 대한 답을 얻는 것이다. 이 단계는 프레젠테이션의 날짜와 시각, 어디에서 열리는지, 할당된 시간은 어느 정도인지, 청중들은 누구인지, 청중들 중에는 누가 속해 있는지, 프레젠테이션의 목적 등이 포함된다. 또한 청중들의 태도, 청중의 지식 수준 및 특별히 주의를 요하는 사항에 대해서도 생각해야 한다. 이러한 정보들을 취득한 후에야 다루게 될 핵심 내용을 적을 수 있다.

마케팅 계획을 준비하는 목적 중에서 가장 중요한 것은 자원을 획득하는 것이다. 이것은 은행 대출 담당자, 벤처 자본가 혹은 자금을 빌려줄 어떤 사람에게라도 마케팅 계획제시를 준비할 경우나 잠재적 투자 계획을 준비할 경우에서이든 간에 마찬가지이다.

그러나 마케팅 계획을 수행하는 데 관심을 가진 기업가나 대기업에게 자문하는 전문가가 준비하는 마케팅 계획은 예외가 될 수 있다. 이 경우, 주요 목표는 의뢰인이 자원을 획득하고 최종적으로 수행 가능한 계획을 준비해 줌으로써 자문하는 자의 직무를 수행하였다는 것을 보여 주는 것이다.

이러한 질문들은 당신이 다루려고 하는 것과 어떻게 그것을 수행할 것인가에 대해 영향을 미칠 수 있기 때문에 질문의 해답에 대해 곰곰이 생각해 보고 이를 기록하여야 한다.

두 번째 단계는 핵심 내용 및 지원 내용의 개요를 만드는 단계이다. 이러한 개요를 개발하기 위해 마케팅 계획 보고서의 개요를 따를 필요는 없다. 한 가지 기억할 것은 청중들과 그들의 경력, 흥미 및 관심사항 등에 따라 제시할 순서를 바꿀 수 있다는 것이다. 각기 다른 청중들에 대해서는 청중별로 다른 부분이나 다른 주제들이 강조되어야 한다. 청중이 주로 재무 분야에 속해 있다면 프레젠테이션에 재무 정보를 누락해서는 안 되고, 오히려 재무 정보를 강조해야 한다.

반면에 공학 분야의 청중은 주로 제품에 대한 기술적 측면, 즉 제품제조와 같은 부분에 더 많은 관심을 가질 것이다. 따라서 보다 기술적인 정보를 더 많이 제시하기 위해 어떤재무 자료는 제외될 수 있다. 마케팅 수업 시간에 마케팅 교수의 지시에 따라 이를 준비하고 있다면 역시 해야 할 것은 달라질 것이다.

특별한 개요를 개발하는 목적은 최대의 효과를 얻기 위함임을 명심해야 한다. 다음의 기법은 계획의 개요와 이를 지원해 주는 내용을 준비하는 데 때때로 유용할 수 있다. 여러 장의 3 × 5인치 카드를 준비하라. 그리고 계속해서 생각을 하면서 프레젠테이션에 강조되어야 하는 모든 것들을 카드마다 한 항목씩 기록한다. 이때 어떤 것도 조정하거나 체계적으로 만들려고 하지 마라. 반드시 포함되어야 한다고 생각되는 통계자료나 일화, 인용문들이 있다면 각각의 카드에 기록하여라. 심지어는 농담까지도 기록하면 좋다.

일단 가능한 한 많은 아이디어를 적은 후에 카드를 핵심 내용과 서술 내용으로 구분하여 편성한다. 통계자료는 핵심 내용을 지원하는 내용이 될 것이고 일화나 인용문, 농담도 마찬가지일 것이다. 이러한 방법을 이용함으로써 프레젠테이션에서 중요한 각각의 요소들에 대한 카드 묶음을 가지게 된다. 이 카드들은 자동적으로 논리적인 순서로 편성되게 된다.

이 카드를 사용하여 아이디어들을 정렬함으로써 프레젠테이션을 완성한 후에, 완전히 문서화된 개요서를 준비할 수 있게 된다. 이것은 융통성 있는 방법이어서 새로운 아이디어가 떠올랐을 때 프레젠테이션에 카드와 내용을 추가할 수 있을 뿐만 아니라 카드 순서를 바꿀 수도 있다.

지금까지 연설문을 쓰기 위해 설명한 것은 아니라는 점에 주목해야 한다. 프레젠테이션은 결코 단어별로 기록되어서는 안 된다. 만일 그렇게 실행했다면, 아마도 프레젠테이션은 그 방식대로 제시될 것이고 마케팅 계획의 연설은 지루하게 된다. 마케딩 계획 프레젠테이션이 마케팅 계획을 수행하는 모든 이들을 위해 마케팅 계획의 과업, 정확성 및 잠재성을 반영하기를 원한다. 이것은 연설문으로는 실행될 수 없다. 그러므로 대략적인 개요로써 프레젠테이션을 수행하라. 일단 개요가 완성되고 나면, 시각적 보조물들을 계획하라.

2.2 시각적 보조물을 위한 계획

시각적 보조물들은 프레젠테이션의 효과를 크게 향상시킬 수 있고, 마케팅 계획의 프레젠테이션을 만드는 데 항상 사용된다. 파워포인트, 35밀리미터 슬라이드, 투명 슬라이드(OHP, overhead transparencies), 도표, 유인물 또는 칠판 등을 기본적으로 선택할 수 있다. 이 보조물들은 다음과 같은 장·단점을 가진다.

가. 파워포인트(powerpoint)

파워포인트의 정식 명칭은 마이크로소프트(MS) 오피스 파워포인트이다. 이것은 개인이나 집단이 특정의 내용을 프레젠테이션 할 때, 시청각적 보조자료로 슬라이드 쇼를 활용할 수 있도록 도움을 주는 소프트웨어이다. 파워포인트는 손쉽게 외부자료, 즉 멀티미디어 매체, 윈도우 프로그램 MS exel, MS word 등을 활용할 수 있고, 동영상과 소리 등을 첨가하여 좀 더 시각적이고 효과적인 프레젠테이션 자료를 만들 수 있는 프로그램이다. 또한 다양한 화면디자인이 가능하여 효과적인 프레젠테이션 활용이 가능한 매체이며 전달하고자 하는 내용을 설명문, 유인물, OHP 등 다양한 방식을 통해 전달할 수 있고 손쉬운 슬라이드 편집 기능이 있다. 이러한 파워포인트의 사용은 청중에게 전달하고자 하는 내용의 기억이나 파지율을 높일 수 있고, 그들의 흥미와 동기를 더욱 촉발시킬 수 있으며 발표자에 대한 인식도를 높일 수 있다. 뿐만 아니라 많은 정보를 효과적으로 다룰 수 있어 정보에 대한 청중들의 이해도를 높일 수 있다.

나. 슬라이드(35mm)

35밀리미터 프로젝터와 35밀리미터 슬라이드는 휴대가 간편하다. 게다가 슬라이드는 컬러 표시가 가능하고, 매우 전문적으로 보일 수 있으며, 프레젠테이션 발표자가 조작하기 쉽다. 반면 슬라이드의 단점은 준비시간이 길고, 비용도 많이 들며, 일단 슬라이드로 만들어지고 나면 해당 특정 슬라이드를 변경하기가 어렵다는 점이다. 현재 컴퓨터의 지원에 의한 35밀리미터 슬라이드가 사용가능한데, 이는 컬러를 지원하면서도 상대적으로 속도는 더 빠르고 단위당 비용도 보다 저렴하다. 그러나 이들 장비의 비용은 수천 달러가 소요되고, 모든 사람들이 이용할 수 없다는 단점이 있다.

다. OHP(over head transparencies)

OHP는 35밀리미터 슬라이드처럼 휴대할 수 있다. 비록 오늘날 몇몇의 모델은 슬라이드 프로젝트보다는 약간 더 크고 휴대 편리성도 비슷하지만 이들 프로젝트 대부분은 더 무겁고 휴대 편리성이 좀 떨어진다. 만일 전문적으로 프레젠테이션을 한다면, 투명 슬라이드를 준비하는 데 어느 정도 시간이 걸린다. 그러나 카메라가 장착된 장치가 이용 가능하다면 수많은 인쇄소에 있는 복사기는 카메라로 준비된 복사본으로부터 즉시 투명 슬라이드를 만들 수 있다. 또 책상용 PC의 출판 프로그램은 발표자 스스로가 전문가 품질의 투명슬라이드를 제작할 수 있게 해 준다. 또 다른 장점은 발표자가 말하는 도중에 투명 슬라이드 필름에 기록하는 것도 가능하여 필요시에는 수정도 가능하다라는 점이다. 이것은 35밀리미터 슬라이드로는 할 수 없다. 비록 말하면서 동시에 OHP 프로젝터를 조작할 수 있지만, 이는 35밀리미터 프로젝트에 비해 훨씬 더 어려운데 그 이유는 35밀리미터 슬라이드는 멀리 떨어져서도 조작이 가능하기 때문이다.

라. 유인물(handouts)

유인물은 제작하기가 쉽다. 필요시에 대량으로 다시 만들 수도 있고, 컬러로도 가능하다. 유인물은 수정할 수 있고 구 자료를 신자료로 대체할 수도 있다. 그러나 유인물은 두 가지 단점이 있다. 첫 번째 단점은 정보량이 많고 청중들의 수도 많다면 상당한 양의 자료를 준비하고 배포해야 한다는 점이다. 둘째는 청중들은 발표자의 유인물을 먼저 읽을 수도 있고 발표 시 언급하는 내용을 빠뜨릴 수도 있다. 동시에 발표자가 예전부터 만들어왔었던 이벤트의 극적인 효과가 청중들이 중요한 부분을 미리 읽어 버리기 때문에 사라질 수도 있다.

마. 도표(chart)

도표는 넘길 수 있게 된 기구나 혹은 다른 시가적 보조물과 함께 사용할 수 있는 대형 카드판이나 플라스틱 도구들이 될 수 있다. 도표는 35밀리미터 슬라이드, OHP 혹은 유인물보다 휴대성이 떨어지지만, 발표자가 예술적인 성향을 지닌 경우라면 스스로 제작이 가능하여 전문적으로 준비해야 하는 OHP나 35밀리미터 슬라이드만큼의 준비시간이 필요하지 않다는 장점이 있다. 이러한 몇몇 특정 속성들을 보면 유인물과 같은 범주에 속한다고 할 수 있다. 그러나 발표자 자신이 도표를 준비한다고 할 경우에는 그 전날 밤에 작성되어서는 안 된다는 사실을 명심해야 한다. 정확성이나 활자 상의 오류 등과 같은 것을 검토하는 시간을 충분히 가져야 한다. 만일 전날 밤에 끝냈다면 어떤 오류들이 반드시 있을 것이다.

바. 칠판

색연필을 사용할 수 있는 칠판 혹은 플라스틱 판 또한 프레젠테이션 동안 유용하게 사용될 수 있다. 중요한 단점은 미리 자료를 준비할 수 없다는 것이다. 칠판의 경우, 장점은 또한 단점이 될 수 있는데, 왜냐하면 발표자가 칠판에 쓴 내용을 가리키고 이를 청중들이 보는 동안에 훨씬 더 많은 극적인 요소들과 자연스러운 행동들이 생겨나기 때문이다. 청중들이 가장 관심을 보이는 내용을 더욱 드라마틱하게 제공할 수 있다. 그러나 칠판을 사용하는 데에는 많은 단점들이 있는데, 칠판은 기껏해야 다른 시스템의 보조물로써 사용되어진다는 점이다. 이것 외에 단점으로 이는 운반의 어려움, 비영구성, 핵심적인 기억 저장을 위한 자재로 사용이 불가능하다는 점 그리고 프레젠테이션을 하는 모든 장소에서 항상사용이 가능한 것은 아니라는 점 등을 들 수 있다.

프레젠테이션을 위해 어떤 시각적 보조물들을 계획하든지 간에 첫 연습을 시작하기 전에 시각적 보조물들은 즉각 준비해야 하고 미리 연습을 마쳐야 한다. 최소한 한 번 이상 프레젠테이션을 시도해 보기를 권장한다. 프레젠테이션의 주요 내용이 더 이상 수정되지 않았을 때에 시각적 보조물들을 준비해야 한다. 그 이유는 긴 준비시간인데 언제나 생각보다 훨씬 더 긴 시간이 소요되기 때문이다. 또한 발표자를 위해 다른 사람들이 준비한보조물들을 교정하는데 시간이 소요되기 때문이다.

이러한 모든 방법들을 사용한 100여 개의 프레젠테이션을 마친 후 발견한 점은 프레젠테이션 실수의 90%가 활자상의 오류라는 점이다. 만일 시각적 보조물들이 마지막 순간에 준비되었다면 오류를 수정할 시간이 충분치 않을 것이다. 따라서 시각적 보조물들로 무엇이 필요하다는 것을 인식했다면 즉시 제작해야 한다. 실제 시각적 보조물들이 준비되는 동안에 발표자는 모형으로 된 시각적 보조물들로 연습을 할 수도 있다.

시각적 보조물로 제품의 사용 : 마케팅 계획의 대상인 제품도 가끔 이용할 수 있다. 제품은 프레젠테이션에 관심을 가지도록 하는 데 매우 유용하다. 그러나 제품을 시각적 보조물의 한 부분으로써 사용한다면, 그 제품이 프레젠테이션과 관련이 있는지를 확실히 밝혀야 한다. 만약 제품이 흥미를 유발하고 독특한 장점을 지녔다면 제품을 보여 주는 것이 가치가 있다. 그러나 반대로 마케팅 계획이 모든 사람들이 친숙한 제품과 관련이 있고 독특한 요소를 가지고 있지 못하다면, 제품을 시각적 보조물로써 사용할 필요는 없다.

시각적 보조물들에 관한 내용을 요약해서 설명하면 프레젠테이션 준비하는 발표자는 다음의 점들에 대해 고려해야 한다.

너무 많은 정보를 제시하지 않으면서 읽기 쉬운 자료를 포함하고 있는 보조물을 여러 개 이용하라. 이러한 보조물은 청중들에게 영향을 주고, 발표자가 발표하는 내용에 힘을 실어주고, 그 내용이 쉽게 이해될 수 있게 한다. 한꺼번에 너무 많은 정보를 제시하면, 청중들은 이해하기 힘들게 된다. 또한 글자가 너무 작으면 청중들은 준비한 내용을 읽지 못하는 경우가 발생한다. 내용을 지적하는 기법도 중요하다. 포인터를 사용하려고 할 때 청중들 중 누군가의 시야를 발표자의 몸이 가리지 않게 해야 한다. 이것을 피하는 최선의 방법은 다음과 같은 규칙을 따르는 것이다. 발표자가 프레젠테이션 화면의 오른편에 서있다면, 왼팔에 포인터를 쥐고 있어라. 이것은 청중에게 등을 돌리게 되는 것을 막으며, 오른편에 있는 청중들의 시야를 가리지 않게 해 준다. 반면에, 발표자가 왼편에 서 있다면 오른팔로 포인터를 사용하라. 그러면, 왼쪽에 있는 청중들에게 등을 돌리지도 시야를 막지도 않게 된다.

시각적 장치는 사용 전까지 열지 않는다. 여러 개의 시각적 보조물들을 동시에 제시하는 것은 청중들의 주의를 분산시킬 수 있다. 이 방법은 청중들이 발표자보다 시각적 보소물들에 더 많은 관심을 보일 수도 있기 때문이다. 하나의 시각적 보조물을 보여준 후 준비가 되었을 때 그 다음 보조물을 제시하는 방법으로 해야 한다.

2.3 연습 순서

프레젠테이션의 내용을 암기할 필요는 없다. 만일 프레젠테이션을 암기하려고 한다면, 내용을 잊어버릴지도 모른다. 암기는 필요가 없다. 또한 프레젠테이션을 읽을 필요도 없다.

어떤 젊은 공군 장교는 300명의 과학과 수학 교사들에게 우주 항공학에 대해 프레젠테이션을 해줄 것을 요청받았던 적이 있었는데 그것은 당시에 그가 가장 관심이 있었던 주제였다. 그는 35밀리미터 컬러 슬라이드를 준비했고 한 시간의 프레젠테이션을 위해 많은 시간을 소비했다. 그는 모든 단어를 직접 적었으며 연설 한마디 한마디를 완벽하게 암기했고 멋지게 준비된 컬러 슬라이드와 조화를 이루고 있었다.

프레젠테이션 날 당일 그는 300명의 과학과 수학 교사들을 둘러보았다. 침을 꿀꺽 한 번 삼켰고 그때 그는 그 자신의 이름조차도 기억하지 못할 정도였다. 완벽하게 암기했다고 생각했던 그 연설문을 기억해 내기 위해 몇 번의 시도를 하였지만 결국 그는 주머니를 뒤져 연설문을 찾아내고 단어 하나하나씩을 읽어 나가기 시작했다.

분명 실수였다. 이렇게 지루한 연설을 위해 그렇게 많은 시간을 낭비하다니. 주제에 따라 외워서는 안 된다는 것을 그는 알게 된 것이다. 단순히 슬라이드를 살짝 넘김으로써 청중들에게 말을 건넬 수도 있었고 그들 개인에 대해 이야기할 수도 있었다. 그것이 바로 진정으로 훌륭한 프레젠테이션에 필요한 모든 것이었다.

다른 상황에서도 마찬가지이다. 마케팅 계획에 대한 멋진 프레젠테이션을 위해 어떤 것이라도 기억해야 할 필요는 없다. 또한 연설문을 읽음으로써 청중들을 지루하게 만들 필요도 없다. 자기가 준비한 것이 다른 누구의 것보다 훌륭하다면 그것으로 충분하다. 일단 당신이 준비가 되었으면, 당신이 말하는 것을 시원해 줄 수 있는 시각적인 요소를 사용하면서 프레젠테이션을 진행하는 것이 당신이 청중들과 커뮤니케이션 할 수 있게 함으로써 최대의 효과를 가져올 수 있다. 이러한 방식으로 당신은 훌륭한 프레젠테이션을 할 수 있다.

연습을 하는 동안 시각적 보조물이 완성되었다면 보조물을 사용해야 한다. 만일 그렇지 않다면 종이 몇 장에 시각적 보조물의 내용을 기록하고 그것으로 연습하면 된다. 중요한 점들의 기억에 도움을 주기 위해서 앞서 준비했던 카드를 사용할 수도 있다. 연습을 세 번 정도 실시하고 프레젠테이션을 완전히 보완하고 주어진 시간 동안에 요지를 전달하게 하기 위해 필요하다면 조정하면 된다.

만일 주요 요지의 기억을 돕는 시각적 보조물 상에 제시한 것을 보충해 주는 카드를 사용한다면 카드에는 많은 단어를 적어 둬서는 안 된다. 만약에 그렇게 적어 두었다면 그 단어들을 읽게 될 것이다. 그리고 일단 그것을 읽기 시작하면 아마도 단어들을 계속 읽어 나가게 될 것이다. 이후에 다시 연설문도 읽게 되는 실망스러운 상황이 될 것이다. 그러므로 각 카드에는 몇 개의 단어만을 적어 두고 단서로서 그것들을 사용하면 된다. 물론 시각적 보조물의 경우에서도 동일하다. 최대의 효과를 위해서는 때로는 말로 표현되어야 한다. 단지 시각적 보조물을 보고 청중들에게 그것에 대해 이야기를 하면 된다.

프레젠테이션을 조정해 나가면서 통계자료를 첨부하기도 하고 요지의 한 부분을 끄집어내어 다른 곳에 추가하고 논의하기 위해 원래 의도되었었던 것들의 일부를 바꾸기도할 수 있다. 다만 한 가지 요소는 불변인데 그것은 주어진 시간 내에 프레젠테이션을 끝내는 데 집중해야 한다는 점이다. 시간은 정말로 중요한 요소이다.

2.4 시간 통제의 중요성

언제나 시간을 통제하고 할당된 시간 내에 프레젠테이션을 해야 할 뿐만 아니라 연습도 그 시간 내에 해야 한다. 15분짜리 프레젠테이션을 하거나 몇 시간을 요하는 프레젠테이션을 하든지 간에 똑같다. 왜 그렇게 해야 하는가? 청중들 개개인은 아무리 프레젠테이션이 그들이 느끼기에 중요하다고 할지라도 자신의 스케줄 내에서 필요한 만큼의 시간만 할애한다. 만약에 이렇게 할당된 시간을 다만 몇 분이라도 초과하게 되면 프레젠테이션목적 달성은 더 힘들어지게 되고, 심지어는 불만족스런 결과를 낳을지도 모른다. 만약에 몇 분을 초과했다면 청중들은 불쾌하게 여길 것이고 여기서 주어진 시간을 더 넘기게 되면 청중 스케줄에 영향을 미치기 때문에 부정적인 반응을 가져올 것이다.

다음에서 시간을 통제하는 것이 얼마나 중요한지를 보여주는 두 개의 사례가 제시된다. 몇 해 전에 대규모의 항공우주 회사가 공군과 관련된 정부의 주요 계약을 따내기 위해 경쟁을 하고 있었다. 50명의 공군 대표자들이 늦어도 오후 4시에 끝나기로 예정된 프레젠테이션을 듣기 위해 비행기를 타고 날아왔다. 그러나 발표자는 프레젠테이션을 계획대로잘 준비해 놓고 있지 않았다. 오후 3시 30분이 되서야 예정된 시간 내에 프레젠테이션이 끝날 수 없다는 것을 알게 되었지만, 청중들은 선택권이 없었다. 발표자는 그의 OHP 내용하나 하나를 다 설명하기로 결정 했었고, 이로 인해 그 프레젠테이션은 한 시간 이상 늦게 마쳤다. 그 결과 대부분의 정부 대표자들은 그들의 항공 스케줄을 다시 잡아야만 했다. 비록 프레젠테이션이 매운 중요한 것이어서 대표자들은 끝까지 경청을 했지만, 미래의 계약자가 될 수도 있는 그들에 대한 미흡한 계획은 그들을 매우 불쾌하게 만들었다. 그것은 수많은 요소들 중에서 단지 하나의 요소에 지나지 않는 것이었겠지만 어쨌거나 이 회사는 그 계약건을 따내지 못했다.

이와 같은 실수는 기업에서만 국한되는 것은 아니다. 일반적으로 대학에서 교수를 채용할 때도 지원자에게 프레젠테이션을 요구한다. 이러한 프레젠테이션은 전형적으로 지원자들의 연구에 관한 것이다. 이러한 프레젠테이션은 그 학과의 구성원들이 지원자에 대한 채용여부를 결정할 수 있는 것이므로 매우 중요하다고 할 수 있다.

몇 해 전 한 대학에서는 명문 대학을 졸업한 한 지원자의 자격을 검토하게 되었다. 지원자의 배경은 너무나 훌륭하여 학과의 구성원들은 직접 대면을 하기도 전에 지원자를 채용하기를 원하고 있었다. 청중들이 지루하지 않도록 프레젠테이션을 25분으로 제한했다. 학과의 구성원 14명 모두가 지원자가 프레젠테이션을 시작부터 주의 깊게 들었다. 그의 프레젠테이션은 흥미로웠고 적절했다. 그러나 시작한지 25분이 지나도 계속 발표를 하고 있었다. 30분에 교수들은 안설부절못하기 시작했고, 다른 수업 스케줄이 있었던 몇몇 교수들은 양해를 구하고 자리를 떴다. 35분이 지나 40분이 되었고 지원자는 결국 45분에 결론을 맺었다.

이 지원자는 아직도 관련 기관의 교수로 채용되어 있지만 단지 초과된 20분 때문에 재직기간과 승진이 관계된 직위 문제로 인터뷰했고 그는 다만 일 년 계약으로 일하기로 되었다. 일 년이 지난 후 그는 원래 계획되었었던 직위에 갔겠지만, 20분이란 시간이 치른 비용은 급료, 수당, 및 다른 부가 급여를 포함해서 다음 단계로 승진하는 데 걸린 일 년이라는 시간에 해당되는 것만큼이나 컸던 것이다.

여기서 주는 교훈은 명백하다. 프레젠테이션에 시간이 한정되어 있는지를 묻고 만약에 그렇게 되어 있다면 시간을 초과하지 말아야 한다. 시간 내에 프레젠테이션을 끝맺을 수 있는 연습을 하고, 프레젠테이션을 할 때 시간을 통제해야 한다. 일단 세 번의 연습을 실시하고, 프레젠테이션을 훌륭하게 통제할 수 있게 되었다면, 두 번 더 연습을 해야 한다. 이때는 실전처럼 다른 사람의 앞에서 실시한다. 청중은 배우자나 친구나 형제자매 또는 누구라도 될 수 있다. 중요한 것은 찬사를 기대하지 말고 비평을 기대하라는 것이다. 이것이 다음과 같은 많은 질문들에 해답을 제시해 준다.

- 크게 말해야 하나 부드럽게 말해야 하나?
- 시선을 마주치고 있는가?
- 대화하는 풍으로 얘기하는가 또는 시각적 보조물이나 카드로 간단하게 읽어내려 가고 있는가?
- 청중의 흥미를 잡을 수 있게 훌륭하게 시작하는가?
- 영향력 있는 프레젠테이션으로 끝을 맺었는가?
- 통계자료나 일화와 같이 문제를 뒷받침하는 자료들을 사용하는가?
- 말한 것 중에 좋아할 만한 특별한 것이 있었는가? 싫어할 것이 있었는가?
- 시각적 보조물이 너무 크게 쓰여 있지 않았는지 그리고 청중들이 읽을 수 있는지? 어떤 방식으로 수정되고 개선되어야 하는 것은 아닌지?
- 프레젠테이션에 이해되지 않은 어떤 부분이 있었는지 그리고 만약 있었다면 이해시키기 위해 할 수 있는 방법은?
- 프레젠테이션과 관련된 다른 관점이나 비평이나 조언이 있는가?

2.5 질의응답 및 질의응답을 준비하는 방법

질의응답은 마케팅 계획 프레젠테이션의 한 부분이 되어가고 있다. 첫 번째로 해야 할 것은 미리 준비하는 것이다. 한 연구 조사에서는 대략 85%의 질문이 예상된다고 보여주었다. 그러므로 일단 프레젠테이션을 준비하게 되면 어떤 질문이 나올 것인가를 생각하고 그 질문들에 대해 준비해야 한다. 또한 연습 청중들로 하여금 질문을 하게 하고 이를 연습하여 질문에 답하는 것을 준비해 볼 수도 있고, 스스로 생각할 수 있는 능력을 배양할 수도 있다.

다음으로 사례, 수치, 인용문 등의 이용이 가능하다. 시간제한 때문에 프레젠테이선에 모든 정보들을 전달할 수 없다고 생각하는 빈틈없는 발표자들은 다른 시각적 자료를 준비시킨다. 관련 정보의 필요한 경우 이러한 방법은 장점이 될 수 있다.

월별 현금흐름과 같은 재무 정보는 좋은 예이다. 정식 프레젠테이션에선 이것을 제시할 충분한 시간이 없을 수도 있고, OHP나 시각적 보조물들은 언제든 사용이 가능하므로 이러한 세부적인 사항들에 관한 질문을 받았을 경우 즉각적으로 사용할 수 있다. 이것은 내용이 풍부한 프레젠테이션으로 만들어 줄 뿐 아니라 어떠한 예측하지 못한 사태에 대해서도 대처를 할 수 있게 해 준다.

어떤 질문이 당신을 당황스럽게 만들거나 심지어는 당신이 그 질문에 답을 할 수 없더라도 냉철함을 잊어서는 안 된다. 질의응답의 네 단계는 다음과 같다. 첫째, 요청된 질문을 다시 한번 말하는 것이다. 이것은 전체 청중이 그 질문을 듣게 하고, 발표자가 그 질문을 이해하도록 해주며 답변을 생각할 수 있는 추가적인 시간을 얻을 수 있다. 둘째, 질문에 대한 답변이나 입장을 언급한다. 셋째, 입장을 지지하는 이유를 설명한다. 마지막으로 모든 청중에게 분명하게 해주기 위해 발표사의 입장을 반복해서 설명하는 것이다.

대체로 답변은 간략하게 하는 것이 좋다. 질문을 한 사람을 안다면 이름을 부르고 그 사람이 옳고 발표자가 틀렸다면 그것을 인정한다. 발표자가 전혀 모른다면 솔직하게 그 사실을 인정하라. 물론 모든 질문들에 대해 "모르겠다"라고 답을 한다면 청중들은 발표자가 준비를 덜 해왔다거나 마케팅 계획 분야의 전문가가 아니라고 믿을 수도 있지만, 솔직하게 사실을 인정하고 간단히 "모르겠다"라고 말하는 것이 좋다.

질문을 한 사람을 피하거나 결코 분쟁을 일으켜서는 안 된다. 당신의 입장을 공격하는 사람이 있을지라도 재치 있게 넘겨야 한다. 매끄럽지 못하게 질문자를 대하는 것은 발표자의 의견에 동의하는 다른 청중들조차도 반감을 가질 수 있게 만들 수 있다. 이것은 청중이 동일 기업이나 집단의 구성원일지도 모르기 때문이다. 또한 청중들은 세련되지 못한 질문에 대해 부정적으로 반응할 발표자의 태도에 실망할 수도 있다.

2.6 정신적 시각화 기법

누구나 연설을 하기 전에는 연설에 대해 걱정할 것이다. 대개 침대에 누워 다음 날 연설에서 무엇을 할 것에 관해 생각하면서, 마음속으로 전체 연설을 예행 연습하듯이 되뇔 것이다. 1982년 1월 13일, 월스트리트 저널은 다음과 같은 기사문을 다루고 있다. "왜 어떤 사람들은 다른 사람보다 기량이 뛰어난가?" 그 기사는 심리학자인 찰스 가필드가 기업 경영자들의 최고 성과를 조사한 내용이었다. 가필드는 정신적 예행연습이라고 불리는 특성에 가장 놀랐는데, 이는 스포츠 분야에서 인기 있는 개념으로써 자리 잡아 나가고 있었다. 가필드에 따르면, 최고 경영자들은 미래 프레젠테이션의 모든 측면과 느낌, 즉 성공적으로 마치는 것과 같은 면들에 대해 상상하지만, 덜 뛰어난 경영자는 프레젠테이션 그 사실 혹은 의제에 관해서만 생각하지, 심리적인 측면은 생각하지 않는다고 한다.

이제부터는 이 기법이 프레젠테이션을 준비하는 사람들에게 얼마나 도움이 되는지에 관해 설명하고자 한다. 보고에 따르면 이 기법은 프레젠테이션에 매우 뛰어난 성과를 가져왔다. 단지 필요한 것은 프레젠테이션 전날 밤 단 몇 분의 시간이다. 주최자와 청중들을 맞이하는 것에서부터 성공적인 프레젠테이션으로 마무리하는 것까지 모든 것을 시각화한다. 환호와 열렬한 박수갈채로 끝을 맺는 것을 세밀하게 그려보고 이것을 계속해서 반복해야 한다. 단 몇 초 안에 전체 프레젠테이션을 경험할 수 있을 것이므로 청중들 앞에서 처음 프레젠테이션을 시작하기 전에 30회 이상의 반복을 할 수 있다.

이 기법은 몇 가지 장점이 있다. 첫째, 반복해서 프레젠테이션의 성공을 시각화 할 수 있어서에 성공할 가능성이 높다. 둘째, 정신적 예행연습은 심한 긴장감을 제거해 줄수 있다. 모든 사람들은 프레젠테이션을 할 때 어느 정도 긴장하기 때문에 이러한 기법은 도움이 될 수 있다. 만일 전혀 긴장하지 않는다면, 다소 지루하고 흥미가 없을 수도 있지만, 반면에 너무 심한 긴장감은 당황하게 만들어 청중들 또한 긴장하게 만든다. 정신적시각화 기법을 이용하면 청중들 앞에 서서 그들을 둘러보기 전에 무수한 프레젠테이션을 실시할 수 있어 긴장감은 사라지게 될 것이다. 결국 프레젠테이션 전날 밤에 같은 청중들을 앞에 두고 같은 프레젠테이션을 30번 이상 해 본다는 것은 아주 평범한 진리이다.

2.7 마케팅 계획 프레젠테이션 성공의 열쇠

마케팅 계획 프레젠테이션 성공의 최고 열쇠는 프로젝트에 대한 열정이다. 발표자 자신이 열정적이지 않으면, 다른 누구도 열정적이 되리라 기대할 수 없을 것이다. 만일 프로젝트에 대해서 상당한 열정을 가지고 있지 않는다면 어떻게 될까? 그 결과는 알 길이 없을 것이다. 강의실에서 프레젠테이션을 하도록 결정하는 사람은 교수이다. 실무에서도 최고경영진들을 위해 마케팅 계획 프레젠테이션을 준비하게 시키는 사람은 상관일 것이다. 이들은 별 차이가 없다. 프레젠테이션에 정말로 관심이 없다면, 아주 큰 관심이 있는 것처럼 행동할 것을 권유해야 한다. 이것은 매우 중요하다.

이와 같은 행동이나, 단순히 관심 있는 척하는 태도를 논할 때마다 영화 <패튼 대전차군단>(Patton, 1970)에서 조지 C. 스콧(George C. Scott)이 연기한 패튼 장군의 일화가 자주 떠오른다. 제2차 세계대전을 배경으로 한 이 영화의 벌지(Bulge) 전투 장면에서, 미군의 전황은 매우 불리하게 전개되고 있었다. 이때 패튼 장군은 갑자기 보좌관에게 다음과 같이 명령한다. "만일 아군 지휘관들 중 누구라도 퇴각한다면, 그를 총살하라." 이 명령을 들은 보좌관은 크게 놀라 "장군님, 정말 그렇게 하실 겁니까?"라고 묻는다. 이에 패튼 장군은 "보좌관, 자네가 내 명령을 진심으로 받아들이든 아니든 그건 중요하지 않네. 중요한 것은 내가 그 사실을 알고 있다는 점일세."라고 답한다. 즉, 패튼 장군은 자신의 명령을 실제 행동으로 옮길 의지가 있음을 분명히 한 것이다.

사실 패튼은 엄청난 배우였던 것이다. 출간된 패튼 장군의 일기를 보고 진실을 알 수가 있었다. 제1차 세계대전 당시, 패튼은 29세로 프랑스에 주둔하고 있는 미 탱크 부대의 초대 지휘관이었다. 그는 아내에게 "나는 매일매일 거울 앞에서 비열하게 보이려고 연습을 합니다"라고 편지를 보냈었다. 그는 자신의 그러한 얼굴을 '전쟁 얼굴(war face)'이라고 불렀었다. 패튼은 그의 부하들이 적들에게서 느끼는 공포보다도 더해 보이는 그의 비열하게 보이는 '전쟁 얼굴'이 그의 생명을 구했다고 느꼈다.

그러나 성공을 쟁취하기 위한 행동을 권유한 사람은 유독 패튼 장군만은 아니었다. 10억 달러 가치의 화장품 회사로 발전시킨 메리 케이 애쉬(Mary Kay Ash)는 그녀의 영업사원들에게 "목표를 이룰 때까지 속여라"라고 했다. 즉 정말로 성공하게 될 때까지 이미 성공을 한 것처럼 보이라는 것이다. 만일 이렇게 행동한다면, 실제로는 아니지만 프로젝트와 상품에 대해 열정을 가진 것처럼 보인다면, 이러한 열정은 전염병처럼 청중들 또한 열정적으로 만들 것이리라 확신하는 바이다.

당신은 또한 전문가처럼 옷을 입어야 한다. 당신 자신이 바로 마케팅 계획을 상징하는 것이므로 외모도 중요하다. 겉표지로 책을 판단할 수는 없지만, 심리학적으로는 사람들은 그렇게 하곤 한다. 프레젠테이션에서도 마찬가지이다. 옷 입는 방식에 대해 궁금한 점이 있다면, 이 주제에 있어 가장 유명한 저서는 존 몰로이(John T. Molloy, 1975)가 쓴 『Dress for Sussess(성공을 위한 옷)』이라는 책을 보면 된다. 다른 중요한 저서로는 캘리포니아 주샌 버너디노(San Bernardino) 대학 교수인 빅토리아 자이츠(Victoria Seitz)가 쓴 『Power Dressing』이란 책이다.

만일 마케팅 계획을 위한 프레젠테이션의 일부로써 시험해 봐야 할 부분이 있다든가 혹은 실행해야만 하는 어떤 것이 있다면, 단지 동작으로 그칠 것이 아니라 이러한 시험을 충분히 해 보는 것이 현명할 것이다.

몇 해 전에 해군 프로젝트 공학자 한 명이 중요한 해군 프로젝트에 대해 프레젠테이션을 한 일이 있었다. 해군 항해사가 비행선으로부터 수면 위로 탈출해야만 했을 당시 수면 위의 낙하산을 제거해야 하는 심각한 문제에 봉착했다. 일반적인 절차는 소형 일인용 구명보트에 타는 것이다. 조종사 발아래로 15피트 길이로 이어지는 낙하산 걸쇠에 나일론

줄로 부착되어 있었는데 그것은 탈출 시 자동으로 알려지게 되어 있다.

그러나 조종사는 부츠, 헬멧 그리고 구조 장치와 같은 무거운 비행 장비를 착용하면서 구명보트로 올라가야 했는데 이것은 상당히 위험한 일이었다. 설상가상으로 낙하산의 덮개가 물로 차 있었다. 그러나 그렇게까지 되지 않더라도 물을 흡수해 불어난 체중은 조종사를 심해로 끌어내릴지도 모른다.

그래서 해군은 조종사들을 조종사의 발이 물에 닫았을 때 낙하산 덮개를 제거하기 위해 비상 탈출을 할 수 있게 지도했다. 자연스럽게도 대부분의 비행사들은 이러한 방법을 약간씩 속이게 되었는데 그들은 발에 물이 닿기 몇 피트 전에 그들의 낙하산을 버려버리기 시작했던 것이다.

그러나 여기에도 심각한 문제는 있었다. 그 이유는 바다가 평평하게 보이기 때문에 고도를 판단하기 어렵다는 점이다. 결과적으로 해면 위 몇 피트 상공에 있다고 생각하는 수많은 조종사들이 낙하산을 풀어 버리지만, 실제로 그들은 해면 위 몇 백 피트 상에 여전히 있다는 것이다. 이러한 연습은 위험할 수 있다.

이러한 문제를 극복하기 위해 해군은 특별한 폭죽을 개발하였다. 이것은 구명 보트에 부착된 센서가 물에 닿으면 낙하산 덮개가 자동적으로 풀리는 작은 폭발 장치이다. 이 장치는 조종사 발 15피트 아래에 달려 먼저 물에 닫게 되어 조종사는 위험을 입지 않고 무사히 낙하산을 벗을 수 있게 한다.

해군 프로젝트 관리자는 프레젠테이션을 멋지게 마쳤다. 이 프레젠테이션은 시스템 작동하는 법을 다룬 필름, 35밀리미터 슬라이드 그리고 프로젝트를 설명하는 유인물을 포함하였다. 마지막 장식을 위해 발표자는 자신이 직접 낙하산을 착용하고 바다로 뛰어들었다. 그는 수백 명의 청중들에게 바닷속에 센서를 던질 것이며 폭죽이 터지는 굉음을 들을 것이라고 말했다. 이어 그는 자신이 입고 있던 낙하산 덮개는 즉시 분리될 것이라고 하였다.

어떤 청중들은 자신의 손으로 귀를 막고 있었으며 다른 사람들은 폭발음을 기다리고 있었다. 발표자는 보다 극적인 장면을 위해 바다 물 속에 탐침(probe)을 넣어 두었다. 정적이 이어졌다. 그러나 아무 일도 일어나지 않았다. 그는 센서를 떼었다. 다시 부착하는 것을 여러 번 반복했지만 마찬가지로 아무 일도 일어나지 않았다. 그때까지 상기된 청중들의 안색에서 조금씩 웃음이 나오자 그는 장비를 점검하였다. 그는 누군가가 충전되지 않는 배터리의 교환을 잊어버렸다는 것을 발견하게 되었지만 그곳에는 점화할 수 있는 어떠한 장비도 없었다.

이것은 중요하고 훌륭한 프레젠테이션이 잘못된 시연으로 인해 망치게 될 수도 있다는 사실을 보여 준다. 이런 실수는 연습기간 동안에 완전한 시연이 이루어졌었더라면 발생하지 않았을 수도 있는 것이었다.

프레젠테이션을 통해 청중들과의 공감을 만들 수 있도록 노력해야 한다. 친근하게 함으로써 이러한 공감을 형성할 수 있다. 명심할 것은 청중들은 발표자의 적이 아니라는 사실이다. 발표자 자신이 즐기도록 해야 한다. 그리고 자신이 프레젠테이션의 주인이라고 생각하면 좋을 것이다.

프레젠테이션과 문서화된 마케팅 계획은 결국 같은 것이다. 그것들은 서로를 보완해 주고 발표자가 세운 목표가 무엇이건 간에 그것을 성취하게끔 지원해 줄 것이다.

요약

마케팅 계획을 제시하는 과정에는 두 가지 주요 요소가 있다. 첫째는 문서화된 보고서이고, 둘째는 정식 프레젠테이션이다. 이 두 가지 모두 마케팅 계획의 성공을 위해 부수적인 것이 아니라 반드시 갖추어야 할 필수적인 요소이다. 마케팅 계획은 고도의 전문가 정신을 바탕으로 준비되고 제시되어야 하며, 이러한 태도가 계획의 신뢰성과 성공 가능성을 높여준다.

전문가 정신을 갖추면, 훌륭한 내용이 효과적으로 전달될 수 있는 훌륭한 패키지로 포장된다. 전문가는 우연히 만들어지는 것이 아니며, 체계적으로 정립된 기법을 성실히 수행할 때 그 결과를 얻을 수 있다. 강의실에서 마케팅 계획을 프레젠테이션할 때 전문가다운 태도는 높은 학점을 받을 수 있게 해주며, 실무 현장에서는 마케팅 계획 실행에 필요한 자원을 확보하는 데 큰 도움이 된다. 비록 지금은 강의실에서 마케팅 계획을 직접 실행하지 않더라도, 졸업 후 실제 마케팅 업무를 수행하게 되면 이러한 전문성과 준비성이 뛰어난 성과로 이어질 것이다.

연습문제

1. 프레젠테이션의 구성요소에 대해 설명하라.

2. 프레젠테이션의 준비단계를 설명하라.

3. 시각적 자료의 유형별 장·단점을 설명하라.

4. 마케팅 계획 프레젠테이션의 성공의 열쇠는 무엇인가?

맺음말

현대 기업은 국경을 넘나드는 치열한 경쟁 속에서 단순한 생존을 넘어 성장을 모색해야 한다. 이러한 과정에서 개인과 기업, 나아가 국가의 경쟁력을 동시에 강화하는 활동이 바로 마케팅이다. 본서는 마케팅의 기본 개념과 핵심 용어의 이해에서 출발하여, 실제 시장에서 적용 가능한 전략과 실행 원칙을 균형 있게 다루었다. 또한 이론적 기초를 단단히 세우는 동시에, 현장의 의사결정과 연결되는 다양한 사례와 시사점을 통해 학습자와 실무자 모두에게 실천 가능한 기준점을 제시하고자 하였다.

마케팅은 초경쟁 환경 속에서 본질에 대한 재성찰을 요구받고 있다. 진정한 고객지향은 단기적 만족을 넘어 가치의 공동 창출과 장기적 관계 구축으로 확장되며, 이는 기업 성과 관리 차원을 넘어 사회적 책임과 지속가능성으로 이어진다. 오늘날 마케팅은 영리기업뿐 아니라 공공기관, 비영리조직, 스타트업, 지역 공동체 등 모든 조직의 전략 언어가 되었으며, 고객과 이해관계자와의 관계를 설계·관리하는 역량이 성과와 지속가능성을 좌우하는 핵심 요소로 자리 잡았다. 나아가 환경 문제와 사회적 불평등에 대응하는 윤리적·지속가능한 마케팅은 이제 필수적 조건으로 요구되고 있다.

본서는 이러한 변화의 흐름을 읽어내는 나침반이자, 전략을 실행으로 전환하는 실천적 도구 상자를 지향하였다. 학문적 기초를 체계화하고 사례를 통해 이를 검증하며, 각 조직의 맥락에 맞는 전략을 설계하고 실행할 수 있도록 정리하였다. 독자들이 각자의 산업과 현장에서 이를 응용하여 더 나은 의사결정을 내리는 데 도움이 되기를 바란다.

끝으로, 집필 과정에서 아낌없는 조언과 격려를 보내주신 모든 분께 깊이 감사드린다. 특히 출판 일정의 제약 속에서도 정성과 전문성을 다해 주신 부산대학교 출판문화원 편집부 제위의 노고에 심심한 사의를 표한다. 이 책이 학문적 탐구와 실무적 응용을 잇는 매개체로 기능하기를 바라며, 독자들의 성찰과 제언이 더 나은 다음 판을 향한 출발점이 되기를 희망한다.

2025년 8월
신종국, 문민경

참고문헌(Reference)

1. Abell, Derek F.(1980), Defining The Business-The Starting Point of Strategies Planning, Prentice-Hall.

2. Advantage : Creation and Sustaining Superior Performance by Michael E. Porter. Copyright ⓒ 1985 by Michael E. Porter.

3. Engel, James F., Martin R. Warshaw, and Thomas C. Kinnear(1991), Promotional Straegy : Managing the Marketing Communication Process, Irwin, 304.

4. Kotler Philip(1997), Marketing Management, 9th ed., Prentice Hall, 13.

5. Kotler Philip(2000), Marketing Management(Millenium Edition), Prentice Hall.

6. Reprinted with permission of The Free Press, a division of Macmillan, Inc., from Competitive.

7. Robbin. D. (1978), Marketing, Harper & Row, 137.

8. Russell Haley(1968), 'Benefit Segmentation : a decision-oriented research tool' Journal of Marketing, 32(July).

9. William R. Davidson, Albert D. Bates and Steqhen J. Bass, "The Retail Life Cycle," Havard Business Review, Vol. 54, 1976, 92.

10. 박충환, 오세조, 김동훈(2002), 마케팅관리, 박영사, 357.

11. 여운승(1995), 마케팅관리, 민영사, 173.

12. 오상락, 마케팅원론, 박영사, 1985, 117.

색인(Index)

신종국
부산대학교 경영대학 경영학과 교수로 재직 중이며 경영대학장, 경영대학원장, 금융대학원장을 역임하였다. 마케팅, 유통관리 마케팅, 유통관리, 소매관리, 광고론 등을 강의하고 있다. 주요학술지에 유통경로 관리, 소매관리 및 유통업체 브랜드 등에 대한 다수의 논문을 발표하였으며 한국마케팅관리학회 회장과 한국경영학회 부회장으로 활동하였다. 저서로는 『현대마케팅』(대명출판사), 『유통관리』(법문사), 『마케팅원론』(대명출판사), 『최신유통원론』(맥그로우힐 코리아), 『마케팅』(시그마프레스), 『유통경로관리』(맥그로우힐 코리아), 『경영학 연습: 주제별 요약』(법문사), 『유통실무의 이해』(시대가치)가 있다.

문민경
부산대학교 경영대학 경영학과 강사로 재직 중으로 마케팅관리, 유통관리, 국제마케팅, 마케팅 특강, 자격증세미나 등을 강의하고 있다. 마케팅 관련 연구로 한국마케팅과학회와 한국경영교육학회에서 논문상을 수상하였다. 저서로는 『마케팅: 이론부터 실무까지』(맥그로우힐 코리아), 『유통경로관리』(맥그로우힐 코리아), 『유통실무의 이해』(시대가치)가 있다.

마케팅

초판 인쇄 2025년 8월 22일
초판 발행 2025년 8월 29일

저 자 신종국·문민경

디자인 배영미
발행인 최재원
펴낸곳 부산대학교출판문화원

출판등록 제1983-000001호 1983.11.10.
부산광역시 금정구 부산대학로 63번길 2 (우편번호46241)
대표전화 051-510-1932 팩시빌리 051-512-7812
https://press.pusan.ac.kr

※ 이 도서는 부산대학교출판문화원의 강의교재 개발 지원사업(2025-2)지원으로 제작되었습니다.

ISBN 978-89-7316-847-7 (93320)